失序时代

张军 著

海南出版社
·海口·

图书在版编目（CIP）数据

失序时代 / 张军著. —— 海口：海南出版社，2023.8
ISBN 978-7-5730-1217-3

Ⅰ.①失… Ⅱ.①张… Ⅲ.①中国历史 – 晋代 – 通俗读物②中国历史 – 五胡十六国时代 – 通俗读物 Ⅳ. ① K237.09 ② K238.09

中国版本图书馆 CIP 数据核字 (2023) 第 122852 号

失序时代
SHIXU SHIDAI

| 作　　者：张　军
| 出 品 人：王景霞
| 责任编辑：闫　妮
| 执行编辑：高婷婷
| 责任印制：杨　程
| 印刷装订：北京兰星球彩色印刷有限公司
| 读者服务：唐雪飞
| 出版发行：海南出版社
| 总社地址：海口市金盘开发区建设三横路 2 号
| 邮　　编：570216
| 北京地址：北京市朝阳区黄厂路 3 号院 7 号楼 101 室
| 电　　话：0898-66812392　010-87336670
| 电子邮箱：hnbook@263.net
| 经　　销：全国新华书店
| 版　　次：2023 年 8 月第 1 版
| 印　　次：2023 年 8 月第 1 次印刷
| 开　　本：787 mm×1 092 mm　1/16
| 印　　张：24.25
| 字　　数：370 千
| 书　　号：ISBN 978-7-5730-1217-3
| 定　　价：69.00 元

【版权所有，请勿翻印、转载，违者必究】
如有缺页、破损、倒装等印装质量问题，请寄回本社更换。

前言

读史的人都知道：看完三国，要再看两晋十六国。在中国历史上，还没有哪个朝代像晋朝这样割裂又动荡不安的。

晋朝虽然结束了三国前后近百年的割据，但晋朝拥有的只是一个统一的壳子。在这个壳子里，晋朝从来就没有结束过割据与纷争。无论是西晋还是东晋，除了晋武帝司马炎灭吴之后有短暂的十年和平之外，就再没过四海升平的时期。从那时以后，晋朝剩下的只有战争、铁血、兵戈、权力、欲望和仇恨。

晋朝的历史其实就是一部战争史，一部群雄逐鹿、问鼎中原、争夺霸业的历史，一部人人欲得天下的历史，一部英雄、枭雄和奸雄辈出，且"狗熊"辈出的历史。

在这一百多年内，共有七十多个割据势力的近两百名首领参与了霸业之争、问鼎之战，其中称王称帝者就有二十余国的一百余名君主。"天下"是当时每个人心中的最终目标。十六国的开国君主，每个人都喊出过"吾有天下之志"的口号，但在一百多年智谋、胆色与权诈的斗争中，竟无一人能遂此愿。

中国历史不乏长时间的割据时代。长期割据的原因无非两个：要么是英雄辈出，互相制衡，不能独霸全国，如春秋五霸、战国七雄、三国鼎立；要么是能力有限、皆无帝王之相，各称诸侯，盘踞一方，比如五代十国。而晋朝则是两者兼具：一会儿英雄辈出、人才济济、风云际会，一会儿又天下皆为昏懦之辈、残暴之徒、短视之夫。于是，分分合合数次，竟至百余年不能统一。不过，这金石相击、人杰争先的时代，却给了我们于一百多年晋史中遍识英雄本色的大好机会。

是骡子是马，拉出来遛遛才能知道；是英雄还是"狗熊"，放于乱世自会显现。

最终，北魏结束了北方的混乱，刘宋巩固了南方的统治。血色苍苍、壮怀激烈的一场大戏，才暂时落幕。

目录

第一章　**三国归晋** / 001
　　逼宫 / 003
　　党争 / 007
　　保皇位 / 014

第二章　**城头变幻大王旗** / 023
　　夺宫之战 / 025
　　杀贾后 / 030
　　五王反 / 035

第三章　**八王之乱** / 041
　　三王战齐王 / 043
　　争夺巴蜀 / 046
　　诸王混战 / 051
　　乱世可称王 / 056

第四章　**刘渊乱晋** / 065
　　刘渊称帝 / 067
　　石勒割据河北 / 070
　　刘聪攻陷洛阳 / 075
　　长安之战 / 080

第五章　群雄并起亡西晋 / 085

南征败 / 087

占幽州 / 092

王敦与陶侃 / 097

西晋亡 / 101

第六章　北地战事纷争 / 109

后宫的阴谋 / 111

祖逖北伐 / 116

汉国分裂 / 121

慕容部的兴起 / 125

第七章　东晋乱纷纷 / 131

王敦叛乱 / 133

平叛 / 139

小人庾亮 / 146

联兵平乱 / 151

第八章　北方二雄主 / 159

后赵灭前赵 / 161

夺帝位 / 167

一统辽东 / 175

第九章　中原之乱 / 185

东晋西征 / 187

四国闹中原 / 192

身死国灭 / 199

第十章　晋燕争雄 / 207

政治斗争 / 209

王者苻坚 / 215

燕晋中原之争 / 222

第十一章　壮丽的前秦 / 231

失败的北伐 / 233
前秦灭燕 / 240
强大的前秦 / 245

第十二章　十国争北地 / 255

淝水之战 / 257
前秦裂数国 / 264
北方十国的混战 / 272

第十三章　英雄称霸忙 / 281

北魏的崛起 / 283
后燕分，凉州裂 / 291
后秦东征惨败 / 300

第十四章　东晋的权杖 / 307

争权 / 309
桓玄称帝 / 316
东晋复国 / 323

第十五章　刘裕的崛起 / 331

战略上的较量 / 333
刘裕专权 / 340
战长安，灭后秦 / 347

第十六章　南北朝的开端 / 355

刘裕称帝 / 357
拉锯战 / 365
北方四国的灭亡 / 372

第一章

三国归晋

逼宫

两晋的故事还得从三国末年讲起。

咸熙二年（265）八月，司马昭中风而亡，他的儿子，三十岁的司马炎继承了父亲的丞相职位和晋王的封号，以及司马氏家族对曹魏朝廷的控制权。这时，曹氏家族创建的魏国，已经完全被司马氏家族掌握，就像当年曹操掌控汉室江山一样。

据说，司马炎的头发长得垂到地上，站立的时候不用弯腰两只手垂下来就能摸到膝盖以下。因此，当时人们认为司马炎有异相，必为帝王。

司马炎肯定也是这么认为的，所以在他继晋王位后没几天，便催着曹魏的最后一个皇帝曹奂禅位。群臣中绝大部分人都站在司马炎这边，一致要求曹奂禅位，剩下的一小部分大臣则沉默不语，他们虽然良心受到谴责，但还是认为性命和官禄更加要紧。在强大的政治攻势下，十九岁的曹奂吓得连话都说不出来，这情形和当年曹魏的开国皇帝曹丕逼汉献帝刘协让位时并无二致，甚至司马炎比当年的曹丕表现得更加露骨，他直接指着曹奂的鼻子说："你是个无能之辈，应当把江山让给有德有才的人，那个人就是我。"

司马炎认为自己占着理，占着两个天大的理：

第一，此社稷本来是汉朝的社稷。既然曹操和曹丕父子能篡夺汉室正统，我为什么不能再从曹家手中接过来？

第二，现在曹魏的天下是靠我司马氏家族三世经营得来的。如果没有我们，曹魏可能已经让吴国和蜀国瓜分了。现在曹魏这么强大，那是我司马氏家族的功劳，我当然有权力拿来享受。

曹奂仗着胆子请求群臣的支持："你们吃的是我曹家的饭，领的是我曹家的俸禄，你们的祖辈也曾是我曹家的功臣，难道你们真的愿意江山改姓，成为贰臣吗？"

大臣们都低下了头，大殿里一片安静。曹奂这时才感觉到什么是众叛亲离，但更狠的还在后头。

司马炎的心腹贾充"锵"的一声拔出剑来，指着曹奂喝道："你难道想学曹髦吗？"

贾充这个人在三国的历史里太有名了。他因在平息曹氏旧臣的反叛中功勋卓著而被三世专权的司马氏家族重用，而他做过的最出名的事就是弑杀魏帝曹髦。

260年，魏帝曹髦喊出了那句"司马昭之心，路人皆知"的著名口号之后，带着宫中的童仆、太监鼓噪而出，欲凭这几百乌合之众，发动政变，重掌政权。曹髦这一举动还真吓住了不少人，司马昭派弟弟屯骑校尉司马伷带兵阻拦，但司马伷被魏帝曹髦左右人的齐声吆喝吓退了。眼看曹髦已经带着人出了皇宫南大门，贾充急忙亲自带着兵士数千人前去迎战。

曹髦坐在马车上挥动着宝剑厉声喝喊："我是天子，你们跟我打仗是要谋反吗？"贾充手下众人听到皇帝怒喝，哪个敢有胆子跟皇上开打，准备拔腿逃跑。贾充急了，大声喊道："司马公养着你们，就是为了今天！还等什么？"这句话立刻稳住了军心。太子舍人成济在贾充鼓动之下抽刀上前刺死了曹髦。曹髦死后，司马昭另立十四岁的曹奂为傀儡皇帝。至此，曹魏政权及其支持者们再也无力无胆反抗司马氏家族了。

贾充曾劝司马昭不要违反礼制而废长立少，力挺司马昭立长子司马炎为晋王世子。所以，司马炎做了晋王以后由衷地感激贾充，任命贾充为晋国卫将军、仪同三司、给事中，改封临颍侯，可谓一人之下，万人之上。

曹奂当然知道贾充是个什么人物，杀皇帝的事他已经做过一次了，再做一次他大概也不会介意，所以当贾充的利剑指向曹奂的咽喉时，曹奂崩溃了，用颤抖的声音命令太常院立刻去南郊筑受禅坛，坛成后禅让皇位。

司马炎如愿以偿，于咸熙二年（265）十二月，继帝位，建晋朝。魏帝曹奂跪于坛下，接受了司马炎赐下的封号陈留王，并于司马炎称帝的当日启程离开洛阳，以后非宣召不许入京。这一天，北风呼啸，大雪纷飞，天地肃杀一片。曹奂走出洛阳城门，回首凝望，泪眼蒙蒙。

司马炎即位后心情很好，和所有的开国皇帝一样，他开始考虑如何才能让晋朝尽可能长久地存在下去。我们在电视剧中经常看到有白发苍苍的老臣情绪激动地对皇帝大喊："祖制不可违！"皇帝听到后便深深感到改革的压力，总是使出千般计谋方能实行改革。可见开国皇帝制定的"祖制"对一个朝代的发展影响极其深远，对国家的兴衰起着重要的作用。

司马炎在定"祖制"的时候认为曹魏之所以国强民富却被自己轻而易举地夺得政权，是因为当年曹丕建国时立下的"刻薄宗亲"的规矩。曹丕为了确保嫡脉子孙皇权的稳固，对所有的皇室宗亲都进行了打压。皇室宗亲虽封王却无统兵权，只有一百多个老兵，而且活动区域不得超出封地三十里，无诏不得进京，宗王之间不得互相往来。为避免宗王久居一地，勾结地方对抗中央，又频频改换宗王的封地。宗王徒有王侯之号，却没有任何力量抵挡权臣司马氏在京都的篡位步伐，眼睁睁看着大好的江山被司马氏夺去。

有鉴于此，司马炎便效仿当年的刘邦，大封宗王。他一口气封了二十七个司马氏宗王。此后的几年中司马炎仍不断封王，到他死时一共封了五十七个同姓王，此数字一直占据着中国历史封王纪录的前列，他的叔祖父、叔父、兄弟、堂兄弟、子侄等都被封王，每个宗王少则拥有数千兵马，多则拥有上万，并且在自己的封郡里有极大的权力，以郡为国，自成一个组织严密的小国家。司马炎没有料到的是，他大封宗王的行为，反倒使得晋国的强盛仅维持了自己这一代。司马炎死后，便祸起萧墙，骨肉相残，诸王争位，群雄纷起，晋朝在乱哄哄的厮杀、仇恨和分裂中度过了一百多年的历史。

司马炎封完了宗王，第二件事就是统一全国，结束分裂局面。

早在三国鼎立之时，曹魏的实力就已经在各方面超过了蜀、吴的总和。以人口计算，据《三国志》记载，曹魏人口约占全国人口七分之四，蜀、吴合占七分之三。263年，魏灭蜀之后，力量更加强大。

为了发展经济，司马炎想了很多办法，并有力地实施了下去。当时土地兼并很严重，所有的农民都没有土地，甚至小一点的地主也失去了土地。拥有土地的都是豪门世族，这些人中最少的也拥有上万亩良田。有些大地主拥有的土地甚至多到可怕的程度，就是骑上快马跑一天一夜，也未必能跑出他们所拥有的土地范围。

土地过于集中严重影响了经济的发展，司马炎制定了"户调式"的经济制度：规定必须按年龄、按人口占田。比如，十六到六十岁的男子必须要缴给国家五十亩田地的税。当然，他也有权力拥有五十亩的田地。如果没有，可以去垦荒，也可以从国家那里领取土地，任何豪强都不得以任何理由夺取这些田地，即使土地拥有者欠着这些豪强的钱，或曾经是这些豪强的家奴。

同时，司马炎规定按官阶的大小来占田。一品占五十顷，二品占四十五顷，三品占四十顷……即每低一品，田少五顷。豪强拥有的家奴和佃户也按品级来限制，六品以上可以拥有三名家奴，七品和八品各拥有两名，九品拥有一名；一品和二品最多只能拥有十五户佃户，三品为十户，四品为七户，五品为五户，六品三户，七品二户，八品和九品各一户。

这样，大量土地就被国家征用，然后发给没有土地的农民，大量的佃户和家奴被解放，参与到生产建设中来。晋国的经济很快发展起来，远远超过了吴国。

晋武帝司马炎还在全国的官吏队伍中发扬勤俭节约的作风。有一次，太医院的医官程据献给司马炎一件极为罕见的华贵服饰——一件色彩夺目、由野雉头毛织成的"雉头裘"。晋武帝司马炎得到这件礼物后立刻把它带到朝堂，请满朝文武官员欣赏。

朝臣见了这件稀世珍宝，个个惊叹不已，连声叫绝。程据自然是得意扬扬，认为自己很有面子。等群臣欣赏完之后，司马炎却表演了一个让大家大吃一惊的"行为艺术"，他点火把这件可值千金的"雉头裘"烧成了灰烬。在群臣惊讶的目光中，司马炎严肃地告诉大家，程据献上来的这个东西叫"奇装异服"，而他早就下过禁令，要求所有的官员都不准奢侈浪费，要以勤俭节约为美德。

司马炎带领着西晋蓬勃发展之时，吴国却是在走下坡路。吴国的皇帝孙皓非常好色，他命令所有大臣在女儿出嫁前要先经过他的挑选，漂亮的要入后宫供他一人享受，剩下的才能谈婚论嫁。结果，孙皓后宫的宫女迅速增加到数万名，几乎所有大臣的女儿都被孙皓糟蹋过，想不恨孙皓都难。

孙皓还很喜欢一种残忍的"娱乐方式",那就是杀人。他杀人的方式已经不能用"残忍"二字来形容,他惯用挖眼、剥脸皮、砍掉双脚等方式来慢慢地置人于死地。中书令贺邵说:"现在咱们的国家很穷,和皇上有关。"孙皓便怀恨在心,派人暗中调查他,想要诬陷他谋反。巧的是贺邵中风了,口不能言。孙皓说贺邵一定是装的,于是亲自用大锯在贺邵的头上锯,看他喊不喊疼。中风的贺邵至死也没能说出一个字,死状比当年商纣王手下的比干还要惨。

　　孙皓的残暴和荒淫使吴国如同朽木支撑的大厦,稍稍推一把就会垮塌。晋朝镇守南疆的大将羊祜看到了这个情况,便请求司马炎伸出手去推一把。但这时有三个人站出来强烈地反对,暂时挽救了孙皓,推迟了东吴的灭亡。

　　这三个人分别是贾充、荀勖和冯紞。他们说,吴国有长江天险,而且士兵善水战,若进攻一时难以取胜,再加上当时北边的秃发鲜卑正在作乱,一直难以平灭,此时若两线作战,将给晋朝带来巨大的负担,取胜的可能性很小。

　　常年驻守南部边境、与吴国打过多年交道的大将羊祜则认为,此时取东吴是"上天与之",发兵南下可"不战而克"。如果等孙皓死了,换一个明君上来,吴国上下一心,那时再取东吴就难了。

　　司马炎想了很久,还是决定先平秃发鲜卑再伐东吴。东吴的灭亡因此被推后了四年。羊祜叹着气回到了荆州防地,这位本可再建功业的一代名将,终未能看到国家统一的那一天,抱憾余生。

党争

　　秃发鲜卑当时的确是晋朝的一大威胁。

　　东汉初年,一直为汉朝头疼的匈奴问题得到了彻底的解决,其原因除汉光武帝对匈奴一直采取怀柔政策之外,更重要的是有一年在匈奴领地发生了一场百年不遇的大旱。这场大旱持续一年多,赤地千里,草木尽枯,匈奴赖以生存的草原变成了焦土。无法生存的匈奴人只得离开那里,一部分匈奴人南迁归附了汉朝,另一部分西去。

　　匈奴人离开后,大旱结束,草原又恢复了生机,一个生活在鲜卑山的民族来到了这里。鲜卑山大概位于今天的大兴安岭北麓，这个民族以山为族名，因此被称为鲜卑族。鲜卑族以前一直被匈奴压迫，匈奴人离开后，这个民族迅速强大起来。他们骁勇善战，由于经常处于诸部林立的分裂状态，才没能对中原北方产生较大的威胁。

秃发鲜卑就是其中的一支，他们与汉民族的接触较紧密，事实上他们已经被曹魏及西晋所统治。他们和羌、胡等民族都归护羌校尉管理，后来则由秦州刺史进行管理。

司马炎派了一个叫胡烈的人担任秦州刺史，交给他最重要的任务是镇抚河陇鲜卑。胡烈"不负"司马炎之望，上任不久就用劫掠鲜卑人为奴、增加赋税、强派民役等方法逼反了河陇鲜卑。

秃发鲜卑的首领秃发树机能率众造反，设计伏击了胡烈的军队，杀死了胡烈。司马炎听说后立即任命石鉴为安西将军、都督秦州诸军事，但石鉴同样打了败仗。司马炎又以汝阴王司马骏为镇西大将军，结果仍是大败，凉州刺史牵弘也兵败战死。

晋廷连吃败仗，朝野震动，司马炎更是饭也吃不下，觉也睡不着。这时，侍中任恺和中书令庾纯来到宫中，称他们有消灭秃发树机能的办法。

司马炎急忙问道："你们有什么办法？"

任恺道："现在秃发树机能已经占领了西北两个州。皇上之所以不能打败他，是因为没有选对大将。"

司马炎说："朝中大臣谁堪此任？"

任恺和庾纯异口同声地说出一个人："贾充！"

贾充虽然靠着溜须拍马，紧跟在司马炎的后面得到了重权要职，但他并非庸才。此人擅长法律，当年在廷尉任上处理案件非常有水平，后来又主持修订了《晋律》。但贾充并不懂军事，派法官去领兵打仗，这不是才非所用吗？

司马炎也是这样的想法，他问任恺和庾纯："派他去能行吗？没听说他会打仗呀！"

任恺和庾纯其实恨透了贾充，对他讨好司马氏家族而灭曹氏的做法更是深恶痛绝。但两个人知道，以贾充现在的势力以及司马炎对他的宠幸，仅凭他们两个人，用正常的办法是无法扳倒贾充的。于是，他们便想出了一条计策，这个计策的名字叫"捧杀"。

"捧杀"有两种情况，一种是当面"捧杀"，把一个人捧得晕晕乎乎，做出蠢事来，然后断送了前途甚至性命。古往今来，许多英雄都倒在这种"捧杀"之下。不过当面"捧杀"还是可以防范的，还有一种背地里的"捧杀"就让人防不胜防了。

任恺和庾纯使用的就是后一招儿。他们一致赞叹贾充太能干了，"足智多谋，威望素著"，如果派他出兵，下面的人一定服气，大家必能团结一心，不出一年，一定能平定叛乱。

司马炎本来对贾充印象就非常好，如果是有人说贾充的坏话，他倒会考虑一下。但两个人一起夸贾充，司马炎觉得也是这么回事，于是命贾充带兵西征。

贾充接到命令时吓得倒吸一口冷气："这一定是有人害我！"他派人一查，果然是任恺和庾纯两个人在搞鬼。贾充是个有仇必报的人，但眼下最重要的是解决自己带兵出征的问题。

贾充知道自己带兵出征那是"肉包子打狗，有去无回"，而且自己在朝中的大权也将落入他人之手。但圣旨不是随便能违抗的，自己和司马炎的关系再好，司马炎也是皇帝。皇帝的话就是金口玉言，不是说改就能改的。贾充请来自己的同党荀勖和冯紞商量，请两个人替他想主意。

荀勖和冯紞一时也没有什么好主意，决定回家好好想想。贾充则想办法拖延时日，等待两个人想出好办法。

贾充今天肚子疼，明天脖子酸，后天全身痒痒，病完了又开始募兵，募完兵又要练兵，竟然拖了几个月。司马炎终于等得不耐烦了："难道你要等秃发树机能老死了才肯出兵吗？"

贾充再不敢拖延，带着大军出发了。

洛阳城外，朝中文武大臣摆下百桌大宴，为贾充饯行，预祝贾充旗开得胜，任恺和庾纯也在其中。但此时的贾充已经顾不得恨这两个人了，他急得都快要哭了。荀勖和冯紞这两个人到底是怎么回事？不是说想主意吗？怎么半年多了还没想出来？

这时，荀勖出现了，贾充见到他的第一句话是："冯紞呢？"

荀勖干脆利落地回答:"他还在家里想办法。"

贾充哭丧着脸又问道:"那你呢?"

荀勖微微一笑:"我要是没有主意,就不会来找你了。"

贾充大喜,急忙把荀勖让到厕所。经常看史书的人都知道,只要一遇到重大的事情,人们就要"更衣",跑到厕所里去商量问题,或者思考问题。"更衣"名为换衣服,其实就是上厕所的委婉说法。

来到厕所,贾充急忙问荀勖想出了什么好主意。荀勖说:"皇上一直在为太子的婚事操心,您有两个女儿待字闺中,何不挑个女儿嫁给太子?如果成功的话,婚嫁在即,您也就不需要远行了。"

贾充听了有些犹豫:"此计虽好,但恐怕皇上不会看上我的两个女儿。"

贾充为什么这么说呢?因为他两个未嫁的女儿长得实在是太难看了,而且其他条件也很不好。贾充曾经想把自己的女儿嫁给太子,但司马炎却认为卫瓘的女儿更合适。司马炎说:"卫瓘的女儿有五个可娶的理由,贾充的女儿有五个不可娶的理由。卫瓘家族的女子多生男子,贤惠,长得漂亮,身材好,皮肤好;贾充家族的女子少生儿子,性格善妒,长得丑,身材五短,皮肤又黑又糙。"

不过,荀勖告诉贾充,世界上没有什么办不成的事,只要懂得"走后门"。当然,他们这一次要走的是皇后杨艳的门路。

皇后杨艳与司马炎是患难之交,感情十分好,司马炎娶妃子都必须经过杨艳的同意。皇后杨艳性格善妒,后果是司马炎后宫的宫女、嫔妃全部是"恐龙"。后来经过司马炎的极力争取,才娶到一个叫胡芳的美女,这是后话。

在对待儿子婚姻的问题上,皇后杨艳仍然坚持"丑妻至上"的原则。当荀勖向皇后杨艳为贾家提亲时,皇后杨艳当即答应考虑一下。当时贾充的小女儿年龄尚小,只有十二岁,十五岁的姐姐贾南风便成为太子妃的人选。贾家女子已经算是官宦家女儿中很丑的了,贾南风在贾氏家族中又是最丑的一个。据说,她的眉毛上还长着一颗又大又黑的疣痣。这样的女子真能被杨艳和司马炎选中成为太子妃吗?

贾充带着大军和忐忑不安的心情磨磨蹭蹭地向西而去,荀勖、冯统和贾充的妻子郭槐开始谋划这件皇室的亲事。

首先，他们用重金贿赂皇后杨艳身边的人。这些人得到了重贿，自然在杨艳面前猛夸贾南风。这回可不是"捧杀"，而是实实在在地"吹捧"。杨艳听到的贾南风既贤德又有才，而且貌丑，可谓"德才貌"三全，这样的好女子上哪儿找去？就算是天下并不缺少德才兼备的女子，可像贾南风这么丑的女子也是稀有。于是，皇后杨艳向晋武帝司马炎游说，应当选贾南风为太子妃。

晋武帝一听，头摇得像拨浪鼓似的，心想："我现在满后宫都是'恐龙'，难道还要我儿步我的后尘？"但皇后杨艳坚持要让贾南风当自己的儿媳，晋武帝又是个"妻管严"，加之郭槐也用重金买通了晋武帝身边的人，天天替贾南风说好话，司马炎终于同意了贾南风和太子司马衷的婚事。

贾充率领大军，以每日十里的速度行军，超过十里便驻地休息，不再前进，这个速度堪比乌龟快速爬行的速度。走到十一月的时候，贾充得到命令："因婚嫁在即，罢贾充西征之任，仍旧归职朝堂。"

贾充乐滋滋地以急行军的速度回到洛阳，速度之快让司马炎都很吃惊：这小子已经走了几个月，怎么一眨眼的工夫就回来了？

不管怎么样，贾充成了太子的岳父，未来的国丈。泰始八年（272）二月，贾南风被册封为太子妃。太子大婚，皇宫相府，彩灯高挂，鼓乐喧天，在一派喜庆气氛中，太子妃贾南风乘着凤辇进宫。司马炎虽然早就对贾南风的丑陋有了充分的心理准备，但乍见贾南风的样子，心里仍然"咯噔"一下，当时就拉下了脸。虽然心中懊悔万分，但木已成舟，而且贾充和他关系不错，是他非常依赖的权臣，所以也只能这样了。

太子的婚事一结束，有仇必报的贾充便开始报复任恺。但是任恺并不是一个轻易能动得了的人，他在朝中的官职为侍中，这是一个位列三公的高位，是皇帝身边的高级顾问。任恺在朝中的地位与贾充不相上下，司马炎对他十分信任，其程度丝毫不亚于贾充。许多重要的政务司马炎都先要征询任恺的意见，然后才决定是否施行。要想除掉这样一个人，不下一番心思是不行的。

冯紞认为，任恺因为担任"皇帝助理"的职位，经常和皇帝在一起，不好下手，要想办法把他调离这个重要职位。于是，贾充也采取了"捧杀"的办法，在司马炎面前猛夸任恺的学问大，不当皇帝的老师可惜了。司马炎一想也是这么一回事，于是便让任恺兼任太子太傅的职位。

贾充听到这个任命之后，气得一口气差点没上来。他本来想给任恺调个工作，没想到司马炎来这么一手，让任恺身兼两职。任恺不但没有和现在的皇帝脱离关系，还傍上了太子这个未来的皇帝。

贾充不甘心，于是又推荐任恺为吏部尚书。吏部尚书也是个位高权重的职位，相当于现在的人事部和组织部的部长。贾充这一回总算是把任恺调离了司马炎身边。任恺的工作又很忙，因此很少见到司马炎。贾充、荀勖、冯紞三个人就开始说任恺的坏话。一开始司马炎还替任恺说话，时间长了他心里也对任恺有了看法。贾充看时机到了，便向司马炎举报说："任恺吃饭用的是皇家的御用食器，这可是僭越的大罪啊！"

司马炎一听就火了，皇帝的东西你任恺也敢私用？当即就下令免了任恺的官职，并命人去核查他的罪行。去的人回来报告说："任恺所用的御用食器，是魏明帝所赐，与本朝无关，并非僭越。"司马炎这才恍然大悟。因为任恺的妻子是魏明帝的女儿齐长公主，家里有魏帝用过的东西当然就不奇怪了。司马炎这时又想起任恺的好来，想把任恺官复原职。但贾充哪里肯放过这个打击任恺的机会，他急忙道："就算任恺没有僭越的罪行，可他也不想想现在是谁家的天下？他怎么可以堂而皇之地拿着魏帝赐给他的东西来用呢？他分明是怀念魏朝，看不起晋朝。"

司马炎听了果然很不高兴，随便安排了任恺一个闲职，后来再也没有重用任恺。

打击完了任恺，下一个就是庾纯了。这一年七月，晋武帝司马炎加封贾充为司空。司空是晋朝最高的八大官职之一，这个官职虽没有实权，但拥有这一官职意味着其在朝中显赫的地位。当然，贾充的其他官职仍然保留，依然是一人之下万人之上的权臣。

贾充在府中大摆宴席庆贺，朝中百官都早早地携重礼赶来祝贺，唯独中书令庾纯空着手姗姗来迟。贾充本来就很讨厌这个人，又见他不上礼来吃"霸王餐"，更加不高兴。所以，席间庾纯向贾充敬酒时，贾充把庾纯拿酒杯的手一推道："我醉了，不能再饮。"

庾纯是个直脾气，当时就火了："论年龄我是你的长辈，你竟敢不喝我敬你的酒？"

贾充怒道："既然你也知道尊重长辈，你就该回去供养你九十多岁的老父亲。父老而不归养，你还有脸在这里充长者？"

庾纯借着酒意大骂："贾充，其实天下最坏的人就是你，你没资格说我。"

贾充得意道："我辅佐司马氏家族两世，荡平巴蜀之地，为晋朝立下汗马功劳。我怎么会是天下最坏的人？"

庾纯冷笑道："是啊，你是为晋朝立下了大功。不然，高贵乡公曹髦怎么会死呢？"说完，他把手中的酒杯一扬，一杯酒全泼到了贾充的脸上。

这下子全场的人都懵了，音乐立停，歌也不唱了，舞也不跳了。在短暂的安静之后，贾充和他朝中的同党们一同冲上去捉庾纯。庾纯在朝中当然也有死党，两方当场就在宴会厅干起仗来。只见碗碟乱飞，酒壶乱撞，椅倒桌翻，珍馐美味竟成了打人的武器，每个人身上都油花花的。

这毕竟是在贾充的地盘，庾纯等人很快落了下风。这时，侍中裴楷、中护军羊琇、驸马王济、中书侍郎张华等平时就看不惯贾充的重臣一同上前，把庾纯护出府外。

贾充席间受辱，哪里能咽得下这口气，加上以前庾纯和任恺联手，差一点儿把他给弄到西北做炮灰，于是他和荀勖、冯紞等同党联名上表，劾奏庾纯。司马炎也觉得庾纯太不像话，又在席间提到曹髦的事，当着百官揭他父亲司马昭的旧丑，当即免去庾纯的官职。不过庾纯和任恺不同，他是有后台的，那就是齐王司马攸。

司马攸是晋武帝唯一活着的同胞兄弟，在朝廷官居侍中、司空两个要职。这两个职位上文已经讲过，一个是"皇帝助理"，另一个虽无实权但彰显地位。司马攸论身份那是高得不能再高了；论和司马炎的交情，两人本是同胞兄弟，当然是亲密无间。司马攸很是替庾纯说了不少好话，于是司马炎不久又让庾纯官复原职。但是，司马攸下诏申饬了庾纯一回，算是全国性的通报批评，这场纷争才算平息。

但朝中的"倒贾"和"拥贾"两大派别的斗争却依然没有结束。

保皇位

西晋泰始十年（274），皇后杨艳重病身亡，临死的时候她请求司马炎将其叔父杨骏的女儿杨芷迎进宫门，立为皇后。杨芷是个相当标致的美人，杨艳一生善妒，这一回却要送一个大美女给司马炎，是因为她现在已经有了一个强劲的后宫敌人——胡芳。胡芳是征南将军胡奋的女儿，长相妩媚而性格刚烈，司马炎好不容易弄来这个美女，十分宠爱，不仅封为贵妃，甚至一切服饰待遇都与皇后相同。皇后杨艳知道自己死后，胡芳必被立为皇后。她绝不能让这个情敌得到这样的殊荣，同时也是为了使自己儿子司马衷的太子之位不受威胁，所以才举荐自己的堂妹胡芳为皇后。

司马炎当然知道皇后杨艳心中的小九九，他稍一犹豫，杨艳便泪如雨下，强撑病体，以二十余年的夫妻之情恳求司马炎答应。司马炎也不禁落下泪来，点头答应了。最后，皇后杨艳是握着司马炎的手离开人世。司马炎对皇后有感情，杨艳逝去后，他有很长时间没去亲近胡贵妃。

杨艳死后两年，司马炎履行承诺迎娶杨芷为后。司马炎看到杨芷之后，这才感叹相见恨晚，天下竟有如此美女。见惯了"恐龙"的司马炎本以为胡芳就已经很美了，而杨芷之美远在胡芳之上，而且说话做事比皇后杨艳要温柔得多，喜得司马炎合不拢嘴。这也是皇后杨艳颇有心计的一点，她把杨家最美的女人送到宫中为后，杨家就能继续控制后宫，进而影响着司马炎。

司马炎得到美人后大喜，又顾念皇后杨艳旧情，于是大封杨家。杨骏被封为临晋侯，杨骏的两个弟弟杨珧和杨济也分别被封为将军。

三年后的咸宁五年（279），讨虏护军、凉州刺史马隆诱使秃发树机能手下大将猝跋韩、且万能等人叛变，致使数万鲜卑军调转矛头转攻秃发树机能，秃发树机能在混战中被杀，其军群龙无首，或降或逃，历时十年的反叛终告失败。

西北平定之后，司马炎又将目光转向东南，准备统一全国。此时名将羊祜已死，司马炎以杜预为东南大帅。杜预是个了不起的军事家，但他一点儿都不懂武艺，甚至连马都不会骑；杜预射箭的时候，对面从来不敢站人，因为杜预从来就没有射中过箭靶。但是，杜预指挥起大军来毫不含糊，深谋远虑，心胸宽阔，深得军心。

这个时候，在吴主孙皓的错误领导下，东吴就像一座朽木支撑的摇摇欲坠的大厦，而西晋的经济实力和军事实力已经非常强大。杜预等人带着二十万大兵历时半年平灭了东吴，俘获吴主孙皓，结束了汉末、三国以来近百年分裂割据的状态，中原重归一统。

对于司马炎来说，此次平灭东吴最大的收获之一，就是把孙皓那几个"师"的宫女全给弄来了。没有了皇后杨艳的阻拦，司马炎这回可以畅其所欲地挑美女入宫了。他下令派人在东吴的后宫进行一次大规模的选美比赛，从中精选出五千名最漂亮的美女送到洛阳，充实自己的后宫，把身边的那批"恐龙"宫女全部换走。虽然，生活在一堆活色生香的美女当中感觉相当不错，但五千名美女也实在是太多了。这种事又不能请别人代劳，司马炎一开始日夜奋战，时间长了便有些吃不消。他后来想出一个办法，每天乘着羊车在后宫闲逛，羊车停在谁家门口，他就进哪家美女的屋子。宫女们为了获得皇宠，竟也想出一个办法：用竹叶插在门外，把盐汁洒在地上。羊本性喜食盐和竹叶，所以便停在有竹叶和盐汁的门前。后来这个办法一传十，十传百，百传千……五千美女都知道了。机关泄露，于是宫中户户插竹，处处撒盐，这倒成为洛阳后宫的一大风景。

天下一统，经济稳定，百姓安居。司马炎因此认为再没有什么力量能够威胁自己的江山，晋朝已是固若金汤，该是删减常备军的时候了，于是他下诏："悉去州郡兵，大郡置武吏百人，小郡五十人。"西晋实行州、郡、县三级行政制，大约相当于现在的省、市、县三级。这个诏令什么意思呢？就是说所有的省都不再设常备军，省下面市级单位的现役部队中，重要市的军官只有一百人，这些军官大约可配备一千人的兵力，普通市的现役军官只有五十人，大约可配备五百人的兵力。兵役是东汉末年以后农民最沉重的负担，司马炎免除了这个负担，对国家经济发展的意义重大，但也暗含危险。因为各王的势力实在是太大了，这些王族如果叛乱，中央政府根本无力控制局面。这就为后来的"八王之乱"埋下了一颗危险的种子。

一切安顿好之后，司马炎便开始享受人生了，荒淫纵欲，声色犬马，带头大搞奢侈浪费，早把自己过去制定的那些勤政节俭的规定抛在了脑后。在司马炎的表率下，大臣们更是豪奢成性，贪鄙成风。《晋书》中评价说，在中国史上历代大朝的开国皇帝中，像司马炎这样胡搞的人，只有他一个。

虽然，司马炎贵为皇帝，可以天天想怎么玩就怎么玩，但他也有烦心事。这个烦心事就是他的傻太子。

民间传言称，太子司马衷是个大白痴。就是这个司马衷，在晋朝天下大旱，百姓多饿死的时候，说出了"何不食肉糜"的名言。但从后来的历史记录中我们能看到，司马衷也有思路清楚的时候。综合看来，这个人应当算作是智力障碍者。

要说司马炎并不缺子嗣，不但不缺，儿子的数量还多达二十六个。可他为什么偏偏要挑这个最傻的儿子做太子呢？还是那位皇后杨艳的功劳。

皇后杨艳生了三个儿子，长子司马轨，次子就是司马衷，三子为司马柬。长子司马轨早夭，司马衷遂成了嫡长子。司马炎知道自己的这个嫡长子不聪明，所以一直不肯立太子，想在其他的儿子中再寻找一个适合的当太子。司马炎选择太子的时候，司马柬已经出生。《晋书》中称此人不善言辞，但反应敏捷、识量过人、性情仁厚。为什么杨艳不劝司马炎立司马柬为太子呢？

大多数人认为作为母亲，杨艳对儿子的天生愚痴非常负疚，一定要把最好的一切都补偿给司马衷。但精明的杨艳绝对想得没那么简单，她知道小儿子司马柬将来若做了皇帝，自己的大儿子司马衷一定不会吃亏，而司马衷当了皇帝后，权柄却不知会操在何人手中。但是，杨艳也清楚司马柬在这次太子争夺中远不如其同胞哥哥司马衷有优势。

首先，司马柬排位靠后，前面还有几个哥哥，而司马衷则是嫡长子；其次，司马柬当时只有两三岁，而且语言能力较弱，可能还不会说话。这种情况在现代很常见，并不代表孩子的智力有问题。但对于已经生了一个傻儿子的杨艳来说，对司马柬的智力心生疑虑也属正常。而当时司马衷只有七八岁，智力稍弱于同龄孩子也不会引起人们的过分反感，甚至她还抱有司马衷长大了就会聪明一些的美好期望。

经过反复对比掂量之后，皇后杨艳决定还是以司马衷嫡长子的身份来为他争太子位更稳妥一些。她对司马炎说了两个理由：第一，自古立嫡立长不立贤，若立他人，是违反古制，恐怕违背天意；第二，孩子还很小，只有八岁，童心未泯，大器晚成，你怎么知道他长大后就一定是个傻子？

司马炎本来就与杨艳感情十分深厚，更巧的是他也是长子，也因为父亲司马昭不喜欢他更喜欢小儿子司马攸而差一点儿没当上晋王。夫妻感情、古制礼法、对儿子的侥幸心理和童年的阴影交织在一起，司马炎终于在泰始三年（267）立九岁的司马衷为皇太子。

但司马衷的个子越长越高了，年龄越来越大了，眼看着已经成为大小伙子了，可智力却不见长，一直停留在九岁的水平。朝臣们对这个太子就有了看法，再加上当时司马炎纵欲无度，终于被女色弄得病倒在龙床上，连着两个月不能上朝。谁来继位的问题便急迫地被提上了日程。

有人想请司马炎换个儿子当太子，更有人想让司马炎的同胞弟弟齐王司马攸接替司马炎的皇位。司马炎听说司马攸对他的皇位有威胁，虽然他仍然相信司马攸本人不会对自己的皇位有什么想法，但如果自己百年之后百官同心，黄袍加身，司马攸未必会断然拒绝。于是，他下令让司马攸离开洛阳回到封国去。当然了，他还不能亏待自己的弟弟，司马攸是齐王，又是侍中、司空，拥有最高的官职和地位，官无可加，封无可封，司马炎便赐他以"假节"之权。什么是"假节"呢？节，即符节，是一种生杀权力的象征，持节者可以诛杀中级以下官吏、无官职的人和犯军令者。

诏命一下，满朝大哗。尚书左仆射王浑，光禄大夫李憙，中护军羊琇，侍中王济、甄德，河南尹向雄，博士秦秀、庾旉、太叔广、刘暾等数十名大臣一齐上疏，请司马炎留下齐王在朝辅政。殊不知，这反而给司马攸帮了倒忙。司马炎一看这阵势，更加害怕，赶紧催齐王上路。

齐王本来身体就不好，这回被赶出京城，十分愤懑，竟吐血而亡。司马炎听到这个消息，又想起兄弟情深，大哭一场，将齐王重礼厚葬。不久，贾充也病死，司马炎便命安北将军、都督幽州（今燕山一带）诸军事的张华回京，接替贾充为相。

虽说齐王司马攸已经故去，但司马衷的太子位仍然不稳固。朝野大臣都认为太子愚笨，根本没有能力胜任皇帝之位，但大家也只是私下说些悄悄话而已。

尚书令卫瓘则决定冒一次险,劝司马炎换个太子。卫瓘是著名的书法家,他的侄女卫夫人卫铄就是书圣王羲之的书法老师。这位书法家一开始写了几个奏章,但最后还是没有胆子递上去。在几番犹豫之后,他终于找到了一个既不会伤害自己,又能劝谏皇上的办法。有一次司马炎在凌云台大宴群臣,卫瓘假装酒醉,借酒盖脸,走到司马炎面前奏道:"臣……臣……有事……启……启奏。"

司马炎问他有什么事。卫瓘还是没有直言,只是手指御座叹道:"此……座可惜!"

仅仅这么一句话,司马炎已经明白了,他沉下脸道:"你喝醉了,还不回去!"卫瓘见自己达到了目的,急忙以酒醉的借口离开了宴会。宴罢,司马炎回到宫中,细细思索卫瓘的话,对司马衷的能力再一次开始怀疑:把江山交给这个傻儿子,他到底能不能治理得了呢?即使只做个守成之君,司马衷有这个能力吗?

他决定考一考自己的儿子,遂从《尚书》中挑了几道题,让人送到太子那里,让他答卷。这是一次决定太子之位的极其重要的考试,但司马炎却做得过于草率,不仅是开卷考试,而且没有监考,时间也很宽裕。这种考试的结果可想而知。

说到这里,我们不得不回过头来称赞一下皇后杨艳,她给儿子挑选的丑太子妃贾南风在关键时刻起到了决定性的作用。太子妃贾南风知道事关重大,急忙让心腹侍从悄悄将考题带出宫外,找了一位很有学问的老儒生代为作答。

这位老儒生一听是替太子写卷子,心情无比激动,旁征博引,论古证今,慷慨陈词,洋洋洒洒,着实卖弄了一回学问。侍从将老儒生写就的卷子带回宫来,贾南风遂让司马衷照抄一遍。如果这份考卷交上去,恐怕司马衷的太子之位也就保不住了,因为这份卷子完全不是司马衷的风格,一看就是"枪手"写的。司马炎可不是司马衷,他没这么好骗。也许是司马衷命中注定要做皇帝,一个叫张泓的人指出了这个大漏洞。

张泓是什么人?史书记载此人的身份是"给使",就是供人役使的仆人。许多人认为宫中的给使一定是太监,但据史书记载,有很多给使都曾经外放做官,也娶妻生子。像隋文帝的给使李圆通外放后一直做到兵部尚书的位置,他的儿子李孝常是唐朝的大功臣。孙权、刘备等人的宫中都有这样的人,也曾有人被外放做官。这样看来,张泓很有可能是贾南风以给使的名义召进宫来的能人,就好像雍正皇帝做亲王时养在府中的幕僚邬思道一般。

贾南风急向张泓求主意。张泓笑道:"这有何难?就直接用平常的白话来答卷,只要答得还行,皇上一定不会怀疑。"

果然,司马炎看到了这个白话文,觉得文采虽然相当的差,但中心思想却很正确,表词达意也比较通顺,于是认为司马衷还是有能力守国的,便把换太子的事又搁下了。

除了贾南风的努力之外,其实还有一个人也在巩固司马衷太子之位的政治斗争中出了一把力。此人就是司马衷的长子司马遹。原来,太子司马衷大婚之前,司马炎担心自己的儿子不懂夫妻之事,便把自己的才人谢玖调往东宫侍寝。但太子大婚之后,由于贾南风的排挤,司马炎便让人把谢玖接回西宫中来住,回来后竟查出有孕在身。这个儿子到底是司马炎的还是司马衷的,到现在还是一个历史难题。反正,太子司马衷的第一个儿子就在这样的复杂情况下出生了。

司马炎为自己的太孙取名司马遹。司马遹从小就表现出超过同龄孩子的智慧,这一点和他的父亲司马衷恰恰相反。这让我们再一次对他生父的身份表示怀疑。司马炎十分喜欢自己的这个孙子,经常带在身边。有一天晚上宫中失火,司马炎登楼观望,五岁的司马遹拽着他的衣袖将其拉到暗处,并说:"黑夜里应当多加防备,不能让火光照到您身上,这样很危险。"这让司马炎对这个孙子刮目相看。

还有一次,司马炎带着孙子司马遹到猪圈参观。司马遹见了膘肥体壮的猪说道:"猪已经长得这么肥了,为什么不杀掉以犒劳诸臣,还让它们在这里浪费粮食呢?"司马炎听了十分舒服,常常对群臣夸赞自己的这个孙子,称这孩子一定能让晋朝兴盛。由于十分喜欢这个孙子,司马炎对太子司马衷也就有了几分好感。

太子的地位就这样稳固了,但贾南风的地位却遭到了一次严峻的考验。贾南风生性好妒,这一点和皇后杨艳极为相似,甚至超过了皇后杨艳。谢玖后来带儿子回到东宫,贾南风便把谢玖幽禁到别宫,谢玖不但不能见司马衷,连儿子司马遹也见不到了。贾南风又命心腹宫婢监视东宫的其他嫔妃,任何人都不得与太子亲近。司马衷虽然对这个丑老婆十分满意,毫不嫌弃,但有时候也要偷一回腥,这方面他还是不傻的。后来,就有一个姓郑的嫔妾怀上了司马衷的孩子。贾南风听说后大怒,抄起一把长戟直奔郑氏宫内,见到郑氏后用戟把郑氏肚子划开,郑氏当即扑地而亡,未成形的孩子从肚中掉出。

贾南风这下可惹了大祸。司马炎闻报大怒,欲将贾南风废掉,关在金墉城。金墉城是曹魏在洛阳西北角筑的一个小城,原来建此城是想在洛阳受到威胁的时候构成掎角之势,予以驰援,但是金墉城并没有发挥军事上的作用,却在残酷的政治斗争中成了一个关押政治要犯的高级监狱。

这时,贾南风平时累积的人脉发挥了作用。贾南风一直在讨好杨家,而作为太子党的杨家也知道贾南风的存在对巩固司马衷的太子位是十分有利的。于是,杨家人纷纷到司马炎那里为贾南风求情。皇后杨芷说:"嫉妒是妇人的本性,因为太子妃现在年少,所以脾气火暴,等长大后肯定会改。"这又是当年皇后杨艳的那一套理论,童心未泯,大器晚成。杨家三公也说:"贾充是为您立过大功的,贾充刚刚亡去,您就忍心把他的女儿打入冷宫,终身监禁吗?"

要说司马炎的确是个很讲交情的人,在众人的劝说下他又将贾南风放了出来,也为自己的江山留下了一个大祸患。其实,应该说司马炎为自己江山埋下的定时炸弹有很多:大封同姓王,解散全国军队,让傻儿子当太子,重用杨姓三公,搞死亲弟弟司马攸,带头享乐……晋朝的祸患已经不远了。

司马炎由于过于纵情声色,不久便病重,他垂死之时下诏,宣其叔父汝南王司马亮回朝,与杨骏共同辅佐司马衷。这是司马炎巩固晋朝的最后一次努力。但杨骏把诏书扣下,秘而不宣。直到司马炎弥留之际,皇后杨芷召集亲信中书监华廙、中书令何劭入宫,又重新写了一份诏书。诏书中以杨骏为太尉、太子太傅、都督中外诸军事、侍中、录尚书事,也就是说杨骏一个人掌握了晋朝所有的军政财大权,除了没穿一身龙袍,基本上和皇帝没什么区别。

四月中旬的一天,司马炎的生命到了最后的时刻,皇后杨芷与华廙、何劭拿着伪诏给司马炎看,劝他答应。这时司马炎已经不能说话,他听何劭念完诏书,艰难地伸出手来,何劭急忙把诏书递上。司马炎接过诏书,紧皱眉头,做出他生命中的最后一个动作——将诏书狠狠地摔在地上,然后便离开了人世。也许,在司马炎生命的最后时刻,他才明白自己并不是一个成功的皇帝,才突然开始为自己所创的晋朝的未来担心,但一切都晚了。

太熙元年(290)四月己酉日,司马炎驾崩于含章殿,时年五十五岁。

中华民族一百多年的乱世,也就此拉开了序幕。

第二章

城头变幻大王旗

夺宫之战

司马炎死后，太子司马衷继皇帝位，大赦天下，改元永熙，尊皇后杨芷为皇太后，立贾南风为皇后，广陵王司马遹为太子，司马遹的母亲谢玖为淑媛。三国两晋时后宫妃嫔分十二等，一等为贵嫔，二等为夫人，三等为淑妃，四等为淑媛，以下分别为昭仪、昭华、修容、修仪、婕妤、容华、美人、良人。谢玖身为太子之生母，却仅获第四等，可见是受到了贾南风的压制。

杨芷的父亲杨骏为太傅、大都督、假黄钺、录尚书事，总领百官。汝南王司马亮听说侄儿司马炎死了，急忙来京吊唁。杨骏是靠着伪诏获得大权的，担心司马亮入京后和他争权，急忙和杨芷商量，以司马亮谋反的罪名，向司马衷请诏讨伐司马亮，欲在京中致司马亮于死地。这时候司马亮已经来到城门之外，通过亲信听到这个消息，不敢入城，望城而哭，然后连夜逃回许昌，总算是保住一条性命。但从此，司马亮和杨家结下了仇恨。

五月辛未，司马炎被葬于峻阳陵，谥为武皇帝，庙号世祖。杨骏执掌大权之后，为了拉拢人心，大加封赏，京城内外的所有官吏都官升一等。但这个封赏实在是太让人哭笑不得。群臣纷纷谏道，从来没听说过皇上死了，大家都有功而官升一等的，请杨骏收回赏赐。

杨骏本是邀买人心，却着实地丢了一回人，但他认为自己若收回命令，就是第二次丢人。杨骏吸取这次教训，结党营私，把持朝政，打击反对派，大有把司马家的天下当作杨家天下的势头。这样一来，他和贾南风之间便产生了矛盾。

贾南风是一个极有权力欲的女人，统领六宫根本不能满足她的权力欲望，她的目标是驾驭天下，为天下人主。于是，司马衷当皇帝后，贾南风经过一番谋划，竟然在司马衷上朝后垂帘于皇座之后，听朝议政。

杨骏哪里容得这个女人争权，走上去一把将珠帘扯下，指着贾南风骂道："皇帝这么英明聪慧，还用得着你一个女人来指手画脚，干预朝政？"说罢便命殿中护兵上前，把贾南风赶出大殿。

贾南风这个脸可丢大了。不仅丢脸，杨骏此举也击碎了贾后崇高的政治梦想，堵塞了她迈向权力最高位的路途。贾南风回到宫中，召集心腹黄门董猛与殿中中郎孟观、李肇等人密谋除去杨骏。经过一番商量，他们决定借刀杀人，而杨骏的仇人汝南王司马亮被认为是最好的一把"刀"。

李肇自告奋勇，到许昌劝说司马亮举兵入朝除掉杨骏。没想到司马亮虽然深恨杨骏，却没有这个胆量，不敢发兵。李肇劝了半天也没用，总不能就这么无功而返吧，便决定再去别的地方碰碰运气。这活与现代寻找风险投资人是一样的性质，风险是有的，但如果成功，利益也是非常大的。

司马炎的第二个儿子，荆州的楚王司马玮看到了这个风险投资其实胜算很大，于是答应入股投资。第二个入股的是司马炎的另一个儿子淮南王司马允。两个人一起带兵入朝。

历史上著名的"八王之乱"就这样开始了，时间是元康元年（291），距司马炎的周年忌日尚有两月。

司马玮先带军队来到洛阳城，李肇早入城报知了贾南风。贾南风并不是等闲之辈，她早就想好了里应外合的对策。得知司马玮兵临城下后，贾南风当即命令孟观、李肇启奏天子：杨骏谋反！

司马衷一开始不相信，两人又说："太傅每天聚集心腹在府中密议谋反之事，我们已经观察很久了。"在两人的撺掇下，司马衷下诏命城中戒严，以淮南相刘颂为三公尚书，保护皇宫，又命楚王司马玮进兵入城，东安公司马繇率一部分禁军去捉杨骏，孟观和李肇率另一部分禁军去捕捉其他杨党。

杨骏正在大宴宾客，唱歌跳舞，玩得非常尽兴之时，突然亲信段广跑了进来，说皇上以谋反的罪名派兵前来捉他。杨骏虽然掌握军权，这个时候却是一个兵也调不动。毕竟杨骏也笼络了一批死党，主簿朱振出主意道："这一定是贾后的主意。您应当立刻率领家丁烧掉云龙门制造混乱，然后开万春门，挟东宫和外营的士兵，拥立皇太子，攻入宫中，捉拿奸人。"

这个主意出得太好了。拥太子，则师出有名。太子东宫有兵万人，加上外营兵也有万余人，足可以和禁军相抗衡。而一旦控制了皇宫，把持了皇帝，城外的司马玮根本不是什么问题。

但杨骏这时却说出一句让大家大跌眼镜的话："造云龙门的时候花费不少，烧掉太可惜了。"杨骏这个借口太差了，其实他就是不敢孤注一掷，起兵造反，而是抱有侥幸心理，能捡一条性命就行了。大家本来群情激昂，欲赌上一把，却发现这位威风八面、叱咤风云的当朝第一权臣，原来是一个懦夫，立刻一哄而散，各自想办法逃生去了。

当然，杨党中并不是所有人都像杨骏这样怯懦无能。杨骏手下的左军将军刘豫听说兵变，带了自己的属下去救杨骏，却在万春门碰上右军将军裴颀。裴颀诈称救杨骏，趁刘豫不备，斩刘豫于马下，收降了刘豫部下。杨骏手中的最后一支兵力就这样被消灭了。

司马繇带兵攻入杨府，杨骏府中的府兵不战而降。司马繇收降府兵，却对杨家人格杀勿论，不一会儿的工夫就把杨府上下一百多口斩杀干净，唯独不见了杨骏。

禁军搜府后，发现马厩中的草垛在抖，便用大戟对着草垛乱刺，登时把藏在草垛中的杨骏刺得如筛子一般。堂堂的大司马、太傅大人，竟命丧于草垛之中。当日，杨珧、杨济、张劭、段广、文鸯等杨骏一党悉被捕获，诛及三族。不算战死的士兵，仅杨党被诛者竟达数千人。

这时，那位胆小如鼠的司马亮在大家把一切搞定之后，高高兴兴地来到了洛阳，开始享受政变的胜利果实。当然，司马炎的确也写有让他入朝辅政的诏书，不过让杨家当垃圾给扔掉了。

可这位司马亮也实在是不怎么样，简直就是杨骏第二，一上朝也来个大家官升一品，凡和诛杀杨骏能扯上一点关系的一律封赏，封侯爵者竟多达一千零八十一人。通过司马炎所选的这两个辅政大臣，我们可以看出司马炎晚年糊涂到了什么地步。

御史中丞傅咸劝司马亮道："您这是干什么？这些人大多没有功劳而获厚

赏，那将来所有人都会希望国家多有几次灾难，以便多获几次封赏。还有，当年杨骏太过于招摇才惹此祸。现在您也是冠盖车马，带领大批侍从出出进进皇宫，一副盛气凌人的样子，恐怕对您不利。"

司马亮听了不但没有丝毫收敛，反而觉得要想长期掌握朝政大权，巩固自己的势力，就当排除异己。楚王司马玮手握兵权，功劳也最大，所以最难控制。司马亮决定先除掉这个人，便命令司马玮回封国。

楚王司马玮觉得在朝中要风得风、要雨得雨的小日子过得挺不错，听说司马亮要赶他回去，急忙派心腹长史公孙宏、舍人岐盛向贾南风求救。贾南风是个野心极强的人，早对司马玮、司马亮和自己三权治朝的状况十分不满。听了这话，贾南风便挑拨司马玮去杀司马亮，并让司马衷写了手诏派董猛传给司马玮，免去司马亮和尚书台卫瓘的官职，并捉捕入狱。

为什么一定要捎上卫瓘呢？

前文说过，卫瓘曾经借醉酒在宴会上委婉地劝司马炎换太子。当时贾充也在场，回去后就告诉了贾南风。贾南风从此就记恨上了卫瓘，正好借此机会将卫瓘一起除去。

司马玮见是非正式的手诏，有些担心："这玩意儿合法吗？要不再去请皇上发一道明诏，我好名正言顺地去捉司马亮和卫瓘？"

董猛骗他道："这是密诏，事涉机密，不能泄露，怎么能用明诏？你赶紧去吧，绝对没有问题。"

楚王司马玮听了也觉得有道理，拿着这个手诏召集军队，称司马亮与卫瓘谋反，带着公孙宏、李肇、清河王司马遐等人分别率兵去捉二人。

可怜司马亮和卫瓘见到有人称奉诏捉拿自己，竟然都表示要找皇上喊冤。司马亮说："我哪里有二心？"话音未落，已被公孙宏一剑刺透前胸，气绝而死。而卫瓘在府中见了来捉他的士兵，坦然受擒。他的手下曾经劝他一面带兵反抗，一面上奏折说明情况。但卫瓘自信地说："我的这片忠心，天下人没有不知道的。我要向皇上申辩。"但没有人给他申辩的机会。卫瓘刚从容地让人绑他去见皇上，就被司马遐手下的大将荣晦杀死。接着，卫瓘三子六孙皆被诛灭，只有两个孙子卫璪、卫玠因不在府中，才逃过一劫。

公孙宏、岐盛与司马遐两路人马干净利落地解决完司马亮和卫瓘之后，司马玮觉得大功告成了。这时，岐盛提醒他道："皇后贾南风也不是个善茬子，这个女人野心很大，将来肯定会对王爷您不利。趁您现在手中有兵，马上带兵入宫，废去贾南风，可保今后的平安。"

司马玮想了一会儿，还是放弃了这个危险的举动。岐盛被拒绝后长叹道："今天你不杀她，将来必被她所杀，我们都要跟着你倒霉了！"

果然，当天亮后司马玮高高兴兴地上殿表功时，坐于珠帘之后的贾南风却突然翻脸，她在帘后厉声喝道："你好大的胆子啊，竟敢擅杀大臣，图谋不轨！"

司马玮惊讶万分道："我是奉诏行事啊！"他还将手诏拿出来以示清白。可惜此人智力堪忧，竟然到现在还不明白。

贾南风道："既无明诏，便是矫诏。"当即召来殿中武士，把司马玮绑得如粽子一般。

当时，司马玮手下的公孙宏、岐盛、荣晦等人带兵就等在殿外。这支军队一旦哗变，后果不堪设想。如何解决这个问题，这就要看贾南风的智慧了。垂帘在后的贾南风的确算得上是一个阴谋家，作为吕雉之后第二个掌握整个国家命运的女人，她只是耍了一个小把戏，就击垮了司马玮的大军。她让司马衷下诏派殿中将军王宫持驺虞幡出殿。驺虞幡是一种绘有驺虞图形的旗帜，皇上一旦亮出这个东西，就表示要解散军队。王宫拿着驺虞幡走到殿外，朗声道："楚王矫诏行事，使二公被害。诸位将士都是受了楚王的欺骗，除了公孙宏、岐盛、荣晦等从恶作逆的首领外，其余将士一律无罪。"底下的将士一听，顷刻间扔下兵器走得精光。

岐盛虽然对此早有所料，却没想到祸事来得如此之快。司马玮被处死了，年仅二十一岁。司马玮的党人都被灭三族。长沙王司马乂因为与司马玮是同母兄弟，坐罪被贬，徙封为常山王。这一天为元康元年（291）六月十日，离杨骏被诛，尚不到一百天。

贾南风假惺惺地追谥司马亮为"文成"，卫瓘为"成公"，但实际上真正成功的却是这个狡诈的女人。

从此之后，晋朝的所有权力便掌握在贾南风手中。

杀贾后

贾南风专权之后当然要用自己的人，于是她的侄子贾谧、族弟贾模、表兄裴頠等人都得到重用。贾南风用的这批人为政还算是可以的，尤其是裴頠，史书上称他能拾遗补阙，以朝廷大局为重，抑制权臣，悉心于西晋王朝的治化。而贾谧和贾模也不争相权，反倒请贾南风把远避幽州的张华请回来做丞相。后来，西晋形势总算安稳了几年。一直到元康四年（294）五月，自然灾害突然频繁起来。先是四川大地震，然后是安徽闹水灾，接着又是寿春（今安徽省淮南市寿县）大地震和以湖北竹山县为震中的大地震；到了秋天，河北怀来、居庸关一带再发地震，死人无数，百姓大饥。第二年，甘肃榆中县地震，东部沿海地区遭到雹灾；湖北、江苏、山东、河南、安徽等地洪灾泛滥；山西遇风灾，禾稼尽毁；洛阳失火，历代所藏之宝以及军械物资悉数被焚。这一年半的灾害，把西晋给掏空了。

到了元康六年（296），全国饥荒，瘟疫流行，贾南风慌忙赈灾，勉强应付。到了元康七年（297），秦、雍二州（今陕西省、甘肃省、宁夏回族自治区一带）大旱，这下子西晋撑不住了，毕竟西晋全国没有战争才不到二十年，司马炎在位时又大搞奢侈浪费，国库亏空。贾南风就是有天大的本事，要想撑住这个局面也很难，更何况她的本事也有限。于是，千百年来封建社会灾害之后必然的结果出现了，那就是饥民造反。这次造反的是关中饥民，领头的人叫齐万年。

贾南风以赵王司马伦为征西大将军，与雍州刺史解系一同平叛。司马伦是司马懿的第九个儿子，这个人最大的"优点"就是不学无术，最大的"爱好"就是争权。他和雍州刺史解系两个人到了前线，还没开始打仗就闹起了内讧，一边连连吃败仗，一边互相弹劾，互相拆台。

贾南风干脆让两个人都滚蛋，又派司马懿第七个儿子梁王司马肜和御史中丞周处去征战。是的，这个周处就是"周处除三害"故事的主人公。周处年少时，横行乡里。当地人把周处和一虎一蛟当作三害，周处杀虎斩蛟之后非但没有让乡人感激，反倒大家以为他死了而拍手相庆。周处因此改恶从善，后参军成著名将领。

周处在做御史中丞的时候，曾经弹劾过梁王司马肜，因此得罪梁王；而梁王又是个鼠肚鸡肠、睚眦必报之徒，贾南风让这两个人搭档，结果可想而知。其实在用人方面，搭配相当重要，贾南风在这个方面还是失察了。

周处也知道这一去肯定没好结果，但他对前来劝他辞任的好友道："我不能只顾全私义而不顾国家大义，既然得罪了权贵，大不了战死沙场罢了！"遂慨然出征。

军队到了长安，梁王立刻命令周处出战，却只给五千步兵。周处当然不干："齐万年有七万精骑兵，而我拿五千步卒去和他打，如果没有后援，肯定吃败仗，这败仗打起来有什么意思？"梁王大怒道："你这个胆小鬼，是怕死吧！"坏蛋害人，往往用的是最正义的理由，梁王也是这样。周处当即回道："我并不怕死，只是担心国家的损失啊，难道你不怕因此而误国吗？"

周处说得相当义正词严，也确实占理，更何况周处保卫的是司马家的家业，梁王若思维正常，这时候总该把私仇放一边去了吧。可小人就是小人，小人常常就爱干损人不利己的活计，梁王司马肜骗周处道："你只管去吧，我带兵为后援。"

话说到这份上，周处明知司马肜胡说八道，但也没办法，只好出战。

本来齐万年听说名将周处带兵前来，正准备集结逃跑，又听探报说，周处只带五千步兵前来，遂大喜，转过头来与周处决战。周处留下一首绝命诗后，带五千人悲壮地杀向战场。这首诗是："去去世事已，策马观西戎。藜藿甘梁黍，期之克令终。"意思是：走吧，走吧，世上的事已经完结了，就骑上马去，看看西戎外族吧。我这个出身低微的人只能听命于尊贵的皇亲，我希望自己能坚持到最后。

周处再没能回去——从早上杀到晚上，他的战袍被鲜血染红，五千步兵被杀了个精光，那梁王所谓的援兵仍未到来。周处最终战死沙场，实现了他顾全国家大义战死沙场的诺言。

司马肜听说周处死了，很是高兴，根本不管周处死了对国家来说只有坏处没有好处。消息传到京城，朝廷震惊，贾南风只好派自己的宠臣孟观为征讨将军，再领精兵三万西去征讨。

孟观是帮助贾南风夺宫的重臣，可以说是贾南风十分倚重的一名军事将领。梁王虽然器小，但脑容量不小，知道如果惹了孟观，自己一定吃不了兜着走，于是干脆将关中兵马皆交孟观调遣，自己当甩手掌柜。正所谓朝中有人好做官，没有个后台是不行的。孟观靠着和贾南风的关系独得兵马大权，他也的确有很强的军事才能，经过大小十几次战役，终于在中亭川（今陕西省渭水支流漆水河）将齐万年擒获，枭首示众。不过三个多月，便平了叛乱。

贾南风大喜，于是封孟观为东羌校尉、右将军，梁王竟然也因功拜为大将军。此役之后，后来的年景还算不错，贾南风便放下心来尽情玩乐。贾南风爱玩什么？她不像司马炎那样喜欢搞奢侈、摆场面，她只爱帅哥。

贾南风不许自己的皇帝丈夫接近其他女人，但自己却在外边找男人。先是看上了英俊的太医程据，经常以头疼脑热身上酸为名把程据召进宫来为她"看病"，一看就是一个晚上。程据后来因为"看病"有功，升为太医令。接着，贾南风又对潘安发生了兴趣。没错，就是那个掷果盈车、玉树临风的千古大美男潘安。贾南风真是艳福不浅啊！但她还不满足，又命心腹侍婢在京中秘密寻觅美貌少年，然后用箱车载入宫中，供她宣淫。等她满足之后，便将他们杀死，以免这些人出宫后把丑事传出去。只有一个姓张的小吏因为深得贾南风的喜欢而侥幸存活。此人也很会装傻，从箱车中出来后便把贾南风寝宫叫作仙宫，把宫女叫作天仙，才捡了一条性命回去。

要说贾南风现在是要风得风，要雨得雨，要帅哥有帅哥，有权，有钱，有势，全天下最幸福的人如果不是她，那世界上就没有人幸福了。但贾南风真的没有幸福感，因为她还有个眼中钉没有除去，这个人就是太子司马遹。

贾南风担心一旦司马衷死掉，等司马遹当了皇帝，自己便会大权旁落，于是决定早做打算，立自己的儿子当皇帝。当然，贾南风并没有儿子，要临时生一个却不是件容易的事。不过贾南风有个好妹妹，正好贾午怀孕，贾南风便与妹妹贾午商量好，一面将贾午密留宫中待产，一面在自己肚子上按日子渐添棉絮，诈称有孕。随着贾南风往肚子上塞的棉花越来越多，司马遹的末日也渐渐临近了。

贾午十月胎满，果然生下一子。贾南风大喜，取名慰祖，随之便开始实施除掉太子的计划。

元康九年（299）腊月二十九日深夜，寒风怒吼，大雪纷飞，太子司马遹突然接到中宫的旨意，说圣上病了，召太子入中宫侍疾。司马遹来到宫中，既没有见到父皇也没有见到贾南风，只有一名侍婢奉旨赐酒。司马遹虽然觉得奇怪，但并没有想到此中大有深意，遵旨饮酒，很快便被灌得酩酊大醉。这时，贾南风出场了。

出场的不但有贾南风，还有她的情人潘安。潘安当场写下两封逼宫信，让司马遹再抄一次，说这是司马衷的意思。大醉中的司马遹哪里还有心思看信中的内容，遂依样照抄一遍。毕竟是酒醉之人，所写之字歪歪扭扭，甚至笔画不全，潘安又持司马遹之手补描一回，才把司马遹送回东宫。司马遹还奇怪地问贾南风："为何父皇又不让我侍疾了？"贾南风说皇上的病突然好了，司马遹竟然毫不怀疑。

贾南风以此书为证，诬太子欲谋反。司马衷当然对贾南风十分信任，百依百顺，当即下旨废掉太子。但众官都颇感疑惑，请求贾南风进一步调查之后再作定论，特别是张华反对甚烈。贾南风自然不想调查，于是以退为进，先废太子为庶人，禁于金墉城，又将太子的生母以教子无方、蛊惑太子之罪杀害。因为贾南风作梗，谢淑媛本来与亲生儿子见面都很难，最后却落得个教子无方的罪名，真是比窦娥还冤。

太子被废之后，赵王司马伦坐不住了。司马伦虽然不学无术，但野心很大，一听太子被废，便觉得这是个起事的好口实，正好自己手掌兵权，可一鼓作气攻入中宫，拿下贾南风，以后晋朝的天下就是自己的了。

这时，他手下的谋士孙秀阻拦道："殿下你急什么？心急吃不到热豆腐啊！"

赵王不解："为什么说我吃不到热豆腐呢？现在好不容易逮着个口实，贾南风的亲信武将又在外领兵，现在不起兵，何时起兵？"

孙秀神秘一笑道："是啊，殿下现在起兵，贾南风必手到擒来。可革命的胜利果实您还是享受不到啊！太子是个聪明人，等他回到东宫必不会受制于人。况且大家都知道您原属皇后党，跟着贾南风做了不少事。夺宫之后，您认为自己是立了大功，别人却只当您是将功折罪。我看不如再等等，贾后迟早要害太子。等到那个时候，殿下再起兵废后，为太子报仇，岂止免祸而已？整个晋朝天下都是您的。"

赵王听罢大喜,遂依孙秀之计。但贾南风什么时候才会杀太子呢?如果时间太长了,可能起事的时机就不在了。孙秀为了让太子尽量死得快一些,便派人到京中到处传谣言,说有人欲迎立太子,废掉皇后。贾南风听说后很是疑惧,杀心顿起,立即召自己的情人——太医程据入宫,让他配出毒药,然后矫诏派宦官孙虑去金墉城毒杀太子。

孙虑带着毒药来到金墉城,向守将刘振说明来意。刘振说:"毒死太子名声不大好听,不如断其饮食饿死他比较稳妥。"于是,孙虑和刘振派人把太子关在一间小室中,不给送吃喝,等着太子司马遹渴死饿死。

哪知道太子司马遹平时待下人还挺不错,就有人冒死偷送食物给他。这样一连过了半个月,孙虑估计司马遹也该死掉了,便打开门来,一看,只见太子司马遹养得白白胖胖,比断食前的精神还要好。孙虑想,这家伙越饿越精神,何时是个头,干脆直接掏出毒药,让太子吃下。太子哪里肯吃,大喊着要如厕,夺门而出。孙虑大怒,从袖中取出捣药木杵,一路追到厕所,一顿乱锤。太子惨叫连连,却无人敢救,不一时便被孙虑锤死,年仅二十三岁。

赵王司马伦听说太子被锤死,当天晚上就假制皇诏,和翊军校尉齐王司马冏联兵起义。司马冏率兵直逼中宫,早有内应张林、张衡打开宫门。司马冏率众一拥而入,先杀贾谧,再捕贾南风。贾南风被押出宫外,恰见皇上司马衷被众兵拥着走出来,遂向司马衷喊道:"陛下救我!我若被杀,那你被废的日子也不远了!"贾南风的确聪明,她这句话后来很快就应验了。可惜司马衷天生愚痴,人家说皇后谋反,他就信了,所以沉默不语,并未替贾南风说一句好话。

贾南风见事已至此,再无翻盘希望,任由齐王把她押入金墉城。贾南风手下同党刘振、董猛、孙虑、程据、韩寿等人都被捕获,当场斩首。贾南风的妹妹贾午和那个刚生下不久的孩子司马慰祖,也被搜出杖毙。

一切处理完毕之后,孙秀道:"贾南风不是省油的灯,您应当斩草除根。"

赵王于是派人矫诏赐其毒酒一壶,令其自尽。比起司马遹,贾南风不愧是个久经政事的人,她知道反抗无益,大骂赵王一通后,端起装着金屑酒的酒壶,一饮而尽。

中国历史上第二位女政治家，也是中华民族三百年乱世的肇始之人，就这样结束了生命。

五王反

赵王司马伦专权之后，一方面培植自己的党羽，四个儿子全部封侯封王。另一方面全面清洗贾党，就连张华等良臣也未能幸免。还有那个曾经在前线和赵王争权争功的雍州刺史解系，也被安上贾党的罪名给杀掉了。

至于齐王司马冏，被封为平东将军，他本来以为自己能参辅国政，却被司马伦派驻到许昌。司马冏虽然不服，但司马伦正在势头上，自己惹不起他，只好暂时忍气吞声。

赵王也知道自己没什么本事，所以朝中的所有事情都听孙秀的，孙秀成了西晋朝中说一不二的主。

富豪石崇也差点被作为贾党清洗，多亏花钱活动，方保得一命，此后一直住在"金谷园"中，闲居在家，享受娇妻美妾，亭台花园，倒也自得其乐。但石崇有一宠妾，名叫绿珠，为"金谷园"中第一美女，名震京华。孙秀早就垂涎，当时没钱没地位，不敢与石崇相争，现在独掌朝中大权，又想起这件事来，便派人去要。

石崇叫出美妾百人，任他挑选，独不送绿珠一人。而孙秀却对百名娇娃不屑一顾，只要绿珠，并且放下话来，只要石崇交了绿珠，要钱给钱，要官给官。石崇大怒道："我只要绿珠，什么都不要！"孙秀派人三番五次劝他，石崇只是不听。孙秀大怒，便打算杀掉石崇，霸占绿珠。

但石崇并不是等闲之辈，他料到孙秀绝不会善罢甘休，直接找到淮南王司马允帮忙。司马允当年和司马玮一同入京，帮助贾南风除掉太后杨党，后来虽然远离政局，但手握兵权，在朝中地位也相当高。这次赵王司马伦掌权后，几次要把司马允升为太尉，并除去司马允的其他职位。太尉地位虽相当高，但是个闲职，所以一般来说只有兼任才有点意思。如果只当太尉，那便只是个无权的虚职。

司马允知道司马伦没安好心,明升暗降,要削弱自己的势力,遂拒绝就职;石崇找上门来,便与其密谋:一个出钱,一个出兵,两人准备和赵王司马伦干上一架。

正巧孙秀又派御史刘机来淮南王府,责其抗拒诏命,大逆不道,逼其受诏去当太尉。司马允已经忍得不耐烦了,当下也不再说推辞的理由,直接把刘机及其随从全部杀死,然后率亲兵去进攻赵王司马伦的相府。

赵王没想到司马允会反,仓促应战,双方打了整整一天也未见胜负。禁军等其他士兵则不知所以,不知道帮哪边好,只等皇上下命令。

太尉陈淮是司马允的人,他向司马衷请下白虎幡,派伏胤率禁兵四百骑,持白虎幡出宫助战。有了白虎幡,即如同皇帝亲临,可以指挥各军。赵王之子司马虔见伏胤带着白虎幡出来,料定必对父王不利,急忙对伏胤以重利许道:"将军若能帮助我们这一边,将来天下的富贵当与您共享!"伏胤本是一个微不足道的禁军首领,听了这话大为激动,当即叛变,答应帮助赵王。

伏胤带人来到两军阵前大呼道:"奉诏来助淮南王殿下!"司马允以为是援兵到了,忙去迎接,哪知道伏胤却趁司马允不备,一刀将他斩成两段。淮南王手下士兵前来围攻伏胤,伏胤拿出白虎幡,喝道:"淮南王擅兵作乱,罪在不赦,你们此时不逃命,还等着灭族吗?"

众兵见伏胤亮出白虎幡,当即四散。

此战之后,赵王司马伦果然拜伏胤为大将军,伏胤依靠叛变飞黄腾达。司马伦又杀死司马允的三个儿子以及同党数千人,陈淮自杀而亡。剩下石崇一人当然也不能幸免,被斩于东市。但绿珠用情专一,跳楼殉情。孙秀忙活了半天,搭上了万人的性命却最终还是没有得到这位美女。

经此一役,孙秀认为天下再没有能与司马伦抗衡的势力了,便劝司马伦称帝。司马伦早就想当皇帝了,当即命令张林等大将率重兵将各处宫门守住。只见宫内处处游兵,宫门杀气腾腾。大殿内几百精兵后按佩剑,不怒自威。

司马伦会齐百官,宣布了自己要当皇上的意思,问大家有没有意见。众人一看这个阵势,刀出鞘,箭上弦,谁敢说一个不字?全都诺诺称是。司马伦逼百官同意之后,便带百官直入太极殿,找到司马衷,让他退位,交出玉玺。

司马衷虽然傻,但也知道皇帝是个很好的职业,怎能轻易让位,于是对司马伦道："玉玺是先帝给我的，不能随便给别人！"

义阳王司马威也不和他多说，冲上去就夺玉玺，司马衷则紧抱玺绶不放。于是，二人便在殿上扭打起来，群臣则站在台阶下看热闹。当年司马炎逼曹奂退位，还有张节以死相搏，而现在皇帝和乱臣在殿上打来打去，竟然没有一个人说句公道话，真是可悲，可叹。

这场"摔跤比赛"很快就结束了，司马威取得了胜利。为了保护玉玺，司马衷手指头差一点儿被司马威掰断了，最终因抵不过疼痛，只得放手。眼看司马威把玉玺交到司马伦手里，司马衷一屁股坐在地上，大哭不已。

司马伦一声令下，几名甲士冲上大殿，如老鹰捉小鸡似的把司马衷拉下来，摁在地上和群臣一起北面而拜。司马衷趴在地上仍是大声号哭不止，侍卫们又不好堵上他的嘴。于是，司马伦在司马衷的号哭声中登上了帝位，改元建始。

司马衷最后被尊为太上皇，迁入金墉城居住，名为太上皇，实为囚徒一般。

司马伦称帝后大行封赏，不但功臣有赏，即使是给自己当过奴仆、赶过车的也一律加官赐爵。这样一来封的官太多了，官帽上的貂尾不够用，只好以狗尾代替，后来遂有"狗尾续貂"的成语。

贾南风杀死太子司马遹的时候，司马伦高兴得一蹦三尺高。司马伦逼宫之后，又有一个人高兴得一蹦三尺高，这个人就是齐王司马冏。司马冏曾帮着赵王司马伦搞掉贾南风，结果自己却被远调许昌，被客客气气地请出了权力中心，心里当然不平衡，现在讨伐司马伦的借口总算是有了。但单凭司马冏自己的实力还是不行，于是他派人去联络成都王司马颖、河间王司马颙、常山王司马乂和新野县公司马歆，一同讨伐司马伦。

要说赵王司马伦迫不及待地废掉晋惠帝司马衷，真是一个大昏招儿。当年，曹操国力强盛，孙权劝曹操称帝，曹操还说"这小子是想把我放在火上烤呢"。现在，赵王司马伦周围诸王拥兵自重，他竟然敢废帝自立，岂不是自找不自在？

五位亲王的五路兵马联兵杀来，直奔洛阳。司马伦急忙问孙秀该如何是好。

孙秀胸有成竹，掰着手指头跟司马伦道："我看五王中有三人不足为惧。"

"哪三个人？"

"常山王和新野县公两支军队兵不多将不强,不足为惧。河间王虽然兵强马壮,却是个拿不定主意的人,肯定不会主动进攻。真正要防备的,只有齐王司马冏与成都王司马颖两路而已,凭我朝中之兵将,拒此二路并不难,只要打败这两路人马,另三路必不战自退。"

一番话说得赵王司马伦信心倍增,他当下派张泓、孙辅领三万兵马去迎战齐王司马冏;又派孙会、士猗领三万兵马与成都王司马颖交战;再命京兆王司马馥、广平王司马虔领兵八千往来接应。其他三路兵马,并未派兵相迎。事实正像孙秀预料的那样,其他三路兵马,皆按兵不动,等待战局形势的发展。

齐王司马冏这一路进军到阳翟(今河南省禹州市),与赵王司马伦的军队相遇。张泓、孙辅带兵一阵猛冲,杀得齐军大败。齐军一直退到颍水东岸方立住阵脚。齐王命人早早休息,准备明日再战,哪知当夜张泓等人又来劫寨。多亏齐王备有战船,急忙渡过河去,但仍然损兵折将,丢失大批辎重。两军隔河对阵,暂时成了僵局。

再说成都王司马颖和孙会的军队相遇,司马颖的军队同样大败,北溃二十余里。司马颖又听说齐王也吃了败仗,遂收拾铺盖打算带兵北逃。他手下谋士卢志劝阻道:"胜败是兵家常事,您怎么可以刚一吃败仗就要败走?我选精兵今夜抄到敌方后路,明日殿下带兵与其正面交战,我出奇兵从背后攻击,前后夹攻,必能大胜。"

司马颖这才把逃跑的心思放下,先选出精兵五万,交给卢志一万人绕路到敌后。第二日与孙会军队再战,两边杀了几个时辰未见胜负。忽然,卢志带兵从后面杀来。孙会军队不知虚实,顿时大乱。司马颖和卢志前后夹击,将孙会军杀了个落花流水,然后乘势渡过黄河,长驱直入洛阳城。

司马伦得知前方吃了败仗,急忙又向孙秀问计策,孙秀称:"现在洛阳城中尚有数万精兵,背城一战,未知胜负!"但此时洛阳城内却已人心浮动,有人建议干脆带着太上皇南逃,重整旗鼓,再行决战;还有的人干脆收拾细软,潜逃民间。

正在乱哄哄商议间,忽然侍卫来报,说左卫将军王舆已反,率领营兵七百余人从南掖门入宫。孙秀刚要派人遣兵镇压,哪知道急报接连而来,京城内数处都有人举兵来袭。孙秀所谓的城内数万精兵,倒有一大半先反了起来。

司马伦和孙秀抵挡不住，皆被擒获。胜败尚未完全决出，京城便四处起兵，可见司马伦和孙秀并不得人心。

王舆逼司马伦退位，然后迎司马衷回到宫中，百官一齐跪下，三呼万岁。当然，那位和司马衷打架的司马威也在百官之内。虽说司马衷不太聪明，但认人却是很准的，当时便指着下面的司马威喊道："就是他，当初和朕在殿上打架，夺走了朕的玉玺，还差一点儿弄断了朕的手指，不可不杀！"

殿中侍卫立刻上前，将司马威拉出殿外，乱棍打死。文武百官中凡是和司马伦、孙秀有牵连的，全被罢官。又废司马伦为庶人，囚居于金墉城，赐金屑酒。

当年，司马伦用金屑酒毒死贾南风，现在又轮到自己了，这报应来得不可谓不快。不过，司马伦却没有贾南风的豪气，他手捧酒壶大哭，迟迟不肯饮下。监刑官等得烦了，命几个人上去摁住司马伦，捏着鼻子将金屑酒灌入其喉。不一会儿，司马伦便七窍流血而死。他的四个儿子也全部被斩首。从司马伦篡位当皇帝到喝毒酒身亡，不过一百多天。

第三章

八王之乱

三王战齐王

京城政变的第二天，成都王赶到了洛阳。又过了两天，一仗未打的河间王司马颙也匆匆赶到。这时，与司马冏隔河对峙的张泓得知司马伦和孙秀都死掉了，立刻带着手下孙辅和司马雅向齐王司马冏投降。司马冏也来到京城。其后，又有常山王司马乂和新野县公司马歆的部队入京。五王的军队在京城胜利会师。

司马衷封齐王司马冏为大司马，加九锡（中国古代皇帝赐给诸侯、有殊勋臣子的九种礼器，是最高礼遇的表示）；封河间王司马颙为太尉，加三锡；复司马乂为长沙王，封抚军大将军，统领左军；将司马歆晋爵为新野郡王，都督荆州诸军事，加授镇南大将军；而成都王司马颖不仅被封为大将军、都督中外诸军事、假黄钺，加九锡，而且可以入朝不趋，带剑上殿，与齐王共同留朝辅政。

成都王司马颖本打算留下来过一回执掌朝权的瘾，卢志却道："一山不容二虎，一个天上不能有两个太阳。何况您这一回立的是首功，所受封赏也最大。您要是留下来，恐怕要和齐王司马冏发生矛盾。是福是祸，不可预知。不如殿下干脆把大权让给齐王，得一个好名声，总比不知祸福要强得多。"

司马颖觉得很有道理，便以母亲有病需要照顾为理由，奏请归藩。司马颖走后，齐王司马冏大权独揽，志得意满，竟也学起了司马炎，带头搞奢侈。因为要扩大自己府第的规模，又一时找不到材料，便把京城里的办公房和老百姓的私房拆掉上百处，用来筹集工料，弄得京城怨声载道。

永宁二年（302）三月，皇太孙司马尚夭折。到这个时候，司马衷所有的儿子、孙子算是死绝了，再没有子孙可以继承他的皇位。后经一致推选，他的亲弟弟司马颖被推荐为皇太弟。

司马颖被推为皇太弟是有原因的。司马颖不贪权势，让权给齐王司马冏，这便给自己留下了好名声。他回到藩地之后，按照卢志的主意辞去大都督，推掉九锡殊礼，又上表把所有的功臣都举荐了一番，用自己的俸禄打造棺木，装殓祭祀战死的将士，抚恤他们的家属，并开仓赈济饥民。这一系列的举动，使已经对司马氏家族失望的百官总算看到了一点儿希望。所以，提选司马颖作为晋朝皇位的未来继承人就不奇怪了。

但司马冏岂肯让司马颖捡这个大便宜，他仗着自己把持朝政，另立晋武帝之孙、清河王司马遐之子、年仅八岁的司马覃为皇太子，自封为太子太师。

这时，河间王司马颙看到了自己执掌朝政的机会：京中的长沙王司马乂早就和司马冏有矛盾，只是惧于司马冏的实力没敢和他公开翻脸而已；成都王司马颖几乎到手的皇太弟身份也被司马冏故意搞没了。司马冏里里外外都有了强大的敌人，只要自己振臂一呼，此二人必然响应。三王实力合在一起远在司马冏之上，司马冏必败无疑。

司马颙的确是看清了形势，他起兵之后又派人邀成都王司马颖相帮。司马颖搞了半天民心工程，却因为齐王司马冏作梗没能被立为皇太弟，对司马冏早已恨之入骨，当即响应，起兵向洛阳攻去。

诸王之中最有实力者，不过齐王、河间王和成都王三处。现在河间王和成都王联军抗齐，齐王司马冏当然很是担心，立刻聚齐百官商议。在殿上，司马冏连连叹气道："要说司马伦和孙秀篡夺帝位，扰乱社稷，天下伐之，我还能理解。但我是第一个起兵除恶、拥帝复位的。我有什么过错？为什么要讨伐我？我想不通！"

这时，尚书令王戎（竹林七贤之一）道："您的功劳的确很大，任谁也比不过您。可是后来您坐拥天下之后，没有论功行赏，而是任人唯亲，这就使许多人不服气而怀有二心。现在河间王和成都王的兵力要超过您很多，又是人心所向，殿下不如交出大权，离开京城，回到藩地，照样可以保得富贵平安。"

王戎这个人很有才干，他创制了甲午制（官吏选拔制度），即任命官吏必须先有一个试用期，试用期内考核其政绩，再决定是否录用。这在当时是一大创举，可惜受到既得利益阶层的排挤未能实施。王戎也是一个好利俭啬之人，女儿结婚时借了他的钱，不还钱就给脸色看，还钱后才缓和。后来，还因为受贿嫌疑被告了一状，幸亏他和贾南风有姻亲，才没被罢官。但王戎的父亲王浑死后，王浑的老部下给老爷子的丧礼一共数百万的巨款，王戎竟然全部推辞不要，一时传为佳话。这个人应当是个很复杂的人，好名与好财这一对矛盾点都集中在了他一个人的身上。

王戎的话让葛旟很生气："你这是什么话？河间王和成都王的行为叫叛乱，对叛乱者就当征讨，怎么能让齐王退隐呢？你再翻翻史书，自汉、魏以来，哪一个执掌朝权之人在退隐之后能够得以保全的？你说此话该被斩首的！"

葛旟说到这里，已经是手按剑柄，面含杀机。王戎大惊失色，偷眼去看齐王，见齐王也是满面怒色，看样子很可能要杀人立威。他当即吓得是手足战栗，于是站起来颤声道："等会儿，我要如厕！"

齐王的确已经有了杀人的意思，但在杀人之前，先让他上个厕所也没有什么，于是便让王戎去了。王戎去了不久，有人来报，这老家伙掉到粪坑里去了，刚被捞上来，要不要把他抬回来。齐王觉得恶心，满身屎尿的抬他来做甚，赶出去算了。王戎这才算捡得一命，他自叹脑袋还算聪明，虽然跳了一回茅坑，总算没把性命丢掉。

齐王下决心与二王死战，在大战之前，先要除去京都的心腹之患长沙王司马乂，遂命董艾带兵去逮捕司马乂。司马乂早就防着齐王司马冏了，无时无刻不注意着司马冏的动向，齐王司马冏这里一派兵，就有消息报入司马乂的将军府。司马乂掌管着禁军左军，也是一支不可小视的兵力。他遂带人急奔入宫，召齐军队，关闭宫门。

董艾一直追到宫门，见宫门刚刚关闭，便带兵攻门，司马乂则带禁军守宫，双方便打了起来。一个说对方是起兵谋反，一个说对方是矫诏助逆。京中其他部队分不清谁是谁非，也不想管这闲事，便都站在营房外看热闹。

晋惠帝司马衷经历的战事太多了，本来已经见怪不怪，可今天这一仗一直打到晚上十来点钟还没停，平时这时候司马衷早该睡觉了，可今天外边实在是吵得太凶，于是干脆上东门城头去看热闹了。

晋惠帝带着人走到东门城头，旁边宫女太监点着灯笼、火把将周围照得通明。董艾看攻了半天没有一点效果，正在窝火，忽见城头一处忽起灯火，一群人拥着晋惠帝的冠盖出来，董艾以为射死皇帝后，守宫的军队必乱，便命弓箭手一齐向晋惠帝射箭。

只见箭如飞蝗，直射到城头之上，宫女太监纷纷倒地，偏是晋惠帝傻人有傻福，别人都中了箭，唯独他还好好的，但也吓得够呛，趴在地上喊："造反了，造反了，司马冏要杀我！"

这句话一喊出，事件便有了定性。齐王司马冏是反贼，长沙王司马乂是勤王，本来观望的各支军队立刻出手一同来攻司马冏的部队。董艾大败被杀，司马冏率余部抵挡，兵败后被大司马赵渊擒住。司马乂当即命人将司马冏斩首于东门，并将司马冏手下葛旟等人及其家属全部杀死。

河间王司马颙正兴冲冲地带兵往洛阳赶来，一心要把持朝政，权驭天下，哪知道突然有使者带诏书下来，说乱贼已平，命司马颙罢兵回藩。眼看到手的便宜让别人给捡了，司马颙又嫉又恨，但也没有办法，只好和成都王司马颖一齐退兵。

争夺巴蜀

八王之乱刚刚告一段落，这时四川的李特造反了。

李特是什么人物？他是东晋十六国中第一位皇帝，虽然是后来被儿子追封的，但他生前为十六国第一个国家成汉的建立打下了基础。可以说，十六国风云人物，当以李特为开始。

前文说过，贾南风当政时期恰遇灾年，因赈灾不及时，民不聊生，齐万年在陕西起兵造反，贾南风派了三次兵才平定。天灾加兵灾，甘陕之地的人民实在是活不下去了，先后有十多万流民进入四川谋生，其中有李姓五兄弟。这五个人分别是老大李辅、老二李特、老三李庠、老四李流、老五李骧。其中李特、李庠、李流三个人最有雄心抱负，也最有才能，尤其是李特这个人特别值得一书。当年，他随流民从剑阁入蜀时，见山川险要，不由叹息："当年刘禅有如此险关雄隘，竟然轻易投降，真是个庸才啊！"周围人听了都觉得可笑，你一个乞丐流民还谈什么古人，还叹什么庸才？真是不可理喻。李特的这句话在当时被当作笑话广为流传。

不过，益州（今四川省一带）刺史赵廞听到了这个笑话却认真起来。赵廞是一个很有野心的人，他见晋朝宗室打来打去没个完，根本顾不上管理国家，更不要谈统驭四方、膺服众将了，自己既然手握军政大权，又有天险关隘为屏障，何不据蜀称王？所以，李特的这句话正说到了他的心坎上。再派人仔细一查李特的家底：李特的爷爷是曹魏将军李虎，父亲是曹魏东羌猎将李慕，原来此人出身将门，并非等闲之辈啊！

于是赵廞把李特五个兄弟全部召到幕下为将，并开仓放粮，赈济灾民，甚至还造房收容流民，以收买人心。赵廞的野心早被成都内史耿滕看在眼里，便密报朝廷称这些流民和四川本地人不同，都是不安分的人，他们来到四川，成为四川的不安定因素，将来很可能会像齐万年一样起义。这个地方一乱，朝廷就很不好控制了，不如早点把他们赶回原籍。

这时，正是赵王司马伦当政时期，他觉得耿滕说得很有道理。于是，命耿滕为益州刺史，成为四川的一把手；改命赵廞为大长秋，回京都述职。大长秋就是皇后宫中的一个高级官吏，一个没权没势的官位。司马伦担心赵廞丢官后抗命不回，又命西夷校尉陈总领数万兵马驻到成都。

赵廞听到这个任命如当头挨了一记闷棍，自己不但没能实现巴蜀王的美梦，甚至要去洛阳和一群宦官太监打一辈子交道（皇后身边除了大长秋全是太监）。不是鱼死，就是网破，既然事已至此，赵廞决定不如直接反了！

赵廞先派人在流民中散布小道消息，说朝廷任命耿滕为益州刺史之后，就要把所有的流民都赶回老家。流民们听了果然很担心，开始准备反抗。接着，赵廞又派李特在十余万流民中进行联络，以聚拢人心。然后，写下一封言辞恳切的信件，派人送到耿滕那里，表示请他入城交接。

耿滕听说赵廞恭恭敬敬派人来接，便欲动身前去，他手下的功曹（掌人事并参与政务）陈恂道："你把赵廞赶下台，他要是不恨你，母鸡都会打鸣。现在他来接你，一定不是好事。朝廷不是派了几万兵马来此地吗？您不如等兵马来了再入城交接不迟。"

耿滕正在得意之时，哪里听得进去："我是朝廷任命的，赵廞敢抗旨吗？"二话不说，当即入城。耿滕刚一入城，就被前来迎接的李特一刀砍于马下，临死时连益州刺史的大印都没有见着。

这时，西夷校尉陈总已经领兵来到江阳，听说赵廞把耿滕杀了，并不怎么惊讶，而是说了一句很经典的话："耿滕害赵廞丢官，赵廞杀耿滕并不奇怪，没什么大不了的，继续向前走吧。"

陈总手下也有明白人，他们劝陈总说："耿滕再怎么说也是朝廷命官，封疆大吏。赵廞既然敢杀耿滕，就是和朝廷撕破脸了，您要小心。"

陈总呵呵一笑："我和赵廞是老关系了，没什么仇恨，谅他没这么大的胆子敢造反，不过是和耿滕的私人恩怨罢了。"

手下有明白人很难得，但领导能听进去更难得。耿滕听不进去，死掉了；这位陈总也同样听不进去，结果当然也就是一死了。陈总大摇大摆地向成都方向没走两日，便中了李家兄弟的埋伏，陈总被活捉，押入成都。所谓的老关系赵廞见了他只说了一句话："杀了祭旗！"

陈总就这样糊里糊涂地送了命。

赵廞靠着李家兄弟得了巴蜀之地，自称大都督、大将军、益州牧，建国号为太平，所有官吏全部重新任命，遂成为割据一方的诸侯。这时候，司马伦正忙着逼晋惠帝退位，无暇西顾。赵廞见朝廷不派兵来讨，更是得意，便打算仔细经营巴蜀，将来好称王称帝。但考虑到李氏五兄弟在流民中很有威信，又占据了许多重要职位，手握重兵，赵廞怕他们将来与自己争权，决定先将李氏兄弟除掉。

他先找了个借口把老三李庠及其儿子杀掉，正要向李特下手，李特早带了七千兵马直逼成都。

赵廞派兵三万在绵竹与李特决战，一战便败，领残兵逃回成都。李特带兵直逼到城下，这时李流也带兵赶来。赵廞没想到自己败得这么惨，知道大势已去，遂携带黄金细软，乘舟而逃，后被部下所杀。

李特进入成都之后，一方面整备兵马，一方面遣使到洛阳，说自己杀了叛臣赵廞，并愿拥司马伦为帝，请司马伦派地方官来蜀治理。司马伦听了大喜，便以罗尚为平西将军、益州刺史，以辛冉为广汉太守，徐俭为蜀郡太守，率兵入蜀，又令所有流民各回原籍。

上一次，赵廞造反就是因为遣流民回老家闹的，这回司马伦还继续实施这一政策，这就又为巴蜀之乱埋下了隐患。

罗尚与辛冉、徐俭三个人率兵入蜀，强迁流民出川。流民哪里肯依，有软弱的先行上路，有强横的驻地不行，有聪明的行贿求宽限，加上李特等人还收容各地被赶出来的流民，让他们安家。结果几个月过去了，这些流民真正回籍的并不多。罗尚派兵催责，打骂关押，什么办法都用上了，就是不管用。日子一拖再拖，移民工程一直完成不了，罗尚与辛冉、徐俭很受朝廷责备，眼看要丢官罢职，于是决定军事镇压。

罗尚调兵遣将，命广汉都尉曾元、牙门张显、刘并及督护田佐，率步骑三万，去偷袭李特的流民大营。哪知道李特早有防备，留了座空营让他们偷袭，然后来个反包围，把三万人杀得大败。除了刘并带千余兵马逃走之外，其他三将全部被杀，三万士兵大部分被俘。

李特遂自命镇北大将军，建立了政府，然后挥师先取广汉，赶跑了辛冉，再杀向成都。但成都城池坚固，而李特的部队是临时组成的，缺乏先进的攻城设施。李特连攻几日，见难以攻下成都，便一方面派兵围城，一方面分兵去取德阳和梓潼。

广汉太守张微打仗比较在行，先是固城不出，后见李特军队有些懈怠，防备不周，便亲自带精骑突出，竟将李特杀得大败。关键时刻，李特的二儿子李荡正好刚攻下梓潼，带兵前来增援，见张微正在追杀李特，便立刻带兵从张微的背后杀入，反将张微杀败。张微战死，李特遂取德阳。

到这个时候，整个巴蜀之地只有成都未取了。成都历史上分为东、西两个城，东边大点的叫太城，西边小点的叫少城。李特攻了很久，也只攻下少城，太城仍坚守难下。这时，战场上原本对李特的有利形势发生了逆转。

李特的这支军队是流民临时起义，没有军粮储备，时间长了吃饭便成了问题。李特派人向当地居民派征粮草，由于下去征粮的人没有做好老百姓的思想工作，征粮作风粗暴，结果造成了蜀民和流民之间的矛盾；另一方面，这时长沙王司马乂执掌了朝政，国家已经取得了暂时安定，可以腾出手来处理西南事务了。司马乂派荆州刺史宗岱率水军三万，孙阜领三万陆军，一齐增援成都。

为了避免两线作战，李特决定一鼓作气拿下成都。这时，李流看到蜀民和流民之间的危机，遂劝李特先把蜀民和军队中的蜀兵安顿好再攻城。但李特认为以前打仗一直没出过事，这根本不是什么问题，所以未加考虑。但此一时，彼一时，当初李特所向披靡，遇神杀神，遇鬼杀鬼，谁敢不从？现在久攻成都不下，而后方又有重兵压境，这时就必须有一支真正的坚决支持自己的军队，而一支人心不齐的军队是很危险的。

事实证明，李流的担心是很有道理的，成都一战，在罗尚的策反下，李特军队中的蜀兵哗变，李特大败被杀；老大李辅带兵殿后，也死于乱军之中。老四李流收拾残兵退守绵竹，分兵两营：一营为自己和五弟李骧领军，另一营由李特的大儿子李雄和二儿子李荡领军。

罗尚大获全胜，乘胜追击，但追到绵竹时反被李军打败，只好退守成都。李荡则在绵阳之役中阵亡，同时德阳等地也相继失守被孙阜所占。总的看来，李军大势已去，一个小胜仗根本不能挽回败局。李流觉得前途无望，便打算投降，但李特的儿子李雄不同意，二人争执不下。李流干脆以主帅身份强行签署投降令，并以自己的儿子李世为人质，让他带着投降书去向孙阜请降。李雄着急了，他和他的父亲一样，绝不是一个甘居别人之下的人，他必须阻止四叔的投降。

李雄回到自己的大营先召集自己手下的中小头目开了个会，说明不能投降的重要性："第一，我们和蜀民是仇人，投降了肯定没有好结果；第二，我们投降了还得滚回老家去。老家什么样？赤地千里，旱灾连连。要想活着，不能投降；要想富贵，更不能投降！"

李雄的思想工作做得很到位，所有人都支持他继续一战。于是，李雄挑出数千精兵，配快马急奔孙阜驻地。孙阜正在看李流儿子李世送来的降书，以为巴蜀已定，自己立下大功，哪知道突然有一支精锐军队直杀过来，措手不及，人仰马翻。孙阜带着败兵急退数十里，才稳住阵脚，见李雄没有带兵来追，本想重整旗鼓再与李雄交战。却听探报说，李雄又去奔袭宗岱，宗岱战死，全军覆没。孙阜害怕了，觉得这人太生猛了，恐怕自己不是他的对手，还是避开为好，于是退回荆州。

李雄领着胜利之师回营后，李流二话不说，把所有令旗都交给李雄："我是看清了，今后兴盛我李家的一定是你啊。"李雄等人遂在四川重新站稳了脚跟。

诸王混战

四川李雄的事情还未了结，荆州又有人反了。

因为孙阜大败，李雄在四川势力越来越大。长沙王司马乂只好向晋惠帝请下诏书在荆州附近征兵，准备二次入川打仗。由于荆州百姓不愿背井离乡远戍益州，司马乂又要求所征之兵迅速前往益州，如果在所经过郡县界内停留超过五日，郡县长官撤职。郡县长官为保官职，到处驱赶这些人。于是，荆州民心不稳，怨声载道，便有了反抗的心。

平氏县吏张昌认为自己的机会来了，于是招兵买马，举兵起义，果然一呼百应，很快便聚兵三万，先攻下江夏，然后沿长江而下，势不可挡，一直攻到新野郡王司马歆的藩地樊城（今湖北省襄阳市）。樊城一战，司马歆大败，死于军中。张昌派大将石冰进犯扬州，又大败刺史陈徽，攻陷数郡，再破江州（治所在今江西省九江市）。

接着，临淮人封云在徐州起义响应张昌，向南而攻。一时间，荆、江、扬、豫、徐这五州都为张昌占据。

长沙王司马乂急忙派屯骑校尉刘乔为豫州刺史，宁朔将军刘弘为荆州刺史，各带兵马数万讨伐张昌。

宁朔将军刘弘手下有一名长史，名叫陶侃（东晋诗人陶渊明的曾祖父）。陶侃这时候还是个名不见经传的小人物，而且由于西晋做官实行严格的门第制度，出身卑微的陶侃到四十多岁时还只是在县官一类的下级官位上打转转。但乱世造英雄，陶侃后来在创立东晋过程中立下大功，一路青云直上，终成一代名将。荆州之战是陶侃第一次独当一面、充分发挥自己军事才干的机会。

刘弘一直很欣赏陶侃的才干，所以这一回很信任地让陶侃防守襄阳重地，自己则带大兵去征讨张昌。刘弘与张昌初一交战，便打了一个败仗；第二日再战，刘弘再败，连宛城也被张昌夺去，只好退守梁县。张昌率军追到，又攻下梁县，刘弘只好再逃，张昌再追。

刘弘一边逃一边想，这回该往哪里逃呢，却见一支军队赶来，不是别人，正是陶侃带着生力军斜刺杀来。张昌的先锋将军羌毒一时没反应过来,军队被冲散,吃了一个败仗。

张昌不知对方虚实,赶紧收兵回城。哪知道,张昌刚一到城门口,城上便乱箭齐发。原来张昌追得太急,梁县未留多少兵马。陶侃早就想到了,已先派兵把梁县夺了。张昌急忙再逃到宛城,结果宛城也被陶侃夺去。张昌再逃,陶侃再追。张昌逃到江夏,陶侃追到江夏。张昌抵挡不住,丢了江夏又逃到竟陵,陶侃又追到竟陵,很快陶侃又把竟陵拿下。张昌只好再逃,陶侃在后面继续追。

前面是张昌追刘弘,现在是陶侃追张昌,双方形势掉了个头。

双方就这么一直追到下儁山。张昌一想,总这么追我何时才是个头啊,不跑了!回身与陶侃决一死战,结果战败身亡,被陶侃割了首级请功去了。陶侃在军事上显示出的才干使刘弘十分感叹。他拉着陶侃的手说道:"在我之后能做荆州刺史的,除了你再没有更合适的啦!"

张昌虽死,余兵尚在,他的大将石冰在扬州等地有数万雄兵。这一次来讨伐石冰的也是一个名将,此人正是周处的儿子周玘。周玘很快战胜石冰,石冰也二话不说,学习张昌一路北逃,一直逃到徐州,投奔了徐州的封云。周玘一路追到徐州,又连胜几仗。封云的手下一看风头变了,便杀了封云和石冰投降。

江淮平定之后,晋室宗王们顾不得川蜀未平,又开始同室操戈干起仗来。

河间王司马颙再次起兵,命张方带七万精兵从长安过函谷关从西面进攻洛阳,同时派使者请成都王司马颖助兵。司马颖上次半途而废,很不甘心,接到司马颙的邀请立刻举倾国之兵二十万出征,欲攻下洛阳后,也过一回把持朝政的瘾。这时,卢志劝他:"当年您和齐王一齐入京,本来就有和齐王同掌朝纲的机会,您辞去重权,回到藩地,得到天下人的敬佩。现在您如果还想得到朝权,根本不需要动兵,只需要穿着朝服去京城,便会得到推举,何必要举倾国兵力呢?"

司马颖轻轻一笑道:"现在长沙王司马乂当权,他肯轻易把朝权让出来?"

卢志再劝,司马颖根本听不进去,他认为只有打才能决定存亡胜败,遂命河北大都督陆机从冀南起兵从东路攻洛阳。

司马乂命皇甫商率军在西边阻击张方。张方是个名将，打仗很有一套，很快大败皇甫商。皇甫商仓皇退回洛阳。

洛阳东边，陆机二十万大军已经兵临城下了，司马乂手下大将司马王瑚率五千铁骑迎战。这些铁骑都是高头大马，并在马两侧各系两把长长的大戟，一字排开冲到敌阵，敌人的兵器根本就够不着马和人，只能挨打。两军交阵，司马王瑚的铁骑兵杀得陆机大军落花流水。

陆机一败再败，又有部将王粹、牵秀、石超因嫉妒而拆台，中军大溃，士兵逃的逃，死的死，一个都没留下；中军大将马咸、贾崇等十六人都战死沙场。值得一提的是，陆机和王粹、牵秀等人都属于著名的"二十四友"。"二十四友"是西晋著名文人集团，当时重要的文学作品有一大半出于这个集团。这"二十四友"平时唱诗和赋，好像十分友好，其实他们中许多人在道德人品方面都很令时人不齿。他们出身豪门，追求奢华，没有高尚的道德标准，追求的只是私利，都极力攀附贾南风的亲信贾谧，就是陆机也为了巴结贾谧和贾南风，作诗把贾充吹上了天。这样一群人带军，别说是二十万，就是两百万也只是一群乌合之众罢了——甚至还不如乌合之众，因为乌鸦虽没有纪律，但不会互相陷害。

王粹、牵秀、石超等人对陆机的陷害还没有完，他们挑拨成都王司马颖说陆机二十万大兵打不过对方几万人，一定是和长沙王有勾连。成都王听了大怒，将陆机尽灭三族，亲自率军出征，再攻洛阳。

成都王这边重新起兵时，张方也来到洛阳城下。长沙王司马乂知道张方是个厉害人物，便把皇帝司马衷推到阵前。张方见皇帝的冠舆摆在阵前、司马衷坐在车上左顾右盼，不敢进兵攻打，只得命军队后撤。司马乂乘势追击，张方大败，损兵折将。司马乂以为自己找到了制胜法宝，第二天又把司马衷推出来。哪知道，仅仅一夜之间，张方竟然造出一座小城来，任凭司马乂攻城，就是不出战。司马乂总不能让皇帝亲自登梯攻城，只好撤回洛阳。

张方等司马乂回到洛阳，又来攻洛阳。司马乂打开城门，推皇帝出来再战，张方又退回小城中。一来二去，司马乂心烦意乱，还真拿张方没有办法。

司马乂没有办法，张方也没有办法，两个人僵在这里。这时，成都王司马颖带兵来到洛阳东城下。司马乂又出兵和司马颖大战，虽然每战必胜，司马颖却是像块狗皮膏药一样黏着不掉，败了就逃，见司马乂回城就又来攻城。因为有张方在城西时时偷袭，司马乂打了胜仗后又不能乘胜追击，灭其主力，只好在城东和司马颖也僵持着。这样一直坚持到第二年，洛阳城里粮食告急，城外的张方和司马颖也缺吃少穿，双方都在苦苦支撑，看谁能熬过谁。这时，事情突然有了转机，东海王司马越趁着城内军心浮动，把司马乂擒了送出城外。

张方大喜，忙将司马越接到营中。司马越见张方手下士兵也饿得皮包骨头，走路直打晃，才知道城里城外一个样。这才是城里的人想出去，城外的人想进来，其实各有各的苦。他心里非常后悔，想着要再坚持一阵子，说不定就赢了。可事已至此，总不能再把司马乂劫回去吧。

张方深恨司马乂，立即当着司马越的面把司马乂绑在铁柱子上给烤死了。司马越见了更是于心不忍，当然表面上不敢表现出来。

司马颖大摇大摆来到京城，命大将石超率兵五万镇守洛阳，然后杀了不少曾经反对自己的人，安插了大批心腹，又废掉羊皇后，自立为皇太弟、丞相、都督中外诸军事；命司马颙为大宰、大都督、参署丞相府事。一切安排完毕之后，司马颖又回到邺城藩地，但由石超带兵驻京，朝中大臣所有政令都需要跑到邺城向他汇报，经批准后方能施行。

邺城（今河北省邯郸市临漳县）位于今天河南省安阳市城北三十六里处，从安阳到洛阳大约六百多里。那时候又没有电话、电报，最好的交通工具就是马车，很不方便。天天这么干，大臣们身体很疲劳，心情很受伤，司马颖没什么政治才能，国家治理得也很不好，又好奢侈浪费，京城有什么东西，还要照原样向邺城供应一份，老百姓很是吃不消。于是，洛阳城内怨声载道，要不是石超镇着，早就反了。

司马越也很受人责怪：当初要不是你把司马乂送出去，我们至于这么疲于奔命吗？司马越说："是我错了，我改还不行？"于是，司马越联络右卫将军陈眕及司马乂旧将，带兵突袭石超。石超没有防备，被打得大败，一个人骑着马逃回邺城。

司马越立刻恢复羊皇后的后位，又立司马炎的第十四个儿子清河王司马遐（早亡）的儿子司马覃为太子，然后起兵十五万，自封为大都督，带着皇帝司马衷北征司马颖。

司马颖问众手下怎么办，东安王司马繇道："还犹豫什么？投降吧！"司马繇的父亲是司马懿第三个儿子琅琊王司马伷。据说，司马繇是个美男子，属于贾后一党，因和司马亮争权，被司马亮流放到东北带方郡（位于今朝鲜半岛中西部），于是就投奔了司马颖。此人只是个投机分子，并不是司马颖的死党。

司马颖听了大怒："你是让我去死吗？"司马繇吓得不敢再说话。司马颖当即点精兵五万，命石超率兵南下。他又想起司马越手下大将右卫将军陈眕的两个弟弟陈匡、陈规二人在自己的手下为将，于是把两个人请进府内，好言劝慰，让他们去假作投降，并留下妻儿为质。

两个人投奔到司马越营中，说听到大哥带兵前来，怕遭司马颖报复，特来弃暗投明。司马越一开始还有点儿怀疑："为什么没带家属？"

二人说："来不及带了，恐怕妻儿现在已经被害了。"说罢，痛哭不止。司马越见两个人哭得可怜，以为真是这么回事，于是又问邺城虚实，陈匡、陈规说因为晋惠帝御驾亲征，邺城上下惊恐，军心涣散，天天都有逃兵，司马颖也无计可施，成天唉声叹气。司马越得意起来，便不再急行军，带着大队人马像旅游似的向北缓缓而去。一路上，果然陆续有逃兵前来投奔，说司马颖不得民心，大家都盼着东海王赶快来除去这个暴君。司马越更不防备，哪知道行了几日，石超突然在夜里劫寨，领五万兵马分成四路杀入，陈匡、陈规和先前诈降的军士又点火烧营。只听四面喊杀之声，到处是奔驰的战马。司马越的军队顿时大乱，只知逃跑，哪里还能反抗，是夜司马越大败，只带着几十名亲兵冲出重围，不敢回京，直奔自己的藩地而去。陈眕知道中了计，力斩二弟，欲杀出重围，但终死于乱军之中。

乱军中还有御驾亲征的晋惠帝。这个皇帝身旁的侍卫早跑得无影无踪，只有侍中嵇绍（嵇康之子）守在身边，不时乱箭飞过，嵇绍就用身体为晋惠帝挡箭。等乱兵赶来时，嵇绍已经身中数箭。乱兵认得是皇帝的华盖，一拥而上，嵇绍大喝："这是皇上，你们还不退下。"

乱兵不敢乱动，不久石超赶来，嵇绍这才扑倒在地，气绝身亡。晋惠帝伏尸痛哭，指着嵇绍说："这才是我的忠臣啊。"一个傻皇上能说出这样的话，可见大难来临的关键时刻，是最容易分清好人和坏人的。

石超见晋惠帝身上也中了三箭，急命军医治伤，又问他还有什么要求，司马衷连声喊饿，此处附近正好有一片桃林，石超又命人摘桃进献。又见惠帝的龙袍之上沾满血污，待要换下。惠帝连连摆手说："袍子上是忠臣嵇侍中的血！我要穿回去给他们看看！"这大概不像一个智力低下的人能说出的话，似乎史书中有所美化，但毕竟惠帝受过长期严格的皇室教育，又被嵇绍忠义感动，说出一句明白话来，也未必就不可能。

司马颖与卢志出城将司马衷接入城中，改元建武，遂以邺城为都，再不把皇帝放回去了。洛阳百官得知皇帝被挟到邺城，也从洛阳赶来。这倒好，以后司马颖再干预政事，也用不着奔波六百里来回忙活了。

河间王司马颙本来派张方带兵数万，去攻司马越的后路，还没到洛阳，便听说司马越战败，皇帝也被拉到邺城，洛阳群臣纷纷去邺城工作了。张方干脆占了洛阳城，尊司马颖为皇太弟，再一次废掉羊皇后和皇太子司马覃，把二人关到金墉城。

乱世可称王

司马颖这一回志得意满，突然想起司马繇曾经劝他出降，于是将司马繇斩首，并斩满门。司马繇的侄子琅琊王司马睿得到消息，急忙冒大雨逃出城去，又到洛阳悄悄接了母亲夏侯氏，直奔自己的琅琊封国而去。琅琊王司马睿此时还只是一个小角色，他的父亲司马觐是司马炎的族弟，也是几个弟弟中最没地位的一个。司马睿继承王位之后，由于封国小，地位低，一直只能靠依附其他司马王族来保证自己的生存，根本不会想到自己还能有什么大作为。但谁又能想到，若干年后，此人竟然成为东晋的开国皇帝。

司马越虽然败得惨痛，实力尽消，但他还有个亲弟弟司马腾在军事重镇山西并州（今太原）做宁北将军、并州都督，手握重兵。还有一个叫王浚的安北将军、幽州都督，也拥有数十万边镇重兵，此人素来就看不起司马颖，与司马颖一直互相防范。王浚还与鲜卑族十分交好，他的长女许配给鲜卑段部首领、辽西郡公段务勿尘为妻，二女儿嫁给鲜卑族宇文部首领宇文逊昵延为妻。

司马越失败后，司马腾约王浚一同起兵报仇，王浚又借了几万鲜卑兵，一共聚集四十万大军，直杀向邺城。

司马颖知道双方实力悬殊，对方兵雄将勇，自己根本不是他们的对手，便召集群臣商议。有人说战，有人说逃，有人说守，但没有人敢说降，因为曾经说降的司马繇刚刚被满门抄斩。正在乱哄哄的时候，匈奴左贤王、五部大都督刘渊站起来道："我愿说服匈奴部族前来助战。"司马颖当即任命刘渊为北单于、参丞相府军事，立刻回并州借兵，速调五部之众前来助战。刘渊刚刚离去，司徒王戎急劝司马越道："这个人是人中之杰啊。您放他回去，岂不是纵虎归山，放龙归海，恐怕以后就驾驭不了他了。"这个王戎就是跳茅坑保得一命的那个尚书令王戎，此时已经升到司徒之职。

司马颖反问道："不放他回去借兵，你还有什么好办法？"

王戎道："邺城有十万兵马，加上关中河间王做后援，已经足够了。"

司马颖知道王戎不懂军事，也不理他，仍放刘渊归去。不久，司马腾的晋军和王浚辽军赶到，司马颖派石超迎战王浚军队，与王浚的前锋祁弘交战，结果大败而归。又派王粹与司马腾大战，结果也败。

司马颖后来再派几名大将去战，皆连连失败。司马颖在邺城剩下的军队听说晋军和辽军还有鲜卑军凶猛异常，早就没有了打仗的决心，竟在一夜之间逃得干干净净。眼看邺城无法再守，司马颖只好领着百十名亲兵带着司马衷匆匆南逃。因为逃得仓促，既没有带粮食，也没有带钱钞。走到半路饿了，才发现个个都是穷光蛋。好在还有一个宦官聪明，带了不少私房钱，司马颖因此请司马衷专门下了一道诏书，向这个宦官借钱。皇帝下诏向太监借钱，这在中华历史上也算是蝎子尾巴——独（毒）一份儿了！

因为钱太少，他们舍不得住旅店，只好在外边露宿。买吃食也是便宜的，只要能管饱就行。幸亏有百姓听说皇上来了，纷纷献上吃食，有人腾出房屋，晋惠帝才算是没受太大的罪。晋惠帝也不白吃白住，但凡吃住之后，便说要免人家的三年赋税，但晋惠帝自身都难保，这些也只不过是空头支票而已。

一路仓皇，狼狈万分，总算来到了洛阳，张方出城将皇帝接入。王浚、司马腾一路追到城下，没有追到皇帝，洛阳又很难攻，便班师而还。王浚还师之前，放假七天，纵兵劫掠、杀人、强奸无所不干。老百姓死伤无数，家财丧尽，恨极了王浚。鲜卑兵则专抢邺城年轻美貌的妇女。没想到美女抢到手后，王浚突然下令:"不许带妇女回家,违令者斩!"于是,鲜卑兵就把八千多名被掠的美女全部淹死在易水。

这时,刘渊的儿子刘聪带一万匈奴精兵赶来,听说司马颖已经弃城南逃,只得撤回左国城(今山西省方山县南村)。刘渊这时已经被公推为匈奴大单于,同时还有四部鲜卑前来投奔,手下很快便有了十万大军。刘渊早有独立之心,遂决定以左国城为都,自称汉氏外甥,建国为"汉"。但他并没有称帝,只是称王,仍尊西晋为宗主。这一年为晋建武元年(304)十月,刘渊改正朔,称元熙元年。

同在这一年十月,李雄也统一了四川并称王。

原来李雄与罗尚在四川相持不下,直到李流病逝时罗尚才派兵偷袭,反中李雄的埋伏,被打了个落花流水。李雄乘胜攻破成都少城。因成都粮草大都在少城,罗尚在太城无粮为继,坚持数十日后,弃城而逃。李雄于是自称成都王,大赦境内,建元建兴。

李雄、刘渊一南一北同年同月称王,那边晋朝的内乱却仍未平息,根本顾不上剿灭这两股势力。

司马颖逃到洛阳,因手无兵权,朝政由张方独揽,司马颙遥控。司马颖真实地位与百官相同,只能对司马颙唯命是从。想当年司马颖是何等的雄心壮志,现在却落得个寄人篱下的下场。

司马颙本想去洛阳直接掌握朝政,但尚书仆射荀藩认为,不如把晋惠帝带到长安自己的老巢里更好控制。司马颙认为有道理,晋惠帝在洛阳,就像块谁都想吃的大肥肉,这个也征讨,那个也攻打,不如放在长安更保险一些。于是命张方迁都长安。

张方遂将文武百官聚齐,请出司马衷,一路浩浩荡荡向西而去。临走时照例劫掠一番,皇宫中的宝藏、百姓家中的财产全被劫掠一空。抢到无可抢掠的时候,便把皇宫的幔帐、百姓的被褥都拿出来撕破做马鞍垫和行军鞋。张方还想一把火把皇宫烧了,卢志急忙阻拦:"董卓也干过这种事,结果招致天下人的讨伐,恶名流传至今,你可不要学他啊。"张方这才没有放火烧宫。

因为人多马少,百官大都步行。时值隆冬,天寒地冻,呵气为雾,滴水成冰,大臣们冻得是一路走一路跳,很多人冻坏了手脚。司马衷看在眼里,十分伤心，对众人道："都说我傻，我的确是傻啊，不然怎么会连累你们受这样的罪。"一个弱智皇帝能说出这样的话，众大臣听了都泪如雨下。

总算到了长安，司马颙早安排好了皇宫。司马衷入宫后按照司马颙的意思下诏：以司马颙为中外大都督，张方为中领军、录尚书事，兼任京兆太守；一切军国大政，以司马颙为主，张方为辅。

晋武帝司马炎共生有二十六个儿子，到现在除了晋惠帝司马衷外，也只剩下成都王司马颖、吴王司马晏及豫章王司马炽三人了。司马颖是个有野心的人，不好控制，当然不能立他为皇太弟。而司马晏有点愚笨，只比晋惠帝强一点儿。只有司马炽，论年纪只有二十岁，又没有任何政治野心，只爱一个人读书写字看史书，从不结交外人，很容易控制，又不像司马晏和晋惠帝那样愚笨，因此被司马颙立为皇太弟。司马颖没当成皇太弟，在长安待得很没意思，便以成都王身份带着大将石超回洛阳整军，重新积聚实力。

这边刚安定下来，东海王司马越便联合幽州都督王浚、琅琊王司马睿、豫州都督和范阳王司马虓起兵讨伐司马颙。理由是张方无故迁都，挟持皇帝。

司马颙则以张方为大都督，统兵十万于灞上；以司马颖为镇军大将军，屯守洛阳，并让建武将军吕朗守荥阳，石超与王粹据河桥；又遣使拜豫州刺史刘乔为假节、镇东大将军，命他迎击山东军队。

刘乔率军一路向东，先克许昌，又设伏把带援兵来救的司马虓击败，司马越急忙来救，但连战不克，其手下陈敏见晋室操戈，北刘渊和南李雄已经据地称王，也有了回老家割据江东的想法，遂借口说回江东征兵，也一走了之。

陈敏一回到江东便扯旗造反，欲割据江东。周处之子周玘和江东世族顾荣等也起兵，不过不是响应陈敏，而是帮助西晋，最后在建康（今江苏省南京市）击败陈敏，平定了江南。

司马虓到了邺城，以此为根据地，一方面募兵，一方面让手下大将刘琨向王浚借了八百鲜卑突骑。恢复元气之后，司马虓派刘琨率精兵，先败王粹，再败石超，将二人杀死后再攻荥阳的吕朗。吕朗抵挡不住，称刘琨的父亲被刘乔关在考城。刘琨立刻放弃攻打荥阳（今河南省荥阳市），直奔考城，因为城内有刘琨旧部做内应，将刘乔击败，攻入城内。

刘琨救了父亲，乘胜再追刘乔，追到谯地。正好刘乔刚和司马越打完一仗，刘乔兵败溃散，又遇刘琨率军从后追来。刘琨亲自带兵杀入，一番恶战，直杀到深夜，刘乔终于抵挡不住，再次败逃。

前方打得热闹，只有张方按兵不动，司马颙令张方出兵，张方称"与其出战，不如守战"，等敌人来到关内，再决一死战不迟。司马颙又说干脆投降算了，张方也不同意。因为张方知道自己是迁都首恶，司马颙又是司马氏家族的人，投降后大不了丢了藩地，自己却百分之百要丢性命。司马颙对张方的态度很不高兴。这时，司马颙手下的参军毕垣进言："殿下，张方眼看着您的军队一点点被蚕食，最后只剩下他唯一一支生力军，这是要谋反独占关中的意思啊。"毕垣是个无能之辈，曾经多次被张方侮辱，但无能之人往往在某些或某个方面很有本事，比如挑拨是非。

司马颙果然有些怀疑，这时缪播、缪胤也出来说："只要您把张方杀了以谢天下，然后宣布拥帝还都洛阳，造反军队没了口实，自然会撤退。"缪播、缪胤是两个忠臣，兄弟两个一直追随在晋惠帝左右，曾经激烈反对迁都。

司马颙仍犹豫不定，他知道长安首富郅辅和张方是好朋友，遂让人将郅辅召进府来询问。郅辅对此一无所知，刚走到宫门，毕垣一把将郅辅拉到一边，悄声道："你要有大祸了，张方想要谋反，人们都说你和他共谋。"

郅辅吓了一大跳："冤枉！我不知道张方谋反啊！"

毕垣道："你只有揭发张方，才能保住自己。"又教郅辅说了许多话。郅辅真的被毕垣吓住了，见到司马颙后，便揭发张方谋反，并且表示愿意取他首级，还向司马颙献上一计，由司马颙亲自写一信封，上写"交中领军张方亲启"，里面只放一张白纸，打上铅印，交给郅辅。

郅辅拿了信来到灞上，天色已晚，日落西山，侍卫见是张方的密友，并未将郅辅身上的佩刀除去，径自让他走进去。张方见是好朋友来了，也不防备。郅辅说："司马颙有亲笔信要交给你。"张方便接来放在油灯下，小心地把封印打开。这时，郅辅已经在暗处悄悄抽出刀来。张方从封中取出信来，却见是一张白纸，正在纳闷。这时郅辅已经举刀劈来，张方人头被砍落在地。张方和郅辅之所以能成为好友，一是看重对方的富有，二是看重对方的权势。这样的友情，一旦遇到生死利害，当然就会变质。

郅辅一手持张方人头，一手持司马颙手令，出营大喊："张方谋反，我是奉命杀贼!"毕垣也带了士兵过来增援。张方的手下见张方已死,而且是司马颙亲自下的命令,都不敢反抗,任凭司马颙收了兵权。

司马颙立刻派人把张方的人头送到司马越那里,并称将送皇帝回洛阳,请司马越收兵。哪知道司马越不但不收兵,反而把张方的脑袋当成了通行证,每到一个关口便拿出张方的脑袋说:"这是张方的首级,你们还不投降?"

张方本是西晋名将,勇猛异常。张方在,军心尚稳,张方不在,军心便散了,于是沿途士兵纷纷开关让路。吕朗、司马颖等人则纷纷弃城而去,司马颙得到情报,司马越兵不血刃一路西进,这才明白自己做了一件天下最大的傻事,杀了自己最得力的大将不说,还把大将的人头送去让人家当通行证。司马颙把郅辅抓起来审问,才知是毕垣陷害张方,遂怒斩二人。但已经晚了,司马越和幽州都督王浚派来的祁弘五万兵马合兵一处,以二十万大军杀入关中。司马颙先后派彭随、刁默、马瞻、郭伟带兵抵挡,全部大败。司马颙见大势已去,扔下晋惠帝独自逃了。

祁弘一马当先,率先杀入长安,他知道自己迟早要回去,长安不过是借住之地。于是纵兵抢掠,凡男子皆杀,凡女子皆奸,不过三日,死者数万。祁弘手下士兵一直杀到皇宫里去,把皇宫抢了个遍,宫女淫了个遍。司马衷跑出来阻拦,祁弘手下这些兵都是鲜卑、乌桓兵,哪里认得天子,摁住天子就打。幸好司马越也带兵入宫,才把司马衷救下。

司马越进城之后,让祁弘下令停止抢掠,有继续抢掠者,格杀勿论。又派人到城外的荒郊野地寻找躲起来的百官,全部揪回到城中,一齐拜见了晋惠帝。永兴三年(306年)五月,他带着晋惠帝及百官出发向洛阳而去。

一个月后,众人回到洛阳,只见老旧宫殿中的灰尘已经积了厚厚一层,蛇鼠出没,荒草遍地,门窗破败,真是恍如隔世。收拾宫殿住下之后,照例又是大赦天下,改元光熙,论功行赏。这一回东海王司马越为太傅、录尚书事,是为晋朝的新掌门人;范阳王司马虓为司空,镇守司马颖的老家邺城;司马越的弟弟平昌公司马模为镇东大将军,镇守许昌;司马越的哥哥司马腾为东燕王;王浚为骠骑大将军,都督东夷、河北诸军事,兼任幽州刺史;琅琊王司马睿为平东将军、监徐州诸军事,留守下邳(今江苏省徐州市下属县镇)。在众功臣中,琅琊王司马睿所受封赏最少,所得权力也最小。不过,司马睿被封的下邳虽然比起别人的封地毫不起眼，可正是下邳这个地方，却让司马睿最终成就了大业。

再说司马颙和司马颖两个人，虽然大败，仍具有一定的军事实力。司马颙等司马越带大军出了陕西后，又收集旧部，潜入长安，突然发动兵变，将守将梁柳杀死。然后，以长安为根据地向外发展，一时间关中地区，尽皆收复。司马越派贾疋、裴廙、贾龛等带兵前往，司马颙再一次连连失败，最后只能困守长安一城，关中地区又被司马越夺回。

贾疋围攻长安快一年了也不能攻下，司马越便请皇帝下了一道诏书，封司马颙为司徒，让其入朝辅政。司马颙手下的明白人都说这是计谋，劝他一定不能出城。司马颙说："我难不成要一辈子被他困在长安不成？干脆冒一次险吧。"遂出城，来到贾疋、裴廙、贾龛等人的军营。贾疋等人对司马颙十分客气，好吃好喝好招待，临走还奉送金银。司马颙十分满意，以为司马越说的话还是可信的，哪知道行到半路，突然杀出一支人马，人人蒙面，也不说话，一顿乱砍，把司马颙及其儿子、老婆、侍卫等全部杀死。

再说成都王司马颖，他有一名大将叫作公师藩，在冀北有几万兵马，司马颖遂北上投奔，但经过邺城时被范阳王司马虓捉住。司马虓总算顾及亲情，并未将司马颖杀害，只是软禁起来。

公师藩听说成都王被司马虓关在邺城，便领兵来攻邺城。公师藩手下有两名大将，一个叫汲桑，一个叫石勒（后来成为开国皇帝，且一度统一了北方。当然，这个时候的石勒也是一个小人物）。石勒是羯人，小时候跟邻居到洛阳做生意，遇见了王衍。王衍见了石勒的相貌，大奇道："这个人必为天下之患。"遂让人去捉，石勒慌忙逃跑。后来司马腾劫掠胡人为奴，卖往山东和河北做奴隶，石勒也被捉卖到山东茌平，给一个叫师欢的人做耕奴。师欢很喜欢这个小伙子，不但提供好吃的、好穿的，而且不加监视。师欢还有个放马的牧奴叫作汲桑，此人和石勒十分要好，都胸怀大志。后来天下大乱，石勒遂与汲桑招了十几个人上山为盗，后又投到公师藩军队里，并得到重用。

汲桑和石勒随公师藩来攻邺城，不料却被兖州刺史苟晞率军抄了后路。公师藩大败，死于乱军之中，汲桑与石勒也随溃军逃散，又落草为寇去了。

司马颖虽然仍被拘在邺城，但日子过得还不错，有吃有喝有人侍候着，除了行动不自由外,其他方面很受优待。但不久后范阳王司马虓病死了,司马越的亲信刘舆知道邺城原本是司马颖的地盘,怕司马颖的旧部趁机作乱,不敢贸然发丧,先派田徽来杀司马颖。

司马颖见田徽突然来了,立刻就明白了,问他道:"范阳王去世了吗?"

田徽回答:"不知道。"

司马颖又问:"你多大了?"

田徽道:"五十岁。"

"噢,人说五十而知天命,你可知道你的天命吗?"

"不知道。"

"那你知道,我死之后,天下就能得安宁吗?"

"不知道。"

司马颖听罢叹了一口气,知道自己肯定是难逃一死了,遂请田徽派人烧洗澡水,好好地洗了一个澡,然后从容地让田徽将他缢死。这位一度为皇太弟、曾经把持西晋朝政的年轻人就这样丢了命,时年二十八岁。

至此,八王之乱的这场大戏基本落幕。新的历史人物又要登场了,新的剧情又要开始了。

第四章 刘渊乱晋

刘渊称帝

光熙元年十一月的一天夜里，晋惠帝回洛阳的第三年，司马越毒死了晋惠帝司马衷。司马衷死时四十八岁，在位十七年。皇太弟司马炽继位，是为晋怀帝，改元永嘉。司马炽一即位就立刻亲政，不断参与政务，与什么事都不管的晋惠帝大为不同。为了削弱司马炽的权力，司马越遂带百官至许昌，留晋怀帝司马炽在洛阳。凡朝廷之事，须司马越在许昌决定之后才能施行。

不过，司马越刚刚毒死晋惠帝，刘渊便把并州都督司马腾痛打一顿，占据了晋北。司马越一时抽不出兵来，他的亲信刘舆遂向司马越举荐自己的弟弟刘琨为将。司马越遂任命刘琨为并州刺史，他自己则直接对付刘渊，而把司马腾调到了冀南的邺城。

司马腾早被刘渊打怕了，一接到司马越的调令，没等刘琨前来，自己就先带着兵马及大部分百姓跑到邺城了，给刘琨留下一座晋阳（今山西省太原市）空城。刘琨是光杆司令，一路走一路招兵。由于山西战乱频仍，又被司马越带走了一大批百姓，到处少见人烟，豺狼当道，一直走到了并州才招五百多人。刘琨带着人把晋阳城街道清理了，房屋修好，城墙加固，又贴出告示，招流民回来耕种荒废的土地。这时，刘渊已经绕过晋阳，直接向南攻，很快占据了除晋阳之外的整个山西。

刘琨这边守住了晋阳，司马腾却没能守住邺城。汲桑和石勒被兖州刺史苟晞击溃以后，落草为寇，竟然很快弄了上万兵马，不久又卷土重来，再攻邺城。司马腾派大将冯嵩带三万兵出战，冯嵩却打了一个大败仗逃了回来。司马腾奇怪地问道："你带三万正规军难道打不过一万土匪吗？"

冯嵩道："战士们很久没有发饷了，过得还不如土匪呢！怎么能好好打仗？现在国库空虚，您不如把家里的钱拿出来激励将士，这样才能取胜！"

司马腾一听就怒了："你怎么不把你家的钱拿出来？"

冯嵩道："我那点家产有什么用，谁像你有数亿家资。再说了，如果邺城被夺去，你那数亿家资还不是被别人夺去？"

司马腾一想也有道理，于是命家人把米和布拿出一部分来分给大家，当然，因为他实在舍不得，拿出来的并不多，每名士兵不过分到几天的粮食和只够做一身衣服的布。将士们见司马腾这么抠门，谁还肯为他卖命，领了东西便一哄而散。司马腾这下着急了，再想携家资逃跑，连赶车的车夫都找不到了，只好捡些黄金细软骑了快马离城南逃，在城外，司马腾被汲桑部将李丰追上刺死，最终落得个人财两空。汲桑、石勒本就是做土匪的，进入邺城之后，大肆抢掠一番，又杀了不少百姓，临走竟还放一把大火把邺城给烧了。

二人抢完烧完，又举兵向南，直袭兖州，去攻老仇家苟晞。

苟晞和他的弟弟苟纯、部将王赞带兵拒敌。汲桑、石勒虽拥有威力很大的精骑兵，但鲁西以山地为多，苟晞的步兵并不吃亏，所以双方打了几仗，不分胜负，形成僵局。苟晞极善用兵，知道汲桑和石勒两军中汲桑更弱，于是派苟纯连夜率三千精兵去东武阳设伏，又请冀州刺史丁绍切断汲桑和石勒北逃的后路。他安排停当，第二天出兵和石勒混战。汲桑本来准备整军增援，哪知道刚走了不一会儿，后营便被苟纯偷袭，遂急忙回去，又被苟纯伏击。汲桑大败，幸亏石勒发现右军出了问题，整兵回救，这才把汲桑救下。但苟晞也乘势追杀而来，石勒等人来不及整军，一路败了下去，败到河北，又遇到丁绍的伏兵，汲桑、石勒在乱军中失散。

汲桑最后在今天冀鲁交界处的乐陵（今山东省乐陵市）遇到了司马腾的旧将田兰和他所带的几百散兵游勇，被手下败将田兰捉住杀死。

石勒辗转逃回上党武乡，这个地方活动着一支数千人的土匪，匪首叫张㔨督。石勒找到张㔨督，问道："现在刘渊占据了整个山西，你认为你能在山西一直立足下去吗？"

张㔨督道："当然不能了。"

石勒道："既然不能，且您的手下都受过刘渊的恩惠，我担心他们迟早有一天要叛离您啊。"

张䖍督惊问道："石英雄，你给出个主意，我该怎么办？"

石勒道："我看刘渊必成大业，将来天下都可能是他的。咱们不如早一点去投他，混个荣华富贵绝不成问题。"

张䖍督想了一个晚上，第二天早上便随石勒投奔了刘渊。刘渊十分高兴，封石勒为辅汉将军、平晋王，封张䖍督为亲汉王。在欢迎宴上，刘渊无意中提到乌桓人张伏利度是一支隐患。此人在乐平镇聚有数千兵马做土匪，仗着天险和刘渊作对。刘渊硬攻无果，招抚又不成。石勒听了笑道："这有何难，请让我为大王招抚。"

刘渊半信半疑，不过既然石勒已经张口，不妨让他试试。石勒假装被刘渊赶出来，投奔张伏利度。张伏利度是土匪，石勒也是土匪，见面自然有话谈，谈来谈去，越谈越投机，当即便与石勒结为异姓兄弟，派他下山率众抢劫。石勒打仗很有一套，其他地方的土匪稍触即败，可谓所向无敌。渐渐地大家就都认为石勒的才能远在张伏利度之上，对石勒颇为信服。石勒见机会成熟，在宴会上一把将张伏利度摁住。张伏利度不知道怎么回事，喊道："石兄，你这是干什么？"

石勒并不理他，转头问众土匪："我和张伏利度，你们愿意服从谁？"

众人齐声道："愿随石将军！"

石勒遂放了张伏利度，带了众人来投刘渊。刘渊对石勒更加信任，又加封石勒为都督山东征讨诸军事。

这时，山东青州又有王弥和其堂弟王桑，还有阳平县刘灵等人，趁着苟晞和石勒交战时，招了数万兵马分别造反，欲割据山东。司马越急忙升了苟晞的官，拜他为征东大将军，封东平郡公，带重兵前去征讨。司马越也亲自带兵从河南许昌移兵到山东西南的鄄城参加征讨，与苟晞互为声援。

苟晞和弟弟苟纯去打王弥，王弥屡战屡败，一路后退，在沂蒙山区和苟晞捉迷藏。王弥很是辛苦，非常泄气，却又想不出好办法，手下谋士曹嶷道："苟晞这个人很厉害，兵力也比咱们多。不如避开他，去偷袭洛阳。"

王弥大惑不解："你不是和我开玩笑吧？我要是从山里钻出，苟晞一定会追在我的屁股后面打。从这里到洛阳有上千里，沿途又要攻城略地，前后受击,不是自取死路吗?"

曹嶷道:"司马越把所有的兵力分成两路,一路交给苟晞,另一路由他带到了鄄城。因此,从鲁西到许昌再到洛阳,一路空虚,只有些老弱残兵把守城池,只要咱们骗过苟晞,跑得够快,不怕洛阳拿不下来。"

曹嶷出的这个主意相当精妙,王弥连称佩服,立刻整军五万人马穿上官军的衣服向许昌而去,留下曹嶷带一千人马继续跟苟晞捉迷藏。曹嶷命下属多做草人,套上军服,插在山上,竟把苟晞给骗过去了。

王弥诈称官军回都,夺了许昌重地,而其余小城基本无兵把守,所以王弥一路畅通,很快杀到洛阳城下。洛阳城还有一万禁军,勉强将城池守住。王弥攻了许多日,眼看就要攻下洛阳了,结果赶上凉州刺史张轨派督护北宫纯带一千多人来京城办事。他见王弥围城,遂带千名骑兵直杀过去。

这一千人虽然人数少,但十分勇猛,王弥的军队顿时大乱,没了队形。城里的军队以为是大队援兵到了,也打开城门杀出来,两面一攻,王弥溃败,只带了几千兵马北逃。王弥在黄河边上看见刘灵也带着几百人准备渡河,过去一问,原来刘灵被司马越打败,也是一路逃过来的。两个难兄难弟一商量,还是投奔刘渊吧。

刘渊听说两个人来投,摆宴相迎。宴席上王弥说:"您已经称王多年,一直割据一方,太可惜了。我看您不如称帝,然后先西攻长安,再东取洛阳,最后南下统一全国。当年刘邦就是这么干的,您何不效仿呢?"

汉元熙五年(308),即晋永嘉二年十月甲戌日,刘渊于蒲子城正式称帝,改年号永凤。他命刘聪、王弥率众三万人守太行,石勒和刘灵率三万人守山西,再于第二年正月迁都平阳(今山西省临汾市西南)。这一历史时期,基本上分为三个政权:西南为李雄政权,刘渊则占据除晋阳、上党以外的山西全境,还有今天的内蒙古中部和河北的一部分,其余为西晋政权。而这一时期的主要事件,是刘汉和西晋争夺天下。

石勒割据河北

洛阳之战后,很多人对司马越不满,认为司马越把所有的兵力调到山东,根本就没把皇帝的安危当一回事。晋怀帝司马炽此时已经在位一年了，手底下渐渐也有了些宠臣，这些大臣把司马越的过失到处散布，意在打击司马越的威信。司马越在洛阳安插了不少密探，听说这件事后直接带兵来到洛阳，把晋怀帝司马炽身边的心腹近臣中书监缪播、太仆卿缪胤、散骑常侍王延、尚书何绥、太史令高堂冲等十多人全部杀死。晋怀帝没办法，只能趁没人的时候悄悄在后宫跟几个心腹太监诉苦，一边痛哭一边大骂："要说奸臣贼子，也不是哪个朝代都有，可为什么偏偏轮到我呢？"

司马越又将宫廷侍卫中所有不是自己提拔起来的武官全部罢免，然后留在洛阳，独掌朝纲，从此彻底在精神上和权力上完全掌握了西晋。

有一个叫朱诞的左积弩将军也在罢免之列，他十分怨恨司马越，便投奔到刘渊那里，称司马越和皇帝闹矛盾，人心不齐，正是攻取西晋的好时机。刘渊早有一统天下之心，既然时机来了，岂能放过，当即命汝阴王刘景带五万精兵先攻黎阳（今河南省鹤壁市浚县）。刘景和防卫黎阳的车骑将军王堪打了一仗，占了黎阳，但他进城后纵兵抢劫杀人，又把黎阳三万多名百姓全部扔到黄河里淹死。刘渊听说后大怒道："我是要夺天下的，夺天下者先要得民心，你这样做不是让人民恨我吗？"遂将刘景贬为平虏将军，让他带兵返回，另派其四子刘聪、王弥带兵攻取洛阳。

刘聪、王弥首先进攻上党（今山西省长治市上党区），太守庞淳带兵拒敌，连吃败仗。司马越急派淮南内史王旷（王羲之父亲）、将军施融和曹超领五万人北渡黄河增援。过了黄河之后，施融认为太行山险峻，对方又熟悉地形，建议王旷先不要过太行山，一方面侦察敌情，一方面等待对方出山，在平原迎击敌人最为妥当。王旷骂其胆小，并且说对方都是骑兵，山地有利于己方的步兵，根本不必担心山地作战。哪知道王旷的军队来到太行山中一个平坦而空旷的山谷中时，遭到刘聪、王弥骑兵的四面掩杀，王旷拼命反击，总算带着万余人杀出重围，逃了回去。庞淳见援军败逃，只好投降。

刘聪、王弥乘胜渡过黄河，先与镇守黄河南岸的平北将军曹武打了一仗，大胜；再和南阳王司马模从长安派来的援兵淳于定打了一仗，又胜。曹武与淳于定吃了败仗，先后逃到弘农郡。弘农太守垣延本来也准备出兵，曹武与淳于定告诉他说："刘聪和王弥太厉害了，你这点兵马根本打不过他们，不如一起逃吧。"垣延很"重视"曹武和淳于定提供的军事情报，于是说："既然他们这么厉害，那我就投降吧。"

曹武和淳于定吓了一跳："我们晋朝还有战斗力，等各处勤王的军队汇合后，定能胜他，你何必害怕成这个样子？"

垣延嘿嘿一笑道："我是诈降。"遂与二人定下计策，让曹武和淳于定带兵埋伏起来。

刘聪来到弘农郡宜阳城（今河南省洛阳市宜阳县），垣延献城投降。刘聪有点儿怀疑，不敢入城，在城外扎下营寨。垣延派人备上好肉好酒，运到军营，大摆盛宴，还找了一些有文艺细胞的军士为刘聪表演。刘聪的军队打了好多天仗，精神也比较紧张，这天晚上倒是得到了很好的放松，在篝火晚会和两军大联欢中又唱又跳，闹到深夜方才休息。

等汉军都睡得像死猪一样，垣延便带着军士在大营中四处放火。曹武、淳于定早就埋伏在营外了，一见火起，立刻率兵攻进营来。汉军们在联欢会上消耗了不少体力，又喝了很多酒，冷不丁被这么一冲，大部分人都无力还手。曹武、淳于定和垣延在营中杀来杀去，汉军死伤无数。刘聪也被围在营中，冲不出去。

幸好，王弥带着一支小部队在远处安营，听说大营被端了，急忙带千骑来救，总算把刘聪救出。两个人在前面跑，垣延等三将就带人在后边追，一直到渡过黄河，两人才把晋军甩开，此时五万人还剩两万多。

刘渊得知刘聪吃了败仗，又派从子刘曜、刘景率三万精骑增援刘聪。刘聪、王弥、刘曜、刘景四员大将带着五万铁骑再渡黄河，又一次向弘农攻来。这回二话不说，直接开打。刘曜身先士卒，冲上城头，攻取了城门，大兵一拥而入。垣延刚逃出南城门，被刘曜追上，一刀砍下人头，献给刘聪。宜阳一破，洛阳门户大开。刘聪很快进抵洛阳，分兵四路，将洛阳团团围住。

司马越急问众将怎么办，这时那位来洛阳"出差"的凉州督护北宫纯还没有走，他说道："这有什么可担心的？今天晚上我带着一千西凉骑兵，先把主帅刘聪的大营端了再说。"

当晚，北宫纯带兵偷偷出城，攻入刘聪大营。虽然刘聪晚上也设了警戒哨、绊马桩，无奈北宫纯的西凉兵太猛了，在营里杀来杀去，竟然无人能挡。

等其他营寨的军队前来增援时,北宫纯已经迅速退回城中。刘聪查点损失,死伤两千兵士,手下大将呼延颢和呼延翼被北宫纯劈死。刘聪恨极,猛攻洛阳。但洛阳毕竟是百年古都,城高墙厚,又有重兵把守,攻了半月,丝毫没有进展。刘聪又分出部分兵马留守,自己带了另一部分兵马离开军营去嵩山拜山神,想让山神助他攻城。司马越听说刘聪去嵩山了,立刻派兵袭击留下来的汉军。刘聪走到半路上得报说自己的大营又被端了,这回是白天端的,急忙回来。回来后,司马越又退回城中。刘聪再折了几千兵马,手下大将呼延朗战死,刘厉畏罪自杀。

刘聪屡受偷袭,连吃败仗,攻城又攻不下,走又走不开,连拜山神都不能,只好向刘渊请示后退兵回去。

刘聪这边劳师无功,石勒和刘灵却打得很是顺手。石勒奉刘渊之命率三万军队在河北活动,很快攻下钜鹿、常山等地,又由于石勒一改匪性,军纪很严,不犯百姓,军队的待遇也很好,不欠粮饷,很多百姓也前来投军,竟然很快发展到十万大军。

石勒进入河北后,有一个叫张宾的人来投奔。石勒问他道:"你是汉人,为什么要来投奔我羯人呢?"

张宾道:"凤择高枝而栖,人择明主而事。晋朝的气数已尽,而我看您有汉高祖当年的英气,我是来助您成就天下大业的!"

石勒这个时候还没有想当皇帝的心思,不过被人拍马屁也是一件比较受用的事,所以收下了张宾,但只把他当作一个普通的谋士而已。没想到,后来打仗时张宾每每提出建议,不管石勒当时是否采纳,结果总如张宾所料,石勒这才知道此人是个人物,遂重用张宾。石勒在张宾的帮助下,连连攻下中山、博陵、高阳等城,兵马又增了数万,很快控制了大半个河北。

石勒接着打算先取幽州,先巩固北部后方,然后再南取洛阳。大家都觉得这是个稳妥的战略,张宾则反对说:"幽州王浚很不容易打,军事力量很强,又有名将祁弘,而且辽西鲜卑也是他的强大盟友。以您现在的力量根本不是他的对手,不如先南下把黄河以北的河北全境全部平定之后,再做北进的打算。"

石勒自打进入河北以来连打胜仗,并且颇得民心。他认为自己再不是当年那个总打败仗、被人赶得到处流窜、靠着烧杀抢掠为生的土匪头子了,而是脱胎换骨成为百战百胜、手握十多万雄兵的大将军。况且，只要得民心，只要勇猛善战，那就能打胜仗，至于幽州王浚、名将祁弘、辽西鲜卑又算什么呢？

于是石勒傲然答道："王浚虽然很厉害，但我必取之！"

石勒留张宾、夔安、王阳留守，带了刘灵、刁膺、孔苌、支雄、桃豹、逯明等将，领大军十万，浩浩荡荡向幽州杀去。

王浚见石勒来攻，以祁弘为帅，段务勿尘为副帅，又从鲜卑借来几万人，一共十二万大兵在边界严阵以待。双方都是掏了家底来战，两军二十多万人在沙场上一摆，阵势相当壮观。石勒与祁弘杀了整整一天一夜，石勒不敌，连连退守，一直败退到飞龙山（即封龙山，今河北省石家庄市附近），才倚仗着险要地势，稳住军队。

祁弘见石勒据险而守，派段务勿尘率数千兵丁带了攀山的工具从飞龙山山后的绝壁攀上，又挑逗石勒带重兵下山来战。正面战场上石勒与祁弘杀得正酣，飞龙山上段务勿尘却已经取了石勒的营寨，然后从山上直扑下来，杀入石勒后军。石勒腹背受敌，全军大溃，和他一同平定河北的生死兄弟刘灵也在这场战役中战死。石勒总算命大，带了败军一路南逃，但祁弘在后紧追不舍，幸好张宾派人前来接应，在山间设下三千弓弩手，等祁弘追到，乱弩齐发，霎时间便射倒千人，祁弘也被射成重伤。后军段务勿尘急忙把祁弘抢回，祁弘回到大营，当夜身亡，段务勿尘只好率兵回去。

这场大战，石勒虽然损兵折将，失了大将刘灵，败退冀南，但百战百胜的辽西名将祁弘也被射杀，可以说各有所获，各有所失。

石勒率败军回到冀州，因连失数员大将，伤亡四五万人，粮草、辎重也没剩下多少，便打算休养生息，好好恢复一下元气。但司马越听说石勒吃了败仗，认为这是收复河北的好机会，遂命令车骑将军王堪、北中郎将裴宪率众五万前来征讨。

在张宾建议下，石勒从军营中挑选出精兵三万，带兵来到黎阳（河南省浚县），等晋军渡过黄河之后，石勒让大家饱食一顿，然后把大营给烧了，悲壮地对众将士道："五万晋兵就在眼前，而我军已经无营可守，无粮可食，后方冀州皆是伤兵，此仗只能胜，不能败！"

将士也是群情激奋，一同回应道："情愿死战！"

几个小时后，晋军来到，还没来得及结阵，石勒一马当先冲了过去，身后三万精卒奋勇向前。晋军哪里见过这么玩命的，登时大败。车骑将军王堪带着败兵一路南逃，被追上斩首；北中郎将裴宪比较聪明，离开军队，化装成老百姓，逆路北上，逃到幽州投奔王浚。石勒乘胜渡过黄河，攻城略地，占了白马和仓垣两地后回师渡河，趁势把黄河以北的广宗、清河、平原、阳平等地全部解决掉，统一了黄河以北全境。刘渊听到捷报大喜，加授石勒为镇东大将军，让他继续镇守河北。从此，黄河以北之地，除幽州王浚和晋阳刘琨以外，尽为刘渊所占。

刘聪攻陷洛阳

永嘉四年（310）七月，刘渊病重，他知道自己就快不行了，便任命宗室刘欢乐为太宰，刘洋为太傅，刘延年为太保，以子刘聪为大司马、大单于，将太子刘和托给四人辅佐。又安排了其他三个儿子，齐王刘裕为大司徒，鲁王刘隆为尚书令，北海王刘乂为抚军大将军兼司隶校尉，始安王刘曜为征讨大都督兼单于左辅。安排后事完毕，刘渊于当月底病亡，刘和继位。

刘和是刘渊皇后呼延氏的儿子，为人刻薄好猜忌。他认为大单于刘聪、齐王刘裕、鲁王刘隆、北海王刘乂，这四个亲兄弟都手握重兵，必为后患，不如趁他们正在京中守制，全部杀了干净。他和舅舅呼延攸、侍中刘乘、宗室刘锐商量除去四人，又招来宗室刘盛、刘钦、刘安国、刘璿及护军马景入宫，调动禁军，以杀诛刘聪、刘裕、刘隆、刘乂四王。

刘盛入宫后，听说刘和要杀自己的兄弟，坚决不同意，刘锐当场将其杀死，其他人只好同意。刘和与众人对天发誓之后，分兵四路去要四王的性命。

尚书田密、武卫将军刘璿这一路大概千人，奉命去杀北海王刘乂。但田密、刘璿并不支持刘和，两个人一出宫就商量好了，现在刘聪手里还有点兵，不如与刘聪合兵一处，再回过头来杀刘和。于是，两个人来到了北海王府，找到刘乂，把刘和密令诛杀四王的事情一说，让刘乂和他们走。刘乂一听冷汗都吓出来了，赶紧带上家人，跟着二人骑快马出城一同去投奔刘聪。

刘锐、马景这一路带了万名禁军去攻刘聪,半道上突然见前方田密、刘璿也带着人马直向刘聪的驻地奔去。马景有点糊涂:"他们不是去杀北海王刘乂吗?怎么却去了刘聪那里。"刘锐一下子反应过来:"糟糕!这两个人叛变了!"

再去追他们已经来不及了,刘锐急忙令紧闭城门,带兵先攻城内的刘裕和刘隆。呼延攸、刘安国这一路负责攻杀刘裕,刘安国想半路逃走,被呼延攸杀死;刘乘和刘钦去攻杀刘隆,刘钦欲救刘隆,也被刘乘杀死。这两路总算成功,将齐王刘裕和鲁王刘隆擒杀。

刘聪听刘璿、田密说刘和要诛杀四兄弟,遂带兵攻城。刘和拒城而守,刘聪一时没能攻下城池。但刘聪的威信相当高,很多人愿意为他卖命。到了晚上,有人偷开城门,刘聪军队一拥而入,刘和的军队大败。刘和无处可逃,干脆逃到父亲的灵堂躲避。

刘和以为在父亲的灵堂里,刘聪会对他客气一点儿,但刘聪说了一句"你不如和先帝一块去吧",便手起刀落,在灵堂杀死刘和。刘锐、呼延攸、刘乘等人皆被斩首。

刘聪占领京城后,建议由单皇后的亲生儿子、刘和的同胞弟弟北海王刘乂当皇帝,理由是刘乂是单皇后所生,为嫡子。众人都想跟着刘聪干一番事业,坚决不答应。刘聪当然想当皇帝,假意推辞了几番就登基了,不过还是立刘乂为皇太弟。

九月辛未,刘聪为刘渊发丧,葬于永光陵,谥号光文皇帝,庙号高祖。一场夺宫之变也终于落下帷幕。

刘聪当皇帝后的第一件事是进攻洛阳,统一天下,遂派刘曜带四万人去攻打洛阳,又派石勒、王弥等将领各率数万军队从其他方向向洛阳进军。

刘曜的四万部队和石勒的两万骑兵在渑池(今河南省渑池县)会师,很快攻陷渑池,又与王弥会师,然后分三路挺进。很快,洛阳城四面都成为刘汉的领土,洛阳成为孤城一座。

司马越见洛阳势孤,一方面让晋怀帝司马炽下诏征四方诸王刺史们前来勤王,一方面带四万精兵出城,准备杀出重围,逃到自己的封地去。晋怀帝也害怕了,拉着司马越的袖子不肯让他走。司马越拍着胸脯说:"你放心,我不是去逃跑，我是去破贼，等我打了大胜仗就回来。"

司马越命心腹李恽、何伦继续监管晋怀帝，但只留下数百老弱兵丁，洛阳城一时盗贼蜂起，外边还没打起来，城里却是天天有殴斗杀人之事。司马越对晋怀帝还算尊重，而司马越留下的这个何伦却对晋怀帝十分傲慢，指手画脚，如对大臣一般。晋怀帝实在咽不下这口气，便和竟陵王司马楙密谋暗杀何伦。然而，司马楙安排的人不但没去暗杀何伦，反而到何伦那里告密。何伦于是派人去杀司马楙，司马楙早逃得无影无踪。经此一事，何伦更认为自己在京中地位稳固，竟公然抢劫大臣，进宫调戏侮辱公主。晋怀帝实在没有办法，便写下密诏一封，派亲信送到山东青州苟晞那里，请他讨伐司马越，进兵洛阳。诏书写得言辞恳切，凄凄惨惨，尽述备受侮辱之事。苟晞见了，也不觉落泪。

苟晞这时候正和王弥的部下曹嶷在青州大战，见了诏书也不管曹嶷了，立刻引兵西进。曹嶷趁机连破东平、琅琊，再占临淄、青州。苟晞被曹嶷追着屁股打，而且打不还手，一直到了项城，只剩下了几千兵马，但仍然高举着讨伐司马越的大旗。

司马越正在项城和石勒对攻，一连半个多月都没能冲出石勒的包围，又听说苟晞带兵来攻打自己，心里一着急，一病不起，在病榻之上他把王衍叫来，嘱咐道："我死后要秘不发丧，你带兵回东海老家。"然后吐血而死。

司马越死后，王衍和襄阳王司马范带兵悄悄出了项城，欲绕过石勒，回到东海国老家。

石勒得到消息，亲率轻骑三万，追上晋军，将其四面围住，先用弓弩射，再用长枪挑，最后用大刀砍，四万晋军，再加上官员和他们的家属四五万，如羔羊被宰一般，遍野伏尸，尸积如山。王衍、司马范及宗室诸王司马济、司马澹、司马喜、司马禧、司马超等都被俘获。

王衍就是当年在洛阳见了石勒，说石勒"必为天下之患"而派人去捉石勒的那个人。如今世事变迁，石勒果然成为一方诸侯。王衍见了石勒，又说石勒有帝王之相，劝他自立。石勒冷笑道："天下就是让你们这群人给弄乱的，你还有脸来劝我！"遂将王衍等人赶到一处民房中，当夜命士兵合力，推倒屋墙，将他们全部砸死。

石勒道："乱天下者为司马越，我要为天下报仇。"遂命人把司马越的棺椁打开，焚烧尸体，把骨灰撒开任人践踏。

何伦和李恽听说司马越已死，于是带着司马越的老婆东海王妃裴氏和司马越的儿子司马毗从洛阳出发，也向东海国逃去，半路再遇石勒，又是一番屠杀，司马毗及宗室三十六王全被杀死。何伦带着数百人逃回了东海国，李恽则逃到河北的广宗。司马越的老婆被俘，和其他妇女一起被卖。裴氏被卖到一个吴姓人家做用人，后来逃到东晋的建业，被琅琊王司马睿收养，得以善终。

司马越已死，何伦和李恽逃走，终于没人再管晋怀帝了。晋怀帝先下诏贬司马越为县王，又下诏任命苟晞为大将军、大都督。苟晞派从事中郎（相当于参谋）刘会带了几十艘船、五百卫兵和一千斛谷子去接晋怀帝。司马越留在洛阳的那些大臣，一听说晋怀帝要搬家，都贪恋家资财产，不愿意跟晋怀帝走。晋怀帝只好让刘会先带着兵回去。留下来的一千斛谷子很快吃光了，这帮只会吃饭的大臣仍然不愿意迁都。晋怀帝只好自己走，愿意跟晋怀帝迁都的只有十几个大臣而已。晋怀帝派司徒傅祇去河阴雇船，结果司徒傅祇带的仆役和士兵把钱骗走，把马抢光，然后都跑了。晋怀帝只好带着十几个大臣、几十名侍步行出宫，刚到了铜驼街，遇到一群盗贼，把他们随身带的钱都又抢光了。晋怀帝只好带着大臣们回到宫中。

这时，王弥、刘曜、石勒三路大军各率人马向洛阳杀去，刘聪又派呼延晏率三万人前往，一路上连胜十二仗，杀死三万晋军，顺顺利利地打到了洛阳。

王弥因为离洛阳近，先赶到洛阳，因无人守城，他直接把军队开进洛阳，然后纵兵大掠，到处抢劫。很快，呼延晏也到了，和王弥一同参与抢劫，宫中珍宝被洗劫一空。那些留恋家室不愿意迁都的京中宗室、大臣都被杀害，老百姓也死了三四万人。洛阳城的大街上，到处都是尸体。晋怀帝这回着急了，带着人从西明门跑出去，但在西明门正碰上刘曜入城，被刘曜捉住。

刘曜入城之后，一看洛阳已经让王弥和呼延晏的军队抢得差不多了，没有什么好抢的了，很是不满。他想了想，让人挖开晋朝帝王的陵墓，把墓中的珍宝都取了出来，墓室中帝王的尸骨则被扔得乱七八糟。然后，又到后宫抢宫女，将晋惠帝的皇后羊氏纳为王妃。

王弥本来打算请刘聪迁都洛阳，哪知道刘曜深恨王弥和呼延晏抢东西没给他留一份，盗墓葬、抢宫女之后仍不解气，派人在城中到处放火，竟把好好一个洛阳城烧成了灰烬。

王弥非常生气，便要发兵去打刘曜。

西晋朝臣刘暾本是王弥同乡，他入城后投了王弥，此时他劝道："现在天下已经乱了，群雄逐鹿，您虽然为刘汉建有不世之功，但与刘曜早就有了矛盾，以后刘汉能不能容得下您也很难说。您手下大将曹嶷不是已经占据青州了吗？您不如东去山东割据，弄好了您可以统一天下，就算是混不好也是一方诸侯。"

王弥觉得很有道理，遂带兵去了山东。

这时，石勒才来到洛阳，一来洛阳他还以为自己走错地方了。这就是洛阳吗？处处是焦土废墟，废砖烂瓦，尸体遍地，房倒屋塌，乌鸦成群，野狗出没。石勒在洛阳别说抢掠了，就是连粮草都筹集不到，只好移兵到许昌驻军。

刘聪得到大破洛阳、生擒晋帝的捷报后十分高兴，当即下诏晋封王弥为大将军，封齐公；石勒为征东大将军；刘曜、呼延晏也有重赏。刘聪一面令刘曜带兵去攻打长安，一面命呼延晏把晋怀帝、降臣和晋朝的玉玺带到平阳。

晋怀帝司马炽被押到平阳。刘聪见了司马炽心情好得很，和他拉家常道："你从前做豫章王的时候，我与驸马王济还拜访过你。王济向你推荐我，你说早就听说过我，并且还作了一首《乐府歌》给我看。你记得吗？我则作了《盛德颂》给你，你看后大为称赞。那首诗你还留着没？后来咱们又去比射箭，我得了十二筹，你和王济得九筹，你还将铜弓、银箭都赠给了我。想起那个时候，恍如昨日啊。"

刘聪说得兴致盎然，晋怀帝哪儿有心情聊这些，只好虚应道："臣怎敢忘记？只恨当时不识真天子的面目啊。"

刘聪又问道："为什么你们晋室司马氏家族要骨肉相残呢？难道你们汉人兄弟叔侄之间就没有一点情义吗？"

晋怀帝对道："这大概是天意，和人情没有关系。如果我们司马家和睦相处，您又怎么能得到天下呢？"

刘聪听后很是受用，于是给了晋怀帝一个官做，叫作左光禄大夫，又封他为平阿公。

长安之战

刘曜带兵进入陕西，正赶上南阳王司马模手下大将赵染和司马模闹矛盾。司马模让赵染去拒敌，赵染提出要当冯翊（郡治所在地为今陕西省渭南市大荔县）太守。而司马模明明要利用赵染去拒敌，却另派索綝为冯翊太守，并没有答应赵染的要求。赵染一气之下就投降了刘聪。刘聪当即封赵染为平西将军，派他和刘雅率两万轻骑兵去帮助刘曜攻取潼关。

赵染一鼓作气攻下了潼关，斩了守将吕毅，领着刘曜的大军来到下邽（今陕西省渭南市东北五十里处）。下邽由凉州督护北宫纯镇守。北宫纯是一员勇将，他曾经在洛阳凭借千名西凉骑兵以少胜多先败王弥，再败刘聪，威名大震。

赵染深知此人，向刘曜建议智取。刘曜按赵染的计策派刘雅先去挑战，北宫纯出城杀败刘雅，刘雅败逃。北宫纯一马当先紧追不舍，追到十多里外，突然陷入一个大坑之中。赵染带领汉兵冲了出来一阵斩杀，没有落入坑中的晋兵纷纷逃跑，而落入坑中的北宫纯则被俘。刘曜亲自为北宫纯解绑，将北宫纯劝降。北宫纯也知道司马模驭人无方，恐怕守不住长安，既然自己已经做了俘虏，只好投降，遂与刘曜一同转攻长安。

司马模派淳于定出战，结果大败逃回城中。司马模知道长安迟早要被攻破，只好开城请降。刘曜将其斩首，又将他的妃子刘氏赐给自己的一个奴隶为妻子。不久，刘聪下诏，以刘曜为车骑大将军、雍州牧，封中山王，镇守长安。当初赵染向司马模争一太守而不许，现在关中之地却尽落入对方手中，司马模也已身首异处。当然，索綝也并非无能之辈，司马模用他也不无道理。

冯翊太守索綝不愿意投降，他和安夷护军麹允、频阳令梁肃带着几十名家丁投奔安定（今甘肃省临泾镇原县）太守贾疋。三个人到了贾疋那里，正巧贾疋准备去投降，马上就要出发了。索綝劝他道："我们这里要兵有兵，要粮有粮，人心也同情晋室，为什么要投降呢？您只要竖起拥晋的大旗，关西之地必能招来数万精兵，根本不必害怕刘曜。"

贾疋听了索綝的话遂决定拥晋反汉，果然关西义军纷纷来投，不久便聚齐十多万大军。贾疋被推为平西大将军，带兵五万，反攻长安。刘曜亲自带着赵染、北宫纯和梁州刺史彭荡仲率五万人去应战。两军杀了整整一日，也未见胜负。正巧北宫纯在战场中遇到了索綝，北宫纯正要带兵冲过去，却听索綝大骂："你这个叛国贼，还有脸出来见人！"北宫纯是个实在人，听了这话，羞得满面通红，带着手下兵士就离开了战阵。他这一退，立刻在汉军方面留下了一个缺口。贾疋趁势击溃彭荡仲的部队，来了个反包围，一下子把刘曜的中军围住。

刘曜连冲了几回也没能冲出去，赵染也被贾疋阻住不能过来相救。镇守长安的刘雅听说刘曜被围，急忙率两万精骑出城增援，硬是杀开一条血路把刘曜救回，此时贾疋乘胜攻入长安，刘曜狼狈逃回平阳。刘聪也没有太怪罪刘曜，只是免了他中山王的王位，仍拜他为龙骧大将军，行大司马（军队的最高首领）之职。

贾疋入长安后，立秦王司马邺为皇太子，以长安为都。司马邺是晋武帝司马炎的孙子，吴王司马晏的儿子。司马晏这个人前文提过，在司马颙迁都长安的时候，司马炎的二十五个儿子除了晋惠帝司马衷，其他人死得只剩下三个人了，这三人分别是成都王司马颖、吴王司马晏及豫章王司马炽。吴王司马晏因为和晋惠帝一样不太聪明，所以没能当上皇太弟。不过，这对于他来说未必不是一件好事。现在，吴王司马晏十二岁的儿子司马邺成为皇太子，其实也基本上算是皇帝了，因为所谓的皇帝司马炽正在刘聪那里当俘虏，要想再回到晋国，几乎是不可能的。这一年是永嘉五年（311）。两年后，晋怀帝司马炽一不小心惹了刘聪，被刘聪毒死，司马邺遂正式登基，这是后话。

说完西面，再说东面。石勒已经占据整个河北，又屯兵许昌，便有了再占山东和豫东的想法。当时的形势是，王弥占着山东，石勒占着豫西，中间隔着一个苟晞。苟晞和王赞一共只有两三千人马，分守蒙城和阳夏两城。石勒派兵去攻，很快攻下蒙城，俘获苟晞。石勒很佩服苟晞的军事才能，希望苟晞能投降。苟晞大骂道："我是晋臣，决不降胡狗！"

石勒被骂做胡狗，他土匪的脾气就上来了："你不是说我是狗吗？我让你尝尝当狗的滋味。"遂用铁链拴住苟晞的脖子，另一头用手挽住，骑在马上牵着苟晞跑。苟晞一开始还跟着跑，后来跟不上了，跌倒在地，被拖得满身血痕。石勒再问他降不降，苟晞只好说降，被石勒任命为左司马。

王弥听说石勒擒获且招降了苟晞，知道石勒必有吞并山东的打算，遂派老乡刘暾去联合青州的曹嶷共同发兵消灭石勒。不妨，刘暾半路上被石勒的部下孔苌捉住，搜出密信。石勒看了大怒，杀了刘暾，然后便要去攻王弥。

张宾道："王弥现在兵力雄厚，如果强攻，胜负未知。不过王弥手下有员大将陈午，镇守蓬关。他本是并州流民，与您是老乡，我去劝降他，然后略施一计，必破王弥。"

张宾说服陈午去反攻王弥。王弥不愿意为之消耗军事实力，再加上尚不知道自己的老乡刘暾已被石勒擒杀，遂请石勒帮忙。

石勒装傻充愣，来战陈午。陈午也假做不敌，带兵逃走。王弥派人给石勒送去感谢信，还送了一些美女和珠宝。石勒趁势给王弥回了一封信，大意是：咱哥俩自从转攻洛阳之后，好久没有聚聚了，这回好不容易碰到一起，你就过来喝两杯吧，咱们叙叙旧。

王弥并不怀疑，大摇大摆就去了。喝酒喝到半酣，石勒忽然问他："怎么不见你的好友刘暾呢？"

王弥随口答道："他呀，护送我的家小去青州了。"

"不对吧，他不是去喊曹嶷一起来打我啊？"

王弥吓得一下子酒就醒了："你这是什么话？"

石勒把王弥写给曹嶷的密信取出。

王弥什么都明白了："刘暾死了？"

石勒冷笑："对，他死了。现在轮到你了。"

帐后伏兵冲出，王弥及侍卫皆被砍死。石勒手持王弥首级，带兵冲到王弥大营，王弥的军队没有任何反抗，逃的逃，降的降。石勒不战而胜，又上表刘聪称王弥叛乱，被他平灭。

刘聪明白，哪里是王弥叛乱，明明是石勒尾大不掉，不把自己这个皇帝放在眼里了，立刻就要派兵征讨。陈元达劝道："你去征讨石勒，石勒一定会降晋。晋朝本来气数未尽，如果再加上一个石勒，什么时候您才能一统天下、平定四海呢？我看不如一方面给他加爵，让他继续为您效忠，一方面再薄惩一下他，以确立您的威信。把这件事平息下去算了。"刘聪想了想也只好如此，一方面派钦差大臣斥责石勒"专害公辅，有无君之心"，另一方面，命石勒领幽州牧，兼任并州刺史。

石勒也写了一份深刻的检查，这事就算完了。然后，石勒带人继续在河南攻城略地，又占了豫州诸郡，驻军在葛陂（今河南省新蔡县西北）。

说到此，再提一下苟晞。苟晞和弟弟苟纯以及手下大将王赞要逃到江东去投西晋琅琊王司马睿，不料却被王阳发现，遭乱箭射死。曾经叱咤山东河北两地、讨青州刘根、破公师籓、败石勒于河北、逼王弥弃山东的一代名将，就这样陨落了。石勒闻听苟晞被杀，半晌无言，甚至有些悲伤，此人是他自出战以来，最为尊重的对手，却宁死不为自己所用，遂命人厚葬三人。石勒巩固了河南腹地后，便开始整训水军，造船只，准备谋取江东。

第五章
群雄并起亡西晋

南征败

江东是司马睿镇守的地盘。永兴三年（306），司马越灭了司马颙，把持了朝政后，司马睿因为地位低，被封到最不起眼的下邳。这个地方虽然小，可是有个好处，中原打来打去，却祸及不到这里，又因背靠广阔的江东之地，可以任意向南发展。司马睿遂在王导、顾荣、周玘等人辅佐下在江东扎下根来。

到了永嘉五年（311），洛阳城破，中原的许多士族都离开故乡投奔西晋剩下的割据势力，即西边的凉州、北边幽州和江南。占据江南之地的司马睿按照王导所献计策，一方面从这些士人中广纳贤俊作为自己的政治力量，另一方面建立威信，使这些士族不敢小看自己。

为什么说要建立威信呢？前面说过，司马睿在诸王中的地位很低，又不是司马家的正统，很多望族都看不起他。比如，桓彝就曾经和周顗说："像琅琊王这样的人，怎么能够倚仗他恢复晋朝的大业呢？"

在这些士族中，王导在江东很有势力，而且此人很具有演讲才能，那些望族士人与王导谈论天下大势，无不被王导说服。桓彝与王导谈过几次话后也对人说："这是我们晋朝的管仲啊，我以后不必为晋朝的命运担心了。"还有一次，众人在长江边的江亭聚会，周顗叹气道："风景一样好，可是抬眼只见长江，不见黄河。"在座的听了都哭了起来。王导又出来说道："正因为这样，大家更应该出力辅助王室，恢复中原。为什么要像'楚囚'一样相对哭泣呢？"名士们听了都振奋起来。可见王导在引导舆论方面很有一套。

司马睿初到建业，南方士族都不理他，过了很长时间也没有人来求见。

王导意识到这个问题的严重性，因为重建晋朝，还是要依靠这批士族的。正好王敦来朝，王导对他说："琅琊王仁德虽厚，名威尚轻，你的威名已振，应该有所匡助。"两人商量之后，安排在三月初三上巳那天，让司马睿肩舆出巡，王敦、王导以及北方名士骑马随从。隆重的仪仗，威严的行列，使南方士族体会到司马睿就是北方士族拥戴出来的江东之主。见状，顾荣、纪瞻等"江南之望"都相率拜于道左。

王导趁此对司马睿说："古来想要成王霸之业的，莫不礼敬故老，虚心求教，以招揽贤俊，何况当前天下变乱，大业草创，更加急需人才！顾荣、贺循是南方士族的首领，如果招来这两人，其余的人自然没有不来的。"

司马睿使王导亲自去招顾、贺，二人应命来见，分别被任命为军司马和吴国内史。司马睿有一次对顾荣说："寄人国土，时常怀惭。"顾荣跪说："王者以天下为家，殷商从耿迁亳，东周由镐及洛，古来如此，愿陛下勿以迁都为念。"从两人的问答语中可以窥知，双方已有合作的默契。从此，南方士族归附，成为未来东晋政权的一个构成部分。

这时，司马睿得到情报说石勒准备南攻，便急忙整兵，以纪瞻为都督，带重兵镇守寿春。

到了永嘉六年春季，江淮发了水灾，大雨下个不停。石勒的军营全部被水淹，粮食都长了毛，后勤运输也极为不便。石勒军中断了粮，加上瘟疫流行，有一大半士卒都得了病，很多人病死。这时，晋军趁势来袭，右长史刁膺劝石勒向晋朝请降，便请晋军退兵。石勒手下大将都是久经沙场之人，齐声斥责刁膺，并向石勒请战。大将孔苌道："我们没有粮可以抢晋军的粮，我们的地方被淹了可以占晋军的城。只要将军下令，不出半年，必破晋军。"

石勒问张宾该怎么办，张宾道："您攻陷了洛阳，把晋朝的天子捉到平阳去，把晋朝王公都杀死，把晋朝皇帝的后宫妃子全部掠走。对晋朝来说，就是拔光您的头发，也不足以数清您的罪过啊。您怎么能够去投降晋朝呢？其实您本就不该来此，而现在的气候更不宜在此久留，我看还是回邺城吧。那儿本就不错，何必要来江东争地盘呢？将军依据邺城，一统北方之后，不但江东，天下迟早都是您的。"

石勒道："我何尝不想北退呢？可是我若撤军，晋军必会追击，我该怎么办？"

张宾道："将军可先派人押着辎重向北，再派一大将率军向寿春佯攻。等辎重北撤之后，再带轻兵北还。寿春晋军必不敢追击。"

石勒听后连称佩服，反过来责备刁膺道："你作为我的谋士，应当助我共成大业，怎么可以动不动就劝我投降？本来我当将你斩首立威，但我知道你本来就是个胆小之徒，这回饶过你。"遂尊张宾为"右侯"，由张宾率辎重先行北退。又以孔苌为前锋，率两千精骑兵杀向寿春，扬言进攻寿春。

纪瞻先令城外居民全部搬到城内，又命人将五十船粮草停在港口，每船只派两名士兵守着，告诉他们，如果对方来抢，你们只管逃就是了，不要和他们争。又命令祖逖和桓彝埋伏一千人守在港口，准备伏击对方。

孔苌来到港口，见了许多粮船便上前去抢。晋兵跳水逃走，孔苌派兵上船，准备把粮船运回。哪里知道船上既没有竹篙也没有船桨。孔苌到这个时候仍然没有明白过来，竟令所有的将士一齐下马，将粮草搬运上岸，放在马背上，欲从陆路运回去。正忙乱着搬运时，祖逖、桓彝各率晋兵两路杀来。孔苌的军队，有的马上驮着粮草，有的正在搬运粮草，兵器扔了一地，根本没有防备，一下子便被冲乱。接着，纪瞻率大队军马赶到，孔苌几乎全军覆没。幸而石勒及时赶到，才救下孔苌。纪瞻不知虚实，退回寿春。石勒无心恋战，也退兵结营。

这时张宾已经走远，石勒于是带兵北行。晋军见石勒不带辎重，也不敢追赶，石勒得以从容北去。然而，石勒所到之处，所有的粮食都被收割光了，村庄里的人则全部跑到城里去了。石勒的军队实在是饿得没有办法，先是杀马而食，最后竟然杀掉伤兵、弱兵作为食物。这样一直挨到黄河南岸，有汲郡人向冰聚众数千为匪，将黄河南岸的所有船只收走，石勒的大军无法渡河。石勒先派鲜于丰去攻打向冰。向冰虽是地方土匪，却十分勇猛，竟然把鲜于丰给打败了。石勒亲自带兵上阵，才把向冰的营垒攻破。这一仗收获颇丰，不仅夺得了渡河的船只，还从向冰的老巢中搜出大批的粮食。石勒军心大振，挥师渡过黄河，直奔自己原来的根据地邺城。

石勒本以为北方除了汉主刘聪，再没人敢招惹他，也没人有这个能力和他较量，所以才敢以倾国之兵南下。可偏偏就有一个人不信邪，这个人不是别人,正是当年带了五百兵丁来晋阳,在刘聪的地盘内扎下根来、固守晋阳多年的刘琨。

刘聪之所以不去打眼皮底下的刘琨,是因为他知道刘琨并不好惹,要拔去晋阳这根钉子得费点工夫,且刘琨兵力不强,守有余,攻不足,所以刘聪也不着急先灭他,而是一直致力于去攻取洛阳、长安等晋地。当然,他有一次也曾派兵去试攻过晋阳,结果手下大将刘虎被打得几近全军覆没,刘虎一路西逃,直逃过黄河才敢停步。

刘琨又与北方新兴的拓跋鲜卑族结为联盟,与该族的首领拓跋猗卢结为兄弟,两者联兵扫掠晋北。结果,猗卢占领相当于今天大同、朔州的地盘,刘琨占领相当于今天忻州、太原、吕梁、晋中、阳泉等地,基本上瓜分了山西的中部和北部地区。猗卢即由云中进入雁门,部落越发兴盛。刘琨也趁这个机会发展起来,势力渐强。他见石勒南下,便派哥哥刘舆的儿子、侄子刘演夺了邺城。当年,范阳王司马虓病死后,刘舆也曾一度接手邺城,如今刘演重占邺城,也算是物归原主了。除了邺城,刘琨的势力一直达到山东西部,一时成为北方的诸强之一。

石勒见邺城已失,便要猛攻,张宾劝道:"邺城易守难攻,刘演也有上万兵马,硬攻既消耗兵力也浪费时间。您不如再找个地方先安置兵马再说。自古得地者昌,失地者亡。等您安定军心,休养生息,筹集粮草,发展生产之后,再攻天下、立霸业也不迟。"

于是,石勒在襄国(今河北省邢台市襄都区)立住脚,又攻下被刘琨占去的冀州,在北方算是安定下来。这时,刘琨把石勒的母亲给送来了。

石勒早年被卖为奴隶,与他的母亲王氏离散,已经有很多年不见了。刘琨曾派人到处查访,找到王氏后带到自己的府中好生照料。等石勒回到北方时,刘琨便派人把石勒的母亲送去,并附劝降信一封,希望石勒能"共扶晋室"。

但对石勒来说,恩情是恩情,事业归事业,他分得很清楚,于是派人给刘琨回送了珍珠宝马,拒绝了刘琨的劝降。刘琨见了石勒的回信,长叹一声道:"这是上天不保佑晋朝啊!"

这一时期,晋朝大致有四大主要割据势力:其一为晋阳的刘琨,其二为幽州的王浚,其三为长安的皇太子司马邺,其四为江东的琅琊王司马睿。

其中,王浚是个很有野心的人,他得到晋怀帝被刘聪俘虏的消息,又有许多中原人士投奔到他这里,便自称有人把晋怀帝的密诏也带到了幽州,说是请王浚为尚书令,节制百官,号令天下,说白了就是让他代行皇帝的一切权力。王浚虽无皇帝之名,但有皇帝之权,很明显王浚是想代晋自立。

王浚设坛告天,任命百官,其制度俨然就是一个小朝廷。一番养精蓄锐之后,王浚派段务勿尘的儿子段疾陆眷、段匹磾、段文鸯及侄子段末波,挥兵南下,打算先占河北。虽然祁弘当年被张宾射死,加上段务勿尘病逝,让王浚连失两员名将,但段家四兄弟有勇有谋,打仗一点儿也不比父辈差。

石勒令张宾与孔苌守城,亲率诸将迎战,见对方将领都是些没经过战阵的年轻娃娃,有些轻敌,第一仗便被段家军杀得大败。段末波带兵将石勒围住,眼看就要擒获石勒,忽有一员小将冲进来,将石勒救出。这员小将是石勒大哥的儿子石虎。

小将石虎这年十七岁,因为从小性情暴躁,动不动就伤人杀人,石勒差一点儿就把这个侄儿杀掉。幸而母亲劝说石勒,说这娃子虽然经常搞破坏,但大了一定是一员骁将,石勒才放下杀石虎的心。

石勒在石虎的护送下回到襄国后,当即封石虎为征虏将军,从此对这个侄儿刮目相看。段家军紧跟其后,兵临城下,猛攻北城门。石勒紧守不出,双方一攻一守打了数日,不分胜负。后来,石勒按照张宾的计策,在北城下偷偷凿了二十多个暗道,每个暗道中藏精骑五百,共藏一万精骑。段军再来攻城时,万余精骑突然冲出,杀入段家军的军阵。段家军猝不及防,被杀得大败。段末波被生擒,段疾陆眷领兵败逃,退回渚阳。

段家兄弟情深,段疾陆眷派人带着重礼去和石勒谈判,如果石勒能放还段末波,他愿意退兵。段文鸯担心私自退兵会被王浚怪罪,段疾陆眷道:"为了兄弟,我也顾不了那么多了。"最终和石勒谈成了条件。石勒多了个心眼,不但不收段疾陆眷送来的重礼,反赠段末波大笔金银,并和段末波结为义父和义子的关系。双方握手言欢,各自带兵回去。

当时,王浚已经再派枣嵩率数万兵马去增援段疾陆眷,使段疾陆眷回兵再攻石勒。段疾陆眷说:"我已经和石勒签了退兵和约了,下回吧。"王浚屡次催兵，段疾陆眷就是不从。因为段疾陆眷自己也有一批人，只是名义上受王浚节制，所以王浚也拿他没办法，但二人从此生隙。

石勒认为王浚没了段氏的帮助，势力必然削弱，便打算去攻王浚。张宾道："王浚和刘演比起来，很明显刘演更弱一些。当年不打刘演，是因为您刚从南方带着疲惫的士兵回来，而且没有扎根的地方。现在时机已经成熟了，您不如攻下邺城，壮大实力之后，再北攻不迟。"

张宾说得很有道理，岂有嘴边的肥肉放着不吃，却去和猛兽辛苦争食的道理？石勒便以石虎为先锋，亲率精兵三万，带着张宾去攻邺城。虽然刘演据险而守，但他和石勒的实力差着好几个档次。石虎一到便攻下邺城，刘演大败而逃。石虎进城后命人挖坑把俘虏全部活埋时，石勒带兵来到邺城，见石虎在城外组织士兵挖坑，几千名俘虏在坑边哭声一片。

石勒了解原委后大怒："既然他们都已经投降了，为什么要坑杀？"并下令：降卒一律免死，今后凡有降者，不可擅杀。

占幽州

石勒在冀南攻打刘琨手下大将刘演的时候，刘聪也策反了雁门的少数民族。雁门关是刘琨防守太原郡的重要隘关，此关一失，太原郡北向的门户大开。亏得北边是鲜卑族盟友拓跋猗卢，才不至于有大患。刘琨派大将郝诜、张乔把守晋阳，亲率一军去雁门平叛。刘聪就等着刘琨带兵北去。刘琨刚走不久，刘聪便派刘粲、刘曜带八万大军来攻，郝诜、张乔兵少抵挡不住，二人先后战败身亡。刘粲、刘曜入城后，先杀刘琨父母，再以刘丰为并州刺史，镇守晋阳，然后浩浩荡荡向北杀去。

刘琨平定了雁门叛乱，听说晋阳被围，急忙调兵南援，刚走了一天，又传来消息说，晋阳城破，父母皆被杀死。刘琨大哭一场，率兵日夜南奔，要报杀害父母之仇。一个南下，一个北上，两军很快在野外对垒。刘琨因父母皆丧，气晕了，也顾不上整队形，带队就是一顿猛杀。刘曜则分兵数路从三面围攻刘琨，他的兵士比刘琨多出许多。刘琨虽勇，但战无章法，四面受敌，很快被打得大败。刘琨只好带着几百残兵，向北逃到盟兄猗卢的地盘，向拓跋猗卢求援。

拓跋猗卢没有参与过中原争战，似乎寂寂无闻，其实他的势力已经相当强大了。拓跋猗卢先派他的儿子拓跋六修为先锋，率三万精兵与刘琨收容的一万败兵联军南攻，自己又亲率二十万大军，带着侄子拓跋普根、大将卫雄、范班、箕澹等人随后出发。

两军在汾河东岸相遇。

刘琨所有的士兵都身着素衣，下骑白马，戴孝而战，与拓跋六修的三万精兵一齐向汉军冲杀过去。两军好一场大战，直杀得天昏地暗，杀了几个时辰不分胜负。这时，拓跋猗卢率大队军马赶到，二十万大兵立刻将汉军围住，从四面八方向汉军杀来。汉军支持不住，很快溃不成军。刘曜拼命杀出重围，但也身受重伤，幸亏大将傅虎拼命保护他渡过汾河，力挡汉兵，才救了刘曜一命，但傅虎却于乱军之中战死。

刘曜逃回到晋阳，知道晋阳也守不住，便在晋阳城中大肆抢掠一番，连夜出城，日夜不敢停歇，一路南逃。拓跋猗卢和刘琨则在其后猛追，因为刘曜上次在长安逃过一回，已经有充足的逃跑经验，总算是顺利逃回了平阳，但也只剩下数千骑兵。其余数万兵士，不是战死，就是逃散。

刘琨欲和拓跋猗卢乘胜南下，一鼓作气灭了刘聪的汉国。拓跋猗卢看得比较远，他说道："刘聪虽然打了败仗，但实力仍然很强，灭刘聪将是一场长期战争。我带这些军队只是来收复晋阳的，并没有做好与刘聪打长期战争的准备，以后再说吧。"拓跋猗卢又送给刘琨数千匹骏马，以及牛羊无数，还有大量的粮草，又将箕澹、段繁两名勇将留下帮助刘琨守太原郡。这时，晋阳已经被刘曜烧光抢光，已成一片废墟。刘琨便在晋阳之北的阳曲重建城池，重新发展势力。

刘聪被刘琨打得大败，十分恼恨，又无力北攻，只能生闷气。他突然想到：晋朝的皇帝不是在我手里吗？你的臣子打败了我，我可以拿你们的皇帝解气逗乐啊。于是，他在光极殿大宴群臣，命晋怀帝穿上奴仆的衣服为他们君臣倒酒布菜。晋怀帝哪敢不从，只好穿青衣小帽在席间穿梭，强作欢颜。刘聪手下的大臣们见了晋朝皇帝这个样子，形似小丑一般，一个个乐得直不起腰来。

晋怀帝满面通红，欲在人群中躲避一会儿，却受到刘聪的呵斥，不得不含泪在人们的哄笑中继续为刘聪君臣服务。

在这群人中喝酒的还有几十名晋国旧臣，他们见了这种情形，一齐放声大哭，那哭声和刘聪君臣的笑声交织在一起，更显凄惨。刘聪本来心情已经转好，听了这哭声，不由怒上心头，当即命士兵将这些晋臣赶出大殿。大宴结束后，刘聪想这帮人敢在殿上号哭，看来都有二心，晋怀帝虽然无能，却仍然有一定的号召力，留着这帮人也是后患，不如赶紧除去。于是，第二天命人把所有的晋臣抓起来杀死，晋怀帝也被赐一杯毒酒，死在异国他乡。这时为永嘉七年（313）二月，晋怀帝死时，年仅三十岁。

晋怀帝的死讯传到长安，十四岁的皇太子司马邺便正式登基做了皇帝，是为晋愍帝。他登基后，一方面为晋怀帝举哀，一方面号令天下：命江东的琅琊王司马睿为左丞相、大都督；命关内的南阳王司马保为右丞相、大都督；命凉州的张轨为太尉、凉州牧、西平郡公；命幽州的王浚为大司马；命并州刘琨为大将军。司马邺诏命这些人各自起兵，共同攻打刘聪，夺回晋怀帝的棺椁，恢复中原。

刘聪听说司马邺命四方晋军来攻自己，便命刘曜率军五万攻打长安。他认为只要攻下长安，其他地方的晋军必然失去统一的领导，不战自退。不过这回刘聪仍然派的是"先胜后败"将军刘曜，结果可想而知。刘曜绕过晋军驻在黄白城（位于今陕西省咸阳市东北部）的主力，直扑长安城，一鼓作气攻破长安外城，但仍然是逃脱不了先胜后败的宿命。最后，晋军的麹允、索綝、麹鉴三支人马赶来，刘曜战败，不得不逃回平阳。

晋军的其他几路兵马其实并没有按司马邺的诏命去联攻汉国。凉州的张轨因为和长安相邻，参与了长安保卫战；江东的司马睿并无北进之心，同时他的地盘也在打仗；刘琨元气尚未恢复，无兵可派；幽州王浚则很快就被石勒给消灭了。

幽州王浚的实力并不弱，但他后来欲称帝自立，这就遭到手下一批晋朝旧臣的强烈反对。王浚十分不爽，于是进行了清洗，前渤海太守刘亮、北海太守王抟、前司空掾高柔、从事韩咸等人都被杀死。结果，一大批大将和重臣逃走，投奔了东北慕容鲜卑部落的慕容廆。这时候，东北除了幽州王浚的势力之外，还有三支重要的鲜卑势力，分别是前文提过的辽西段氏鲜卑、辽东宇文鲜卑（这支后来创立了北周）、辽北慕容鲜卑（这支后来分成几支，南下大闹中原）。慕容鲜卑是四支势力中最弱的一支，但慕容廆比较尊重汉文化，效习汉法，发展农业，建立学校，设置百官，因此许多来到东北的汉人都选择投奔到那里。这一回，从王浚那里逃出来的人都跑到慕容廆那边，慕容鲜卑的实力开始渐渐增强。

王浚众叛亲离之后，石勒正好也平定了冀南准备北攻，于是派使者上表假意拥立王浚为帝。王浚当然不傻，他疑道："石勒乃当世英杰也，又兵强马壮，刚刚击败刘琨，正在势头上，怎么会向我称藩，拥我为帝？"

石勒派的这个使者王子春真是一个人才，几句话就把王浚说得心服口服，眉开眼笑。王子春说："您说得很对。石将军确实是要才能有才能，要实力有实力。但他没您的血统纯正啊。您查查历史，自夏朝开立帝国以来，若说胡人辅佐君王成为名臣的不少，若说胡人做帝王的却一个都没有。石将军并不是不想当皇帝，只是因为帝王自有天道气数，不是仅靠着聪明和实力就能取得的。如果强行取得帝位，恐怕反会招来祸事。当年项羽强大吧？但天下最终却是归了刘邦。现在石将军与您相比，那就是月亮和太阳之别，江河和大海之差，那怎么相比呢？所以，石将军才愿意向您称臣。这并不是石将军无能的表现，正是他远见卓识、远胜他人之处。殿下您又有什么可奇怪的呢？"

这一番话说出来，做梦都想当皇帝的王浚能不乐吗？他当即封王子春为列侯，然后派外交大使回访石勒。石勒听说王浚的使者即将到来，便把精兵强将都藏起来，派了老弱残兵来守城池，又把仓库搬空，办公场所弄得乱七八糟的。等使者到了，便领他参观。使者一看，原来石勒也是徒有虚名啊，他吃饱喝足后，拿了石勒送的红包，回去向王浚说道："石勒对您那是忠心不二，而且石勒手下都是老弱残兵，国库也很空虚，绝不敢和您对抗，一定是真心想跟着您混江湖。"王浚更加相信，于是便开始准备称帝了，而疏于防备。

石勒一顿马屁把王浚拍晕之后，便整兵十万直向幽州杀去。兵到易水，被幽州督护孙纬阻住，石勒并不派兵攻击，而是安营扎寨，静等王浚迎他。果然，王浚下令道："石勒是来投奔我，拥我为帝的，不要惊慌，放他进来。"

周围有明白人劝他道："国与国之间的事，您还是小心为妙。要是让石勒给偷袭了,您到时候可没后悔药吃,不如把他赶回去算了。"

王浚听了大怒:"人家诚心诚意地来,你们反倒要赶人家回去,真是不识好歹。是不是看我要当皇帝了,你们很不爽?谁再敢跟我提赶走石勒的事,我就砍下他的脑袋。"这回没人再敢说话了。

王浚传下命令一路放行,又命在城中准备宴席,就等石勒来了。

石勒也不客气,日夜兼程,一路畅通无阻。建兴二年(314)三月壬申日,还是凌晨的时候,石勒的大军来到了蓟城城下。石勒叫醒看城门的城门官,那城门官黑夜中看不清有多少兵马,只听说是石勒来了,因为早有王浚命令,所以看完官凭文书就放石勒进城了。

等石勒一进城,城门官就明白要出事了。十万大军浩浩荡荡如潮水一般涌进蓟城,那是一件多么恐怖的事。很快,当这座城市刚刚苏醒的时候,就已经完全被石勒的大军控制了。除了王浚,军队全部跑得干干净净,只有他本人还等着石勒来拥他为帝呢。

石勒让人去王浚的府上"请"他出来,王浚这才明白自己上当,皇帝当不成了,就连一方诸侯也没戏了。石勒高坐在王浚坐过的位置上,斜眼瞧着这个被自己玩得团团转的家伙,心想这种弱智怎么当年也曾经叱咤江湖,和自己争夺天下?答案只有一个:利令智昏啊。

王浚大骂石勒是小人,石勒反驳道:"你身为晋朝的臣子,据险而守,手握重兵,为什么受晋室侵凌,你不救援反倒还想当皇帝?你不是大逆不道的乱臣贼子吗?我和你比起来,谁更小人呢?"骂完之后,不容王浚再辩,便命人推出去斩了。

刘琨本想等石勒去取幽州时抄石勒的后路,哪知道石勒仅十日便取了幽州带兵而回,只好罢兵。这时,长安传来诏书,长安危急,命他速去增援。这一年是西晋建兴二年,刘聪再一次派兵去攻长安。这一次,刘聪是派赵染为将,率军五万西去。赵染就是当年欲当冯翊太守,却被司马模拒绝,于是叛晋降刘聪的那员大将。赵染此次攻晋,并不顺利,被索綝阻在新丰城下,一连数日无法前进。不久,刘琨带一千精骑前来驰援,麹允也率军增援。赵染大败,北逃的时候又遇到麹昌带兵赶到,被麹允的弓弩手射成了刺猬,五万兵马也全军覆没。

刘聪闻讯，不由长叹："看来晋朝仍然很强大啊，要灭晋室太难了。"

刘聪这边的愁苦不说，长安那里却是信心倍增。索綝、麹允见刘聪一败再败，认为收复失地的机会来了，便欲请司马邺再次下诏联军攻刘聪。上次诏令四方起兵，刘琨因无兵可出，王浚欲自立为帝，所以没能出兵，不过江东的司马睿一直没有消息，连个不出兵的理由都不给。难道司马睿也有不臣之心？所以，这回索綝、麹允奏请司马邺再催促一下司马睿。建兴元年（313），司马邺于是又下诏派殿中都尉刘蜀为使臣，赶赴江东，催促司马睿北伐。

王敦与陶侃

刘蜀这次来催司马睿出兵时，江东正在打一场大仗。

前面说到李雄占了巴蜀之地，赶走罗尚，自称成都王，两年后（306）称帝，国号大成。李雄的父亲李特有兄弟五个，后来只剩了老五李骧。李骧脱离了李雄，自己在乐乡（今湖北省松滋市）另立门户。王衍的亲弟弟王澄正在荆州做刺史，他诱杀李骧后，又将李骧手下八千余人全部淹死在长江，并扬言要把荆州的流民全部杀尽。两湖间有流民四五万户，人口二十余万，听说王澄要把他们灭了，且王澄已经淹死了八千人，这次也一定不是说着玩的，再想老老实实做良民肯定是做不成了。万般无奈下，这帮人为了能活下去，只好起义去和王澄拼个你死我活。

时任湖南醴陵县令的杜弢由于同情流民，被公推为首领。杜弢当然也有自己的一番抱负，也想割据一方。北方已经有了数路诸侯，为什么自己在南方就不能有一块自己的地盘呢？他自命为梁、益二州牧，领湘州刺史，带十万流民先向北攻取长沙，擒获湘州刺史荀眺，再向南占领广东和广西，又向东攻下武昌。荆州刺史王澄派兵去攻杜弢，接连打了几个败仗。王澄干脆一路向建康狂逃，撂挑子不干了。但两湖和两广之地不能这样白白地放弃啊，琅琊王司马睿便派周访接任荆州刺史，又以扬州刺史王敦为征讨大都督，陶侃为武昌太守，甘卓为历阳内史，起兵数路前往。这一年是永嘉五年（311），也就是洛阳城破、晋怀帝司马炽被俘的那一年。司马睿和杜弢的这一仗一打就是五年。

那个惹祸的王澄也没有好下场，他听到朝廷并没有治自己的罪，而是改派刺史，并派大军前来征讨杜弢，心情大好，一路游山玩水向建康而来，路上遇到王敦的大军，自然免不了要拜访一下。王澄和王敦都是刺史，官位是平等的，但当时是讲出身的。王澄家族的社会地位相当高，他本人又是个没事找事的主，在席上几次说话轻辱王敦。王敦当时就火了，但见王澄带着几十个侍卫，自己也没做好杀人的准备，所以强忍下这口恶气。第二天，他再请王澄赴宴，这一回准备了精勇的武士，把刀磨得锋利无比，又把王澄的侍卫支到另一席，然后在席间就把王澄勒死了。王澄临死前还不明白王敦为什么杀他，叫喊着不服。王敦也不和他多言，杀死王澄之后和大家解释，自己发现王澄和杜弢一起谋反的证据，所以先将此人杀了。此时正逢朝廷用王敦之际，王澄人缘又不是很好，虽然大家都知道他是怎么死的，也只好假装相信王澄谋反，事情就这样过去了。

再说周访刚到荆州便被杜弢围困在浔水城（今江西省九江市），周访又打不过杜弢，便向武昌太守陶侃求援。陶侃和明威将军朱伺带兵去救，等来到浔水城，杜弢已经退兵两日。周访出城来迎："陶兄啊，你可是来了。杜弢这小子一听你要来，两天前就吓跑了。"

陶侃一听此话，脸色大变，二话不说，立刻前队变后队，后队变前队，拨了马就要往回走。周访不解："您怎么走得这样急？"

陶侃跺足道："杜弢一定是去攻武昌了。我再不赶回去，恐怕武昌危险。"

周访听了连声惊道："这下完了。杜弢已经走了两天了，你赶回去也晚了。"

陶侃道："杜弢以为他出的是奇兵，我并不知道，但他为攻城要保存体力，行军速度不会很快，按正常的行军速度，他到武昌要走六日。我是回去守城的，可以急行军，昼夜兼行，三日内就可赶到，可早到武昌一日。"

陶侃遂令朱伺带粮草、辎重随后，自己带军队轻装兼程赶路，果然早一天赶回武昌。等杜弢率军来到武昌城下时，见城上并无多少士兵，遂令攻城。很快攻破城门，大军涌入，忽听梆子声响，女墙（建筑专用术语，指城墙顶部内外沿的薄型挡墙）上钻出许多人来，万箭齐发，先入城的士兵都被射死射伤。杜弢赶紧收兵，陶侃趁势从城中杀出，杜弢抵挡不住，带兵后撤，又遇朱伺迎面杀来。杜弢腹背受敌，溃不成军，直向长沙逃去。

坐镇豫章（今江西省南昌市）的总司令王敦得报大喜，上表请调周访回到建康，升陶侃为荆州刺史。陶侃得了胜仗又升了官，志得意满。这时，新野郡王司马歆故将胡亢也在新野（今河南省南阳市新野县）起兵造反，占据荆州许多城池，后来因为猜忌手下，连杀几员心腹大将，杜曾遂除去胡亢，成为这支起义军的首领。陶侃欲先攻下杜曾，除去后顾之忧再南下攻杜弢。手下司马鲁恬道："杜曾善水战，智勇双全，您必须考虑周全方能出击。"陶侃冷笑，杜曾就是一个名不见经传的小人物，何必这么害怕他。

杜曾见陶侃带的都是步兵，便选空旷之地，用骑兵四面出击，游击其军。陶侃追又追不上，打又打不着，死了几百兵丁，只好带兵后撤。杜曾紧随其后，骚扰其兵，并利用骑兵速度快的优势，在前方险要处设下伏兵，等陶侃到时，乱箭齐发，陶侃被射伤，军队大乱。危急之时，荆州郑攀、马隽率兵来救，浔阳太守周访也带水军来救，这才将陶侃救出来。

杜曾见几路兵马齐到，不知虚实，收兵回城。陶侃本待整军再战，江陵（今湖北省荆州市）却传来战报，杜弢派王贡带兵杀向江陵，陶侃只得撤兵。陶侃回到江陵两日后，王贡带三万兵马赶到。王贡歇了一日后立刻攻城，连攻数日，不能破城。陶侃在城上对王贡道："杜弢不过是益州一个县吏，因为挪用公款和父死不奔丧被朝廷怪罪，所以才反。你却是个清清白白的人，为什么要跟随这种人？"王贡听了有些心动，又见一时难以破城，当即停止攻城，带兵回营去了。

正好杜弢也带了大军前来增援，见王贡突然退兵，心中便有些疑惑。再说陶侃见了王贡今天这个表现，知道他心中犹疑，便有了一计。晚上他派使者入王贡的帐中劝降王贡，王贡再次犹豫，委婉推脱。使者出营之后，按照陶侃的吩咐，故意在营外大摇大摆地绕了一圈才入城去。杜弢在王贡营里本来就安插了亲信，陶侃的使者再故意显摆，杜弢立刻就知道了。本来白天的事杜弢就有些疑心，又听说王贡与陶侃通使往来，杜弢大怒，立刻派人叫王贡来大帐谈话。

王贡也有亲信在杜弢那里，知道杜弢叫自己去是问关于双方密谈的事。王贡犹豫了半天，觉得去大帐凶多吉少，杜弢把自己当场斩了也说不定，干脆还是降了吧，当晚即派人向陶侃请降。陶侃与王贡连夜出击，杜弢在正面迎战陶侃，不防王贡从侧面攻来，一时没有防备，登时大败，忙带了残兵逃回长沙。哪知道来到长沙城，那城池早被历阳内史甘卓乘虚占了。杜弢只好继续南逃，甘卓、陶侃、王贡带兵一路追击，杜弢屡战屡败，最终死于乱军之中，他的部下全部投降。湖南和两广由此全部收复，只有湖北部分地区还被杜曾占着。这一年是建兴三年（315）。

杜弢被灭后，征讨大都督王敦当然是首功，被琅琊王司马睿封为镇东大将军，开府仪同三司，都督江、扬、荆、湘、交、广六州诸军事，兼任江州刺史，镇守武昌，可谓权倾一时，基本上掌握了东晋一半以上的军事力量和地盘（当然这时西晋还没有灭亡，以东晋来代指琅琊王的地盘是为了方便叙述）。此外，又封周访为梁州刺史，镇守襄阳；甘卓为湘州刺史，镇守长沙；陶侃仍为荆州刺史。

王敦手下谋士钱凤对王敦道："荆州是江东门户，这么重要的地方，您应当交给自己人才是。陶侃并不是您的心腹，而且此人相当厉害，乃当今俊杰，将来必成后患，不如想个办法除去他。"

于是，王敦便召陶侃来武昌议事。陶侃也知道王敦是个什么人物，此去必凶多吉少，但如果不去，被王敦安个意欲造反的罪名也不好过，只好冒险去了武昌。手下大将郑攀、马隽怕陶侃吃亏，便带了三千人驻扎在湨口（位于今湖北省武汉市东北），准备接应陶侃。

王敦见陶侃调动军队防备自己，心里很是不满，便有了杀心，立刻命人将陶侃押出斩首，士兵刚把陶侃推出去，王敦又想：陶侃刚立了大功，我便杀了他，天下人怎么看我？我的威信何在？想到这里又急忙让人把陶侃召回。但陶侃被拉回来以后，王敦见了他英气勃发的样子又想：此人为天下俊杰，手下精兵以一当十，将来必成大器，为我后患。于是，又让人把陶侃推出斩首……如此反复来回五次，陶侃都不耐烦了，正色道："以您的才能，应当能裁断天下才是，为何杀一个小小的陶侃还如此犹豫不决呢？"

这时谘议参军梅陶、长史陈颂等陶侃的老战友听说王敦要杀陶侃，都赶了过来，劝说道："周访与陶侃乃是儿女亲家，他们两个好得就像左右手一样，你把陶侃杀了，岂不是又多一个仇人周访吗？"王敦这才想起，陶侃人缘不错，不但和周访是亲家，和甘卓也是密友。自己杀了陶侃将惹恼一批手握实权的干将，于是把杀陶侃的心放下，命陶侃为广州刺史，并大摆宴席，为他压惊饯行。陶侃害怕王敦再改主意，吃完饭回客栈收拾一下行李，连夜叫开城门，逃也似的直奔广州去了。

西晋亡

再说刘蜀来到建康，宣读晋愍帝诏命，催促司马睿起军北伐，以解关中之围。司马睿一开始推说杜弢为患，等杜弢被灭后，司马睿又敷衍说杜曾还在。

刘蜀听了大哭道："杜曾对我晋朝来说不过癣疥之疾，匈奴却是心腹之患。现在晋朝就要被灭国了，长安危如累卵，收复中原的大任都担在您的身上，您怎么可以这样推脱呢？"

司马睿没办法，便问谁愿意领军北伐。这时候从西晋逃来的旧将，亡故的亡故，年迈的年迈，剩下的新兴将领都不愿意北伐，只有一个人站起来朗声道："我不忍看到留在中原的晋朝遗民被胡羯残害，我愿意带兵北复中原。"

这个人是军咨祭酒范阳（范阳郡，今北京、廊坊、保定一带）祖逖，成语"闻鸡起舞"说的就是此人。祖逖曾经和刘琨一同为司州（治所在今河南省洛阳市东）的主簿，二人感情深厚，不仅常常同床而卧，同被而眠，还有着共同的远大理想：建功立业，复兴晋国，成为国家的栋梁之材。

一天半夜，祖逖在睡梦中听到公鸡的鸣叫声，他一脚把刘琨踢醒，说："别人都认为半夜听见鸡叫不吉利，我偏不这样想，咱们干脆以后听见鸡叫就起床练剑如何？"刘琨欣然同意。于是，他们每天鸡叫后就起床练剑，冬去春来，寒来暑往，从不间断。功夫不负有心人，后来两个人都成为能文能武的全才。刘琨成为晋朝留在北方的唯一一支重要军事力量，而祖逖则一度收复了黄河以南的大片失地。

司马睿本来没有北伐之意，召集众将无非是做做样子，但见祖逖慷慨陈词，涕泪直下，说得慷慨悲壮，刘蜀也在一旁连连点头，他只好任命祖逖为奋威将军、豫州刺史，令其北伐，但并未给一兵一卒，只拨给祖逖一千人三日的口粮，还有三千匹布，让祖逖自己去造兵械，铸盔甲，招募士兵。祖逖也不和司马睿讨价还价，带了一百多名旧将和他们的家属渡过长江。

大船行到江心，祖逖回望江南，心情不由激昂起来，手拍船楫发誓道："我祖逖此行如果不能光复中原，则如此大江，一去不返！"众人听了无不振奋，斗志昂扬。当日来到淮阴，便建起冶铁炉，开始打造兵器，就地招募战士。江北的晋民听说晋朝派人来北伐了，争相前来当兵，仅仅十日，便募得两千多人。然而，祖逖北伐的时候，西晋的首都长安却遭到灭顶之灾。

司马邺的地盘并不大，刘聪几次来攻长安，弄得长安的农民种不成粮食，经济大受影响。结果，长安朝廷的财政出现了严重的赤字，人民的生活水平也不断降低。为了解决财政问题，司马邺只好派人盗汉墓。

刘聪听说司马邺靠盗墓度日，大喜道："晋朝就快要完了，他们现在要靠挖人家祖坟才能勉强度日，足见其国力已经十分虚弱，必可灭之！"当即挑出最精壮的士兵十万，准备再攻长安，仍然以刘曜为帅，又命石勒牵制晋阳刘琨、代郡拓跋猗卢（建兴二年，拓跋猗卢被晋愍帝封为代王），使其不能南援。

刘曜这位常败将军又当了元帅，不由百感交集，他对刘聪道："我这些年来尽给您打败仗了，虽然您从来没有怪罪我，我却没脸活在这世上。我之所以苟且至今，是因为我一直在训练士卒，操演军队，准备一雪前耻，平复关中。这次再去关中，如果战败，必当战死沙场，不再回来。"这一年为建兴四年（316）。

刘曜带兵渡过黄河，先攻下冯翊（今陕西省大荔县），再进兵北地（今陕西省富平县）。北地是个易守难攻的坚城，太守麹昌拼命守住城池，并向长安求救。长安方面急忙以麹允为大都督，率军三万去救。

刘曜一方面派人在城外点起大堆的柴草，令其冒起冲天的黑烟，另一方面派了一些会说陕西话的士兵装成老百姓，又抓来城外的老弱妇孺混在其间，冒充逃难百姓向南逃去，路上遇到了麹允的军队都说北地城被攻下了，麹昌战死了。麹允不明真相，又见远处黑烟滚滚，因为只带三万士兵，不敢与刘曜的十万军队野战，只好回守磻石谷（今陕西省铜川市北）。

刘曜骗走麴允的援军，便从容地进攻北地城。麴昌孤军无援，苦守十余日后，终于城破战死，全军覆灭。刘曜接着进军磻石谷，与麴允决战。麴允不敌，被杀得大败，丢了磻石谷，逃到长安。刘曜直抵泾阳（今西安市北偏西五十多公里），到这个时候整个渭河北岸已经全部被刘曜所占，并率大军进逼长安。

这时，江东的司马睿肯定是不会来救援了，就连上邽（今甘肃省天水市清水县）手握重兵的南阳王司马保也按兵不动，还断了向长安供应的粮草，只等着司马邺死后称帝，但天不遂人愿，却让司马睿抢了先。凉州刺史张轨已经于建兴二年病逝，其子张寔子承父位。此时的凉州张氏虽名为晋臣，实为割据政权，史称前凉。张寔倒是发了五千精骑兵去救，并且供应粮食。不过从凉州（今甘肃省武威市）到长安有一千多公里，即使不带辎重粮草，全部用轻骑兵也要走十多天，远水难解近渴。

刘琨兵微将寡，自顾不暇，又有石勒在一旁虎视眈眈，不能来救。按说势力强大的拓跋猗卢被晋朝封为代王，应该来救宗主国，不过这时候代国正闹内乱。拓跋猗卢废长立幼，并把长子拓跋六修的生母废掉，这引起了拓跋六修的愤恨。建兴四年（316）三月，拓跋六修从自己的封地新平城（今山西省山阴县北）来平城（今山西省大同市东北）拜见父王拓跋猗卢。拓跋猗卢让拓跋六修向皇太子拓跋比延下拜，这让拓跋六修的心中满是委屈和愤怒，他毫不犹豫地拒绝了。拓跋猗卢并不勉强他，而是在不久之后让小儿子拓跋比延坐自己步辇出来。拓跋六修还以为是父王在步辇内，因而下拜，哪知道从里边走出来的却是自己的小弟弟。拓跋六修大怒，不和父王打招呼就离开京城回到了自己的封地。拓跋猗卢知道拓跋六修必为后患，便率军征讨。但拓跋六修随父征战多年，在军中颇有威信，自领兵与父亲决战，将父亲的军队打败，并俘虏父亲。拓跋六修然后做了一件愚蠢的事情，他把父亲给杀了。这引起军心不稳，不久，拓跋六修的叔伯兄弟拓跋普根带兵打败拓跋六修并将他杀死，拓跋普根遂成为代国的国王。经此一役，代国的几股势力开始分裂，一大批人出奔代国。其中，左将军卫雄、信义将军箕澹（《魏书》写作"姬澹"）等趁势率晋人及乌桓族人三万家、马牛羊十万头归于晋将刘琨。一直没有缓过劲来的刘琨，这一次兵势复振。

当时，来救长安的除了西凉五千精骑兵外，安定太守焦嵩、新平太守竺恢也各带了两万兵马来救，弘农（今河南省灵宝市东北）太守宋哲也带一万兵马来援，散骑常侍华辑则召京兆（治所在今陕西省西安市）、冯翊、弘农、上洛（治所在今陕西省商洛市）四郡的三万大军驻扎在长安附近。但除了西凉五千精兵进入长安外，其他各路人马都守在长安之外，不敢迎击刘聪的大军，基本上充当了看客的角色。

刘曜猛攻长安，不久攻陷外城，索綝、麴允等人退守内城。

这时，刘琨刚得了代国投来的人马，正准备南攻平阳，以解长安之围，但石勒亲率大军来攻刘琨。刘琨率倾城之军去与石勒交战，尽管接收了代国部分人马，但其实倾城之军也不过三万。

卫雄建议刘琨不要主动进击，守住太行天险即可。但刘琨急着击败石勒，然后转攻平阳，缓解长安被围的压力，决定与石勒决战。结果反而是石勒以逸待劳，据险而守。刘琨前锋箕澹轻敌被打败，石勒立刻进军刘琨腹地，占了阳曲。刘琨被困在晋中腹地，陷入进不能攻、退不能守的境地。正在危急时刻，幽州蓟城传来消息，幽州刺史刘翰反了石勒，投降了段氏鲜卑，又有乐陵（今山东德州市代管县级市）太守邵续反了。

原来，辽西段氏鲜卑首领段疾陆眷的弟弟段匹磾先后到幽州和乐陵，以依附晋室为条件策反了这两位晋室旧臣。石勒急忙派兵去攻乐陵。段匹磾派弟弟段文鸯带兵增援，打退了石勒军。段匹磾和邵续遣使去江东，表示愿受司马睿的节度，称臣于司马睿。司马睿平白得了东北之地，当然很高兴，便任命段匹磾为幽州刺史、左贤王、渤海公，邵续为冀州刺史。段匹磾知道刘琨正在困难时期，遂派人请刘琨来幽州共事。刘琨带着人马向幽州方向逃去。石勒念及刘琨与他有送母之恩，并没有追击。段匹磾十分敬重刘琨，刘琨到蓟城之后，段匹磾亲自出城迎接，并与刘琨结为兄弟。

代国闹内乱，刘琨这边人马被石勒所灭，司马睿和司马保也都不出兵，长安朝廷基本上只能靠自己了。要说来援长安的这几路兵马也还算是精兵强将，可为什么他们坐视不救呢？先说安定太守焦嵩。晋愍帝司马邺十二岁成皇太子，十四岁登基，当时也只有十七岁，朝政一直被索綝、麴允把持着。麴允性情宽厚仁慈，没有威严，不够果断，喜用官爵讨好别人。再加上他只知笼络高阶层人士，对下面的部属却不理会，这就使将领骄傲任性，士卒怨恨离心。焦嵩一向瞧不起麴允，他陈兵在长安之外，放出话说："等麴允走投无路的时候，我再去救他。"新平太守竺恢、始平太守杨像、扶风太守竺爽也都认为麴允是无能之辈，要看麴允和索綝的笑话。

至于弘农太守宋哲，这个人很神秘，此人不仅是刺史，爵位也很高，被封为公爵，他后来毫发无伤地来到建康，拿出愍帝的诏书，由琅琊王司马睿接替皇位，统摄万机，是使司马睿获得合法继承地位的一个重要人物。但这个人在《晋书》中无记传，他带一万兵从河南跑到长安到底要搞什么鬼，天知道。

散骑常侍华辑是个胆小鬼，长安被攻破后，他第一个逃跑，跑到南山（秦岭山脉）藏了起来。

这样一群将领来救，长安岂有不陷之理？长安被刘曜大军围困数月之后，城中粮尽，饿极了的人开始吃老鼠、尸体，甚至杀死老弱来吃。许多士兵逃亡，只有张寔派来的大将王该和手下的几千凉州义兵没有一人逃跑，在长安死战。司马邺对麴允和索綝道："现在长安内无粮草，外无援兵，我看只有投降了，这样起码能让长安剩下的百姓和将士活下来。"说完泪如雨下。麴允和索綝当然也想不出什么好办法，只能是陪着流泪。

几个人商量了半天，最终还是决定投降。司马邺写了降书，派侍中宗敞为使者，去刘曜军营送降书。宗敞刚走出宫，索綝突然带着几名士兵闪了出来，不由分说，将宗敞软禁起来，搜出降书，改派自己的儿子出城。

索綝的儿子出去和刘曜讲条件道："现在城中之粮还足够维持一年，您要攻克长安并不容易。如果您能够答应封我父为车骑将军、开府仪同三司、万户郡公，我父将立刻献城投降。"

刘曜二话没说，抽刀就把索綝的儿子给斩了，派人将尸首抬回去，并向索綝传话道："我们是真命天子的部队，打仗从不用阴险的诡计。如城中有粮，你们就尽管坚守；如果没有军粮，就早点顺应天命出来投降！像索綝这样的人，没什么说的，我见一个杀一个。"索綝见了儿子的尸体，又悔又恨，只好让宗敞出城向刘曜献了降表。

建兴四年（316）十一月乙未正是天寒地冻的时候，天空飘着鹅毛大雪，寒风呜呜地刮着。晋愍帝按照投降的礼仪,口含玉璧、光着上身袒坐在羊车之上,后面侍从抬着棺材,从东门出来。群臣跟在后边大声哭泣。走到城门的时候,那城门徐徐打开了。突然有一人跳出,大哭道:"吾智不能谋,勇不能死,何忍君臣相随,北面事贼虏乎!"司马邺见是御史中丞吉朗,刚要说些什么,却见吉朗一头撞在城墙之上,当场自尽。

司马邺出城来到刘曜营前,刘曜接受了玉璧,把棺材烧掉,又搞了一堆受降仪式。司马邺已经冻得瑟瑟发抖,上半身都冻紫了,连刘曜都看不下去,命人取来棉衣,亲自为他披上。长安边上的诸将见皇帝已经投降了,竟然没有一个人有什么行动,反而都不声不响地各奔前程去了,有的遣散军队隐居于山中,有的转投司马睿,有的回到驻地成为割据势力。当然这些割据势力并不长久,很快便被灭国。

司马邺和文武百官都被押到平阳。刘聪在光极殿受降,晋愍帝司马邺以臣子拜皇帝的礼仪向刘聪跪下叩头。麹允见了放声大哭,几名侍呵斥他,他仍然痛哭不已。刘聪大怒,命人把麹允关起来,麹允当日在狱中自杀身亡。刘聪对司马邺还不错,封他为光禄大夫、怀安侯,又认为麹允是个大忠臣,追封他为车骑将军、节愍侯。其他晋臣百官都有封赏,只有索綝,刘聪大骂他是个奸臣,推出去拣人多的地方当众砍了脑袋。刘曜则被封为大都督、都督陕西诸军事,又晋封为秦王,镇守长安。

西晋就此灭亡。从晋武帝篡魏称帝开始,到晋愍帝被掳平阳为止,一共经历了晋武帝司马炎、晋惠帝司马衷、晋怀帝司马炽和晋愍帝司马邺四个皇帝,历时五十二年(265—317)。

到此时,全国大的割据政权有江东司马睿的东晋,川蜀李雄的成国(史称成汉)以及基本上统一了北方的刘聪的汉国(史称前赵,亦称汉赵)。这个格局和当年三国鼎立非常相似。当时,占有辽西冀北幽州的段疾陆眷此时仍向晋朝称臣,其手下有不少汉将,如乐陵太守邵续、征北城(今北京市东)的刘琨;占据甘肃青海部分的前凉张寔,也向晋朝称臣;占据辽北慕容鲜卑部落的慕容廆在司马邺在位的时候,接受晋朝的任命为镇军将军、昌黎辽东二国公,也算是晋臣;平州刺史崔毖治下的辽东是晋朝能直接掌控的最后一块北方领土。汉国包括表面上仍归属成汉的石勒部,以及占据了山东半岛、同样表面上归顺成汉的曹嶷。

另外，还有一些比较小但也十分重要的割据政权：

占有今甘肃东部的司马保，他虽然没敢称晋帝，但使用自己的年号，也不臣服于司马睿，为独立政权。

占有辽北的宇文部鲜卑族，首领为宇文逊昵延。

占有今内蒙古到晋北和陕北之地的代国拓跋部鲜卑族，首领为拓跋郁律。前面说过，代国内乱，拓跋普根最后夺得代国的王位，但拓跋普根夺王位的当年就病死了，而他尚在襁褓的儿子第二年也夭折了，最后拓跋普根的堂兄拓跋郁律继位。拓跋郁律虽然只称代王没有称帝，但他拒绝东晋等国的封爵，也用自己的年号。

为了能充分了解当时的形势，这里再把当时一些零散的小政权和起义队伍介绍一下。由于这些政权在当时微不足道，势力微弱，有的是地盘很小，有的是流动作战根本没有地盘，对当时军阀割据形势基本没有影响，所以在前文很少提到。不过，这些政权中的相当一部分在后来都发展壮大，参与到十六国后期的争霸中。

第一个是前仇池国。西晋征西将军、氐人杨飞龙的养子杨茂搜于晋惠帝元康六年（296）自号辅国将军、右贤王，始建仇池国，称仇池公，辖地有武都、阴平二郡。武都郡治在今天的甘肃省成县，包括下辨、河池、沮、武都、故道五个县；阴平郡治在今天的甘肃省文县，包括阴平、平广两个县。317年，东晋建国这一年，杨茂搜病逝，前仇池分裂：其长子杨难敌继位，号左贤王，屯军下辨（今甘肃省陇南市成县）；杨难敌之弟杨坚头号右贤王，屯河池（今甘肃省陇南市徽县），今陇南地区大部分都在其控制范围之内。后来，苻坚女婿杨定在此地又建仇池国，称后仇池。

第二个是汉人的乞活军。西晋末年，八王之乱加上并州大饥，从并州逃出大量的难民。这些难民后来成立了一支武装军队，以"乞活"为名，就是于乱世中乞求活命自保的意思。这支队伍以骁勇善战、组织严密、持续时间长久著称。即使在西晋政府覆亡之后，仍长期活跃在今河北、山西等地，主要与石勒长期进行攻守战，但根据地不定，首领也不固定。后来，辽东一部分人被慕容皝收留，协助慕容皝建立前燕，另外的绝大部分人则由冉闵率领，建立魏国，史称冉魏。

第三个是慕容部鲜卑迁到枹罕（今甘肃省临夏市）的一支。西晋灭亡时，这支部落的首领是慕容吐谷浑，于313年左右在枹罕建国，一直到唐龙朔三年（663）被吐蕃所灭，立国时间长达351年。

第四个是荆州杜曾。此人纵横荆州七年之久，319年被东晋灭掉。

第六章

北地战事纷争

后宫的阴谋

《晋书》中称晋愍帝司马邺写下密诏，诏令司马睿为晋王，替他行使皇帝的责任，该密诏由平东将军宋哲化作百姓带出。此密诏宣告了司马睿继承皇位的合法性。可宋哲是怎么在重重包围之下单骑入京的呢？为什么他宁愿一个人赴险，却不愿意带兵在外解围呢？《资治通鉴》中说宋哲在长安失陷后并没有马上去建康宣诏，而是跑回到自己的地盘弘农。后来，汉兵转攻弘农，他被打得没办法了，才跑到建康投奔司马睿。《晋书》中为什么不给这位在东晋建国史上非常重要的人物立传呢？宋哲后来又为什么在历史上神秘消失了呢？种种疑惑使人猜测，这封密诏到底是真还是假。

不管如何，到了次年（317）二月，弘农太守宋哲逃至建康并向司马睿宣布了愍帝临降前所写的"密诏"。诏书让琅琊王司马睿"摄行大位"，并命他雪耻报仇，恢复宗庙。

司马睿接了诏书，虽不敢称帝，但还是精心地准备了一番，于三月初自己给自己升了晋王，设置百官，改元建武，史称东晋。刘琨、段匹磾、慕容廆都上了贺表，向东晋称臣。

这个时候，表面上十分强大的前赵起了内乱。原来，刘聪刚刚登上皇位后，就看上了自己父亲的皇后单氏，即单太后，便以请安的名义，经常到单皇太后那里拉拢挑逗。单太后一方面正当如狼似虎的年龄，又见刘聪是个大帅哥，心里也很喜欢；另一方面自己的亲生儿子刘乂现在做皇太弟，只要不出意外将来肯定是要继承刘聪的位子，自然也想讨好刘聪。就这样，两个人很快就勾搭上了。日久生情，刘聪竟然从来不去后宫，一到晚上就到单太后那里去，两个人如胶似漆。这么露骨的行为自然很快就传遍朝野，别人只敢私下里说说，反正不关自己的事，何必管皇帝的家务。可刘乂不能装傻啊，他亲生母亲这样做让他很没有面子，于是几次三番，话里话外地责备母亲。单皇太后见儿子和自己生分，心里也很羞惭，便得了心病，不久病亡。刘聪是真喜欢这个单太后，非常悲痛，后来听说单太后得病是因为她的儿子、自己同父异母弟刘乂责备的缘故，遂对刘乂有了看法。

再加上，呼延皇后为了自己的儿子刘粲将来能当皇上，又向刘聪吹枕边风说："从古至今都是亲生儿子当太子，您立个皇太弟也太没有道理了。等您百年后，这个皇太弟即位，您的儿子一定没有好下场。不如想办法暗杀了他，立亲生儿子保险一点儿。"

刘聪虽然也有些动心，但毕竟与单太后一往情深，还是不忍心杀害弟弟。

过了两年，呼延皇后病死，刘聪没有了约束，便在京城展开了一场选美活动。经过严格的挑选，他先立生母张太后的侄女张氏为皇后，又选司空王育的女儿为左昭仪，尚书令任顗的女儿为右昭仪，中军大将军王彰、中书监范隆、左仆射马景的女儿为夫人；右仆射朱纪的女儿为贵妃。刘聪又看上太保刘殷家的两个小女儿和四个孙女，正打算一块儿娶来时，左司隶陈元达劝谏道："刘殷与陛下同姓，他的女儿就是你的妹妹，他的孙女就是你的侄女，不能这样做啊。"

刘聪并不甘心，这几个美女实在是太漂亮了，又正当妙龄，如果不娶回来太可惜了。他便问太宰刘延年和太傅刘景："你们说能不能娶？"

这两个人顺着刘聪的意思道："太保自称是周朝卿士刘康公的后人，陛下虽与他同姓却不是同一个祖宗，您娶他的女儿和孙女根本没有问题。"

这个理由让刘聪很高兴，重赏二人之后，便以此理由把刘殷家的两个女儿、四个孙女全部娶回来了。后宫一下子有了这么多美女，刘聪照顾不过来，干脆连上朝都免了，每天泡在后宫和美女们玩耍，真是快活如神仙。陈元达等大臣多次劝谏，刘聪听得烦了，干脆不见这些人。后来，张皇后病亡，刘聪又立刘娥为皇后，并着手为刘娥修鹓仪殿居住。这时，陈元达又千方百计地见到刘聪，说修此殿工费巨大，劳民伤财，现在外强林立，国家也很穷，还是住旧宫算了。刘聪听完大怒，大骂道："朕贵为天子，盖个房子你也要来啰唆。今天非杀掉你不可，不然这个房子也没法盖了。"当即命护卫把陈元达推出去斩首。

说时迟那时快，陈元达"哐啷"一声亮出来一根铁链，三下两下把自己绑在殿前一根柱子上，侍卫们再拖可就拖不动了。绑在殿前柱子上的陈元达朝刘聪大喊道："臣所说的，都是为了国家，为了您的帝业，而皇上却要杀臣。您杀我，我也不怕，能和夏朝的龙逢、商朝的比干一样，我也心满意足了！"

这时朱纪、范隆、刘易等大臣都赶来了，齐声为陈元达求情。刘聪气得要命，就是不听，见卫士们拖不动陈元达，自己拔出刀来，就要冲过去砍陈元达。大家或是拦，或是抱，又哭又喊又闹，乱成一团。这时，后宫的太监赶来，说刘皇后写了一封手疏，请皇上现在就看。

刘聪这才歇了手，坐回到龙椅上气鼓鼓地让太监读。刘皇后写的是：

"后宫现有的宫殿完全住得下所有的嫔妃，其实并不需要再建。而天下没有统一，皇上您当爱惜民力才对。廷尉陈元达前来劝谏，其实是社稷之福。皇上您应当封赏才是，现在您却要杀掉他，那么天下人将怎样看您？忠臣进谏固然是不惜身家性命，而人主拒绝纳谏也是不顾自己的社稷江山。皇上为了我而杀谏臣，天下忠良不敢再言是因为妾，天下人都恨您是因为妾，国家个人都受到损失是因为妾，社稷江山变得危险是因为妾，如此天下之罪皆归于妾一人，妾怎么能够承担得起？妾读过历史，发现自古以来败国丧家者，经常都是因为女人，心里常常怨恨这些红颜祸水。没想到，今天我也成为其中的一员，那将来后人看妾也如同妾看古人一般！妾实在是没有面目再侍奉您了，希望皇上将我赐死，这样也可以使陛下少一个过错！"

刘聪非常喜欢刘娥，与当年的单太后不相上下，听说刘娥请赐死，吓得也不敢去杀陈元达了，急忙对太监道："你快快去告诉皇后，朕已经赦免陈元达了。"又转过头来对大家道："朕这两天得了重感冒，有时候控制不住自己的情绪，并不是真的想杀元达。元达是忠臣啊，君主必须忠良辅弼，乃得身安国宁。朕怎么会杀他呢？惭愧，惭愧！"

这时候再看众臣，因为刚才一番挣扎，有的帽子歪了，有的鞋子掉了，有的腰带开了，刘聪让大家把衣服整好，然后摆了一桌酒席给陈元达压惊。席间把刘皇后的手疏拿出来道:"外面有你这样的忠臣辅佐朕,宫内有皇后这样的贤妻帮助朕,朕还担心什么?"

从此以后,刘聪改了很多,偶尔也开始上朝了,群臣劝谏也不发怒了。但一年之后,即建兴二年(314)正月,刘娥难产而死,刘聪没了约束,又开始胡闹起来。以前选的那些后宫美女已经不新鲜了,刘聪又重新选美。这回选中了中护军靳准的两个女儿,大女叫靳月光,次女叫靳月华,一个十六一个十五,长得都貌若天仙。刘聪非常高兴,加上他也喜欢刘殷的长孙女,哪个也不忍心委屈了,干脆一下立了三个皇后。靳月光为上皇后、刘殷的长孙女为左皇后、靳月华为右皇后。

陈元达再谏道:"自从三皇五帝以来,我还没听说过一个皇帝立三个皇后的。现在皇上不想着去选良才贤臣,却总想着选美女,这对国家可不是什么好事。还是请皇上只立一个皇后!"刘聪听了皱皱眉头,心里厌恶,但终于还是没说什么,当然也没听陈元达的话。

刘聪继续选美,宫里的美女是越来越多了,后来又立樊氏等四个人为皇后,再加上其他嫔妃,刘聪实在是忙不过来,上皇后靳月光便受了冷落。靳月光也不是个省油的灯,就派心腹太监出宫物色美少年入宫来淫乱。这事被陈元达发现了,他好心好意去报告给刘聪。刘聪还没说什么呢,靳月光已经听到消息自杀了。刘聪抱着靳月光的尸体大哭,于是更恨陈元达,但他又不想杀陈元达给自己留个恶名,于是下令以后凡是陈元达的折子一律直接扔掉,陈元达要见自己,根本不用通报,直接顶回去。只要是陈元达的建议和劝谏,也不必来问他,全部否决。陈元达到了这个地步,大哭一场,长叹道:"我既然再也不能说话了,在这世上苟且偷生还有什么意义呢?"没过几天,他就自杀了。

陈元达一死,连劝刘聪的人都没有了,刘聪这回可是想干什么就干什么。他先把张皇后的侍婢选为皇后,之后又一下立了七个皇后,加起来一共十四个皇后了。刘聪在后宫为所欲为的时候,又把矛头对准了皇太弟刘乂。他先立自己的嫡长子刘粲为晋王,随即又任命刘粲为丞相、大单于、录尚书事,总掌百官朝政。刘粲可谓大权在握,一人之下,万人之上。而刘乂除了皇太弟的身份,什么官职也没有。朝野上下都知道,刘聪后悔了,想要立儿子刘粲,废掉弟弟刘乂。

太傅崔玮、太保许遐对刘义道："当年皇上以您为皇太弟，并不是真心，只是因为您为嫡长子，他为庶生子，让你当皇太弟，可以安抚众心，让大家都服气。现在皇上已经掌握朝纲，朝中王公百官几乎全部是皇上的人，他也用不着顾忌您了。自魏武帝以来，只要是当丞相的，后来必为皇帝，只要是被封为晋王的，未来一定登基。现在刘粲被封为晋王，又任丞相之职，您真的还在等着将来继承刘聪的帝位吗？我看您不仅当不成皇帝，大祸也不远了。不如早一点让位，才可以免去这个灾祸。"

刘义到这个时候还执迷不悟，舍不得这个危险的皇太弟之位，他道："当年因为我是嫡生，皇上是庶生，所以都推举我做皇帝。因主上是我的哥哥，所以我让位给他。皇位其实本来就是我的，且兄终弟及，有何不可？儿子与亲弟弟之间，我看亲疏也差不多。皇上未必就想废掉我。"

崔玮、许遐听到这里明白刘义已经无可救药了，可两个人还不甘心，还想救他一命，又出主意道："您要是真想当皇帝，我们给您出个保险的主意，保您一定能当上皇帝，您听不听？"

刘义一听挺高兴："什么主意？"

"殿下既然不肯让位，不如早点登基。现在京中只有精兵五千，除了刘粲，刘聪其他儿子年纪还小，不足为虑。就是刘粲也是年少轻狂，没什么大的能力。您只需派一名刺客将刘聪刺杀，我可立刻筹来二万精兵，杀入京城，攻破云龙门，到时候宫中的禁卫军一定倒戈投降殿下。"

刘义听了立刻斥责："你这是大逆不道！我不做这样的事情。"

三人的密谈被刘聪安插的心腹听到。刘聪将崔玮和许遐杀掉，派冠威将军卜抽率兵把刘义软禁。刘义这下知道害怕了，赶紧上表请刘聪废掉自己，称自己什么封号也不要，情愿为平民，且他的儿子也愿意除去全部的封号，同时推荐刘粲为皇太子。但刘聪并未理睬。

中护军靳准的堂妹是刘义的妾室，因为和侍卫通奸，被刘义杀了。刘义也是嘴贱，杀就杀了，可他常常把这个让靳准既羞愤又悲伤的事挂在嘴边。后来，靳准的女儿靳月光勾引美少年入宫淫乱，虽说是陈元达告的密，其实也是刘义先知道然后告诉陈元达的。靳月光自杀后，靳准更恨刘义。现在见刘义失了势，靳准立刻落井下石，跑到刘粲那里道："您不是想除掉皇太弟刘义吗？

我有一个稳妥的法子。"

刘粲一听大感兴趣，向他问计。靳准道："要除掉刘义，只能诬其谋反。"

"以刘义的性格，要去告发他谋反，恐怕父皇不会相信吧。"

"这个不怕。先把软禁刘义的士兵调走，让刘义能够自由会客。然后，抓几个在这个非常时期去会见刘义的人，屈打成招。我再使一计让刘义戴盔穿甲，家丁手持兵器，然后一举捕之。皇上必深信不疑。"

刘粲遂用靳准之计，先命卜抽撤了兵，又好言宽慰刘义。刘义是个直肠子，以为皇上又信任自己了，便恢复了以往的生活规律，每日请客会友。有一天晚上，刘粲忽然带人来到刘义的宫中道："叔叔，我刚刚得到消息，说京师将有兵变。皇上下口谕，请您戴盔穿甲，整束侍卫，严阵以待，以作防备。"刘义没有怀疑，立刻就命手下人都穿好盔甲，拿来兵器。他自己也是金盔银甲地穿戴整齐，好不威风，然后就坐在宫中等死——当然，他自己并不知道自己是在等死。

刘粲骗完刘义，靳准那边已经向刘聪报告说刘义要谋反。刘聪一开始不相信，靳准说："您不信就带人去看看吧。"刘聪亲率兵丁围了东宫，果然见东宫之中杀气腾腾，当即把这些人的武器收了，把刘义抓了。刘粲和靳准又捉了与刘义有密切来往的一些人，用酷刑逼他们承认与刘义共同谋反。这些人受刑不过，一个个都招了。刘聪深信不疑，把东宫的所有官吏、刘义的所有朋友亲信，以及东宫卫士全部杀死，总计一万五千余人。刘义被刘聪废为北部王，而刘粲则派人在狱中将刘义杀死。这一年是317年，即西晋灭国的第二年，东晋建国的第一年，刘聪立刘粲为皇太子。

祖逖北伐

再说南边的司马睿称晋王后，继续全力剿灭占据荆州的杜曾。这时候，由于陶侃被王敦排挤，陶侃的一部分旧将郑攀、马隽等人已投奔了杜曾，杜曾的实力变得很强，把荆州刺史王廙打得屁滚尿流。陶侃原来的副手、勇将朱伺在与杜曾的交锋中受重伤，不治身亡；再加上赵诱、朱轨等晋将的战死，杜曾的势力一时遍及长江中游一带，成为东晋的心腹之患。

王敦见自己连连挫败，向谋士钱凤讨办法。钱凤道："要除杜曾，非梁州周士达不可。"周士达，就是当年和陶侃一起定荆湘的浔阳太守周访（士达是周访的字）。周访和陶侃是儿女亲家，也正因为周访的关系，王敦当时才没有杀掉陶侃。

这回，王敦急忙亲自去请周访，并向他许诺，如果灭了杜曾，一定让他来当荆州刺史。周访遂以李桓、许朝为前锋，率一万梁州兵去战杜曾，路上又招了几千人马。到了沔阳（今湖北省仙桃市），与杜曾在城下一场恶战。战事进行了整整一天，周访左右两军都开始败退，只有中军勉强应付。周访早已暗藏了八百精骑，人强马壮，等到杜曾来攻中军时突然杀出，以一当十，登时把杜曾的军队冲乱。周访的梁州兵趁势反攻过来，杜曾大败。

周访和杜曾打了半年，杜曾败多胜少，最后逃入武当，据险而守。周访屡次强攻，损兵折将却一时奈何不得杜曾，只好把军队扎在山下，不再强攻。周访在山下重金找到当地采药人，寻了一条密道，派一支军队从武当山后杀入杜曾的营中。然后，又继之以正面强攻。杜曾大营被端，前面攻势又猛，支持不住，全军溃败。手下大将马隽和苏温生擒杜曾，献给周访，周访命人斩了杜曾，遂平了荆州。

按王敦的承诺，周访应当为荆州刺史，司马睿也觉得凭周访的功劳，这个肥缺也应当给人家。偏偏又是钱凤作梗，劝王敦自兼荆州重地，不可把这个地方给了外人。王敦于是上奏让晋王司马睿改派周访为安南将军，仍为梁州刺史。司马睿对王敦当然是言听计从，当即答应，按照王敦的意见下了任命。

周访见王敦再一次食言，把任命诏书撕得粉碎，又把王敦送来的玉环、玉碗等厚礼当着使者的面掷碎于地，骂道："你以为给几个臭钱就能打发我吗？"自此，把王敦当作仇人。王敦知道自己惹下了这位名将，也把周访当作心头之患，打算寻机会将此人除去。

东晋灭了杜曾，国家算是暂且安定下来，但还有一件大事，那就是祖逖北伐。当时，祖逖已经占据了安徽中南部，正打算攻取安徽西北部的谯郡。谯城守将张平、樊雅两人本是中原流民，后来成为乞活军的一部分。两人拥兵上万，在这一带势力很强。

祖逖本打算攻城，参军桓宣说："大家其实都是自己人，都是汉民，也曾是东晋子民，有话好商量。我正好又和张平、樊雅有过一面之交，不如我进去劝降。"

能用嘴皮子拿到城池当然更好，祖逖于是派桓宣入城。张平、樊雅也是讲道理的人，他们说现在天下大乱，自己在这里割据无非是据兵以自保，混口饭吃。桓宣问："混能混到什么时候呢？不如干点儿正事吧。你看，我们是东晋派来的正规军，打算北伐恢复晋室，你们不如加入我们，大家一块儿建功立业不好吗？"

张平、樊雅说好啊，两下里很快谈妥。祖逖又派参军殷义进城收编。殷义是个自命不凡、十分欠揍的家伙。他进城后故意侮辱张平，指着他的军府说："此屋也就能当马厩。"又指着府中一个大铁锅说："此玩意儿放这儿也是个废物，不如化了铸为铁器。"

张平不高兴道："这是帝王镬，以后咱们北伐成功天下清平后还要用的，怎么能毁去？"

殷义斜着眼看了张平一眼道："你的脑袋还不知道能不能保住呢，你还想保一个破铁锅？"

张平本来就是个粗人，此时再也忍不住了，先一步砍了殷义的脑袋。他认为祖逖有意派这个人来侮辱自己，遂关上城门死守，又把殷义的首级悬在城头示众。祖逖见殷义被杀，不明白是怎么回事，不过翻脸是肯定的了，当即率兵攻城。张平率众死守，一连数天祖逖攻不下来。后来，还是桓宣劝降了张平手下大将谢浮，杀死张平才得以攻下城池。樊雅率兵前来报仇，被祖逖打得大败，战死军中，剩下的人一看主将死了，便一齐都投降了。

这时，又有占据蓬陂、陈留（均在今河南省开封市）的乞活军首领陈川派大将魏硕在祖逖所占的各县抢掠，祖逖派韩潜设伏杀败魏硕，一直追到蓬陂。陈川猝不及防连丢几城，知道不是祖逖的对手，干脆投降了石勒。石勒派桃豹领兵去战韩潜。两军相持了将近两个月，韩潜的军粮渐渐紧缺。

祖逖判断对方粮草需从黄河以北接济，必定也有粮荒，遂派人绕至桃豹背后，劫了桃豹的军粮。桃豹一看军粮无继，只好撤军，祖逖因此得了蓬陂，大军进入河南。

这时，河南有荥阳太守李矩驻兵在新郑，河内太守郭默驻兵在怀县，河东太守魏该驻兵在宜阳，这些人都是流民，也算是乞活军的一部分，平时各自为政，遇有敌人来袭时便联手互保。他们听说祖逖进兵河南，便一齐归顺了祖逖。接着，驻守洛阳的前赵大将赵固献城给李矩，也加入祖逖的军队中。刘聪听说祖逖尽占河南、安徽之地，便命太子刘粲率军十万来攻洛阳。赵固守不住洛阳，败走阳城山。这时，李矩、郭默等援兵才刚刚赶到，与刘粲对峙于洛阳城外。

李矩、郭默、赵固、魏该等军半夜袭击刘粲，刘粲没有防备被杀得大败，率败军退到黄河以北。因为晋军偷营时都喊"生缚刘粲，以赎天子"，刘粲逃回平阳后奏请刘聪杀司马邺，说只有杀了司马邺才能动摇东晋北伐的决心。

刘聪犹豫道："我以前杀了司马炽，民心还不是这个样子？照样有新的皇帝被晋朝拥立！还是不要杀司马邺了。"

刘粲道："当年周武王难道想杀纣王吗？不过是怕他成为日后的祸患。现在，祖逖所过之处，投奔者甚众，都以迎还司马邺为号召，我看应当早除此人！"

刘聪被说动了，遂杀司马邺，时为建兴五年（317）十二月。

消息传到江东，已经是318年3月，建康百官遂请司马睿称帝，刘琨、段匹磾、段疾陆眷、邵续、慕容廆、崔毖等冀北和东北的割据势力也得到了司马邺被害的消息，派使臣前来劝进。司马睿假装推托了几日，然后在王导等人的极力劝说下，终于同意登帝位。

太兴元年（318）三月丙辰日，司马睿正式登基，是为晋元帝。他追谥幼帝司马邺为"晋愍帝"，立司马绍为皇太子，加封王导为骠骑大将军、开府仪同三司，王敦为江州牧，授李矩为司州刺史，并封赏所有文武官员。

同年，辽西公段疾陆眷病卒，段氏鲜卑发生内乱，导致祖逖的好友、晋末英雄刘琨被害。

段疾陆眷病卒后，因为他的几个儿子都还年幼，遂由段疾陆眷的叔父段涉复辰继大单于位。段匹磾和刘琨的儿子刘群领着几千人马前往辽西为哥哥奔丧。

段疾陆眷的堂兄弟段末波对段涉复辰道："我看段匹磾并非为奔丧而来，

而是来篡位的。"

段涉复辰一想也是，段匹䃅是段疾陆眷的亲弟弟，也有资格继大单于位，自己继了侄儿的位置，段匹䃅不满是有可能的。且奔丧就奔丧吧，带几千人马做何？必是篡位无疑。于是，他询问段末波怎么办。

段末波道："这很简单。兵来将挡，水来土掩。叔叔已经是大单于了，难道还要把这个位置让给他不成？您派大军去击败段匹䃅即可。"段涉复辰于是派十万精兵去阻截段匹䃅。这十万兵刚走一天，段末波就发动了兵变，杀死段涉复辰，并杀尽段涉复辰的兄弟子侄及其党羽，自命大单于。又派人将十万精兵收回，重新整兵之后，再来战匹䃅。

段匹䃅数千人马自然寡不敌众，大败逃回蓟城。刘琨的儿子刘群被俘，段末波以贵宾礼节待之，并称要任命刘琨为幽州刺史，逼刘群写下劝降父亲的书信，又派密使潜到蓟城，准备请刘琨为内应，一齐对付段匹䃅。

结果使者被段匹䃅的巡兵捉住，搜出书信。刘琨本来带兵据守在征北城，听说段匹䃅败回，便来探望。一来就被段匹䃅扣住，并拿出刘群的书信给他看。

段匹䃅道："刘兄如果想把小弟献给段末波，小弟愿俯首就擒。"

刘琨大惊道："我与你是同盟兄弟，志在于恢复晋朝，一雪国耻。我怎么会因为一个儿子就背叛国家，辜负朋友呢？"

段匹䃅笑道："我知道刘兄是光明磊落的人，其实并没有怀疑你。"

段匹䃅本要放刘琨回去，他的弟弟段叔军却道："我们这片地方是汉夷混杂之处。晋人之所以不敢轻视我们，是因为我们段氏鲜卑团结而强大。现在我们骨肉不和，正是晋人起义的好时机。凭借刘琨的威信，振臂一呼，万人响应。如果放他回去，有人趁机拥刘琨起兵，那段氏之地当为晋人所有，我们将无存身之地。"

段匹䃅是个软耳根子，听了这话便把刘琨软禁起来，并派人去征北城招降刘遵（刘琨的庶长子）。刘遵守城不出，段匹䃅率军攻破征北城，把刘遵擒回。

幽州别驾卢谌（刘琨妻子为其姨母），是当年司马颖手下重要谋士卢志的儿子，原本是刘琨旧将，听说刘琨被拘，便带人潜入刘琨的院内，要救刘琨出城。

刘琨叹道："人谁能不死？我只恨不能为国争一方领土，尚不得带军归附晋土，国仇国耻不得洗雪！"说罢，推辞不行，卢谌劝了几回也劝不动。

卢谌无奈，大哭而去。数日后，段匹䃅诈称奉东晋天子密诏，杀刘琨及其子侄四人。刘琨死时，年仅四十八岁。

卢谌率刘琨余部投奔辽西段末波，奉刘群为主。幽州晋人有些南去投奔石勒，有些北去投奔刘群，段匹䃅势力大减。北边有段末波不断进攻骚扰，西南两方又有石勒大军进逼，幽州的各个城池渐被段末波和石勒蚕食。段末波很快就打到蓟城，城下一战，段匹䃅大败。刘群乘虚占了蓟城。段匹䃅只好率段文鸯等亲信部下领着残兵，一直向南来到山东厌次（一说为今山东省滨州市惠民县东，一说为今山东省德州市陵城区），投靠了乐陵太守邵续。

汉国分裂

在司马睿登基的这一年，即太兴元年（318），刘聪的前赵政权也出事了。

刘聪把一切政务交给太子刘粲管理，自己安心享受人生，吃喝玩乐，好不自在。哪知道乐极生悲，有一天刘聪在后宫和刘氏家族的子弟喝酒，喝到深夜时，皆大醉，有人狂歌，有人沉睡。忽然，烛台被一阵风吹倒，先将幔帐引燃，又烧上房梁。侍卫、太监、宫女们急忙灭火救人，刘聪总算被救出，但醉酒人太多，刘姓皇族被烧死二十一人，其他人等死者无数，大殿也被烧成一片焦土。刘聪酒醒之后，大哭于焦土之前，捶胸顿足，自此大病，卧床不起。他知道自己大限将至，遂请靳准进来，将太子刘粲托付于他。又下诏，以刘曜为丞相，石勒为大将军，皆为辅政大臣，入朝辅佐太子。刘曜、石勒手握重兵，权倾一方，哪里愿意入朝受人约束，都找了个理由推托。刘聪只好作罢，又以刘景为太宰，刘骥为大司马，刘顗为太师，朱纪为太傅，呼延晏为太保，皆录尚书事；范隆为尚书令，靳准为大司空，兼司隶校尉，共辅刘粲。安排完毕之后，刘聪于当年七月癸亥日（7月19日）病亡。第二日，刘粲继帝位，葬刘聪于宣光陵，谥号昭武皇帝，庙号烈宗。

刘粲继位后也学习他的父亲，不理朝政，朝中大小事情全交给靳准一个人决断，每日在后宫玩耍。而父亲选的这十几个皇太后，既年轻又漂亮，也省得他去选美了。刘粲每日就和这些皇太后厮混在一起。

靳准是个谁也看不透的人，正是他轻而易举地灭掉了刘聪苦心经营起来的、貌似强大的前赵。他趁着大权在握，把堂弟靳明封为车骑将军、靳康封为卫将军，执掌了前赵的兵权，然后向刘粲诬告刘氏诸王谋反。

当年靳准就是凭着诬告刘乂谋反的阴谋帮刘粲取得了太子位，现在靳准又来这一套，刘粲不但未加怀疑，反而深信不疑。刘粲把刘氏宗族杀得干干净净，那一年从大火中侥幸逃出的刘氏宗族子弟，却逃不出刘粲的屠刀。

等刘粲把自家人全部杀干净了，就轮到他自己了。

九月，靳准发动政变，指挥军队攻入皇城，刘粲在这个时候竟然喊出："快叫靳准救我！"

靳准来了，不是救他命的，而是要他命的。

刘粲明白过来以后，跪倒在靳准脚下乞求活命。靳准把刘粲的罪状一一数出，然后当场将他诛杀。除去自己的两个女儿外，凡是刘家人，无论老幼一律被他杀死。除了征北将军刘雅一人逃出外，刘氏剩下的三百余口全都被斩于东市。靳准又挖掘刘渊和刘聪坟墓，砍下刘聪的人头，焚烧皇家祭庙。

靳准自称大将军，但他只是称王（号"汉天王"）却没有称帝。更出人意料的是，他奉东晋为主，说："自古无胡人为天子者，今当将传国玉玺送还晋家。"遂派使臣先到荥阳，告知李矩说他已经为晋朝复仇，屠灭刘族，很快就将率兵带着二帝的梓棺回到南方。

李矩立即驰报建康，司马睿派太常韩胤等去平阳，迎还二帝的梓棺。韩胤刚到黄河南岸，正准备渡河，听说刘曜和石勒已经率大军攻入山西，直奔平阳，知道大战在即，只好返回。

刘雅逃到长安投奔刘曜。刘曜听说平阳刘氏全部被诛，自己的母亲和兄弟也没能幸免，当即发兵，以刘雅为先锋，杀向平阳。走到半路，众人都劝刘曜称帝。要说靳准还真为刘曜办了一件大好事——刘曜与刘聪只是族兄弟，血缘差得很远，再怎么轮也轮不到他当皇帝。可是，靳准把刘氏皇族全部杀光了，一个都没剩下，刘曜就名正言顺地成为前赵的合法继承人。

319年，刘曜称帝，改元光初，然后带大军来到粟邑县（今陕西省西安市临潼区东北十七公里），陈兵于石勒控制地区的边界。

第六章 北地战事纷争

这时，石勒也以张敬为先锋，率五万士兵，来到襄陵（今山西省临汾市南部襄汾县境内），这个地方距离平阳相当近。

靳准率军来攻石勒，石勒坚守不出，先锋张敬道："您不至于怕靳准怕成这样吧？咱们大老远来不就是为了攻打靳准吗？"

论起打仗来，石勒当然是专家，他笑道："等刘雅带兵来了，靳准一定退军。到时我再出兵，必败靳准。"

果然，不久刘雅来到，靳准退兵。石勒率兵掩杀，靳准大败，丢了几千人马逃回城中。

靳准见刘雅和石勒会兵一处来征讨自己，知道肯定打不过人家，便打算想个办法先使一方退兵，再回过头来专心对付另一方。考虑到自己和刘氏有深仇大恨，他认为让刘曜退兵难度系数无疑更高一些，只能去拉拢石勒了。于是派侍中卜泰出城，将皇帝的车驾、服饰、御用之物全部送给石勒，意思是尊石勒为主。石勒大怒道："这是靳准的离间之计，欲陷我于不义！"当即命人绑了卜泰，将卜泰连同皇帝的车驾、服饰、御用之物全送给了刘曜。

刘曜却是另一番举动，他亲自为卜泰解缚，和颜悦色地对卜泰说："先皇帝的确有不对的地方，靳准干得好啊，他其实是个大忠臣。他做的事当年商朝的伊尹和汉朝的霍光这两位贤臣也都做过，且他又使朕得以登帝位，是大功一件啊。如果能早点迎朕入城，朕一定要任命他为高官。你赶紧回城，向靳准转达朕的意思。"

卜泰回去后把刘曜的原话转告给靳准。靳准因为杀了刘曜的母亲和兄弟，很是犹豫，既知道自己打不过人家，这样拖下去不是个办法，也担心献城后刘曜翻脸，到时候自己悔之晚矣。正进退两难的时候，堂弟靳康与左、右车骑将军乔泰、王腾合谋，发动政变杀死靳准，推靳明为领导，再次派遣卜泰出城，将传国玉玺献给刘曜。刘曜非常高兴，好好地款待了一番卜泰，命刘雅带兵马退回粟邑，以示诚信。石勒听说刘曜接受了靳氏的投降，靳明和靳康把传国玉玺都给了刘曜，心里很是懊恼未早接受他们的投降，结果连玉玺都没捞着。在耍阴谋上，他还差刘曜一截。

刘曜按约退兵到粟邑，剩下石勒独自攻城。靳明一开始还能守得住城，但不久石虎也带了五万兵马来攻，靳明实在是守不住了。他想，自己不是已经向刘曜投降了吗？干脆向刘曜请援兵吧，遂遣卜泰来向刘曜求救。刘曜并没有派兵去救，而是让靳明来投奔他。于是，靳明和靳康带着全家和军队来投，刚到粟邑，便被刘曜满门抄斩，把靳氏上下两百余口全部杀死，并宣布其余将士一概无罪，就此将靳明的势力全部收归己有。靳明和靳康临死才明白过来，自己让刘曜给玩了，就像靳准把刘粲给玩了一样——报应来得真快啊。

靳明弃了平阳，石勒长驱直入，修复了皇陵，收埋了刘粲等人的尸骸。但一想起刘曜使诡计收降靳明，让自己得了一座空城，就很是不高兴。于是，石勒土匪的性子又犯了，在平阳大掠一番，为毁灭证据又将平阳付之一炬，然后回兵，并派遣左长史王修去刘曜那里报功。

虽然石勒烧了平阳，刘曜也没有怪罪他，反而授石勒为太宰兼大将军，并晋封为赵王，顺便把前来报功的王修也封为将军。本来，这是刘曜笼络石勒的办法，但王修手下有一个叫曹乐平的随行秘书可能和王修有私仇，悄悄跑到刘曜那里挑拨道："我从石勒那里过来，我知道石勒在想什么。他是派王修来探您的虚实，然后和您争天下。您现在把石勒封为王，还授大将军、太宰等要职，这不是帮着石勒发展势力吗？"

刘曜一想也对，就把给石勒的封号都收回了，然后把王修和他带来的人全部杀死，只有一个叫刘茂的人侥幸逃脱。

刘曜回到长安，以长安为首都，立宗庙，建社稷，行南北郊礼，正式称帝。但在国号方面，他认为"汉"号是汉人的国号，自己的国号应当既具有民族特色，又有原创性成分。经过和大臣分析，"晋"的五行为"金"，按五行来说，"金"生"水"，而"赵"出自天水，"赵"的五行从"水"，正符合由"晋"生"赵"的天意；然后，自己又被封为中山王，中山本来就属于赵地，所以也当称"赵"。

刘曜遂于太兴二年（319）六月，改国号为"赵"，史称"前赵"。

石勒回到襄国不久，刘茂逃了回来，把使节团全部被杀和刘曜改国号的事一说，石勒非常生气，立刻派人把曹乐平的三族给灭了，然后召部下商量这个事情。最终的结果是，刘曜改国号为"赵"，而实际占有赵地的是自己，看来刘曜有吞并自己的心思；而且，既然刘曜改了国号，自己反刘曜并不算是背叛。于是，石勒对众人道："刘家的天下其实都是我帮他们打下来的，现在刘曜得志，便想灭掉我。我要和他翻脸自立，你们说怎么样？"

手下人当然一致同意，于是联名请愿。这一年（319）的十一月，石勒在众人的拥戴下，建赵国（史称后赵），设百官，自命赵王，但并没有称帝。

慕容部的兴起

太兴二年（319），东北也发生了重要的战争。据有平州（今辽宁省朝阳市）的东夷校尉崔毖，打着晋国的旗号收容汉民。但棘城（今辽宁省北票市或锦州市义县西北）的慕容廆也是受东晋册封的大都督，也在打着晋国的旗号收容汉民。两个割据势力在争夺人口方面出现了矛盾。同时，慕容部的兴起和强大也引起了邻国的注意。于是，崔毖便联合高句丽、段氏、宇文部，四路军队共计三十七万人马，一同去攻伐棘城，欲灭掉慕容部，瓜分其领地。

高句丽陈兵于城东，段氏陈兵于城西，宇文氏陈兵于城北，崔毖陈兵于城南。棘城诸将并不畏惧，力请出城死战。慕容廆道："四部军队兵多将广，势头正猛，我们不能硬碰硬，那样只会吃亏。各部人马一定各怀心思，既无统一号令，又互相不服气，时间一久，一定会有矛盾。我们固守不战，等到他们互相猜忌，人心不齐之时，然后出击，一定能击败他们。"

固守半月之后，慕容廆密派人于夜里出南城，然后伪装成崔毖的使者，绕至棘城北门，声称自己是崔校尉的使者，要会慕容公。慕容廆则大张旗鼓地亲自出城相迎。第二天，慕容廆又派人打着崔毖的名义去宇文部，赠送大量牛肉、美酒，犒劳三军。

这些事让高句丽王乙弗和段氏大单于段末波知道了，都感觉奇怪，又不好去问崔毖，只好来问宇文首领宇文逊昵延：崔校尉跑到棘城里找慕容廆做什么？宇文逊昵延说："我不知道呀。"

两人又问："崔毖为什么单单犒劳你的军队，却不犒劳我们的军队呢？"宇文逊昵延还是说不知道。

高句丽王生性多疑，认为这一系列奇怪的事情，很可能是一个阴谋。有可能宇文氏、慕容廆和崔毖要效仿当年韩魏赵三国共同击败智氏的故事，于是急忙连夜带兵跑回国去了。

段末波本来又惊又疑,忽然听说乙弗已带兵走了,便不再犹豫,第二天也不打招呼,拔营回去了。

宇文逊昵延见两部都急急离开,感觉莫名其妙,但仍坚持继续攻打慕容廆。慕容廆即出城诈败绕城而逃,路上设伏兵,宇文逊昵延中伏大败而逃。剩下的崔毖知道自己打不过慕容廆,便只带了几十名亲兵逃奔高句丽,留下来的人马和地盘都归了慕容廆。慕容廆打了胜仗,得了地盘,向东晋朝廷说明了情况。晋元帝司马睿遂拜慕容廆为使持节、都督幽州东夷诸军事、车骑将军、平州牧,晋封辽东郡公,并赠丹书铁券,承制海东。

再说山东的乐陵太守邵续收了段匹䃅,段匹䃅请邵续为他复仇。前文说过,段末波曾经被石勒生擒,后与石勒结为义父子,和东晋断绝了关系。而段匹䃅一直是倾向于向东晋称臣的,所以邵续当即答应,亲率大队人马和段匹䃅来攻蓟城。段末波出城应战,大败后守城不出,并向石勒求救。石勒便要去调在邺城的石虎出援。

张宾说:"现在祖逖占据着河南和安徽,势力很强大。我们北去,恐怕要被祖逖抄了后路。"

石勒便向张宾问计,张宾主张和祖逖交好,互通使节并开放贸易。石勒遂派人去幽州祖逖的老家,为祖逖整修了祖坟,特别是祖逖父亲的坟墓,好好地大修了一番,并派人为祖逖的祖坟守墓,每年祭日都要按时祭祀。祖逖还有个部将叫童建,因为私仇杀了新蔡内史周密,投到石勒这边来,石勒将其斩首,把首级送给祖逖,表达了与祖逖和平共处的意思。

祖逖一方面表示感谢,也开放边境,允许互市,并宣布不接纳后赵叛逃过来的人;但另一方面还是加紧备战,准备渡过黄河,北取晋冀之地。

石勒安定了南境,遂放心北进,以石虎为帅,孔苌为副,率兵两万去攻打山东的乐陵。邵续的儿子邵乂正守在那里,急忙请邵续回兵来救。

邵续只好退兵,让段匹䃅、段文鸯断后,结果半路上碰到了石虎的兵马,两军对阵,邵续兵败被俘。邵续被押到襄国,石勒以礼待之,将其招降。

段匹䃅和段文鸯的后军却杀过石虎的封锁线回到山东,与邵乂合兵一处守城。石虎围攻数月后,段文鸯带兵出战,战败被俘。邵乂见孤城无援,父亲也已经降了，遂率众出降。段匹磾不愿意投降，但这里还是邵义说了算，他只好先投降。后来段匹磾用一年的时间说服邵续召集旧部密谋起事，不幸败露，邵续、段匹磾和段文鸯三人皆被石勒所杀。鲁西一处，也被石勒平定。

刘曜的前赵这一段时间也在打仗。320年，前赵的将军解虎和校尉尹车联合部分巴氐族首领准备发动政变，事败后尹车和解虎立刻被处决。其余五十多名部属则被关起来准备过几天一齐处死。光禄大夫游子远劝刘曜说："只要诛杀元凶就可以了，皇上不宜杀人太多。"刘曜很不高兴，便把游子远也关起来，仍然把其余人等都杀了，暴尸十日，最后把尸体都丢到水里。

由于所杀人中大部分都是巴氐族的首领，于是巴氐族人起来造反。巴氐族酋长句渠知、氐羌族首领虚除权渠率兵起义，自号"大秦"国，改元为"平赵"，就是平灭赵国的意思。一时间，氐、羌、羯各族响应者达三十余万之众，关中登时大乱，城门尽闭。

游子远听说关中大乱，在狱中写下谏书请人交给刘曜，刘曜看都不看，撕掉游子远写的东西，骂道："这个大荔的奴仆，自己的命都保不住，还敢来劝我，是不是活得不耐烦了。"于是就要下令杀掉他。

中山王刘雅及郭汜、朱纪、呼延晏等人都为游子远求情，说："游子远虽然被关在狱中，却不顾自己的性命向您诤谏，这是大忠臣啊。皇上您就算是不想用他的计策，也不应当杀他。如果游子远这样的忠臣您都容不下，我们都不活了，愿意和他一块儿去死。"

刘曜听了，也觉得自己做得有些过分，于是把游子远放了出来。游子远一出来就又找到刘曜说："平叛的事其实很简单。这些人都没有大志向，也并不想升官发财，图霸中原。之所以起来造反，是害怕您啊。您的刑罚太严厉，又杀了不少他们的头领，他们担心也被您杀害，所以才起来造反。您只要大赦天下，并且把前阵子那些叛臣的家小全部放出来，给他们一条生路，大部分人肯定会散去回乡种田。毕竟谁都想安居乐业，打仗并不是他们的本业。当然，其中有为首的顽凶，不会轻易投降。不过，剩下这些人就好对付了，我只需五千兵丁，就可为皇上取回他们的首级来。"

游子远这番话说得刘曜心服口服，立刻下诏大赦天下，并以游子远为车骑大将军，都督雍秦征讨所有军事。诏书一下，反叛者或散或降，只有句渠知和虚除权渠还据守不降。游子远先带兵在阴密（今甘肃省灵台县西五十里）歼灭了句渠知的人马，句渠知本人不知所终；又引兵到陕甘界山以西的陇右地区与虚除权渠决战。

虚除权渠与游子远五战皆败，本来准备投降，他的儿子虚除伊余不同意。虚除伊余率五万敢死队去和游子远拼命。游子远一见对方士气正盛，便退守据险不战。直到十多天后的一个早上，突然刮起了沙尘暴，游子远趁着恶劣天气率兵突袭。这时，虚除伊余军队已经懈怠了，没有任何防备，大败而还，虚除伊余被俘。虚除权渠一看连敢死队都打不过人家，只好投降。刘曜这回吸取了以前的教训，改滥杀为招抚，封虚除权渠为征西将军、西戎公。虽然给了官职，但还是要防备他们，于是把虚除权渠部落的二十余万人口全部迁到长安。

从此之后，刘曜对游子远刮目相看，任命他为大司徒、录尚书事。自魏、晋以后，凡掌重权的大臣都会带录尚书事的名号，可见游子远的地位有多高。

刘曜很重视教育，设立太学，每年选一千五百人，派儒学深厚的人去教授他们，作为人才储备。刘曜对大臣的合理建议一般也能接受，他本来打算建丰明观和西宫，并在霸陵花巨大的人力、物力造寿陵。侍中乔豫等人上疏谏止，刘曜不但停止了这种劳民伤财的浩大工程，而且下诏夸奖他们是社稷之臣，并把他们的先进事迹布告天下，供大家学习。

刘曜又亲自带大军去讨仇池国。前面说过，仇池在杨茂搜死后分裂为二，长子杨难敌继位，号左贤王，屯军下辨；次子杨坚头号右贤王，屯河池。刘曜去讨，两兄弟又联合起来拒敌，打了很长时间，刘曜虽然夺了不少城池，但兄弟二人据守仇池山上，一时难以攻下。这时，前赵军中又流行起瘟疫，刘曜自己也被传染，只好派人和杨氏兄弟谈判。最后双方商定，杨难敌宣布投降刘曜，但实际上保留军事力量和地盘，刘曜封杨难敌为武都王、上大将军及益、宁、南秦三州州牧，并都督益、宁、南秦、凉、梁、巴六州及陇上、西域诸军事。

解决了杨难敌的事，刘曜赶紧回师，路上正碰上秦州刺史陈安。陈安也是一方割据力量，他的军队和地盘本来是司马保的。司马保于319年自称晋王，但并没有称帝，当然也没有奉东晋为正统，自己在上邽搞小王国。但他称王的第二年（320），即被部将张春、杨次所囚，不久被处死。陈安本是司马保的宠将，司马保被杀后，他率军攻破上邽，杀张春、杨次为司马保报仇，将司马保以天子之礼安葬。

陈安得了上邽之后，自号秦州刺史，便想投奔刘曜。刘曜当时正在大病中，加上军中瘟疫还在流行，他便没有见陈安。陈安以为刘曜死了，又见前赵军队中的士卒大半有病，便袭击了刘曜押运辎重的后队，杀死了大将呼延寔，又派弟弟陈集统兵三万去追刘曜的中军。陈集和大将呼延瑜打了一仗，结果陈集被打得大败，死于乱军之中。陈安于是在甘肃省东南部攻城略地，此地的氐族、羌族等部落纷纷归附，陈安一时拥有兵众达十多万。

陈安和刘曜的战争一直打到第二年。陈安在南安将征西将军刘贡围困，休屠王石武从桑城率领军队来救援，和刘贡一起重创陈安，陈安退守陇城（今甘肃省天水市秦安县城东）。到七月时，刘曜亲自率军围攻陇城，陈安频频出战，屡遭败绩，只好守城不出。刘曜又派军攻克了平襄（今甘肃省定西市通渭县境内）等重要城市，最后只留下陇城一座孤城。陈安见孤城难以久守，便留下部将杨伯支、姜冲儿继续守城，自己率精锐骑兵突围，逃奔陕中。刘曜派将军平先和呼延青等人一路追击，最终在秦岭将陈安捉住杀死。杨伯支则杀死姜冲儿，献纳陇城投降。陇西遂平。

至于北方的代国，在这一时期出现了一次宫廷政变。拓跋普根的堂兄拓跋郁律继代王位后，代国迅速强盛起来，初步摆脱了部落形式，而成为一个真正的国家，占有相当于今天内蒙古中部和山西北部的地区。拓跋猗卢哥哥拓跋猗㐌的儿子尚幼，嫂嫂惟氏为了使自己的儿子拓跋贺傉能够获得王位，纠集势力发动政变杀死了拓跋郁律。政变后，惟氏掌握国家大政，一直到324年拓跋贺傉才亲政。但拓跋郁律死后，许多部落并不向惟氏政权臣服，因此代国在拓跋郁律死后，实力大大削弱。

第七章

东晋乱纷纷

王敦叛乱

东晋初年，北边的战火不绝，打得热闹，其实南边的东晋更不太平，晋元帝和王敦打起来了。

晋元帝司马睿能够在江东立足建立东晋，很大程度上依靠琅琊王氏的拥戴，晋元帝也很感激琅琊王氏，对他们委以重任。王导总揽朝政，王敦执掌兵权，王氏的门生子弟也被安插在国家的各个重要岗位上，江东因此有"王与马，共天下"的说法。

王敦既有定国之功，宗族又强盛显贵，便不免有了骄纵之心，经常喝上两口酒就敲着酒壶唱起曹操的乐府诗《龟虽寿》："老骥伏枥，志在千里。烈士暮年，壮心不已。"时间长了，王敦家的酒壶没有一个是完好无损的，都让王敦敲得坑坑洼洼。

你说王敦唱谁的诗不好，偏要唱曹操的诗。曹操是什么人物？挟天子以令诸侯，其子废汉帝而自立。以王敦此时此刻的地位，唱这首歌，晋元帝岂能不疑心？

晋元帝了解到此事之后，便重用尚书令刁协、侍中刘隗，以抑制、削弱王氏的权势。又将王导升职为司空，前文几次提过，司空是很有地位的职位，但是一个虚职，是专门用来削弱权臣实权的。王导这个人性格淡泊，不重权力，所以并不怎么在意。王敦性格则与从弟王导相反，对名利权位看得很重，王导失势，意味着王氏宗族被削弱，他当然不能坐视不管，于是上书为王导鸣冤叫屈。虽是鸣冤，但言辞之间多有威胁的味道。晋元帝见了有些担心，便招来刁协、刘隗和谯王司马承问计。

司马承道:"王敦这个人拥兵自重,必有异心。得早点除去他,不然将终成大祸!"

晋元帝也很有同感:"此人不除,朕连觉都睡不好!"接着,又传来梁州刺史周访病亡的消息。周访是王敦最怕的人,元帝听说周访死了,更加担心王敦了。

湘州刺史甘卓被调为梁州刺史接替周访,湘州刺史的位子就空下了。晋元帝正在想派谁去上任,王敦又掺和进来了,一定要让他的心腹沈充为湘州刺史。晋元帝一想,王敦是江州牧,又兼任着荆州刺史,湘州再让王敦的心腹抓在手中,东晋总共只有八个州,梁州、交州和广州是地广人稀、偏远穷壤之地,战略位置也不重要,剩下五个州,王敦伸手就要三个。特别是湘州,处在建康的上游地段,又控制着荆、交、广三州来京的要道,本身也山川险固,易守难攻。这样的地方,王敦抢着要,是什么居心?

于是,晋元帝司马睿便让叔父司马承去做湘州刺史。司马承说:"我去可以,但不能让我和王敦打仗。因为湘州刚经过大乱,百业萧条,人民稀少,农耕不举。等我在湘州恢复三年以后,您才能动兵。"

晋元帝满口答应,又按照刘隗的计策,以尚书仆射戴渊为征西将军,都督司、兖、豫、并、雍、冀六州诸军事,镇守合肥;以刘隗为镇北将军,都督青、徐、幽、平四州诸军事,镇守淮阴。名义是备军北征,实际上是为防王敦准备军队。

司马承去湘州上任,路过武昌,王敦请他吃饭,席间说道:"就凭你,能治理得了湘州吗?"

司马承微微一笑:"铅刀虽钝,岂无一割之用?"意思是说铅刀虽然只能割一下,然后就变钝不能用了,但就是这一下也足够了。这是一句自谦的话,出自东汉名将班超之口。司马承引用班超的话,语气虽然谦卑,但其实充满傲气。

王敦听罢大笑,把司马承送到船上,回去和钱凤道:"谯王不知道害怕,偏要学班超的豪言壮语,可见是个志大才空之人。"于是听凭司马承赴任,并不阻拦。

不久,祖逖病亡,晋元帝以其弟祖约为平西将军、豫州刺史,继续率领军队进行北伐事业。王敦知道这件事后很是高兴，对钱凤道："在晋朝中，我所忌惮的人，南有周访，北有祖逖。现在两个人都病死了，我还有什么好怕的。"于是，以刘隗和刁协为奸臣，自己要清君侧的理由发兵，水陆并进，进攻建康。这一年为永昌元年（322）。

晋元帝也不甘示弱，当即下诏道：朕当亲统六军以诛大逆，有杀王敦者，封五千户侯！

接着，晋元帝当即派人召戴渊和刘隗回来统兵。刘隗回到京城后，马上劝晋元帝杀掉王导以及所有在京的琅琊王氏。晋元帝对王导还是有感情的，毕竟王导不像他的从兄王敦那样张狂，对晋元帝也十分恭敬。再加上王导确实为晋元帝立足江东立下大功，晋元帝不忍杀他，犹豫不决。

这时，有人已经把刘隗劝晋元帝杀尽京中琅琊王氏的消息告诉了王导，王导一听吓得冷汗直出。他立刻把堂弟王邃、王廙、王侃、王舒、王彬等在朝任职的宗族二十余人都聚到一块儿，一大早就来到宫外一齐跪下待罪。正巧，尚书左仆射周顗入朝，王导朝他悲哀地喊道："伯仁啊，我以宗族百口托付给您，希望您能救我们的性命啊！"

周顗装作没有听见，看也不看王导，径直走入宫中，见了晋元帝道："王导是个忠臣，为了您的江山社稷尽心竭力，帮您立下大业。您要是杀了他，对不住往日王导对晋国之恩啊！况且，如果王导与王敦暗中有勾结的话，他怎么能留在京城中等着您来杀他呢？请皇上三思！"晋元帝一想也对，对周顗的话深有感悟，很是信服，遂留周顗一块儿吃午饭，席间当然少不了喝酒，周顗直喝得大醉才走出宫来。

王导见了周顗，跟在后面大喊周顗："伯仁，伯仁！"但周顗只管醉醺醺地向前走，理都不理王导。王导因此认为周顗也是建议杀己的大臣之一，遂对周顗有了怨恨。

这日下午，晋元帝下诏命赦免王导等在京的所有琅琊王氏，并召王导入朝。王导上殿哭着叩头道："要说逆臣贼子，哪一代都有，可是今日却不幸出在我们这一族！真是惭愧啊。"晋元帝好言安慰，并以王导为前锋大都督，统率京中诸军，又命刘隗驻守金城（今江苏省句容市北），征虏将军周札驻守石头城（今江苏省南京市西面的清凉山，为南京重要门户）。

王敦带兵来到石头城，周札原是齐王司马冏手下的参军，后来投了东晋，对东晋皇帝谈不上什么忠心，所以见王敦兵临城下，二话不说，立刻开城门投降。晋元帝听说石头城已降，急忙命刘隗、戴渊反攻石头城。刘隗和戴渊连战连败，只好退兵。王敦带兵追赶，王导、刁协、虞潭等分别带兵救援，都让王敦打得大败。太子司马绍着急了，召集东宫的禁军要出城与王敦决战。中庶子温峤拉着太子胯下的马头，哭着不让他出兵，太子不听，温峤干脆抽剑把马缰砍断，太子只好罢兵。

眼看王敦已经攻进城来，刁协、刘隗向晋元帝请罪。晋元帝和两个人大哭一阵，然后道："不要担心我，王敦不敢把我怎么样。可他说要清君侧，要杀你们两个，你们还不快跑？"两个人这才哭着离开，带领家属出城逃走了。刁协逃到江乘（今江苏省南京市栖霞区），为手下杀害，拿着首级到王敦那里报功。刘隗则带领家属和随从数百人逃到后赵。

为什么晋元帝司马睿的王师在王敦面前会这么快败亡呢？

直接原因是司马睿的改革。司马睿在刁协、刘隗二人的策划下，进行了一系列限制大族势力、加强皇权的"刻碎之政"。在太兴元年（318）一年时间内，司马睿两次下诏整饬吏治。第一次在三月，诏书一面对清静为政加以肯定，一面又表示要惩办不法官吏。第二次下诏在七月，司马睿的语气十分严厉，除命令各级官吏"祗奉旧宪，正身明法，抑齐豪强，存恤孤独，隐实户口，劝课农桑"外，还要求"州牧刺史当互相检察，不得顾私亏公。长吏有志在奉公而不见进用者，有贪婪秽浊而以财势自安者，若有不举，当受故纵蔽善之罪；有而不知，当受暗塞之责"。他还亲自下令处决了桂阳太守程甫、徐州刺史蔡豹等几个违制的官吏，其中程甫是王敦的亲信。

由于东晋的绝大部分军队都掌握在各地的军政首领和当地豪强手中，司马睿迫切地需要扩充能为自己所用的军队。他下诏免除豪强手中奴与客的卑贱身份，使他们成为平民，为自己筹得兵源，削弱了士族地主私占人口的权力。

许多门阀士族公开反对司马睿的做法，王导和王敦也对他们表示支持。而晋元帝则拿这批根基很深的人没有办法，也没有一个有效的办法来除掉这些盘根错节、势力深厚的上层士族。

再加之，司马睿的这些措施使许多大族蒙受损失，引起他们的普遍怨愤,因而一大批居于高层的官吏倒向了琅琊王氏家族。以至于在王敦反叛时,所有有势力的士族都静观其变,袖手旁观,晋元帝只能依靠自己刚刚建立不久的新军以及新提拔起来的一批年轻军官来和久经沙场的王敦作战。而王敦手下的大将都是在战事中历练出来的,他手下的兵也是打了无数仗的老兵,对付晋元帝当然是小菜一碟。

王敦杀入京城,并不上朝去见晋元帝,而是放纵士卒劫掠财物。商人富户全都跑得精光,老百姓也关门闭户,不敢上街。晋元帝一看乱成这个样子,自己当皇帝的不能没个表态,只好硬着头皮去跟王敦说:"刁协也死了,刘隗也逃了,你要清除的两个奸臣都不在了,你的愿望也实现了。你要是对我朝还忠心的话,那就罢兵回去,咱们井水不犯河水。你要是觉得还不够,我还回我的琅琊去,把皇位让给你。"

王敦当然不肯休兵,钱凤劝他道:"司马睿在内宫还有禁军两万人,你要是把他逼急了,亲率禁军来与你死战,你是打还是不打呢?不如暂且退兵,反正现在朝廷已经在你的掌握之中了。"

王敦这才退兵回到石头城。晋元帝按照王敦的意思颁诏大赦天下,以示庆祝。然后,封王敦为丞相、都督中外诸军事、录尚书事,封武昌郡公,以前那些有实权的官位当然照样当着,又命文武百官去石头城拜见王敦。

王导也在百官之内,见了王敦劝道:"你不要做得太过分了,差不多就行了。"

王敦大笑道:"贤弟为何这般胆小?刁协和刘隗虽然不在了,可他们的同党还在朝堂,我还要一块儿除去呢,怎能罢休。况且,司马睿这个皇上还不是咱们兄弟推上去的,就算我不把他弄下来,朝中的事也得我说了算!"

王导道:"只要朝廷不再猜忌你我就够了,何必要得到那么多。"

王敦暗笑王导迂阔,并不理他。皇上不好废掉,先废个太子立立威也不错,于是便问百官道:"皇太子有何德望?"

温峤挺身而答:"皇太子以孝闻于天下。"

王敦呵斥道:"古人言'事父母几谏',皇上有过错,太子却不谏阻,算什么孝子?"

温峤再答:"钩深致远,非浅见所能窥。据我看来,太子实在是太贤孝了。就是你来到这里,也没听有人说过东宫不好的话吧。你凭什么说他没有谏阻过皇上呢?"百官也一起附和,都称赞太子是个孝德之人,反倒把王敦弄得无话可说,只好把废太子的事放在一边。

但王敦还不服气,又问戴渊道:"前日咱们打了几仗,你现在还有力气打吗?"

戴渊叹道:"哪能有余力啊,我的力气根本不能和你比!"

王敦又问:"我这次举兵,你认为天下会怎么看我?"

戴渊道:"看见表面的人要说您是逆臣,但体会您内心的都会说您是忠臣。"

这个马屁拍得非常精彩,王敦得意大笑:"你可真会说话。"

接着,王敦又走到周𫖮面前,指着他道:"伯仁啊,你有负于我!"

周𫖮冷笑道:"是啊,你带兵来打皇上,我虽率六军保护皇上却不能胜任,使正义之师失败,让你背上欺君的名声,所以有负于你!"

王敦正在兴头上,却被周𫖮讥讽一番,当时又想不出什么精彩的话来对付周𫖮,只好愤愤而去。

王敦回到府中把刚才发生的事跟钱凤一说,钱凤道:"周𫖮和戴渊这两个人都不是善茬子,不如早点除去。"

王敦又向王导问主意:"周𫖮和戴渊,分别著称于北方和南方,应当升任三公之位是无疑的了。"

王导不置可否。

王敦又说:"如果不用为三公,只让他们担任令或仆射的职位如何?"

王导仍不回答。

王敦再说:"这两个人既然连小官吏都不能胜任,那我就杀了他们吧!"

王导还是默不作声。

王敦遂派遣部将邓岳拘捕周𫖮和戴渊,把两个人杀了。戴渊虽然拍了马屁,但仍然没有能够免灾。而周𫖮则至死一直保持了他的硬气,在去刑场路经供奉晋朝历代君王牌位的太庙时,大声喊道:"贼臣王敦,倾覆社稷,枉杀忠臣。神祇若有灵,当速杀之!"刽子手用戟戳他的嘴,血一直流到脚上,周𫖮仍喊叫不止,路上行人见了无不流泪。

后来,王导去中书省办事,偶然见到周𫖮为自己求情的记录,这才知道周顗那日劝谏晋元帝之事。王导拿着这封记录，痛哭流涕，悲不自胜，回来之后对他的儿子们说："我虽不杀伯仁，伯仁却因我而死。幽冥之中，负此良友！"

晋元帝派王敦的堂弟、侍中王彬犒劳王敦。王彬先去凭吊了周顗，然后才去见王敦。王敦见他好像刚刚哭过，觉得奇怪，便问他是怎么回事。王彬据实说："我刚才去哭吊了周顗。"

王敦不高兴道："周伯仁是自己找死，再说了，他把你当作一般人看待，也没对你有多好，你为什么哭成这个样子？"

王彬道："伯仁虽然对我一般，但他并不结党营私，却在大赦天下后遭受极刑，我因此伤痛惋惜。"说完这句话后，他突然大声斥责王敦道："兄长，你违抗君命，有违顺德，杀戮忠良，图谋不轨，灾祸将要降临到咱们王家了！"言辞慷慨，声泪俱下。

王敦厉声道："你疯了吗？你以为我不敢杀你吗？"王导正好在座，急忙劝王彬跪拜谢罪。王彬说："我脚疼，不能跪拜，再说了，这又有什么可谢罪的！"

王敦道："脚疼和脖子疼比起来哪个更疼？"接着，抽出佩剑就要去杀王彬。

王彬这回脚也不疼了，跑得飞快，一边跑还一边喊："你从前杀害王澄兄，现在又要杀弟弟了吗？"王澄就是那个自大无能、逼反杜弢的原荆州刺史。

王敦在后面紧追，王彬在前面紧跑，院中卫兵见是兄弟两个闹矛盾，既不敢劝王敦，也不敢拦王彬。正在这个时候，王敦的亲哥哥王含走了进来，满面灰尘，衣冠不整，十分狼狈。王含本来驻兵镇守王敦的老家武昌，突然出现在这里，王敦知道一定是武昌出事了，当下也不再追王彬，果然，只听王含大哭道："武昌已被甘卓夺去了！"

平叛

原来王敦举兵之后，湘州刺史、谯王司马承便要起兵去攻王敦，手下谋士虞悝道："湘州这个地方要兵没兵，要粮没粮，要讨王敦的大军根本不可能。不如先固城自守，然后找个厉害的人物去攻王敦。周访和祖逖都死了，能打得过王敦的现在只有甘卓和陶侃了。"

司马承于是以虞悝为长史，虞悝的弟弟虞望为司马，总领湘中诸军。然后，请零陵太守尹奉、建昌太守王循、衡阳太守刘翼、舂陵令易雄等一同举兵；又请主簿邓骞赶往襄阳，去请甘卓发兵；又修一封书信，派人去请陶侃。

这时，王敦也派南蛮校尉魏乂带兵两万来攻湘州。

甘卓接了司马承的信，犹豫不定。邓骞再三请求，甘卓仍拿不定主意是攻王敦还是按兵不动。

参军李梁道："我看将军还是该按兵不动，坐待事态发展。如果王敦成功，您还是梁州刺史，没什么损失；如果王敦失败，朝中无有良将，朝廷也会重用您。既然有不战而胜之谋，何必去打那场生死存亡之战呢？"

邓骞听罢仰天长笑，笑得几乎喘不过气来。李梁生气地问道："我出的计策可笑吗？"

邓骞收住笑声道："的确很可笑。甘将军现在这个地方，并非险要之地。如果王敦攻克刘隗后，回师武昌，然后切断荆、湘二州粮道，转攻梁州，将军将何去何从？我还从来没听说过，天下大势掌握在别人的手中，还大言不惭地说自己处于不战而胜地位的。何况作为人臣，国家有难，坐视不救，这说得过去吗？"说罢又对甘卓道："将军要么就跟王敦一块反叛，要么就帮朝廷平叛。您现在这个样子，当断不断，祸事已经不远了！我知道您之所以犹豫不决，不过就是因为您怕打不过王敦，反遭其害。我和您说，现在王含留守武昌的兵力不过五千，而您有数万兵马，再加上您的军事能力，还打不过王含吗？如果王敦要救援，他必须逆江而上，速度肯定不快。那时候您已经攻下武昌了，武昌一旦平定，您就掌握了王敦的大后方，控制了王敦的粮草接济，您再利用勤王的名义招纳反叛的士卒，使他们离开王敦。王敦的军心必散，一定会不战而自溃。"

甘卓听得眉开眼笑，拉住邓骞的手道："先生说得好啊！"便点了精兵两万，直取武昌。兵到武昌城外，甘卓不说攻城，反说是助战，王含信以为真，派人出城犒军。城门刚一打开，甘卓之兵立刻杀入城中，夺了武昌。王含这才知道上当了，赶紧乘船逃跑。

王敦见大本营丢了，干脆一不做二不休，就要发兵杀入宫城，打算以建康为根据地,挟天子以令诸侯。钱凤阻拦道:"皇宫城墙坚固,一时难以攻下,如果甘卓率兵又到,咱们便是腹背受敌。不如派人去安抚甘卓,把情况说明,就说仗已经打完了,您已经占了建康,让甘卓回去,甘卓不敢不听。"

这时,又有情报送来,说广州刺史陶侃也已举兵,以参军高宝为前锋,率兵二万北上勤王。王敦急忙按照钱凤的主意去与甘卓说。甘卓听说周顗和戴渊被害,大哭一场,因为王敦已经占了建康,自己若继续前进,王敦必以建康为根据地,以皇帝司马睿为筹码与自己对决,形势对自己比较不利,所以退兵。王敦这才得以回兵武昌。高宝见甘卓和王敦都退了兵,一想也没自己什么事了,于是也将兵马撤回广州。

王敦回到武昌,一想甘卓在自己上游,很容易就能出兵到达武昌。而如果自己再去攻打建康,要回师相救,必须逆流而上,时间上赶不及。只有除去甘卓,才能解决后顾之忧。于是,暗中派人收买了襄阳太守周虑,让他暗杀甘卓。周虑知道甘卓喜欢吃鱼,就找个机会对甘卓说他发现有个地方鱼多。甘卓便派身边的侍卫去捕鱼。周虑遂带人乘虚杀入甘卓府中,把甘卓杀死。

杀掉甘卓后,王敦遂以周抚(周访的儿子)为梁州都督,又命部将李恒出军,帮助魏乂继续攻打湘州。司马承已经连战连败,虞望战败被杀,司马承困守长沙百余日。魏乂在城下劝降,司马承大骂:"我贵为宗王,为天子守城,宁可战死,安肯降贼?"

魏乂和李恒联兵攻城,数日后城陷,司马承拔剑自刎而死。虞悝率余兵突围,但敌兵太多,无法出城,最后全部战死。

王敦从此把持了东晋朝政,越发骄慢专横,凡是给皇上的贡物他都要分出一大半给自己留下,各地官吏的人选都要他说了才能算,基本上把朝中百官都清洗了一遍,换上他自己的亲信,被他罢官贬官的人数以百计。而晋元帝毫无主权,名为天子,也就只能在宫里做主,天下之事皆由王敦说了算。

此时,祖逖的弟弟平西将军祖约,因为才能不济,与后赵石勒交战,屡战屡败,一直退守到淮河、汉水以南,丢失了大片土地。而晋元帝也因大志未图,反受权臣辖制而忧愤成疾,一病不起,于永昌元年(322)十一月病亡,时年四十七岁。太子司马绍继皇帝位,是为晋明帝,次年三月戊寅,改元太宁。

晋元帝病亡不久,王敦便问钱凤,自己想当皇帝,现在是不是时机。钱凤道："江东基业本是你们王家所创，天下人都知道'王与马，共天下'，现在元帝驾崩，就应当禅位于您。现在，长江上下都是您的地盘，再无后顾之忧，现在正是好时机啊。"

王敦听了很高兴，先把自己的将军府移到姑孰城（今安徽省马鞍山市当涂县），这样就离京城相当近了。

钱凤又出主意道："温峤很有谋略，是司马绍的左膀右臂，你得先除掉他。"王敦便要求晋明帝任命温峤为左司马，派到自己身边任职。司马绍没有办法，只得让温峤前去。

温峤到了王敦那里，装得十分勤勉，对王敦很是恭敬，治理王敦府事井井有条，所出的主意也很合王敦的心思，竟然得到王敦的信任。温峤又主动和钱凤交好，常常对人说："钱凤是个充满干劲、富有朝气的能干之人。"温峤素来有知人的名声，所以钱凤听了很是高兴，渐渐也和温峤交上了朋友。王敦问起自己要入京的事情，温峤也主动说："您快去吧，京城里的百官都盼着您去呢，其实现在天下就是您王家的天下，您还有什么不好意思的呢？"这话把王敦说得心花怒放。

正好丹阳（今江苏省丹阳市）尹的职位空缺，温峤对王敦说："丹阳尹守备京城，这种咽喉要职您应当自己遴选人才充任，恐怕朝廷任用的人不会尽心治理。"

王敦便问温峤说："谁能够胜任？"

温峤说："我认为没有谁能比得上钱凤。"

钱凤也推举温峤，温峤佯装推辞，说跟在王敦身边就挺好。两个人推来推去，王敦最后还是决定让温峤去，还对二人道："你们两个都是我的心腹。钱凤可以做我的军师，为我谋划；温峤则去丹阳，为我打探朝廷的情报。将来我的帝业就靠你们两个了！"

温峤担心自己走后钱凤明白过来，借在送行宴上佯装醉酒，打落钱凤的头巾，并且变脸道："钱凤啊，你算什么东西？我敬你的酒，你也敢不喝？"钱凤很不高兴，和温峤争执起来，王敦还做了和事佬，把两个人劝解开来。

温峤临行前和王敦道别，借着酒劲哭得和泪人一般，走了不远又回来道别，走了不多远再回来道别，一共折腾了三次才离开。温峤走后，钱凤回到家中，突然醒悟过来，急忙跑到王敦的府上说："不好，咱们受骗了。您快快派人去把温峤给追回来，不能让他走。"

王敦不解，问为什么。钱凤说温峤与朝廷关系甚密，又是皇帝心腹，不能信任。结果，王敦来了一句："唉，你真是小心眼啊。温峤昨天喝醉酒了，不过对你稍微有点儿失敬，看把你气成这样，竟然还要诋毁他！"钱凤听得目瞪口呆，哑口无言，只好任凭温峤回去。

温峤一回到京中，立即将王敦要当皇帝的事告诉晋明帝，又提供王敦方面的许多情报。晋明帝遂以王导为大都督，温峤与右将军卞敦增守石头城；光禄勋应詹为前锋都督，驻守朱雀桥南；尚书令郗鉴为行卫将军，护卫御驾；又征召临淮太守苏峻、北中郎将刘遐、豫州刺史祖约、广陵太守陶瞻等率军入卫京师，严阵以待，防备王敦来犯。

消息传入姑孰，把王敦气得够呛，咬着牙大骂温峤道："京中这么一弄，我再攻建康便难了。都是温峤这小子欺骗我，我一定要活捉他，拔下他的舌头。"骂罢，他突然心跳气短，晕倒在地，身边人急忙抢救，总算醒来，但一病不起，难以治事。

钱凤来探望王敦的时候估计他活不长了，便问王敦道："您要有个三长两短，王应继承您的位置如何？"

王应是王敦亲哥哥王含的次子，因为王敦没儿子，所以将王应过继过来。王敦道："王应并不能胜任大事。现在只有三计可行：上计，解散军队，向朝廷投降，保全我王家门户；中计，退守武昌，按期向朝廷贡献，与朝廷交好；下计，趁我还活着，率兵顺流而下，要是运气好的话，说不定能成功。"

钱凤道："您的下计才是上计啊！"遂回去准备发兵攻打建康。

晋明帝这边也在商量着起兵去攻打王敦。王导道："王敦掌兵权已经很久了，在军中非常有威信，将士大多畏惧和信服此人。如果明着告诉大家说去征讨王敦，恐怕很多将士军心不振，不愿向前，非但不容易取胜，反而容易失败。我有一计，必破王敦。"

晋明帝忙问何计。

王导道："王敦既然重病缠身，皇上可先下个诏书，将王敦骂得狗血喷头。王敦这个人性子急，爱生气，加上重病在身，见了这封骂诏，就是不被气死,也会被气得离死不远了。我随后便率京中所有琅琊王姓宗族子弟给他开追悼会,说王敦见了诏书,已经气死了。您再下一诏书,只说是讨伐钱凤,绝口不提王敦。如此一来,京中将士一定坚信王敦已死,必奋勇向前。"

晋明帝于是先下一诏,大骂王敦。王敦见诏,果然又气晕过去,醒来时连床也下不得了,但仍挣扎着要起兵,起兵前命记室参军郭璞为他算一下此次出军的吉凶。

郭璞道:"不用算了,肯定打败仗。"

王敦又让郭璞算他的寿命,郭璞又道:"这个也不必算。您要是起兵反叛,活不了多长时间;要是回武昌去,倒是能活个大年纪。"

王敦大怒,问郭璞道:"你算算你能活多长时间?"

郭璞很镇定地回答道:"就是今日。"

王敦遂命人将郭璞斩首。然后以王含为元帅,钱凤为军师,邓岳、周抚为大将,以诛温峤为名,率兵十万,数路并进,进犯京师。

大军临行之前,钱凤按捺不住兴奋的心情,问王敦:"等到事成之日,咱们应当如何处置司马绍?"

王敦冷冷看了他一眼道:"现在说这个事太早了,但尽你的力量而为之吧。"

王含和钱凤率军来到建康,先和守在朱雀桥的应詹打了一仗。应詹被包围,眼看就要被歼灭,温峤率三千骑兵杀入乱军中,救出应詹,撤至秦淮河北岸,烧断朱雀桥。王含大军不得渡河,只好在南岸扎营。

不久,晋明帝亲自带禁军来战,见桥已被温峤烧断,便责怪温峤。温峤道:"敌众我寡,各处援兵都尚未赶到。对方人多势众,且为精兵,如果过河,恐怕咱们支持不住。江山社稷为重,您又何必只爱一桥呢?"

禁军首领郗鉴也道:"对方的确兵力很强,战场上决胜负于一朝,定成败于呼吸,当以谋取胜,决不能意气用事。"

晋明帝这才决定此时不过河而战,但又与温峤、郗鉴商议,趁王含兵马刚到、立足未稳,趁夜渡河偷营劫寨。

当夜,温峤、段秀、曹浑、郗鉴、陈嵩和钟寅六路人马,各领一千兵丁夜袭王含中军。王含的前锋大将何康被杀,中军大败,损失惨重,左右军的周抚和邓岳来救时,温峤、郗鉴等早已退回北岸。

王敦身体本就不好，听说前军被袭，心里一急，晕死过去。好不容易醒来后，他吩咐道："我死以后，要让王应立刻即位，然后立朝廷百官，最后再营葬。"言罢气绝，时年五十九岁。

王应担心王敦的死讯使军心不稳，秘不发丧，用草席裹了王敦尸首，外涂白蜡，埋在议事厅地下，又命沈充从吴郡起兵，策应王含。

沈充带两万精兵杀到建康，与王含合兵一处。沈充手下司马献计道："现在，天子已经扼住咽喉要地，王含受挫不能前进，相持日久。将军只需要开掘河塘，用湖水倒灌京城，然后乘着水势，攻入城中，便可成大事，此是上策；如果与王含两军一齐合击，十路并进，我们的部队要比对方多很多，也一定能胜，这是中策也；以议事的名义请钱凤前来，然后杀钱凤降朝廷，为朝廷立下一功，也可以，这是下策也。"

沈充说："我军勇猛，何必要这么多计策，我都不用，直接打就行了。"遂率兵乘竹筏渡过秦淮河，直攻过去。应詹大败，回到城中。沈充乘胜追到宣阳门外，正要攻城的时候，临淮太守苏峻率兵赶到了，和沈充杀在一处。应詹也从城里冲出，来战沈充。沈充没想到会有援兵，登时大败，因是背水一战，回逃时争相上竹筏，两千士兵被淹死。逃到青溪，沈充点检人马，已不到万人。这时，北中郎将刘遐也率兵来援，正好和沈充碰上，沈充再战再败，最后只带了一百多人逃脱。

再说浔阳太守周光，周抚的弟弟、周访的二儿子率两千人前来相助王敦。周光到了姑孰求见王敦。王应推托说王敦有病，不能见客。周光一定要见，王应一定不让见。相持了半天，周光怀疑："我大老远跑来，王敦竟然连个面都不见，这不是王敦平时的作风啊，他一定是死了。"然后来到哥哥周抚的军中（周抚当时为王敦部下），当众对周抚说："王敦已经死掉了，大哥你还跟着钱凤、王含做什么？和他们混没有前途的。"

大家一听王敦死了，都愣住了，接着解盔卸甲扔兵器，一哄而散。逃亡之风很快蔓延到左军全营，又从左军蔓延到中军，再到右军。王含和钱凤一看，心想：人都跑得差不多了，我们也跑吧。遂烧了营帐，连夜逃遁。

明帝见对面大军一片混乱，派人去打听。回报说，那边已经没人了，所有人跑得精光。

明帝大喜，命诸将追剿王敦余党。

王含和王应先投奔荆州刺史王舒。王舒好吃好喝好招待，等二人喝醉睡着之后，便把两个人给弄死了，然后上报朝廷。钱凤逃到阖庐洲（位于今江苏省南京市北大江中）投奔周光，周光杀了钱凤，把钱凤的首级送到京城。周抚和邓岳也逃到周光那里，周光捉住邓岳却要放走哥哥周抚。周抚救出邓岳一同逃入西阳（今湖北省黄冈市东）土著中隐居起来，直到第二年，明帝颁诏大赦后才出来自首。明帝还不错，给了两个人官做。沈充逃往吴兴（今浙江省湖州市吴兴区），投奔故将吴儒，也被杀死，首级送到建康。至此，王敦之乱平定。

小人庾亮

晋明帝论功行赏：以王导为太保、领司徒，加殊礼，封始兴郡公；温峤为前将军，封建宁县公；苏峻为历阳内史、冠军将军，封邵陵县公；郗鉴为车骑将军，都督徐、青、兖三州诸军事，又任兖州刺史，出镇广陵，封高平县侯；其余相关人等也各有封拜。此外，还追赠已故司马承、甘卓、戴渊、周顗、郭璞等官爵，各赐谥号。同时，改授荆、江诸州，以分上流之势：以温峤为江州刺史；陶侃为征西大将军，荆州刺史，都督荆、湘、雍、梁四州诸军事；以王舒为会稽内史。为充实自己实力，晋明帝又调换朝廷百官，总算把朝廷安定下来。

王敦叛乱才平定一年，一切刚刚走向正轨之时，太宁三年（325）闰八月戊子日，晋明帝突然暴病身亡，在位仅三年，年仅二十七岁。

太子司马衍即位，是为晋成帝，改元咸和。当时，成帝年仅五岁，他的母亲庾太后临朝听政。庾太后没有任何政治才能，便重用她的哥哥——中书令庾亮。

庾亮是个小人，手握重权之后的第一件事就是报复当年不"尊重"自己的人，而第一个人则是司马宗。

晋明帝患病的时候，左卫将军、南顿王司马宗执掌宫中禁军，在宫内当值。有一次，庾亮有事要进宫面奏晋明帝，向司马宗索要进宫的钥匙，司马宗道："皇宫又不是你家，是你随便出入的地方吗？"庾亮觉得受到了羞辱，掌权后便将司马宗贬为骠骑将军。

司马宗当初说的话的确让人下不来台，但庾亮因此就因私废公把司马宗降职，也实属心胸狭隘了。司马宗这个人其实和庾亮半斤八两，他认为自己受了委屈，竟然和亲信卞阐谋划，准备废掉庾亮。虽然庾亮无才无德，但毕竟是国家重臣，岂能因个人恩怨说废就废。司马宗和庾亮其实是一个脾性，都把国家大事当作个人恩怨的筹码。庾亮得知此事，做得更绝，直接把司马宗杀了，并将他这一支宗姓贬为"马"姓，司马宗的几个儿子全被废为平民。卞阐则逃到了历阳苏峻那里，庾亮便以朝廷的名义命令苏峻交出卞阐。

因为司马宗一直执掌宫中禁军，经常待在宫内，所以晋成帝和他很熟。司马宗有时还陪着晋成帝玩，晋成帝对他很有好感。有一次，晋成帝问庾亮："平日我经常见到的那个白头公去哪儿了？"

庾亮随口答道："他谋反，已被杀了。"

晋成帝听了伤心道："舅舅说人家谋反，便杀了人家，如果有人说舅舅谋反，又该如何？"

庾亮听了脸色一变，也不好再说什么，怏怏而去。

这时，苏峻那边传来消息，说卞阐没来自己这里，所以不能交人。

庾亮知道苏峻是不愿意交出卞阐，又一次觉得很没面子，于是便以"苏峻拥兵自重，藏匿叛党"为名，要征苏峻入朝，然后除去苏峻的兵权。

王导劝他道："苏峻对朝廷有大功，很有威望，又有数万精兵，武器也很先进。况且，这个人猜疑心重，为人险毒。你要是征他入朝，他一定不肯奉诏而来，到时候你该怎么办？是打还是不打？不打失去朝廷威信，打了又逼他造反，岂不是两难？"

庾亮不以为然："苏峻狼子野心，终将反叛。就像当年汉景帝削藩，其实不削藩七国迟早也要造反。现在除他兵权，就算是把他逼反了，造成的祸患也不大。等他将来羽翼丰满了，说不定朝廷也没能力再制服他了！"

尚书令卞壸劝道："苏峻屯兵之处距离京城不到一天的路程，如果苏峻造反，京城一定很危险，您还是好好考虑一下。"苏峻屯兵于历阳（今安徽省和县），距离建康只有一百多里，步兵早上出发，晚上也就到了。

庾亮不听，仍然下诏征苏峻入朝，升苏峻为大司农，加散骑常，也就是给苏峻朝中官职，解去他的兵权。

卞壶知道庾亮过于自信，京城兵力根本不是苏峻的对手，急忙派人去武昌找温峤想办法，温峤也写信劝庾亮，庾亮根本听不进去。温峤见庾亮这么固执，便说："这么办吧，我把我的将军府从武昌移到寻阳（今湖北省黄梅县），然后率重兵进入京城，这样保险一点儿。"庾亮大言道："我担心的是西边的陶侃，历阳的苏峻又算得了什么？你不要带兵越过雷池（成语'不敢越雷池一步'正是由这典故而来）。"雷池是一个大湖，主体位于望江县雷池乡，在望江县城东南十公里处，紧靠长江北岸，面积一百平方公里，因古雷水自湖北省黄梅县界东流至此，积而成池，故名雷池，亦名大雷池。雷池以西是温峤的防地，所以庾亮才有此话。温峤听了，只得按兵不进。

苏峻得了诏命，果然并不入京，写信给庾亮道："你要是让我打仗，指哪儿打哪儿，我绝对听从你的命令；你让我入朝当文官，我没这个本事，不能胜任。"庾亮不理他，再催苏峻入朝，苏峻遂又上书道："当初可是明皇帝拉着我的手，请我带兵北伐的。现在中原还没有收复，我哪儿敢回去清闲养老呢？这么办吧，你在偏远的青州界内，随便找一个荒芜凋敝的地方，让我去镇守，发挥一下我的余热可以不？"

庾亮仍然不同意，并整修京城的军事防务，以郭默为后将军，领屯骑校尉，以其弟庾冰为吴国内史，在全城进行军事总动员。然后，再催逼苏峻入朝。

苏峻被逼得实在没有办法，打算遵命去京城。手下参军任让、阜陵（今安徽省全椒县）令匡术和大将韩晃、张健、匡孝、管商、弘徽等都劝阻道："将军已经深深地得罪了庾亮，现在就是请求调个最穷的地方镇守，庾亮都不允许。你想想庾亮恨你恨到什么地步？你现在入朝，恐怕生命都有危险，不如拥兵自守，尚可以保命！"苏峻一听，又不走了。

这时，庾亮又派人前来催促，并且在信中道："你一再拖延不来京城，难道想谋反吗？"

苏峻早就憋着一口气了，听了此话，再也忍不住了，骂道："好，你都说我谋反了，我到朝中还能有活路？以往国家危险的时候，多亏我出了大力气，才换来今天国家的安定，现在兔死狗烹，卸磨杀驴，却要除掉我了。我就是死,临死前也要把你杀掉!"遂于历阳起兵,声讨庾亮。

豫州刺史祖约(祖逖的弟弟)也被庾亮穿过小鞋,得知苏峻造反,也起兵响应,派大哥的儿子祖涣、女婿许柳率两万兵前往支援。苏峻听说后,更坚定了反叛的决心,以韩晃、张健为前锋,杀向京城。

司马陶回向庾亮建议道:"您赶紧截断阜陵通道,守住长江渡口等险要的地方,使他不能袭击京城的后方。虽然苏峻兵精,但毕竟我们的军队比较多,据险而战,必可胜他。"

庾亮并没有听从,而是严阵以待。哪知道苏峻先占了姑孰,把那里的粮食等物资全部夺去,庾亮这才知道打仗并不是两军碰一块儿厮杀就行了,还要涉及各个险关把守、重要城市之间的互相支援,以及后勤供应等方面。直到这时,他才开始听从军事专家的意见,命令左将军司马流率兵去守慈湖(今安徽省马鞍山市慈湖乡),派其弟庾翼去守卫石头城。但已经晚了,司马流刚赶到慈湖,大营还没有扎好,大家正在做饭,韩晃突然杀到,司马流大败,在乱军中被杀。苏峻遂与祖涣、许柳等合兵一处,向京城而来。

司马陶回又向庾亮建议道:"石头城有重兵把守,地势险要,苏峻绝不敢从这个地方过,一定是绕到南边从小丹阳徒步而来,如果在那里设下伏兵,一定可胜。"

庾亮道:"小丹阳南道狭险难行,苏峻一定认为我设有埋伏,怎么敢从那个地方过来?"又不听从。其实,庾亮埋伏一支军队,就算是没等到苏峻来,又能给自己造成多大损失呢?战争不是游戏,成败往往在一念之间,只要有取胜的可能就都应当重视实行,庾亮随随便便就放弃了这个机会,只能说是禀性难移,失败也是必然了。

苏峻料定庾亮不会在险道设伏,便派人把船都开出来,大张旗鼓地向石头城进发,扬言要进攻石头城,其实每只船上只有船夫一人,鼓手一名。而他自己亲率大军,趁着夜色,摸黑从南道来到京城之下。

庾亮听说苏峻带兵来到京城,这才又一次后悔。

卞壸、郭默、赵胤带兵出城与苏峻交战,但并不是苏峻的对手,大败而回。苏峻遂率军进攻青溪栅(南京城青溪左岸沿河设有的类似篱笆的防御设施,相当于一道城墙,攻破青溪栅便可入城)。

卞壸拼命守在青溪栅，打到晚上苏峻也没有攻下，正好西风刮起，苏峻命人放火，结果风助火势，烧入卞壸军中，苏峻趁势攻入，卞壸被困，力竭而亡。苏峻劝卞壸的两个儿子卞眕和卞盱投降，二人道："父为忠臣，子为孝子，夫复何恨！"最后都力战而死。

苏峻率兵攻入云龙门，丹阳尹羊曼、黄门侍郎周导、庐江太守陶瞻全都战死。庾亮在宣阳门拒守，很快也被攻破，庾亮只好与庾翼、郭默、赵胤、孔坦等出城，向西到寻阳投奔温峤。

乱兵入城之后，到处抢劫，只要看到身穿军服的，一律杀而不受降。看到女子，便扒光衣服强奸，许多女子没有衣服，只能用茅草盖住身体，连草都找不到的，便挖土遮体。京城内，哀号之声，不绝于耳。

王导急忙命侍中褚翜抱了年幼的成帝登上太极前殿。王导、光禄大夫陆晔、荀崧、尚书张闿、右卫将军刘超、侍中钟雅和褚翜等人带着几名不愿逃走的禁军侍卫把小皇帝围在中间。不一会儿，乱兵杀入殿中，褚翜厉声呵斥道："让苏峻来觐见皇上，皇上岂是你们能轻侮的？"

这些乱兵见是皇帝在殿，纷纷退出。但对别的地方却不客气，在后宫大肆抢掠，抢来的东西全部送到蒋山（即钟山、紫金山）存起。

不久，一身戎装的苏峻得意扬扬地走入太极殿，意甚狂傲。成帝虽然只有七岁，却出奇地镇定，他问苏峻道："苏将军没经过朕的宣诏，就带兵入京？"

苏峻道："庾亮奸臣，赏罚不明，虐害百姓，擅杀大臣，我为国家而起兵。"

成帝道："现在庾亮已经逃亡了，并不在京中，你为什么不退兵？"

苏峻道："将士还没有得到封赏，所以不退！"

"你们想得到什么封赏，可以跟朕说。"

"司徒王导是有德的贤臣，可以仍然当他的官；祖约是个清官能吏，可以升为侍中、太尉、尚书令；我为骠骑将军、录尚书事；许柳为丹阳尹；祖涣为骁骑将军。"

成帝及王导等人，只得按照苏峻的主张加封各官。这时，苏峻手下大将张健也打败了吴国内史庾冰，庾冰化装逃往会稽。苏峻从此留守京城，把持朝政，并在朝中安插亲信，俨然成为一位挟天子的权臣。随后，他又下了全国通缉令，缉捕庾亮和庾冰。

庾亮逃到寻阳，抱着温峤号啕大哭。哭完之后，庾亮把庾太后的诏书拿出来，要和温峤一起回攻京城。两个人正在商议，又有消息从京中传来，太后为苏峻所迫，郁郁而亡。庾亮恨得咬牙切齿，要推温峤为盟主，东去讨伐。温峤推辞不受，推庾亮为盟主。两个人互相推辞不下，有谋士道："我们江州兵马不过万余人，要打苏峻并不容易，不如推举征西大将军陶侃为盟主。陶侃既能打仗，又有重兵，与他联兵，必成大事。"温峤和庾亮遂派督护王愆期去江陵请陶侃。

听说庾亮被苏峻打败，陶侃此时心中不免有几分高兴。原来，庾亮自辅政之后，到处给人穿小鞋，为自己立仇家。晋明帝临终时把陶侃也列为顾命大臣，结果让庾亮给私自删了，陶侃听说后气得大骂庾亮是小人。陶侃不禁在想，几乎所有的边镇大将皆恨此人，由这个人来做国家的第一辅政，岂不是给国家招祸吗？

所以，陶侃接了温峤的信，推说自己只是个守边疆的武将，管不着朝廷里边的事，拒绝发兵。温峤又写了一封言辞恳切的信，并晓以利害，劝陶侃以国家利益为重。陶侃看罢便有了起兵之心，但一想到庾亮就像吃了苍蝇一般恶心，因此犹豫不决。这时，温峤又派王愆期来劝，并告诉陶侃，他的儿子陶瞻在守云龙门时被苏峻的乱兵杀死。

陶侃登时老泪纵横。王愆期趁机激他道："苏峻是一只豺狼，如果让他控制了晋国，则天下虽广，也难有您的立足之地了。"

陶侃幡然醒悟，亲自率将士三万，登舟顺江东下，直到寻阳。

联兵平乱

温峤听说陶侃要来了，赶紧和庾亮商量第二天的欢迎仪式。这时，外边都传说庾亮逼反苏峻，危害朝廷，是国家罪人；又对不住陶侃，与陶侃有私仇。国恨私仇加在一块儿，陶侃统兵前来，完全有理由直接砍了庾亮。庾亮听了，不但不敢去码头接陶侃，反而要逃出寻阳。

温峤道："陶侃既然肯发兵来救，一定是把私仇扔到一边去了，绝不会找你报仇。你要是离开，反而会使你们的矛盾越来越深。放心吧，有我在，他不会把你怎样。"庾亮这才放弃跑路的想法，但一晚上翻来覆去，没有睡着。第二天早上醒来，他和温峤到了码头上，见陶侃从船上下来，便上前去行礼。

陶侃见了冷笑道："我可当不起您这一拜。"庾亮羞得满面通红，忙说自己以前错了，不该小心眼。

陶侃又狠狠道："你不是修葺石头城防备老子吗？怎么现在又要我发兵了？"

"那是防备苏峻，绝不是防您啊。"说到这里，庾亮都快哭了。

温峤为两个人劝解道："陶公心胸很开阔，不过是和庾相开个玩笑。庾相何必当真。"

经温峤劝解，气氛缓了下来，三个人来到城中，设坛盟誓，共推陶侃为盟主，领兵四万，顺江而下。

会稽内史王舒、吴兴太守虞潭等人，也在东南响应起兵；山东的兖州刺史郗鉴则率兵从北向南进击。陶侃见到三人派来的使者，便命郗鉴都督扬州八郡诸军事，王舒监督浙东诸军事，虞潭监督浙西诸军事。

苏峻听说三路人马向自己杀来，召开军事会议商量对策。参军贾宁道："其他几路人马都不足为虑，只有陶侃的西军很厉害。此外，王濬灭吴，王敦逼京，都是因为没有守住石头城，将军可以带着皇帝固守石头城。"

苏峻遂派张健出讨三路人马，派陆晔、匡术留守南京城，自己带着成帝和百官迁入石头城。

陶侃带兵来到石头城下，见苏峻已经把守住江岸的关键要害，防备十分严密，叹一声"好个苏峻"，便在江中的一处沙洲上立下水寨。

苏峻的军队在岸上，但见有陶军船舰靠近，则用火炬和弩箭攻击。陶侃的船只只能远远离开。

将士们都力请上岸一战，温峤道："我军擅长水战，而贼兵惯于步战，不可轻战，有上岸者死！"

庾亮见淮口并没有多少兵，认为自己打了许多败仗，这回该是打一个胜仗露露脸的时候了，便要率军上岸。督护王彰道："有军令'上岸者死'，您不要让陶将军为难啊。"

庾亮道："那是给众将士的命令，不是给我的命令。现在淮口也就一二百人，我率千人去攻击，一定能胜，岂能坐失战机？"

王彰道："淮口是要害之地，看上去是一二百人防守，但我想不会这么简单。您要当心有埋伏。"

庾亮嘲笑他："亏你还是一员战将，竟然如此胆怯？"

王彰听他这么说，也没什么话可讲了，只好随庾亮带了一千人乘船去攻淮口。岸上一百多人很快就被打散，庾亮带兵冲上岸来，直追了两里多地，杀得真叫痛快。庾亮仰天大笑："伏兵何在？"话刚说完，只听一阵梆子响，前面箭如飞蝗，登时有上百人被射倒。张曜率伏兵冲出。庾亮急忙带兵后撤，回去再检点人数，少了两百多人。他作为该事件的主要责任人，回来后便向陶侃投案自首。

陶侃大度，并没有追究，他此时正忙着和部将讨论是不是该在沙洲之外筑营垒。

部将李根建言："这个沙洲靠东南方向，与敌方太远，又处下游，不如在西北方向的白石沙洲筑垒。白石地势险，易守难攻，又离对方比较近。攻可出其不意，守可以一当百。"

陶侃道："白石距离敌人太近，如果在那里筑垒，敌人一定来骚扰，恐怕不能建成。"

李根道："我们可在上游，把木料、石料和沙土等所有原料都准备好，等深夜时一齐运到白石，一晚上的工夫就能造成。"

陶侃当即调拨五千兵丁交给李根，李根果然用一夜的工夫就造好营垒。庾亮这回调请守垒，要将功补过。陶侃便给他两千精兵。

苏峻早晨睡起来，照例登城巡视，突然见对面立起来一座大碉堡，吓了一跳，一打听才知道是陶侃连夜建起来的。

这个地方的战略位置太重要了，必须拔掉。苏峻亲自带一万人去攻，庾亮这一回身先士卒，苏峻几次猛攻都被击退。温峤命王愆期率一百艘船、五千名兵去援，却碰上东北风，船被吹得倒退。苏峻趁机派人向王愆期的军队射箭，箭顺东风，射得又远又狠，王愆期损伤不少，加上逆风难行，只好退回营中。

眼看白石垒已成孤军，陶侃要亲自率军出战，温峤道："你是主帅，不可轻易冒险,还是我来吧。"

这时,大将毛宝运粮回来,便请命带兵去支援,一直杀到北岸,与刚刚赶来的许柳、祖涣部队遇上,双方混战,毛宝被流箭射中,那箭贯穿大腿,钉到马鞍之上。毛宝把侍卫叫来,让那人踏住马鞍,双手拔箭而出,只见鲜血流得满腿满靴都是。毛宝随便包扎一下,仍带兵前冲。众士兵见了大受激励,奋发向前,许柳与祖涣抵挡不住,大败而退。

这边苏峻见许柳与祖涣败退,急忙带兵去救。毛宝见解了白石垒的围,也不恋战,双方各自退兵。第二天,苏峻又来争白石垒。双方就这样一直打了四五个月,温峤军中的粮草渐渐耗尽,便向陶侃借粮。陶侃见打了好长时间也没什么进展,不由埋怨道:"当初你说得好好的,说粮草不是问题,要多少有多少。军中也不乏善战的良将,只要东下,无往而不利。现在,粮草没有了,良将我看也没几个。我的荆州与北方的胡国、南方的蜀国接壤,随时都有被进攻的危险。既然你说没粮草了,那咱们就都回去吧,等下次再来!"

温峤道:"现在苏峻说不定也支持不住了,你要是撤退,岂不是功败垂成?况且现在天子在苏峻手里,正是你我报效朝廷的时候。如果胜了,你就是拯救国家的大功臣,怎么能回去呢?再说了,现在是骑虎之势,你想下来也不容易。如果你退兵,苏峻坐大,难保下一个对付的不是你。"

陶侃被温峤说得十分惭愧,借给温峤五万石米,忽听石头城中有击鼓集合队伍的声音。陶侃道:"这苏峻又来攻白石垒了。"

孔坦道:"苏峻要攻白石垒,一定要等东北风。这样他们在上风向,我们水军难以救援,他们的箭弩也能充分发挥威力。现在没有风,苏峻肯定是派兵向东去攻击郗鉴去了。"

陶侃急派郭默率部去增援郗鉴。果然,苏峻派韩晃去攻郗鉴,多亏郭默增援及时,方守住营垒。但韩晃见连日猛攻不下,便把郗鉴部队的水源给断了。郗鉴让人挖井,挖了两三天也未见一滴水,垒中的士兵实在是干渴难忍,只能靠喝尿支持。郗鉴大惊,再向陶侃求援。

陶侃又要派兵,长史殷羡道:"韩晃、张健都是苏峻手下最能打的将领,这回韩晃带兵把郗鉴给围了,说明带出去的兵不少。这一定是苏峻也打得烦了,欲派重兵先迅速解决东路和北路的军队,然后合兵一处,转攻我们。何不趁重兵在外，急攻石头城？"

陶侃便督率所有军队，以白石垒为跳板，急攻石头城。正巧这几天不刮风了，苏峻也借不上风势，亲自带兵出战。苏峻手下大将匡孝带八百铁骑冲入西军，西军前锋赵胤抵挡不住，向后败落。苏峻本来坐在山上，一边喝着酒一边观战，见匡孝得胜，又喝到兴头上，大声喊道："匡孝能破贼，我难道还不如他吗？看我的！"乘着醉意带兵冲下山。

这时，陶侃、温峤、庾亮各自率军赶来，匡孝人少不敌，败下阵来。苏峻本来带着上万兵马，但酒醉指挥不力，交战之后也支持不住，只能后撤。苏峻一直撤到白木陂，跌落马下。陶侃的部将彭世、李千带人赶了上来，割了苏峻首级献给陶侃。陶侃便将苏峻的尸体焚骨扬灰，然后把苏峻的首级高挑在军门之上。西军军心大振，腾跃争进，匡孝勉强逃回。

苏峻死后，他的弟弟苏逸领军，闭城自守，不敢出战。成帝身边的刘超和钟雅见苏峻死了，便谋划着带成帝逃出石头城，不幸泄密，被苏逸杀死。

包围郗鉴的韩晃听说苏峻死了，急忙撤围回军。走到半路的时候，负责防守建康的陆晔和匡术已经献城投降了陶侃，陶侃手下大将毛宝进城接手了防务。苏逸命韩晃不必来石头城，直接去攻建康。

毛宝兵少，不敢出战，勉强守住宫城。韩晃命人射火箭入城。登时，宫城到处都是大火，毛宝要守城，便分不出兵来救火，城中顿成一片火海。

温峤见毛宝那边支持不住，遂把所有的军队都开出来，拼全力来攻石头城。苏逸实在受不住，只好让韩晃先放弃进攻宫城，回来守石头城。温峤见韩晃带大军回来，也撤军退走，不再攻打石头城。

苏峻的儿子苏硕年轻气盛，见陶侃的军队退走，也不请示上级，自己带了数百名士兵冲出城来，追杀在后。这时，王愆期等人已经上了秦淮河的船上，见苏硕来追，反而不跑了。等苏硕上了船，便率船来战。苏硕所带士兵都不习水战，他们的船被王愆期的舰船撞击后，人在船上都站立不稳，更别说打仗了。很快，苏硕及手下数百兵士全被王愆期围住杀死，无一生还。

苏逸在城上眼巴巴地看着侄儿被杀死，当下落泪，却又无可奈何。城中的士兵见连丧两员主将，京城又丢失，士气大衰。韩晃觉得跟苏逸混不出什么名堂，而张健则在曲阿（今江苏省丹阳市）等地连打胜仗，便带兵出城去找张健。因为是没有告诉苏逸悄悄出城,韩晃手下的兵马又比较多,所以出城的时候没有组织好,发生了严重的拥挤踩踏事故,韩晃手下士兵在窄小的城门口挤成一团,挤死几千人。

陶侃和温峤一见机会来了,急派兵去攻,很快击溃了苏峻的主力军——韩晃部队,杀入城中。苏逸、任让都被俘斩首。陶侃、温峤、庾亮把成帝迎回建康的宫城之中,然后发下诏命,追灭苏峻余党。

祖约正在寿春,听说苏峻、苏逸败亡,便带着他的军队去投奔后赵。韩晃带着残部找到张健,与张健合兵一处由延陵(今江苏省丹阳市辖镇)东赶往吴兴,后在长塘与王舒、虞潭发生激战。张健和韩晃的队伍军心已散,无心恋战,随便打了一仗,便往西向故鄣(治所在今浙江省湖州市安吉县境内)退去,正遇到郗鉴和郭默的军队。仇人见面,分外眼红。之前,韩晃逼得郗鉴和郭默的部队喝了好几天人尿和马尿,此仇怎能不报?双方大战一日,张健、韩晃的队伍被击溃,各带数百人逃入山中。

郗鉴不依不饶,一定要把两个人搜出来。韩晃最后被追得只剩他一个人,干脆也不再跑,挟了两囊箭,坐在山腰的路口上,来一个射一个,来两个射一双。直到他射完所有箭,人们才得以冲上来。上来的人已经气疯了,乱刀齐下,把韩晃砍成了肉酱。

张健知道自己也逃不脱,只好带着残兵出来投降。郗鉴把张健的罪状一条条说完,最后说:"你的罪太大了,自首也不能免你死罪。"仍把张健斩了。苏峻之乱,到此平定,时为东晋咸和四年(329)二月。

这时,大好的皇宫已经被烧成了灰烬,温峤建议迁都到豫章,也有的建议迁到会稽。王导说:"哪儿都别迁,不就是住得差一点吗?古代贤明的帝王,都不会因为吃不好穿不好而迁都的。如果能厉行节约,搞好生产,发展经济,我相信我们一定能够建设一个美好的家园。如果做不到这些,就算是迁都到好地方,最终也会把好地方糟蹋成废墟。"

大家都觉得王导说得有道理,但眼下确实遇到了经济危机,国家穷得一文钱也拿不出来,如何解决呢?王导说:"我记得国库里还有练布(粗糙的白麻布)三千端(古代布帛类长度单位,有一丈六尺、两丈、六丈之说),拿出来卖了,不就有钱了吗?"

可这种布是一种比较粗的布料，没人愿意买。王导很有生意头脑，把百官叫到一块儿说："你们都是上层人物，引领着时尚潮流。我发给你们一些练布，你们做了衣服穿出来让大家看。这样百姓见了，必会重金购买。"

百官依计而行，果然练布大卖，人们争相抢购。王导立即把价格提到每端五两金子，一共卖了一万五千两金子，百官的俸禄和国家的其他开销一下子都解决了。

平定了叛乱，又解决了财政问题，下面就是论功封赏了。晋成帝封陶侃为侍中、太尉，加羽葆、鼓吹，封长沙郡公，加督交、广、宁三州诸军事；温峤为骠骑将军、开府仪同三司，加散骑常侍，封始安郡公；郗鉴为侍中、司空，封南昌县公；陆晔晋爵江陵公；其余赐爵为侯、伯、子、男者甚众；卞壸、卞眕、卞盱、刘超、钟雅、羊曼、陶瞻等死难者，都追赠谥号。

庾亮觉得自己以前做的事情很幼稚，便请求免去自己所有官职，带着全家出京隐居。王导、陶侃等命人追出城外，硬把庾亮给拽了回来。庾亮一看，自己既不能隐居，也不愿意留在京城让人家指指点点，怎么办呢？便想到京城之外去做官，越远越好。大家一商量，觉得庾亮是铁了心不想待在京城，于是向皇上建议任命庾亮为都督扬州诸军事、豫州刺史，出镇芜湖。

晋成帝于是下诏，陶侃、温峤、庾亮分别出京回到自己的属地。温峤回到武昌后过了一个多月，不幸得暴病身亡，年仅四十一岁。晋成帝诏命厚葬，追赠温峤为侍中、大将军，谥号"忠武"，葬于豫章，祠以太牢；又命陶侃兼督江州。陶侃于是都督荆、湘、雍、梁、交、广、宁、江八州诸军事，移往武昌镇守，基本上掌握了东晋绝大部分的军权。其权力之煊赫，已经完全超过了王导，即使在后来的东晋诸臣中，能拥有像陶侃这样地位的人，也是屈指可数的。

第八章 北方二雄主

后赵灭前赵

东晋刚刚安定的时候，刘曜的前赵已经发展得很富强了，经济得到一定的恢复，人民也得到休养，与少数民族的关系搞得也比较好。许多少数民族主动前来投奔，其中最重要的两个人物是略阳郡临渭县（治所在临渭县，今甘肃天水市东北）的氐族首领苻洪（本姓蒲）以及南安赤亭（今甘肃省陇西县西面）的羌族首领姚弋仲。此二人手下都有数万兵马，且十分勇猛。刘曜得了这两个人，更是实力大增，便有了一统北方的打算。

永昌二年（323），刘曜率大军三十万，向西去攻打凉州。刚在凉州的河东扎下营来，凉州河东的守兵便望风而逃。刘曜的手下大将见战事如此顺利，都十分兴奋，一致请求刘曜乘势西攻，一鼓作气，拿下凉州。

刘曜道："从表面上看我有三十万大军，光扎下的大营就数以万计，遮天蔽日。其实，其中有三分之二的人不是自己人，是各个民族迫于威势才跟随而来的，仓促应战，并没有必胜的把握。不过，只要咱们按兵不动，每日把三十万大军调出来列队操练，故意让凉州兵看到，仅以我方的威势就能震慑住对方。不超过十日，张茂的降表必到。"

三十万大军操练起来，那阵势的确把凉州上下给镇住了。刘曜还令将士向对岸扬言道："将百道俱济，直抵姑臧！"凉州大震。

当时，凉州牧张寔已于两年前亡故，世子张骏年纪还小，国家政事由张寔的弟弟张茂负责。张茂召开军事会议，商量怎么办。军事参谋陈珍分析说："刘曜的兵马虽多，但精兵极少，大多数为氐、羌等少数民族部队，凭刘曜的威信恩德还不足以真正统驭这些人，所以他绝不可能快速拿下凉州；刘曜的东面还有石勒这个后患，他也不敢跟我们打持久战。您只需拨给我一万兵马，我便可使刘曜退兵。"

张茂听陈珍分析得很有道理，干脆亲自率领三万兵马前去迎阵。哪知道他在前线一见到刘曜的三十万大军，当时就晕了。只见帐篷接天连地，一眼望不到边；迎风飘展的旗帜，遮天蔽日；鼓声如雷，杀声似涛。

张茂回营后说："这可不能打啊，和这样的军队打，不是白白送死吗？"

张茂手下的几个军事参谋都劝张茂一战，说刘曜是劳师远伐，人心不齐，不能久战，和刘曜打起来未必就会输；况且人家打到家门口了，一仗没打就认输，以后还怎么在凉州混？

张茂想了很久，还是决定投降，不过这个投降是有条件的，只称藩称臣，按期纳贡，不交出兵权和地盘。如果刘曜不同意这样的条件，那就决一死战。第二天，张茂向刘曜献了降表，并奉上一千匹马、几千头牛、十万只羊，还有美女、黄金和西域珍宝物产。刘曜也好说话，收了东西，交换了文书，接受了张茂的投降，任命张茂为凉州牧，封为凉王，随后还兵长安。

刘曜兵马撤走后，张茂觉得自己对不住晋室，忧愤成疾，于第二年五月病死，临终前嘱托侄儿张骏道："我们张家世代拥奉晋室，如今虽天下大乱，仍不可改。将来，你要替我为凉州恢复晋臣的身份。"

张茂病死后，张骏继位。刘曜拜张骏为上大将军、凉州牧、凉王。迫于当时的形势，张骏只好接受，并派参军王骘出使长安称谢。

刘曜亲自接见王骘，问他道："你们能保证长期向我们称臣吗？"

王骘答道："不能。"

刘曜奇怪道："为什么？"

王骘道："春秋时，齐桓公在贯丘（今山东省菏泽市曹县）召天下诸侯会盟，当时忧心忡忡，担心凭自己的威信没人会来尊自己为盟主，结果却是所有诸侯都很快地来了。后来，齐桓公又在葵丘会盟，自认为国家强大，盛气凌人，其实国家已衰，结果有九个国家叛盟不来。如果您赵国能够保持现在的强盛，我可以担保凉州永不叛赵。如果赵国衰微，那就连身边的变化都不能察觉，更何况鄙州呢？"

刘曜听了不怒反笑，叹道："你真乃凉州之君子也，张骏真是会选使者啊！"

征服了凉州，刘曜遂又出师东征，派他的堂弟、中山王刘岳与镇东大将军呼延谟，率兵两万，东取后赵国的洛阳。

洛阳的守将石生出洛阳迎战，两军在孟津交战。石生连打两次败仗，损兵折将，逃回洛阳，闭城不出，并派人向石勒求救。

石勒这个时候正派大将石虎统兵四万去讨伐山东半岛的曹嶷。石勒攻破洛阳、诱杀王弥的时候，曹嶷已经占领了山东半岛，之后便一直盘踞鲁东。曹嶷先是向刘聪称臣，后又向石勒称藩。东晋太宁元年（323），石勒再也不能容忍曹嶷的拥兵自重，便派石虎去讨伐，以绝自己进攻前赵的后患。巧的是，这一年前赵也在进攻西凉，以绝自己进攻后赵的后患。

曹嶷连连战败，东莱（今山东省龙口市）太守刘巴、长广（今山东省莱阳市）太守吕披接连投降。曹嶷本打算渡海逃跑，正好当时山东半岛疾疫流行，没能走成，被石虎的大军围在广固城（今山东省青州市境内）。曹嶷坚持了几个月，最后开门投降，被杀。

攻陷广固之后，石虎把城中军民三万余人全部活埋，剩下几百口人，石虎还想杀掉。石勒任命的青州刺史刘征正好赶到，他气愤地对石虎道："你把青州的人全杀光了，青州没有了居民，我给谁做刺史？我干脆回去算了！"石虎这才罢休，总算给广固留了七百余口人。

收到石生的求救，石勒命石虎率步骑四万去救洛阳。刘岳遂东进与石虎交战。石虎有四万人，刘岳有两万人，石虎的兵又都是他精挑细选，多年征战一直带在身边的，战斗力很强。所以，刘岳很快就吃了败仗，大将呼延谟战死，两万兵马折了三分，剩下的退守石梁戍，被石虎包围。刘岳急忙向刘曜求援。

刘曜忙亲率三万人来救，等他们赶到石梁戍时，刘岳已经断粮数日，只能靠杀马为食。石虎让石生率两万人继续围困石梁戍，自率两万人对阵刘曜。两军交战十多天不分胜负，都人困马乏。

石虎带着两万人回去和石生围困刘岳的两万人换了一下，第二日又来战。刘曜的人已经累得要命了，而石虎新换上的这两万人都是生力军，结果刘曜大败，退军三十里。石虎并未带大队人马去追，而是派两千精骑兵跟在后头。每到三更半夜，就在刘曜的营外敲鼓放炮，并围在四面大喊道："石虎来劫寨了！"

刘曜的军队真的以为有人劫寨，裤子都顾不上穿，骑上马就跑。就这样，刘曜一直跑到前赵国，石虎的两千精骑才退回去。刘曜的军队虽然没有伤亡，却在一路上跑散了一大半，直到退回长安之后，才陆续有士卒回来。

石虎这边从容地攻下了石梁戍，再次把所有的降将降兵全部挖坑活埋——共坑杀刘岳及其将佐八十余人，坑士卒万人。刘曜得知，出城祭奠，大哭七日，方才入城。

刘曜统一北方的雄心受阻，至此消沉起来，开始大兴土木，先前停建的丰明观与西宫又建了起来，又为自己在霸陵西南修筑寿陵，后来又在渑池建起陵霄台，动用了大量民力。

一些大臣劝阻说这样做太劳民伤财了，但刘曜不但不听劝，建完这些大型工程之后，又开始在粟邑为他的父母建造大陵。这个大陵光地基就周长二里，高有百尺，动用六万男子为役，百姓不堪其苦。许多大臣劝谏，刘曜仍是不听，又常在宫中设宴，与公卿聚饮，而不许谈论朝政。

五年之后，即咸和三年（328）七月，石勒觉得时机已到，命石虎带着他的四万精兵来攻前赵。

石虎先占蒲阪（今山西省永济市蒲州镇），再向西一路攻城略地，沿途五十余县纷纷投降，警报如雪片般飞入长安，刘曜命只有十多岁的太子刘熙与次子南阳王刘胤守住长安，然后亲率十五万精锐去和石虎决战。

刘均劝道："皇上您只需派一名上将就足够了，不应当亲自出战！"

刘曜哭道："刘岳之死，朕时时不能忘记。朕要报当年洛阳之仇，怎能不亲自出战？"遂由卫关北渡黄河，分十路包围石虎军。石虎见对方势众，急忙率军撤退。刘曜一路穷追猛打，石虎损兵折将，四万精兵，损失大半，直逃到朝歌（今河南省鹤壁市境内）方才立住脚。

刘曜乘胜由大阳关南渡黄河，再攻洛阳。石生不敢出战，死守城池。刘曜攻了半个月也没有攻下，便把洛阳边的大堤给挖了，水淹洛阳。洛阳城内的百姓和士兵找到地势高的地方居住，继续守城不降。又过了三个多月，刘曜见实在是难以攻下洛阳，便分兵先取了汲郡（今河南省卫辉市）、河内（今河南省泌阳县）、荥阳（今河南省荥阳市）和野王（今河南省博爱县）。后赵震惊。

石勒亲自去救洛阳，右长史程遐说："刘曜现在势头很猛，和他正面冲突讨不到便宜。洛阳城坚粮足，他一定攻不下来。而刘曜孤军深入千里之外，肯定不能持久，不如等他打累了，自然就会退兵。您不应当出师。"

石勒大骂道："你知道个屁！胡说八道什么！"让人将程遐赶了出去。右侯张宾此时已经病死，石勒总觉得每次遇到大事，便缺少一个得力的人商量，很是不爽。这时，记室参军徐光走进来道："别人认为刘曜锐不可当，我认为刘曜只是一勇夫而已。"

石勒听了眼前一亮，遂问为什么。

徐光道："刘曜不直接乘胜进攻大赵国的首都襄国，反而跑去围攻并不重要的城市洛阳，难道不是一个有勇无谋的人才会做的事吗？且刘曜十五万精兵，攻一城而百日不克，一定军心懈怠，士卒劳顿。您若与之决战，取胜的把握极大。要平定天下，一统北方，便在此一战，这么好的机会，您一定不能放过啊。"

石勒听得热血沸腾，拉住徐光的手道："你的话都说到我心里去了！我总算找到可与我相谋之人了！"于是调集兵马，命令石堪、石聪、桃豹等各率所部在荥阳会师，又令石虎进据石门。石勒亲率四万兵马出襄国，去攻刘曜。

石勒率军渡过黄河。徐光对石勒道："刘曜如果屯兵于虎牢关（又名汜水关、成皋关，古京都洛阳东边门户和重要关险，位于今河南省荥阳市汜水镇），据险而守，我们就会很被动；如果在洛水陈兵阻挡，或可一战；如果坐守洛阳，则必为我方所擒。"

等到了虎牢关，并不见关上有刘曜的一兵一卒，石勒大喜过望，以手指天大声喊道："这是上天有意要让我灭刘曜啊！"石勒与石虎、石堪、石聪、桃豹等各路军马在关下会师，共有步兵八万，骑兵三万。大军迅速前进，直杀到洛阳。

刘曜听说石勒率十多万大军前来，急忙撤了洛阳之围，退到洛阳城西扎下营寨。

石勒很顺利地与洛阳城内的石生会师，石勒派石虎、石堪与石聪等人驻兵在城外，自己率四万步兵进入洛阳城内。进城之后，石勒先登城巡视，见刘曜并没有在洛水南岸驻军，而是在洛阳城西下寨，笑着对左右道："刘曜真是个蠢货，各位将军就等着庆功吧！"

第二日两军交战，石虎率步卒三万从城北向西，直击刘曜中军；石堪、石聪各率八千精骑由城西向北，直击刘曜前锋；石勒则亲率城中步骑四万出阊阖门（洛阳宫城正门，始建于曹魏初期），绕到刘曜军后，夹击刘曜。

两军从早上杀到傍晚，前赵军果然战斗力比以前差了很多，到晚上的时候已经支持不住了，开始败退，并很快变成了溃退。刘曜在洛河北岸被擒，余军纷纷弃甲奔逃，死伤大半。石虎和石堪还要领兵去追，石勒即下令道："我擒到刘曜一人已经足够了，其他人就放他们逃命吧。凡是俘虏不许再杀戮，不然有伤天仁。"然后收军回城，大摆庆功宴，犒劳将士。

石勒班师回到首都，因为刘曜受了伤，石勒命自己的医生好好给他治疗，然后把他软禁起来。石勒派人去让刘曜写信劝太子刘熙投降，刘曜冷笑着写下"匡维社稷，勿以朕易意也"几个字。石勒大怒，杀死刘曜，派石虎、石生进攻长安。

前赵太子刘熙得知父亲被杀，又见石勒派兵来攻，吓得要退往秦州（今甘肃省天水市秦州区）。尚书胡勋道："虽然皇上驾崩了，但咱们国土还是完整的，将士们也没有打算背叛您，长安之外有潼关（位于今陕西省渭南市潼关县北，是关中的东大门，有汉关、隋关、唐关三个，这里指汉关）之险，长安之内有坚固的城池。只要我们齐心合力扼守险要，不一定就打败仗。"

南阳王刘胤道："还是陇西那个地方山多势险，可保无忧。石勒很厉害，如果攻到长安，再想跑就来不及了。"

胡勋争辩道："一仗没打就先逃跑，这不是长敌人的威风吗？敌人来攻长安，你可以跑到秦州；敌人再来攻秦州，你还要往哪儿跑？"

刘胤被胡勋说得哑口无言，干脆直接让左右把胡勋拖出殿外斩首。既然胡勋主战被杀，哪个还敢再提此事。于是，大臣们听凭刘胤带着刘熙和百官逃奔到上邽。大将蒋英和辛恕留守长安。本来刘曜死后，人心惶惶，大家心里都没底。刘胤和刘熙带头一跑，有几个地方的镇守也弃了守地向西而逃，刘胤和刘熙也没把这些逃将怎么样。其他没有逃的人一看逃跑无罪，便一股脑儿全都跑了。

石虎、石生顺利入关，杀到长安。蒋英和辛恕倒是没有逃，直接开城请降。石虎让石生守长安，自己带了两万精骑去攻上邽。这时，前赵的军心和人心都已经散了，而且上邽虽险，哪里有长安坚固。刘胤先败于城外，又丢掉上邽，最终和刘熙一起被擒。石虎是杀人有瘾、嗜血冷面的家伙，当然免不了坑杀降臣、降将和降兵，共杀死刘胤、刘熙以及王公大臣各级官员三千余人，以及三万余士兵。又将九千多名关中比较有势力的大族迁到襄国。

氐酋苻洪、羌酋姚弋仲也就是打西凉的时候跟刘曜出去逛了一圈，后来再没有参与什么战争。这回见后赵灭了前赵，他们又来投奔石虎。石虎任命苻洪为监督六夷军事，姚弋仲为六夷左都督。前赵遂亡。

凉州张骏担心后赵乘胜来攻凉州，转向石勒称藩。石勒又拜张骏为征西大将军、凉州牧。

石勒一统北方，文武大臣齐劝石勒登皇帝位。石勒并没有答应，大臣们一再请求，石勒实在是推脱不过，便想了个折中的法子，并不叫皇帝而称天王，行皇帝事。石勒为什么这么坚决地不当皇帝呢？他大概是想激励自己一统全国后再称帝，但后来意识到这个想法很难在有生之年实现，遂在该年（330）九月称帝。

夺帝位

后赵在石勒时期，政治还是比较清明的，提倡节俭，轻易不动土木，休养生息，减税减赋，发展生产，广开贤路，惩治贪官恶吏。降将祖约就是因为霸占百姓的田地，被石勒全家抄斩。

石勒当年的邻居李阳，曾经和石勒因争夺沤麻池打过几架，吓得躲藏起来。石勒让人告诉李阳，当年沤麻之恨只是平民之间的小过节，自己贵为天子，绝不会为此去恨一个百姓。因为李阳素有勇力，还赏了他一个小武官做。章武内史樊坦被盗贼所抢，石勒问起来，樊坦一激动，忘了石勒也是羯族，嘴里一直骂着羯贼。石勒道："既然羯贼如此无礼，我替他们赔偿你吧！"樊坦这才明白过来，吓得趴在地上连声请罪。石勒并没有怪罪樊坦，而是真的给了樊坦车马、衣服及一大笔钱。这说明石勒这个人的心胸还是很开阔的。

因为襄国的宫殿都是西晋时期留下来的王宫，又历经战火，现在石勒是皇帝了，觉得这个地方很不像个皇宫的样子，便打算修一下。廷尉续咸谏阻，说统一了天下再建不迟。石勒本来就对一统天下虽有野心却无信心，听了这话顿觉窝火，让人把续咸关到大狱。

徐光急忙劝道："我一直认为您是唐虞一般的圣君啊，怎么能做桀纣那样的事呢？续咸说的话，您觉得可用您就用，觉得不可用大度包容一下也未尝不可，怎么可以因为他说了一句直言，就把他下到大狱呢？"

石勒听了不好意思道："我怎么会不知道续咸是个忠臣呢。我只是和他开个玩笑而已。不过，就是平常的老百姓家里还想多盖一间房子，我毕竟是一国之君，总住这破房子也不合适吧。新宫终究是要建的，但我暂且停止，算是对直臣的鼓励！"遂放了续咸，又赏给他绢一百匹、稻米一百斛。

这件事过去不久，正遇上北方下大雨，这场大雨连着下了十几天，太行山中部洪水暴发，沿漳河漂下来巨橡数十万根，一直飘到堂阳（今河北省邢台市新河县）被捞起来。石勒得知大喜道："这是上天让我营建新宫！"于是，利用这批木料建造新宫，因为木料太多了，又整修襄国城。

工程竣工之后，石勒摆宴庆贺。宴席上，石勒突然问大家："我可以和历史上哪个国君相比？"

徐光道："从谋略方面，您要超过汉高祖，从雄才方面您要超过魏武帝。自从三皇以来，没有人能比得上您。如果真要拿一个人来和您比较的话，也就是轩辕黄帝能和您能相提并论。"

石勒并没有同意徐光的马屁，他很客观地评价自己："你过誉了。我如果遇到汉高祖，必当向他北面称臣，成为韩信、彭越一样的名将。如果我遇到汉光武帝，那我将与他逐鹿中原，看看鹿死谁手。大丈夫行事，当磊磊落落，如同日月之光，明亮皎洁，终究不能像曹孟德、司马仲达那样，欺人家孤儿寡妇，窃取天下。轩辕黄帝乃是上古圣人，我怎么敢与他相比？"

石勒称帝之后，封大儿子石宏为皇太子；次子石宏为骠骑大将军、都督中外诸军事、大单于、秦王；三儿子石恢为辅国将军、南阳王。石勒大哥的儿子石虎为太尉、尚书令，晋爵为中山王。

石虎很不高兴，认为他对后赵的功劳最大，大单于的职位应该给他才是，石勒偏向自己的儿子，封赏不公平。石虎又是个狠角色，于是对儿子道："石勒定都襄国以后，征战立国的事都是我做的，他只是坐享其成而已。我枪林箭雨地为石勒卖命辛苦二十多年，他反倒把大单于的位子给了个小孩子。此仇此恨我必报之。等石勒死后，我要把他全家都杀了！"当然，石虎虽然深恨石勒，但在石勒面前还是毕恭毕敬，刻意收敛。

但程遐却看出石虎怀有二心。程遐就是前面说过的那个不懂军事、劝石勒说等刘曜打累了自己就可以回去的右长史。但涉及内事的时候，程遐却显出了他比较聪明的一面。他告诉石勒："中山王石虎的能力在众臣之中出类拔萃，不过石虎的志向也是非常大的。因为，我发现他除了您以外，对所有人都视而不见。石虎和他的几个儿子都手握兵权，而且石虎的威信也很高。您在世的时候可能他不敢怎样，如果您一旦不在了，我恐怕石虎不一定愿意做未来太子的臣子。希望您及早将他除去！"

石勒很不高兴："天下还没有安定呢，我怎么会把这样的重臣除去呢？再说石虎是我大哥的儿子，我们也是骨肉至亲，何至于像你说的这样？"又讽刺他说："你是太子的舅舅，你是不是担心将来有石虎在，你不得专政？你放心，我早就替你想好了，一旦我有事，就命你为首席辅政大臣，你不必忧虑！"

程遐当时大哭道："臣是为您的社稷着想，您却认为臣是为了自己的私利。石虎的确是您的亲侄子，又是皇太后从小一手带大的，但他毕竟不是您的儿子，而且中山王有帝王志向，现在您若不除去他，国家危险啊！"

石勒仍不肯听从。程遐知道徐光的话石勒还肯听一些，便找到徐光道："中山王素来痛恨我们两个人，一旦皇帝不在了，不但国家遭害，我们两家也会完蛋，你替我劝劝皇上吧。"

徐光遂进见石勒，问他道："您现在最愁的事情是什么？"

石勒叹道："吴、蜀二国未平，我现在虽说是皇帝，谁知道后世会不会认我为正统呢？"

徐光叹道："这些只是四肢的疾病而已，您却不知道您还有心腹的大患。"

"此话怎讲？"

徐光道："现在天下三分，正如当年魏蜀吴三家一般。司马在吴，相当于孙权；李氏据蜀，我看还不如刘备。而您所据有的地方，就如当年的曹魏。三国时期是北方一统天下，未来的大势也必将一样。所以您担心的事，并非眼下着急之事。中山王石虎,他的威信和功劳仅次于您,此人却是个不仁之人、见利忘义之徒。而且,他经常流露出轻视皇太子的态度,我看他就是当年的管、蔡、武庚。臣恐皇上万岁之后,此人作乱——这才是您的心腹之患啊。"管、蔡、武庚是指周武王死后的三个叛乱者,当时成王年幼,周公摄政,管叔、蔡叔和商纣王之子武庚一起作乱,后被平灭。

石勒听了,沉默许久,却不表态。徐光知道石勒下不了决心,只好又说太子:"皇太子是个仁孝之人,而中山王雄暴多诈,将来您一旦不讳,太子肯定斗不过石虎。应当让太子早点儿参与朝政,树立威信,打击中山王权威,不要形成将来主弱臣强的局势。"

对这一点石勒倒是当即同意,遂命皇太子石弘管理朝中奏事方面的政事,但终不忍心把石虎废掉,仍给予石虎大权,并且十分信任他。

称帝后的第三年夏天,石勒生病,召皇太子石弘与中山王石虎两个人入宫侍寝。但石虎抢先进宫,然后伪造石勒的诏书谎称石勒不许皇太子石弘入内,并且拒绝一切王公大臣的探望。内宫与外界至此完全不通消息。石虎又矫诏把在外带兵的秦王石宏和彭城王石堪召回襄国,将兵权尽归己有,就等石勒咽气了。

石宏想办法悄悄入宫见到石勒,石勒见到儿子石宏大惊:"我不是让你领重兵在京城之外,以防我死后京中有变吗?你为什么回来了?"

石宏这才明白是石虎骗他来京,但这时石虎走了进来,石宏非常害怕石虎,竟然没敢说话。石虎急忙道:"是弟弟十分思念您,所以才暂时回来,现在我就让他回去。"

石勒这才不追究。可石宏准备回去的时候,又被石虎扣住,软禁起来。石虎却告诉石勒,石宏已经回去了。

一个多月后,石勒临死前留下遗命,不许大办丧事,停尸三日便可埋葬;葬服就是平常的衣服,灵车也用平时的车子,坟内不得随葬任何金银珠宝和器具;不许禁止百姓婚嫁、吃肉、喝酒、祭祀、盖房;在京外的官吏将领不得回京奔丧。又说,曹魏和司马氏家族的教训,所有皇族都必须作为教训,一定要团结一心,不可内斗;特别是中山王,要做辅佐幼主的名臣周公和霍光,不要成为后人责备的对象。

第八章 北方二雄主

咸和八年（333）七月戊辰，石勒薨于内殿，在位十五年，享年六十岁。

石勒死后，石虎命令儿子石邃带兵入宫，先捉了皇太子石弘，又捕了程遐和徐光二人。石弘吓坏了，说："这皇上我不当了，你当吧。"石虎说："太子是你又不是我，我不当。"石弘知道石虎没安好心，哭着喊着不肯继位，他哀求石虎道："我无才无德，不堪此任，你还是放过我吧。"石虎一瞪眼："等发现你不堪此任再说，现在谈这个还早。"

石弘被石虎强行推上皇位，登基当日，石虎斩程遐、徐光二人。石弘按照石虎的意思，以石虎为丞相、魏王、大单于，加九锡，划分魏郡等十三郡为其封国，总揽朝政。

石弘的嫡母刘太后密召养子石堪入太后宫，与他商量夺宫政变。母子二人商量，由刘太后写下血诏，石堪出城后诏告天下各州起兵，以石恢为盟主，来攻襄城。

但石堪刚出了襄城，便被石虎派人追回，搜出血诏，然后用烙铁烙死。石虎又杀刘太后，改立石弘的生母程太妃为太后，命石恢回京。

河东王石生镇守关中长安，得知石虎把持朝廷、杀太后，于是起兵讨伐石虎。关中的苻洪、洛阳的守将石朗也起兵响应。石虎留世子石邃守襄国，亲自率领八万人来攻洛阳。石生还没来得及去救援洛阳，石虎便以极快的速度攻破了洛阳，擒住了石朗。石虎并没有一下子杀死石朗，而是砍断石朗双脚，看着他慢慢死去。

石虎攻破洛阳时，石生的前锋部队两万人刚刚出潼关。石虎派儿子石挺迎战。石生的前锋将军涉璝率军击败石挺，石挺与丞相左长史刘隗都战死军中。石虎带兵刚到，涉璝乘胜直杀入石虎军中。石虎防备不及，大败后撤。

石虎一路逃，涉璝一路追，一直追到渑池。石虎手下有人出主意，用重金贿赂涉璝——涉璝的部队大概属于雇佣军一类，谁给钱就为谁打仗——让他反攻石生。涉璝从石虎那里得到重金，率其两万骑兵回兵反攻石生，石生猝不及防，主力尽失，败逃长安。因为自己的老底基本上都拼光了，知道长安守不住，石生干脆藏到了山上。石虎进长安后，再一次出重金，这次是悬赏捉拿石生。很快，石生被部将所杀，献给石虎换了赏金。石虎又去打苻洪，苻洪知道打不过石虎，于是投降，姚弋仲也降了石虎。石虎担心自己走了，这两个人又造反，将苻洪封为龙骧将军，然后把他这一部迁到枋头（今河南省鹤壁市浚县境内）；又任姚弋仲为奋武将军、西羌大都督，将他这一部迁居到清河郡的滠头（今河北省衡水市枣强县东北）。

石虎班师回到襄国，石弘又拿着玉玺跑来说自己不当皇上，要让位给石虎。石虎皱眉头道："你好不心烦，这事以后再说，不要烦我好不好。"

石弘回去与程太后说："看来我是活不成了，父皇这一支所有的兄弟都活不成了。"母子二人抱头痛哭。

第二天，石虎派人把石弘从宫中给拎出来，正眼都不瞧他一下，说道："石弘你又笨又蠢，有什么资格让位？你只配被人废黜。"遂废掉石弘。下边一帮文武大臣早换成了石虎的人，他们都劝石虎登基，但石虎没有直接当皇帝，而是先当了"赵天王"，即石勒自立为皇帝前的那个职位。然后，他将石弘、石宏、石恢三兄弟和程太后全部杀死，改元建武，迁都邺城。

石虎和石勒不同，他追求奢华享受，迁都于邺城后便大造宫殿。太武殿所有的瓦当都用金子来装饰，楹柱用银子来饰，珠帘用玉，床为白玉，帐为流苏，殿基高达二丈八尺，全用文石——整座建筑雕梁画栋，穷极工巧。像太武殿这样的宫殿，他一共修了九座。此外，他还大选美女，共选来一万多名美女入宫，所有美女都穿金戴银，身着绫罗绸缎，豪服奢衣。他又听了尚书令解飞的建议，在邺城南边的河上，凌空架设一座飞桥，花了千亿铜钱也没有建成；又令左校令成公段在太极殿制作一种叫作庭燎的大型照明工具，其直径有一丈，高有十多丈，将燎芯点着，整个大殿都亮如白昼。石虎动用大批百姓来做这些事情，农事很受影响，又碰巧遇到了大旱，结果饿殍遍野，米贵如金，百姓痛苦不堪。

石虎虽然极嗜杀人，却十分尊崇佛教，经常赏赐高僧财物，僧人在赵国具有很高的地位。受此影响，赵国百姓也大多崇尚佛教，富人争造寺庙，穷人削发出家。这也使得赵国的兵源和劳动力大大减少。

赵国还出了一次内乱，起因源于太子石邃。

太子石邃和他的父亲石虎一样骁勇，更爱杀人。石虎对这个儿子十分宠爱，不免骄纵。石邃做了太子以后，变本加厉，残忍无比，凡见了有姿色的女子，就将其强奸，然后杀死，斩下头颅，洗去血污后放在盘上，让大家观赏，同时让厨子把美女的尸体烹煮后请宾客一起品尝，宾客们被吓得直打哆嗦。有人把这件事报给石虎，石虎却说："此子很有我当年的神韵！"不但不怪罪，反以为荣，更加重用。

但石虎脾气古怪，就连石邃也受不了他。有时候，石邃有事向石虎汇报，石虎便骂："这种小事情也来烦我。"于是，石邃就不汇报了。石虎一连几天不见石邃来汇报工作，又把石邃叫来骂道："为什么有事不报？"不但骂，而且用鞭子抽。石邃怎么弄也逃不过挨打挨骂，随后心一横，准备谋反。石虎先得了消息，便把石邃及其子女二十六人全部杀死，然后挖一个大坑给埋了，又把东宫所有侍从二百多人都杀光，同样挖一大坑埋了。他还将石邃的生母郑王后贬为东海太妃，然后改立石宣为太子，立石宣的母亲杜昭仪为天王皇后。

国家不堪到了这个程度，后赵的国力已经非常衰微，石虎却想动兵统一全国，他首先想到攻打东北。

东北现在是什么情况呢？石勒病死的那一年，辽东公慕容廆也在棘城病死，他的第三子，也是嫡长子慕容皝继位。因为慕容廆向东晋称臣，所以东晋派人去棘城吊祭，赐慕容廆谥号"武宣"，并任命慕容皝为镇军大将军，督摄其部。

慕容廆的另一个儿子慕容翰正镇守于辽东，他和慕容皝不和，听说父亡后，对人道："慕容皝以为我雄才难制，必对我不利，我岂能坐以待祸？"遂扔下辽东的人马，自己带着两个儿子投奔了辽西的段氏一族。

段氏一族的原首领段末波早已病卒，本来由弟弟段牙继位。段牙和哥哥段末波采取的外交政策很不一样，段末波与后赵关系亲密，段牙则是对慕容廆言听计从，后来慕容廆对段牙说："你这个地方不好，应当迁都到别的地方。"本来段氏鲜卑的这个首都令支（今河北省迁安市西）正处在东北入中原的咽喉之地，两头受气，四面被攻，迁都也没有什么不好的。但历来迁都总是要伤害到当地大豪强的利益，段疾陆眷的孙子段辽便召集这批被伤害的人，发动政变杀死段牙，自立为辽西公。当时，段氏一族所辖的地区西接渔阳郡（今北京市密云区西），东至凌水（今辽宁省凌海市西部小陵河），主要为鲜卑族和汉族，共约三万户，有兵马五万。

段辽听说慕容翰来投，赶紧出城来接，待为上宾。慕容翰从此成了段氏大将。

慕容皝还有两个同母弟弟——慕容仁和慕容昭，虽是同母所生，但关系却处得相当不好。二人也怕慕容皝对他们不利，干脆先下手为强，起兵杀奔棘城，慕容皝带兵来战。双方打了二十多天不分胜负，慕容仁和慕容昭便请段辽帮忙，并送上重礼。

段辽派弟弟段兰与慕容翰率军两万去攻柳城。柳城的守将石琮与慕舆埿向慕容皝求救，慕容皝分兵五千，派慕容汗（同父异母的庶生弟弟）与军谘祭酒封弈去援。

慕容汗带兵走后，慕容皝帐下大将佟寿原为慕容仁旧部，于是率三千兵投降了慕容仁。慕容仁知道慕容皝兵力已经不多，便发动所有的军队猛攻。慕容皝大败，逃回棘城。

慕容汗这边，因嫌步兵走得太慢，要自带一千骑兵先去援柳城。封弈说："咱们兵力本来就少，一分兵就更危险了。"慕容汗不听，封弈只好说："那你就走大路，千万不要为了抄近道走牛尾谷。"慕容汗还是不听，结果在牛尾谷中了段兰的埋伏，全军覆没，慕容汗侥幸逃出。封弈接应慕容汗，与追来的段兰打了一仗，不敌段兰，败退回棘城。段兰也不追赶，回军来攻柳城，很快将柳城拿下，石琮、慕舆埿弃城逃走。

慕容翰一看这是要把慕容国灭了啊，又担心起来，吓唬段兰说："慕容皝才使出三分力，你要把他逼急了，他使出十分力来，必不可胜。咱们又是孤军深入，恐怕会失败。"

段兰冷笑："我知道你是担心我灭了你的国家！你放心吧，如果打败慕容皝，我们立你为君，绝对亏待不了你，更不会使贵国的宗庙绝祀。"

慕容翰的心思被段兰点破，只好硬着头皮说道："我既已投靠贵国，便无再还之理。故国存亡，于我何干？"说完，就带着自己的部队回去了。段兰一看友军已经走了，自己真成了孤军，不敢进兵，只得退回。这时，慕容皝面对南面的段辽、西面的慕容仁和北面的宇文逸豆归三个敌人，这种形势很让慕容皝头疼，他必须寻机改变，不然自己被他们瓜分是迟早的事。

咸康二年（336）正月，机会来了。辽东湾海面结了极厚的一层冰，在上面跑马都没有问题，慕容皝遂决定从海上抄慕容仁的后路偷袭。所有人都说这样走非常危险，但慕容皝道："当年，汉光武帝就是因为冒险从水上渡滹沱河进兵而成就大业的。这次则是老天爷给我机会，让我成大事。"遂命慕容汗与封弈带着五千老弱兵丁从陆路前进，一路上又是敲鼓又是打旗，虚张声势，号称主力。自己则率精锐五万，穿白色铠袍，偃旗息鼓，从昌黎踏冰渡海三百多里，在历林口（今辽宁省营口市境内）上岸，把粮草和辎重全都扔了，率轻骑兵直奔平郭（今辽宁省盖州市，也在营口市境内）。

慕容仁听说慕容皝发兵，以为慕容皝的主力一定从陆路进攻，所以只让慕容军（也是慕容皝同父异母的庶弟）率五千军去守历林口，而自己则率主力去陆路迎击。

慕容军见慕容皝率五万精兵攻来，知道必败，还没打就投降了。慕容皝让慕容军带路，抄了慕容仁的后路，慕容仁毫无防备，被杀得大败。这时，慕容汗与封弈也从陆路杀来，前后夹击。慕容仁全军溃散被俘，慕容皝赐其自尽。

这时，南边的段兰从柳城向北进兵，北边的宇文逸豆归从安晋（今辽宁省辽阳市）向南进攻。慕容皝于是率所有军队先南击段兰，段兰见慕容皝以闪电速度拿下慕容仁，只好退兵。但宇文逸豆归执意进兵，慕容皝又率兵向北去防宇文逸豆归，宇文逸豆归大败而回。从此慕容皝成为辽东的老大，遂自称燕王，史称前燕。

慕容皝称王后，打算灭了段辽，这时后赵石虎也因为段辽停止向其纳贡而准备北上进攻段辽。双方一接触，当下达成协议，一个南攻，一个北伐，要合力灭掉段辽。

一统辽东

石虎精中选精，挑出最勇猛的勇士三万拜为龙腾中郎；以桃豹为横海大将军，王华为渡辽大将军，率水军十万；以支雄为龙骧大将军，姚弋仲为冠军将军，率步兵和骑兵共十万为前锋；合计大军共二十三万，浩浩荡荡向段辽杀去。

慕容皝也亲自率倾国之兵，由北向南杀来。

段辽派段兰领主力军先北去战慕容皝，结果在兜兰山被慕容皝的伏兵袭击大败，死伤被俘者大半，慕容皝也不追击，率得胜之师回朝。段兰率残兵败将回来的时候，石虎已经在南边连攻四十余城。段辽本来就不是后赵的对手，主力又在北边损失大半，只有弃国率部逃往密云山（今北京市密云区境内）。

这时，石虎已经攻陷北平，北平的文官阳裕率领老百姓数千家跑到燕山上据守。有人建议先攻下阳裕后再北进，石虎笑道："阳裕是个书生，因为珍惜名节，所以不好意思投降。他并非真心为段辽卖命，不必理他。"于是，赵军绕过燕山，直入段氏鲜卑的腹地，这时段辽已经率兵逃了，石虎命郭太、麻秋率轻骑两万星夜追击，结果很快追上段辽，一场大战之后，段军再败。段兰率几十名勇士逃到宇文部，段辽带败军数千逃到山中，据险拼命死守，总算挡住郭太和麻秋。

到这个时候，阳裕才来投降。石虎故意羞辱他道："你不是要为段氏死守燕山吗？今天怎么人模狗样地跑来投降。你也知道天命难违，逃匿无地呀？"

阳裕受此羞辱，并不生气，从容说道："我当初跟随王浚，后来投奔段氏，都不能跟着他们建功立业，反而看着他们一个个灭亡。现在您来了，我相信跟随您一定能最终一统四海，平定天下。我投奔您又有什么羞愧的呢？"

石虎觉得阳裕的话很中听，遂任命阳裕为北平太守。

石虎灭了段辽之后，宇文部派段兰带来八千匹骏马向石虎称臣。东北只剩下慕容皝一支尚未臣服，石虎遂准备乘胜再灭慕容皝，命段兰率五千当地招来的鲜卑士兵守住令支，自己带大军去攻燕国。

慕容皝听说石虎来攻，自知实力悬殊，便想向段辽学习，也弃城而逃。帐下慕舆根道："如果您不战而逃，将棘城白白送给赵国，以后再想打回来那几乎是不可能的。为什么不拼死一战呢？如胜，则棘城保；如败，再走也不迟。"

封弈也说："石虎国力空虚，又是远道而来。只要咱们拼命坚守住城池，时间长了石虎一定支持不住。我们只需坚壁清野，牢守城池。赵国的军队虽然多，但想短时间攻下棘城也非易事。"

慕容皝在两人的劝说下，决定先打一仗再说。他把城外所有的百姓和士兵全部调到城内，城外的所有物资和粮食也运入城。不久，赵军杀到，将棘城围住，日夜攻打，慕容皝则拼命守城。双方都拼尽全力，连续打了十多天，死者上万，赵军和前燕军都损失不小。

大将刘佩向慕容皝建议道："趁着赵军只顾攻城，不防偷袭。我愿意带上一千敢死队，半夜出击，一定能胜。虽然不能起到决定性的胜利，但也能鼓舞士气，打击赵军。"

慕容皝大喜，表示自己将在城头亲自为他擂战鼓助威，于是挑选一千精壮，交给刘佩。刘佩率敢死队半夜直杀入赵军，慕容皝则与城上数千兵丁一起擂鼓助威。赵军听到鼓声如雷，杀声大震，号角声声，不知道杀进来有多少人，顿时大乱，刘佩敢死队在赵营中纵横驰骋，整整杀了一夜，第二天清晨才回到城中，竟然没有损失一个人。

石虎见大营被端，且对方在自己营里杀了几个来回，竟一兵一卒都没有损失，气得跳起来大骂，亲自指挥猛攻棘城。这时前燕军士气大振，个个勇武，赵军除了在城下留下一批批的尸体外，并没有什么进展。一连数日，赵军伤亡甚重。燕国谋士高诩又向慕容皝献了一计，叫作敲山震虎。就是一到半夜就派人在城头击鼓鸣号，好像又要出击。赵军被刘佩打怕了，一听鼓声，立刻便出来集合备战，哪知道鼓声敲到早晨，也不见一个人出来。就这样折腾了一个多月，赵军的士气沮丧，思乡欲归，开始有逃兵了，后方物资也出现了短缺。在这种情况下，石虎只好退兵。

但这个时候赵军军心已乱，石虎又自恃兵力强大，慕容皝必不敢出击，所以并没有悄悄地分批退兵、派精兵断后，而是大张旗鼓地撤退，如平时行军一般。

慕容皝遂派自己的第四个儿子慕容恪，领三千精骑，出城杀入赵军。赵军没想到大白天前燕军也敢出来，他们正好在整队后撤，一片忙乱，这时候被慕容恪带兵一冲，顿时乱了阵脚。慕容恪趁势于乱军中直杀向石虎所在的中军。因为石虎走到哪里都带有黄旗麾盖，所以非常好认。慕容恪的精骑很快与石虎的龙腾军杀在了一处。龙腾军的战斗力虽强，但这一次竟然没有挡住前燕军的冲击，而赵军其他军队又因慕容皝所派数支队伍杀入骚扰，一时不能来救，眼看石虎就要被前燕军包围擒获，突然一支军队杀到，将慕容恪击退。这支队伍的带队者名叫石闵。其实石闵是汉人，本姓冉，父亲冉瞻原来是乞活军陈川的部将，后来陈川降赵，冉瞻也一齐归降。冉闵因勇猛深受石勒喜欢，让石虎收为养子，所以改姓了石。

赵军经此一战，更不敢停留，一路向南，急急回国。慕容皝在后紧逼，将全部失地收回。

石虎并不甘心失败，回去后准备粮草，整顿军队，准备再攻前燕。这时，段辽送来了降书。原来段辽被赶入山中，没有了地盘，缺吃少穿，困顿不已，便派人向石虎投降。

石虎见了降书很高兴，段辽熟悉前燕的状况，他认为这样再攻前燕就有了向导。于是，派大将麻秋率军三万，以鲜于亮为副将，阳裕为司马，去密云山接段辽。哪知道段辽又改主意投了前燕，而前燕早已设下埋伏，等麻秋的三万人马进入山中，先放了一把大火，再用弓箭射，然后带人冲下来砍杀。麻秋的三万人被杀得只剩下两千人，麻秋带残兵逃回，阳裕和鲜于亮投降。

麻秋逃回去向石虎一说，石虎气得要命，当即就要将麻秋斩首。多亏麻秋的人缘好，他自己也对石虎慨然说："我愿意战死于沙场，不愿就戮于刑场。"石虎才放过他。这时，东北边疆又传来消息，燕将慕容评、慕容军、慕舆根、慕舆垡与赵将石成、呼延晃、张支打了一仗，赵军大败，呼延晃、张支被杀。

石虎本有心大举攻燕，但国力不济，只好命李农为征东大将军，张举为征北大将军，率众五万人去攻前燕。

李农和张举先攻凡城，燕将悦绾仅凭三千士卒守城不退，并用火攻的方法打败赵军。李农和张举狼狈逃回。石虎见自己连连失败，不由叹道："我连一个小小的前燕都取不下来，何谈取天下呢？"

太保夔安道："不如先联成汉灭晋，再灭成汉。等平灭二国之后，合三国之力去灭燕，那不是很容易的事吗？"石虎遂派使臣去成汉，商谈联合灭晋的事。

成汉李雄的地盘北到汉中（即秦岭以南），南边达宁州（今云南省），自304年建立政权，三十年来一直没有大的战乱，过得很是安稳。直到咸和九年（334），李雄病亡，临死前以建宁王李寿为大将军，受遗诏辅政，太子李班继位。

李班并不是李雄的儿子，而是其弟李荡的儿子。因为李雄的皇后任氏没有生下儿子，而其嫔妃所生的十几个儿子李雄都不喜欢，唯独十分喜欢李班，而李班也很是孝顺。李雄得病后，身上的旧伤全都化脓溃烂，别的儿子都来看一眼就赶紧走开了，只有李班昼夜侍奉床前，甚至为李雄吮脓。所以，李雄顶着压力一定要立李班为太子。大臣们都劝说："李班虽有德但无威，又没有什么功业，如果立了李班，恐怕您身后会有大乱。"李雄仍是不听。

果然，李班继位后，李雄长子李越和其弟李期来成都吊丧。两人密谋后，李越带领二十名死士，身藏利刃，趁夜闯入宫中，将李班乱刀捅死。第二天，李越召集百官说："先帝是被李班谋杀的，我们奉太后之令将其杀掉，并立李期为帝。"

李班虽然十分得李雄宠爱，但在朝中并无亲党。群臣一看，这是人家的家务事，打来打去还不是李雄的儿子继位，自己何必多管这闲事，于是李期便于当天登位，谥李班为戾太子；以李越为相国，封建宁王；以李寿为大都督，改封汉王，都录尚书事；以兄长李霸为中领军、镇南大将军；以兄弟李保为镇西大将军、汶山太守；以堂兄李始为征东大将军，代替李越镇守江阳。

李期当了皇上，并非所有人都心服口服。李期的堂兄李始就很是不满。李始知道单凭自己一个人肯定打不过李期兄弟两个，便找李寿帮忙。李寿因为聪明雄健，一直很受父亲李雄器重，委以重任。李期和大哥李越夺宫之后，也给了李寿很大的权力和很高的地位，以期依靠李寿来稳定自己的统治。所以，李始找到李寿，以尊李寿为帝的条件，希望李寿能发动政变时，李寿立刻拒绝了。

李始害怕李寿把这件事告诉李期，干脆先下手为强，跑到李期面前诬陷李寿要谋反。李期虽然相信了李始的话，但他也不敢轻易动李寿，正好李班的弟弟李玝在涪城举兵造反，李期便打发李寿带他自己的兵去征讨李玝。

李寿带重兵来到涪城，并没有和李玝打仗，而是孤身入城，和李玝长谈了一夜，分析了当前局势，晓明了个人利害。李玝听得心服口服，竟然把涪城让给李寿，投奔东晋去了。李寿知道李期对自己有疑心，便占了涪城不肯回朝。李期多次催他回去，李寿总是说边境告急，不能回去。终于有一天，李期实在是不耐烦了，把李寿的同胞弟弟给杀了，然后派人去告诉李寿："你再不回来，我就派兵打你，也把你杀了。"

李寿也怒了，他杀死来使，率兵进攻成都，一路上非常顺利，很快攻破成都，擒了李期，然后废李期为邛都县公，把他软禁起来；又将李越、景骞、田褒、姚华等人斩首。李期从皇帝一下子变成了囚徒，心理落差很大，自缢身亡，只留下遗书说："天下主乃为小县公，不如死！"李寿遂称帝。

这时，正好赵国派来使者，欲与成汉一齐攻灭晋国，然后平分国土。李寿觉得这是个好事情，于是便答应了，然后整修兵器，积蓄军粮，训练军队，调集水军十万。

解思明劝他道："晋国不是那么好打的，何必要去冒险？"

李寿笑道："不是有赵国嘛，赵国欲与我国一齐攻晋，正是上天给我朝的机会，为什么不去？"

李寿有一个并不做官的平民谋士龚壮，这个人很有心计，听说李寿要东攻晋国，赶到成都对李寿道："您和赵国一齐进攻晋朝，成功的胜算的确很大。可您想过没有，一旦晋国被灭，您是不是要向赵国称臣呢？如果不称臣，而是与之争天下，那赵强而汉弱，岂不是自取灭亡吗？您听说过唇亡齿寒的道理吧。春秋时，虞国为了贪便宜而让道晋国灭了虢国，结果也被得胜回来的晋国给灭了。这是前车之鉴，请您好好想想。"

李寿这才明白自己联赵攻晋很愚蠢，遂马上停止军备。

石虎一看李寿毁约，很生气，便要派兵去打李寿。这时，石虎手下的重要谋士夔安已死，侍中石璞成为首席参谋，他对石虎道："巴蜀的地势很险要，国家又很小，要是打了半天没打胜，很影响士气的。"

石虎想想也是，蜀汉险峻不能打，晋国单凭自己恐怕也不好打，那就接着打前燕吧。于是，又大举征兵，去攻前燕。

石虎命全国的百姓，家有五个男丁的征三人，家有四个男丁的征二人，家有三丁和二丁的征一人，再加上原有的邺城士兵，聚齐五十万大军，又造大船一万艘，运军粮一千一百万斛，购军马五万余匹。于宛阳阅兵，大举伐燕。

慕容皝知道石虎动用倾国之力，要攻自己，知道这回如果消极防守，必不是石虎的对手；主动出击，如遇石虎主力，也没有取胜可能。于是，慕容皝决定玩个阴险的：他亲率一支万人军队由居庸关绕道入赵国境内，直抵蓟城城下。赵将石光虽拥兵数万，但也被慕容皝打怕了，闭城不敢出战。前燕军于是趁机南进，先攻破武遂津，又攻陷高阳，结果把石虎用于备战的粮草和辎重都烧光了。石虎没了粮草物资，知道就是有再多的兵也没办法打了，只好罢兵。他很佩服慕容皝的谋略，知道只要有此人在，前燕必难攻破，于是也不敢再有北攻前燕的想法了。

慕容皝由此名声大振，造新城，取名"龙城"（位于今辽宁省朝阳市境内），又派使臣刘翔去东晋请求封号。这时候，东晋的中兴大臣陶侃、王导、郗鉴等，都已经死了。东晋朝廷对慕容皝先自称燕王、再请封的做法很不高兴，就以晋朝不封异姓王的理由故意拖延时间，不封慕容皝。不过，刘翔不辱使命，晓以利害，一番陈词终使晋朝下了封号。他首先从当前形势上分析：石虎也想封慕容皝为辽西王，被慕容皝拒绝，如果不封慕容皝，这是把自己人推到敌人那里；其次从制度上分析：三国时期同样也在东北的公孙渊对东吴并没有什么功劳，孙权还是封他为燕王，加九锡殊礼；最后又从大义方面分析：汉高祖刘邦也大封异姓王，结果拥有天下，而项羽则连对属下封官都很小气，最终丢了天下。朝廷现在想成大业，一统四海，为什么连个封号都舍不得呢？

晋成帝被说动了，遂封慕容皝为使持节、大将军、幽州牧、大单于、燕王，并派大鸿胪郭悕和刘翔一起去棘城，册封慕容皝为燕王。

此时，慕容翰已经投奔到了宇文部，但在宇文部并不得志。宇文氏首领宇文逸豆归不但不用慕容翰，还派人监视他，生怕慕容翰对自己不利。慕容翰只好装疯，以期找机会逃回前燕。这时，慕容皝对当年慕容仁和段辽联手攻打自己时，慕容翰劝段兰退兵的事念念不忘，十分感激，也派人打听慕容翰的下落。

慕容皝的舍人王车化装成货郎在宇文部终于寻访到了装疯的慕容翰，王车要带慕容翰回去，但慕容翰称自己仍受监视，若出城必被追回。王车只好先回龙城报告燕王慕容皝。慕容皝派王车带兵悄悄潜入，接应慕容翰。慕容翰则和两个儿子偷了三匹好马出逃。宇文逸豆归得知后派两百骑兵去追，半路遇到王车的军队，反被杀散。慕容翰遂回到前燕。

慕容翰回去主动请缨说，自己熟悉宇文部道路，并且宇文逸豆归是个平庸之人，无才无德，他愿意领兵灭掉宇文部。

但慕容皝担心宇文部的盟友高句丽抄自己的后路。慕容翰建议，那就先把高句丽灭了，再灭宇文部。宇文部自守尚可，一定没有能力来攻，而且宇文逸豆归也只是一个但求自保的庸才。

慕容皝遂命弟弟慕容评、儿子慕容恪与世子慕容儁守城，派长史王寓率一万五千兵为偏师，从北路进击；自己亲率精兵五万，偃旗息鼓，以慕容翰为前锋，从南道进攻。

高句丽王高钊与其弟高武见慕容皝两路进兵，也分两路来抵挡。不过由于慕容皝北路比较大张旗鼓，南路比较低调，而高句丽的军事情报也不准确，所以他们派的兵力完全反了。北路由高武带五万重兵驻守在马山城，而南路由高钊只带一万人驻守木底城（今辽宁省抚顺市新宾满族自治县内）。

木底城本来是个险关，如果守好了，一万兵马足够使用。但慕容翰先带两千人马来到木底城，高钊还以为这就是南路的所有军队，所以并不担心，派大将阿佛出战，结果未分胜负。高钊又派大将度加出城增援，这时慕容翰的侄子慕容霸也领两千人马来到。双方再战时，慕容翰看对方占着险关，担心如果对方输了闭关不出就不好办了，遂与慕容霸诈败。

高钊和阿佛、度加领兵追击，一直追了有百里路，正碰上慕容皝的主力军，高句丽军大败，前燕军趁势杀入木底城，阿佛、度加战死，高钊弃城逃回丸都（今吉林省集安市境内），关起城门，再不敢出战。

慕容皝连攻丸城十五日，终于攻破城池。高钊带着几名亲兵逃入山中，母亲和妻子都被前燕军俘虏。慕容皝本来还想带兵搜山，这时北路传来消息，长史王寓率一万五千兵马全军覆没，而高武率五万军队朝丸都来了。慕容皝本想依托丸城与之决战，左长史韩寿道："高句丽这个地方不可戍守，因为民心还是向着他们的旧主，我们如与高武不能速战，这里的流民散军将重新聚集，很可能会把我们的后路断掉。"

于是，慕容皝把丸都的城墙毁坏，把高句丽王高钊的父亲乙弗的尸体挖出来，又带着高钊的生母和妻子一起回去。

高武率大军回到丸都，高钊也从山里跑出来，两个人重修城池之后，想要回父亲的尸体，并迎回母亲。但打肯定是打不过，他们只好向前燕称臣，并送去重金。慕容皝遂把他们父亲的尸体送回，并送还其妻室。不过，仍将高句丽王的母亲周氏扣作人质，防其反叛；又封高钊为征东大将军、营州刺史、乐浪公。至此，高句丽成为前燕的属国。

燕王降服高句丽国之后，又杀向宇文部，大败安晋守将莫浅浑，攻克安晋。宇文逸豆归见莫浅浑大败，就要带着人口一同北逃，但南罗城（位于今内蒙古自治区西拉木伦河或老哈河流域）城主涉夜干道："虽然莫浅浑败了，可我们国中还有数万将士，谁胜谁负，尚未可知，您何必要逃呢？"

宇文逸豆归道："慕容皝、慕容翰、慕容恪和慕容霸这几个人都是当今天下的英杰，我怎么能打得过他们呢？"

涉夜干冷笑："您何必长他人志气，灭自己威风？就您说的这几个人，根本就不被我放在眼里。我愿意带兵一战，把四个人的首级取来。"宇文逸豆归听他说得这么肯定，就把所有的军队都交给涉夜干，涉夜干带着这四万兵马回到南罗城拒敌。

前锋慕容翰带兵进攻南罗城。涉夜干并不守城，带兵杀出。涉夜干实在是勇猛，双方交战不久，慕容翰军大败。涉夜干带着弓弩手，一边追一边射，一直追到慕容皝的主力军来到，才从容退去。刘佩、高诩被射死，慕容翰被射伤。

慕容皝带兵与涉夜干打了几仗，并没有什么进展，便有些着急，这时慕容翰道："要想速战速决，可以杀死对方主帅。涉夜干不守城而出战，而且每次都身先士卒，亲赴敌阵，要杀他并不是很难，只要杀了他就可以取胜。"遂带慕容恪、慕容霸、鲜于亮共率敢死队三百人埋伏。

第二天，涉夜干又带兵来战，双方杀在一处。慕容翰、慕容恪、慕容霸和鲜于亮率三百敢死队员不计损失，只往涉夜干处杀来。涉夜干最终被这四个人围在当中，刀剑齐下，斩杀于马下。涉夜干被杀后，宇文部兵马立刻败溃，前燕兵乘胜攻克南罗城。宇文逸豆归逃往漠北，死于路上。宇文部灭亡，辽东一统于前燕。

慕容翰在前燕后期战争中起到了相当重要的作用，但也因此被慕容皝所忌，担心他在自己身后作乱，最后被赐死。

第九章

中原之乱

东晋西征

咸康八年（342）六月，晋成帝病亡，年仅二十二岁。他的两个儿子司马丕和司马奕还都是襁褓中的婴儿。权臣庾冰于是立成帝的同母弟司马岳为帝，是为晋康帝，改元为建元。哪知道两年之后，即建元二年（344）九月，晋康帝又病死，年仅二十三岁。经大臣朝议，遂立晋康帝的儿子司马聃为帝，是为晋穆帝。

自司马睿开创东晋以来，除了晋元帝司马睿自己活了四十七岁，后来的东晋皇帝很少有活过二十七岁的。晋明帝司马绍死时二十七岁，晋成帝司马衍死时二十二岁，晋康帝司马岳死时二十三岁，晋穆帝司马聃死时十九岁，晋哀帝司马丕死时二十五岁，其后晋废帝司马奕虽然寿命达到四十五岁，但他在位仅六年即被废。再后来，晋简文帝破纪录地活了五十三岁，但在位仅一年后就身死。直到晋孝武帝司马曜二十岁继位后，才得以破除这个或寿不过二十七岁、或在位不过六年的魔咒。不过新的魔咒又开始了，其后东晋所有皇帝都是被害死的。晋孝武帝司马曜是被妃子用被子闷死的；晋安帝司马德宗是被急着当皇帝的刘裕派人给勒死的；晋恭帝司马德文本是个过渡皇帝，立他就是准备给刘裕让位的，司马德文也在让位时说心甘情愿，但刘裕仍容不下他，派人将他毒死。

再说晋穆帝司马聃，他继位时只有两岁，遂由褚太后听政。褚太后以会稽王司马昱（晋元帝最小的儿子）为抚军大将军，录尚书事，帮助她治理朝政。在外则由桓温为安西将军，持节，都督荆、司、雍、益、梁、宁六州诸军事,兼荆州刺史。

东晋王朝,第一位任安西将军之职的人是陶侃,陶侃之后是庾亮,庾亮之后为庾翼,庾翼于褚太后临政的第二年病死。庾家再无人能担当这个位置,经群臣推荐后,桓温当选。

桓温是江东望族首领恒彝的儿子,当年石勒破西晋洛阳城南下攻司马睿时,桓彝参加过对石勒的战争。苏峻之乱时,桓彝参加了讨伐苏峻的战争,后被韩晃困于泾县(今安徽省南部),死守一年后被俘。桓彝宁死不降,被韩晃的部将江播杀害。桓温当时年仅十五岁,从此身不离剑,扬言一定要为父报仇。

江播后来投奔了东晋,但也知道桓温厉害,时时防备。桓温十八岁时,江播病死,桓温于是化装成吊唁的宾客,入江播府,将江播的三个儿子杀死,然后自首。这种狠角色,朝廷竟然没有追究,甚至为了嘉奖其孝义,把晋明帝的女儿南康公主许配给他为妻,拜为驸马都尉。桓温自此名声大振。

庾翼生前就曾向成帝推荐道:"桓温是当世英雄,皇上当委以重任,此人必能立匡世之勋。"在庾翼的赏识和提拔下,桓温先升为琅琊内史,后升为都督青、徐、兖三州诸军事,徐州刺史,可谓青云直上,到褚太后任命他为安西将军时,桓温也不过三十三岁。

桓温素有大志,与前几任安西将军不同,他一上任就打算建功立业,统一国家。他把自己的想法告诉江夏相袁乔,袁乔道:"如今天下三分,北有后赵,西有成汉。成汉虽然地形险要,但无论军事实力还是经济实力都比后赵要弱很多。将军要一统四海,不如先攻成汉。"

桓温点头称是,遂先派大量的间谍人员进入蜀地,搜集情报。

成汉的李寿于343年病逝,比晋成帝晚一年,比晋康帝早一年,太子李势登基。按规矩,李势当皇帝后,应当先立太子。可是李势没有儿子,于是他的弟弟李广,就请求立自己为皇太弟。李势不但不答应,而且很生气,要废黜李广。大臣解思明替李广求情,李势遂连李广和解思明一块儿杀了,并灭了解思明的三族。

李势继位后骄奢淫逸,不理政事,刑法苛滥,广派徭役,增加赋税,大兴土木工程,人民苦不堪言。不久后,又发生自然灾害,人们实在活不下去了,到345年,太保李奕在晋寿(今四川省彭州市西北)举兵反叛,老百姓纷纷响应参加，很快达到数万人，一直攻到成都，将成都包围。李势亲自登城带兵抵御，结果李奕战死，手下数万人溃逃。虽然李弈战死，巴蜀的饥民问题仍然没有解决，共有十余万人外出流浪，成为成汉大患。

桓温了解到这个情形，便打算进攻成汉。正巧凉州牧张骏病死，世子张重华嗣位。后赵石虎畏惧成汉的险峻，攻晋又没有实力，攻燕连吃败仗，只好欺负前凉。他见十九岁的张重华当了凉州牧，便起兵去攻。

桓温听说后喜道："石虎去打凉州，我没有后顾之忧了。此时若不灭蜀，以后怕再没有这么好的机会了。"遂把指挥中心向西迁到江陵（今湖北省荆州市）。东晋永和二年（346）十一月辛未，桓温征得朝廷的同意后，派长史范汪留守江陵，以袁乔为前锋，率五千水军先行；自己带着大将周抚、司马无忌等人，率步骑一万，从三峡故道西进。

一路上，桓温只见三峡地势险峻，道路难行，每日行军只能走二十多里路。许多地方都是一夫当关，万夫莫开，林密山深，但有埋伏，必全军覆没。桓温走得十分小心，每每先派大量哨探仔细探过路，没有埋伏才敢前进。哪知道直走到夔门（即瞿塘关，位于今重庆市奉节县瞿塘峡）也没有见到蜀兵的影子，桓温叹道："李势随便在哪个地方埋伏下一支军队，我便无法入蜀。当年曹魏灭蜀，就是因为蜀关皆废，没想到历史又要重演啊。"

桓温的部队到了青衣江，李势才知道，急忙派大将李福、李权分两路去彭模（今四川省眉山市彭山区南）防守；派大将昝坚率水军自江北鸳鸯碕（今四川省眉山市彭山区东北）到犍为（今四川省眉山市彭山区西北）防守。

桓温这时已经到了彭模，他的部下都建议兵分两路进攻。唯有谋士袁乔认为，兵分两路，不好配合，如果有一路败了，剩下一路孤军深入，也不会有结果；不如全军携三日粮，轻装齐进，以示必胜之心，这样将士必一鼓作气，拿下成都。桓温用了袁乔的意见，挑选精兵一万三千名去攻成都，留下参军孙盛和周楚带两千士兵在彭模守卫辎重。

桓温走后，蜀军李福带兵来攻彭模，孙盛坚守不出，李福不能攻克。桓温则与李权的军队相遇，李权接连吃了几个败仗，逃回成都。成都的镇东将军李位都觉得大势已去，偷偷跑出来降了桓温。桓温在李位都的带领下行军速度更快。而昝坚来到犍为后才知道桓温根本就没有走这条路，于是立刻带军回撤去救成都。这时东晋军已经快速来到成都附近的十里陌,在这个地方与昝坚打了一仗,昝坚被击败。

这时,李福因攻不下彭模也已经退回成都,李势城中尚有三万兵马,军事力量也不弱。于是,他下令所有军队出击,与晋军在成都西南的笮桥展开一场大战,竟然打败了桓温的突击部队,参军龚护战死,一直跑在前面的桓温也被流箭射中胯下之马。

晋军恐慌,便想退后,这时袁乔命鼓手猛击战鼓,并力催后边的士卒奋力向前,晋军遂拼了命地向前冲,反又击退了蜀军,一直攻入城中。李势带着残兵逃出成都,不久后又回到成都,但这回不是反攻成都,而是向桓温投降。

东晋永和三年(347)三月,占据蜀地四十六年的成汉国就此灭亡。

桓温在成都待了一个多月,留周抚镇守成都,自己带兵回到江陵,李势等成汉的宗族都被送到建康。

桓温因此被封为临贺郡公、征西大将军、开府仪同三司。桓温不仅待遇如三公,而且大权在握,其手下大将袁乔为龙骧将军、湘西伯,司马无忌为前将军,周抚为益州刺史。

在晋朝,皇室的爵位从高到低依次为王、公、侯、伯、子、男,但只有皇子才能封王;大臣的爵位依次为郡公、县公、郡侯、县侯、开国侯、开国伯、开国子、开国男、乡亭侯、关内侯。

桓温被封为郡公,就是最高一级了,此时的桓温只有三十五岁。

尚书左丞荀蕤等人都对桓温的权势有所担心,提醒褚太后要防备此人。褚太后和司马昱商量后决定再起用一位才智足以能和桓温相抗的大臣,以达到制衡的目的。这个人选为殷浩。

殷浩曾经是庾亮的记室参军,很有才能,但讨厌做官,因为和庾亮交好,才给庾亮面子跟随庾亮从政,后来庾亮病死,殷浩随即隐居。司马昱几次去请殷浩,殷浩都婉拒了。司马昱亲自去劝他说:"凭你的才能足够治国安民,如果你非要隐于深山,那国家的发展都会受到影响。你的隐退和就职,关系到国家兴废,你想想你该如何呢?"殷浩于是答应出山,被任命为扬州刺史。

桓温听说朝廷重用殷浩来牵制自己,心存轻蔑,对人道:"我小时和殷浩在一块玩,我扔掉的东西,殷浩就将它捡回来,此人比我差多了。"

前面说到桓温在攻成汉的时候，石虎也在攻前凉。前凉在张骏的领导下实力发展得很快，军事力量和经济力量都很强大，同时张骏向西征讨，统一了大概相当于今天新疆中南部的广大地区。

张骏死后，石虎欺负新任凉州牧张重华只有十九岁，便派凉州刺史麻秋领兵八万进攻西凉，很快攻克金城（今甘肃省兰州市），太守张冲投降，又攻克大夏城（今甘肃省临夏市广河县），接着向凉州的首都姑臧（今甘肃省武威市凉州区）进兵。张重华急命征南将军裴恒，率举国之兵——约二十万大军去和麻秋交战。

裴恒不敢交战，守城不出。凉州司马张耽认为裴恒心存畏惧，作战无能，劝张重华换帅。张重华问何人可当主帅，张耽推荐主簿谢艾。张重华说："这个人我知道，很年轻啊，比我大不了几岁，而且从来没有打过仗，这个人能行吗？"

张耽极力推荐，并以自己的性命担保。

张重华遂见了谢艾，问他御敌方略。谢艾道："裴恒之所以不敢出战，是因为胆怯。麻秋也已经看在眼里，对我军甚为轻视，所以防备也不严密。我愿意领一支精兵，抄偏道突击麻秋，必能取胜。"

谢艾的话让张重华很满意，遂封谢艾为中坚将军，领兵一万。谢艾带兵悄悄地接近麻秋的大营，夜晚突然袭击，麻秋的军队不曾防备，顿时大乱。裴恒见敌营乱了，也带兵出城助战。赵军大败，狼狈逃回金城。张重华见打了胜仗，立刻封谢艾为福禄伯。

麻秋回到金城后，不敢再攻姑臧，转攻枹罕（今甘肃省临夏市枹罕镇）。

河州刺史张瓘坚守枹罕，麻秋死伤两万士兵，仍不能破城，只好向石虎请求退兵。石虎又派大将刘浑、石宁十万军队去增援。两方合兵后再一次猛攻枹罕。张重华也派谢艾为帅，带索遐、张瑁二将，领兵五万去救援枹罕。

谢艾带兵南渡黄河，麻秋闻讯也领兵前来。双方相遇后，谢艾却守营不出。麻秋不知虚实，也不敢轻易进攻。双方正在僵持，没想到凉军大将张瑁率三万人从后面杀来，麻秋一下子被打蒙了，谢艾乘势也带兵冲过来，麻秋两万人全军覆没，单骑一人逃回金城。

刘浑、石宁见对方援兵已到并杀败麻秋，不敢恋战，也只得退兵。谢艾解了枹罕之围，被张重华封为左长史、卫将军、酒泉太守。同时，张重华又派使臣向东晋报功请封。褚太后与大臣商议后，派使臣俞归到凉州，封张重华为侍中、大都督、大将军、凉州刺史、西平公。从此，凉州又重新成为东晋的属国，张重华也总算是实现了父亲张骏要归晋的夙愿。

四国闹中原

石虎进攻凉州失败之后，又听说东晋占了成汉，不由长叹："胡运将衰，晋当复兴。"从此竟再没有统一天下的雄心了，一心一意只想着享受。

石虎喜欢打猎，于是将灵昌津（今河南省新乡市延津县）向南到荥阳、东至阳都（今山东省临沂市沂南县）的广大地区都划为猎场，不仅侵占老百姓的田地，而且只要有百姓伤害其中的一禽一兽，立刻处以死罪。不要说杀害，就是弄伤一禽一兽也是死罪，真是人不如禽兽啊。而看管猎苑的官员则趁机向附近百姓勒索，如果敢反抗，立刻就弄个死鸟死兔子扔到百姓家门口，诬陷他们猎捕禽兽，论罪处死。

石虎又在全国进行了一次选美活动，夺民妻、民女三万余人，充实后宫。许多女子已经嫁做人妻，丈夫不愿意，那就杀夫夺妻。他这么一弄，基本上豫州、徐州、扬州、荆州、鄄州、青州、兖州、洛州、司州就没什么百姓了，都跑光了。石虎从来不承认自己有错，他认为老百姓跑光是地方长官的过错，于是又杀了地方官近百人。金紫光禄大夫逯明看不下去了，他对石虎道："你把国家搞成这个样子，恐怕国家要完蛋。"石虎便把逯明杀了。然后，他制定刑法，严禁私底下议论朝政，如有人谈国事，任何人都可以告发，属吏可告发官长，奴仆可告发主人，且告发者有重赏。从此以后，所有大臣见面连是否吃饭一类的问候语都不敢说了，只能用目光交流。

石宣是石虎的长子，而嫡长子被石虎所杀后，石宣被立为太子。可是，石虎最喜欢的儿子是秦公石韬，所以也给石韬很大的权力，封石韬为太尉，派石韬和太子一人一天轮流执政，甚至让石韬使用和太子一样规格的车马、宫殿和装饰。石韬自己也很不检点，竟在太尉府中造宣光殿，横梁长达九丈，这是皇帝的规格。石宣本来就很看不惯这个弟弟，听说石韬竟然这么干，带了东宫的两百士兵就冲到了石韬的府中，把工匠全部杀死，把那个九丈的横梁给锯成两截。

石韬也不含糊，等石宣一走，又重金请来不怕死的工匠，给他造了十丈横梁。石宣都快气疯了，让心腹杨柸、牟成、赵生三人潜入太尉府中，暗杀了石韬。

石虎第二天听说石韬被杀，当时便昏了过去，醒来后又大哭一场。他很快查到此事与石宣有关，于是以王后哀伤过度为由，诏命石宣进宫看母亲。石宣一进宫就被石虎扣下。接着，石虎又查出是石宣与杨柸、牟成、赵生三人合谋刺杀石韬。石虎当即命人搜捕杨柸、牟成、赵生三人。杨柸、牟成早已经跑了，赵生跑得慢了一步，被抓住后在严刑下说出石宣是主谋。石虎怒不可遏，让人用铁环穿透石宣下颌，锁入牢房。石宣日日痛苦哀号，那凄惨的声音几乎整个内宫都听得到。

数日后，石虎把石宣押到刑场，把他的头发整绺整绺地拔掉，又拔掉他的舌头，砍断他的手脚，挖出他的眼珠子，再开膛破肚，肠子流得满地都是。最后，把绳索套在石宣脖子上吊起来，吊到柴堆之上，点着了火，把石宣烧成灰烬。

石虎还不解恨，又命人将石宣的骨灰撒在各个城门的大道上，任人践踏；并将石宣的妻子儿女全部杀死，诛杀官吏三百人。他又把东宫的五十多名宦官全部车裂肢解，然后抛尸漳河，再将东宫改作养猪场。石宣手下八万禁军，也被贬到凉州戍边。而石宣的母亲杜王后则被废为平民，软禁在冷宫。

大臣们准备在燕公石斌和彭城公石遵两个人中间推举一个立为太子，但石虎道："我为什么生的都是这些坏东西？真想用纯石灰好好洗洗我腹中的肠胃。既然这些儿子们只要年过二十就想杀父，那我就立石世为太子吧。石世今年刚刚十岁，等他到了二十岁时，我也该入土了。"

石虎遂立石世为太子，以其母刘昭仪为天王后。经此事后，石虎的身体迅速恶化，他觉得自己时日不多了，遂于第二年（349）正月登帝位，大赦境内，但原东宫卫士不在赦免的范围之内。

原东宫卫士中，有一万精选的高力（身高力大的意思）禁卫军。这些军队平时所受的待遇要高出其他军队一大截。本来东宫军队就比普通的军队待遇高，高力军又比东宫军队待遇要高。不过，这些被贬的军士现在只能徒步从雍城（今陕西省凤翔县城南）运送粮草到凉州，雍州刺史张茂不但盘剥了他们运粮的马匹，还不断派人催逼，动不动就拳脚相加，这些高力军哪里吃过这个亏，再加上石虎登基大赦，却唯独不赦原东宫禁军，于是高力军首领梁犊带着这一万高力军造反。梁犊自称晋征东大将军，率一万人向东杀去。高力军没有兵器，便跑到百姓家，有的拿斧头，有的拿钉耙，有的拿锄头，武器虽然简陋，但这支队伍十分勇猛。安西将军刘宁率一万人来征讨，被打得大败。其实老百姓早就想反了，因为石虎打仗太厉害，没人敢反，这回梁犊一带头，大家一起响应，一路上人们纷纷投奔，等梁犊杀到长安时，已经有十万大军。

　　镇守长安的乐平王石苞带领精锐部队出来与梁犊打了一仗，大败回城，再也不敢出来，闭城而守。梁犊既不需要后方接应，也不巩固根据地，只是流动作战，见石苞守城不出，便向东出了潼关，进逼洛阳。

　　这时，石虎早已得到消息，派李农带十万人去征讨。两军在新安（今河南省洛阳市新安县）打了一仗，李农大败，逃到虎牢关据守，不敢出战。石虎又以石闵为前锋，去攻梁犊，并请苻洪和姚弋仲南进协助石闵。

　　姚弋仲带一万名羌兵向南来到荥阳，见苻洪、石闵正和梁犊交战，遂从侧翼突进。梁犊与石闵、苻洪二军交战，已经非常吃力，不防姚弋仲杀来，登时大败。梁犊被姚弋仲的军队围住杀死。石虎遂封姚弋仲为西平郡公，封苻洪为略阳郡公，石闵为武兴公。这三个人后来都成了乱世英雄。

　　石虎平叛之后，一病不起，于是下诏以燕王石斌为丞相、录尚书事，入朝辅政，以彭城王石遵为大将军，出镇关内。石虎自以为自己的两个已经长大的儿子，一个主内一个主外，一定能让赵国稳定。但刘皇后却不这样想，她担心石斌入朝辅政后会夺去朝权，于是派人假传圣旨说让石斌缓几日再来，石斌便留在襄国未行。过了半个月，刘皇后、张豺又假传圣旨说："石斌没有忠孝之心，皇上让你来你怎么不来？"派人申斥石斌，让他一个人来京请罪。石斌怀着一肚子委屈去邺城解释，哪知一到邺城就被刘皇后派人抓起来给杀了。

　　东晋永和五年（349）四月，石虎病死，时年五十五岁。十一岁的太子石世即位，尊刘皇后为皇太后。刘太后称制后，遂掌朝中大权，重用张豺。

然而，姚弋仲、苻洪、石闵三将不满一个女人带一个小孩当政，都拥护石遵称帝。石遵继了皇帝位，尊生母郑氏为皇太后，立张氏为皇后，以石斌之子石衍为皇太子，而贬石世为谯王，废刘氏为太妃，不久又将石世母子毒死。石世当时还不满十一岁，在位仅仅二十二天。

这帮功臣各有封赏，其中石闵被封为都督中外诸军事、辅国大将军。石闵本来以为自己是石虎的孙子，虽然不是亲生的，但立了大功，就算是不封王，也得封个公吧，却什么爵号也没有，只被封为大将军，心中便有不满。

这时，东晋梁州刺史司马勋进兵骆谷，攻取长安。镇守长安的乐平王石苞守不住关内，便向石遵求救。石遵派车骑将军王朗率两万人马进入长安，捎带着把这个有可能在关中独立的弟弟抓起来，押回邺城。司马勋和王朗打了一仗，各有胜负，司马勋见讨不到便宜，仍旧退回梁州。

关中刚刚平稳，沛王石冲又以石遵谋逆的理由起兵十万南下攻邺。石遵以石闵、李农为正副都督，率精兵十万，北上迎战。两军在平棘（今河北省石家庄市赵县）大战，石冲大败，先锋将军陈暹战死，石冲被擒。石遵赐石冲自尽，然后把已经投降的约五万官兵全部坑杀。

石闵觉得自己又立了大功，上表为将士请功，同时也为自己提出一个小小的要求，希望能将自己封侯。石遵却害怕石闵建立威信，执掌兵权，不但不封赏他，反而把弟弟义阳王石鉴、乐平王石苞、汝阴王石琨等人招来，密谋杀害石闵。

石鉴担心石遵不是石闵的对手，同时自己也有当皇帝的心，干脆跑到石闵处告密。石闵听了立刻派殿中将军苏彦、周成带三千铁甲军杀入宫中，将石遵擒住。石遵惊问："反者是谁？"

周成答："义阳王石鉴当立！"

石遵摇头道："我尚且落得这个下场，石鉴的能力还不如我，他又能活多长时间！"

石遵和郑太后、张皇后、太子石衍等都被杀死，在位一百八十三日。

石鉴称帝后，朝权却被石闵和李农把持。石鉴空有皇帝的名义，却不能专权，这并不是他当年出卖石遵想得到的东西，他想要的是真正的皇权。

石鉴找来乐平王石苞、中书令李松和殿中将军张才，让他们三个带了家丁三百、亲兵五百去攻石闵和李农居住的琨华殿。虽然，石闵和李农并没有想到石鉴会来这么一手，可是两个人治军很严，防卫十分严密，反将三人杀得大败。石苞、李松、张才三个人没有逃出城外，却逃到宫中去找石鉴寻求庇护。他们也不想想，一个傀儡皇帝能护得了他们吗？石闵、李农紧跟着就杀入了宫中。

石鉴吓坏了，急中生智，杀三人灭口，然后走出来对石闵、李农说道："你们来得正好，我替你们把这三个作乱的人都杀了，首级在这里，你们回去吧。"石闵、李农知道是石鉴指使，但找不出证据，只好回去，不过更加小心防备。

石鉴并不甘心就这样被人操纵，他知道龙骧将军孙伏都、刘铢与石闵、李农有仇，便又密召二人来到密室，拉着两个人的手，请求两个人为他除去国奸。

孙伏都、刘铢说他们早就准备好了三千羯族死士，却因为师出无名，不敢轻举妄动，现在有了皇帝的密诏，终于可以一战了。于是，当夜两人率三千精兵再攻琨华殿。石闵只是防备刺客，却没想到这回石遵派了武器精良的王牌正规军前来，自己在琨华殿只有一千护军，他急问李农怎么办。李农道："现在兵权都在您的手中，许多将领都只听您的话。您只要下一道命令，千军万马立时调来，还怕他三千人吗？"

石闵这才反应过来，立刻去召偏将军王简带兵来援，自己带兵坚守琨华殿。孙伏都、刘铢正在攻取大殿，忽然背后王简带一万人赶到，孙伏都、刘铢大败，都死于乱军中。

孙伏都、刘铢所带的羯族士兵于是纷纷向凤阳门逃去，石闵和李农带兵掩杀，直到把所有人杀光才转头向宫中而去。石闵与李农带兵进入宫中，石鉴吓得魂都飞了，故技重施道："朕听说孙伏都和刘铢谋反，你们快去替朕讨伐。"石闵这回啥话也没说，直接囚禁了石鉴，然后开始大屠杀。

当时，汝阴王石琨带着两万羯兵从邺城逃走，跑到襄国投奔了新兴王石祗。二人合兵八万，南下讨伐石闵。石闵与李农率军出城将石琨击败，石琨带残兵逃回邺城。石闵本来想留着石鉴作为要挟，但石鉴传密信向姚弋仲求援，石闵遂杀石鉴，并把石虎的三十八个孙子全部杀死，石虎一脉仅剩下石琨、石祗兄弟二人，而石闵也恢复原名冉闵。

后赵的司徒申钟、尚书左仆射刘群、中书监卢谌等人劝冉闵称侯，然后向晋称臣，做一方诸侯，但冉闵一再推托。尚书胡睦看出冉闵的心思，于是劝冉闵称帝，冉闵欣然接受。东晋永和六年（350），冉闵正式登帝位，立国号为"大魏"，史称"冉魏"。冉闵立儿子冉智为皇太子，以李农为太宰、兼太尉、录尚书事，封为齐王。

襄国的石祗听说石鉴被杀，也称帝改元，任命石琨为相国，姚弋仲为右丞相、亲赵王并加殊礼。这时，各方都派来信使，表示支持石祗。石祗于是调集所有兵力约十万，以石琨为帅，南下伐冉魏。石琨来到邯郸的时候，刘国等人也带兵来到，兵马达到二十多万。

冉闵见对方兵力比自己多出很多，便派兵去晋朝求援，说："咱们都是汉人，一起来对付羯人吧。"但冉闵称帝的害处这时候显出来了，晋朝大骂冉闵是乱贼，既然称帝，就是不把晋朝当作正统，将来必为晋朝的祸患，不但不去帮助冉闵，反派殷浩带三万部队北攻。

李农劝冉闵暂时去掉帝号，向晋朝称臣，即使晋朝不帮自己，至少也不会派兵来攻。不过冉闵是想当皇帝想疯了，李农的好心被他当成驴肝肺，他竟然说李农有归晋之心，把李农给杀了，然后亲自带十万士兵去攻石琨。

冉闵连战连胜，石琨一败再败；同时，冉闵又分兵去拒晋兵——这三国在中原大地上打来打去，中原大乱，烽火连天，战火频仍。这时，慕容鲜卑看到了机会，也打算进军中原，以取天下。

慕容皝已经于东晋永和四年（348）九月病死，比他的冤家石虎早去世七个月，享年五十二岁。世子慕容儁继前燕王位。

因慕容皝在世时极宠爱慕容霸，甚至一度威胁到慕容儁的世子地位，所以他对慕容霸很不满。慕容儁继燕王位后，便给慕容霸改了个名字，叫慕容缺，因为"缺"字太不吉利，遂又改其名为"垂"。慕容霸倒是没什么不满，于是就改叫了慕容垂。

慕容垂见中原大乱，劝慕容儁趁机进兵中原，以图四海。慕容儁说："中原虽然大乱，但把守进入中原要道的后赵征东大将军邓恒占据乐安城（今河北省唐山市乐亭县东北）。邓恒兵强粮足，很难攻破。如果绕道卢龙塞（今河北省唐山市喜峰口），那里山路险狭，一旦被伏兵掩杀，必败无疑。南下只有这两条路可走，你说怎么办？"

慕容垂道："邓恒虽然是个勇将，但现在中原的局势很不稳。邓恒也没有死守的心思，只要我们猛攻，邓恒很有可能弃城。请给我一支军队，我愿意为您攻取乐安城。"

慕容儁还是犹豫，既想入中原争霸，又害怕被人家打一顿赶回来，于是召群臣共议。慕容虢手下重臣封弈、从事中郎黄泓、折冲将军慕舆根等人都主战，称中原必将是前燕的中原。

慕容儁这才下定决心，让世子慕容晔留守龙城，以内史刘斌为大司农，与典书令皇甫真留管理后方事务。他又以慕容恪为辅国将军，慕容评为辅弼将军，阳骛为辅义将军，挑选精兵二十余万，自带一部军队，带大将慕容恪、慕容评、鲜于亮、慕舆根从大道出卢龙塞；命慕容垂率兵二万，由东边出徒河（今辽宁省锦州市境内）；命慕舆干由西边出居庸关，慕舆埿跟在其后，三路攻赵。

慕容垂出了徒河与赵将邓恒先打了一仗，邓恒守乐安城不出。慕容垂知道乐安城高墙固，并不好攻，于是派都尉孙泳带一万军去攻令支，抄邓恒的后路。邓恒本就有南归之心，又见后路被抄，怕被包围不能南归，于是把粮草点着，带兵南归，跑到蓟城和幽州刺史王午合兵一处。

慕容垂等邓恒出城，急忙带兵入城灭火，粮草只烧去十之二三，其余都被慕容垂得到了。因为邓恒把所有守关兵都撤走，结果中、西二路前燕军平安无事地过了险关。三军会师后，猛攻蓟城。因无险可守，且前燕军兵力强盛，邓恒、王午守了十几日，终于没能守住，城破逃走，大将王佗被杀，邓恒、王午退保鲁口（今河北省衡水市饶阳县）。慕容儁遂又来攻鲁口，在鲁口城外扎下大营。

慕容儁刚扎下营来，不防邓恒派部将鹿勃早带一万精兵晚上偷袭，慕容儁急忙起来应敌。慕容儁所率部队反应极为迅速，很快集合起来杀向鹿勃早。鹿勃早开始还能抵挡，但是随着前燕兵纷纷清醒过来，都朝鹿勃早这边杀来，前燕兵反倒越打越多。鹿勃早本是偷营，结果却成了突围。最后，鹿勃早一个人逃出重围，一万精兵或俘或杀，全军覆没。第二天前燕军猛攻鲁口，但鲁口的城池要比蓟城坚固许多。慕容儁攻了一个月不能攻破，只好带兵先退还蓟城。

第九章 中原之乱

身死国灭

由于中原战乱频仍，到处都是屠杀，百姓四处奔逃，寻找没有战乱的地方。苻洪的部队驻扎在今天河南省黄河北部的部分地区，大约相当于今天的鹤壁市和安阳市。这个地方是离战乱最近、却最安全的地方，于是百姓纷纷投奔，苻洪趁机征召军队，很快拥有三十万士兵。苻洪觉得自己已经有足够的实力与其他势力抗衡了，便自称三秦王，宣布独立。在称王之前，苻洪算了一卦，卦象说要改姓为"苻"，才能做王做得长久。于是，苻洪便改作了苻洪，蒲姓这一宗族也全部改称苻姓。

这时，赵国的王朗和麻秋在洛阳发生火并，两个人本来是好友，但冉闵颁布"杀胡令"后（王朗为胡，麻秋为汉）两人的立场随之敌对起来。麻秋支持冉闵，把王朗的军队痛打了一顿，杀了八千羯胡士兵。王朗带着残部逃到襄国，投奔了石祗。麻秋则去投奔冉闵，但兵过枋头的时候遭到苻洪的伏击，麻秋不敌，只得投降。苻洪欣赏麻秋的军事才干，任命他为军师，并且时常对麻秋提到他一统天下的大志。麻秋本来心在冉魏，并不是真心降秦，表面上奉承苻洪，暗地里却利用一次请苻洪吃饭的机会，下毒毒死了苻洪。

苻洪死后，他的第三个儿子苻健秘不举哀，亲率五千精兵去袭麻秋。麻秋已经准备好起义，就等苻洪的死讯了，左等右等都没有苻洪是死是活的消息，突然苻健杀到，直入中军，麻秋不防，束手就擒。苻健在苻洪灵前杀麻秋以祭父灵，然后才为父发丧。因为苻洪临死前留下遗言说，谋取中原的英雄太多，秦国要平定中原不太可能，应当向西到关中发展根据地。所以丧事之后，大家都请求向西到关中。苻健却道："从今不得再言到关中之事，有再言者斩！"人们都很惊讶，不知道苻健打的是什么主意。苻健又把三秦王的称号去掉，只自称将军，并在枋头修起宫室，召集老百姓种田发展生产，大有在豫北长住下去的意思。

雍州刺史杜洪早就知道苻洪有到关中之心，派重兵把守潼关及黄河各处渡口和险要。苻健继位后，杜洪仍是十分紧张，但听说苻健在豫北有扎根之势，也觉得有些奇怪，便派使者去试探苻健说："你们的老家本来就在陕甘，我愿意把三秦之地让给你。"苻健说："我不去，那里太穷了。"又领着使者到处逛了一圈说："你看我这里多富饶，吃得好穿得好，我做何要去关中受苦。虽然我们苻家的老家在关西，可是离开那里很久了，我已经习惯这里的生活了。这样吧，咱们结个互不侵犯条约，和平共处，岂不更好？"

使者回去后，说苻健在豫北玩得很开心，还要签订互不侵犯条约，看来没打算回关中。杜洪很高兴，对苻健也就不提防了。

到了第二年八月，苻健收了粮食，立刻派弟弟苻雄和大哥的儿子苻菁分别带兵，迅速从潼关和轵关（今河南省济源市境内）入关。因为速度太快，苻菁渡过蒲津关（又称临晋关，今陕西渭南市大荔县东），直插到潼关的后方，杜洪竟然也没有发觉，只是发现了苻雄的军队，并派司马张琚在潼关迎敌。张琚与苻雄交战，却不防被苻菁抄了后路，大败而归。苻菁与苻雄二军合兵一处，向长安进发。苻健也亲率一支部队赶来。

三军共有军队十余万，来到长安城下。杜洪也亲率十万大军出城迎敌，双方互攻了三天，苻健大胜，乘势杀入长安。杜洪与张琚率败兵逃奔司竹（今西安市周至县司竹镇）。

苻健进入长安后，立刻废除后赵的一切乱七八糟的刑罚，免去一切重税和徭役，重新制定法令，并且搜罗人才，提倡节俭，三秦风气为之一变，百姓的负担比以前也大大减少，国力渐渐得到恢复。东晋永和七年（351）正月丙辰日，苻健称天王，国号大秦，史称前秦。第二年，张琚杀杜洪自立。苻健又令苻雄攻破司竹，斩杀张琚。

与此同时，中原这边仍是襄、魏、燕、晋四国攻来攻去，打成一团。

350年11月，冉闵派十万大军进攻襄国，石祗和石琨坚守城池。冉魏军猛攻四个多月不能破城，冉闵干脆绕着襄国城筑了一圈石墙，然后在石墙外开垦农田，盖起房子，准备长期住下去了。

石祗一看魏军这么干，害怕了，毕竟城里面种粮不像城外那么方便，一困三年五载的还不都饿死？于是把自己的皇帝号去掉，改称赵王，派太尉张举去蓟城向前燕请求援兵，并且答应事成之后送传国玉玺，向前燕称臣；又命令中军将军张春去滠头，请姚弋仲来援。

两边的求援都很顺利。姚弋仲念石虎旧情，派世子姚襄率三万铁骑来救。慕容儁听说只要和后赵联兵灭了冉魏，后赵就向自己称藩做臣，也派御难将军悦绾，率精兵五万去救襄国。

冉闵听说两路援军向自己杀过来，知道硬打恐怕胜负难料，于是也展开外交攻略，派从事中郎常炜去前燕求和。

常炜求和的理由是前燕后赵两国是世仇，打了几十年仗了，如今冉魏替前燕灭后赵，前燕何必要救这个昔日的仇人。

慕容儁直接打开天窗说亮话："石祗要去帝号献玉玺，尊我为帝，愿为臣藩。你冉魏已经自称皇帝，摆明了是打算一统天下。我将来还得向你称臣，你说我能帮谁？"

常炜说："邺城才是后赵京都，玉玺明明是在我们邺城呢，怎么会在襄国？再说了，商汤可以放逐夏桀，武王可以讨伐商纣，曹孟德可以代汉自立，建立曹魏。我们主公当皇上惹着谁了？为什么不能当皇帝？"一番话说得慕容儁哑口无言。

常炜虽然给冉魏长了面子，但并没达到使前燕罢兵的目的。前燕军和姚军一同去攻冉魏军，赵国的军队也出城里应外合，冉魏军大败，十万人只剩下一两万，狼狈逃回邺城。

姚襄完成了任务带兵回到滠头，悦绾则还有一个任务没完成，就是向石祗要传国玉玺。石祗装糊涂道："我说过给你们燕国玉玺吗？应当没有吧。玉玺又不在我们这里，在邺城呢，我如何给你？这么办吧，你们自己去邺城取吧。"

悦绾回报慕容儁，慕容儁才知受骗，那个后赵使臣张举还在蓟城当人质呢，当然立刻就被砍了祭旗，而冉魏的常炜则被放了。

石祗打了大胜仗，又派大将刘显率八万大军反过来攻打邺城。冉闵把城中所有的将士两万余人集合起来带出城：派大将军董闰率三千弓弩手埋伏于左翼，车骑将军张温率三千弓弩手埋伏于右翼，自率三千骑兵为敢死队，其余军队布于阵后。

刘显带八万军来到邺城，见冉魏军并不守城，而是出城列阵，又没有多少兵，笑冉闵自己出来找死，遂带八万大军鼓噪而进。冉魏军既不退也不进，一直等到后赵军攻到百步的时候，突然梆子响成一片，董闰、张温各率弓弩手奔出来齐射，箭如飞蝗骤雨一般，登时射倒刘显前军数千人，刘显的前军往后退，后军却往前拥，人挤人，人撞人，乱成一锅粥。冉闵立刻率三千敢死骑兵冲入敌阵，左杀右砍，以一当十。刘显的军队被杀得哭爹喊娘，如潮水一般向北退去。冉魏两万兵马一路追杀，刘显一败再败，被冉闵逼得实在没有办法了，只好投降。冉闵命刘显继续带着残兵，假装败回襄国，然后发动兵变。

刘显依计回襄国，兵变杀死石祗及太宰赵庶等大臣，石琨则带着全家逃走。东晋永和七年（351）四月，后赵灭亡。

后赵虽亡，各州郡的将帅还都统率着军马，这些人大多为羯族，当然不能投降见胡人就杀的冉闵，所以北边的就投奔前燕，西边的就投降前秦，南边的则归附东晋。其中，姚弋仲投降东晋，于第二年病亡，其子带着父亲的棺椁弃山东之地来到东晋。石琨也携妻儿家小投奔了东晋，可他忘了石家和晋国有着天大的仇恨，石勒和石虎就是灭亡西晋的元凶祸首，东晋如何能容得下他，遂把石琨全家杀死。石虎通过自己坚持不懈地努力，真正做到了断子绝孙。

本来，冉魏可以有迅速壮大的机会，却因其民族政策，失去了大批本想依附他的人，自己打得头破血流，损失殆尽，最终的结果却是壮大了周围的割据势力。同时，冉魏的称帝政策也很不得人心，东晋讨厌他，前燕防备他，前秦也没有把他当朋友。冉魏虽然几乎总是在打胜仗，但无论从内部实力上，还是外交手段上，都是失败者，结果是越打越少，越胜越弱。

刘显杀了石祗，却不肯再降冉闵，自己搞起割据。冉闵亲自率兵攻打刘显，刘显手下大将军曹伏驹投降献城。冉闵攻入城中，杀刘显及百官，暂时平定了中原。但中原攘乱已久，很多地方百里无人烟，没人种粮，到处饥荒。冉闵于是带兵去常山（今河北省石家庄市正定县）和中山（今河北省定州市）一带筹粮。

慕容儁见冉闵只带一万步兵外出筹粮，便以慕容恪为帅，以慕容评、慕容军、慕舆根、鲜于亮、高开等为将，选精兵十万南下，意图包围冉闵军队，一战而得中原。

冉闵手下人都劝他回去守城，但冉闵坚持出战，准备趁慕容恪的大部队未到，前锋立足未稳的时候，打慕容恪一个措手不及。董闰、张温、刘茂、刘群

第九章 中原之乱

等人再三劝阻，冉闵不听。刘茂着急了，大骂道："你算是英雄吗？简直是匹夫！连当前形势都看不清，别说是争天下了，此战你就将有去无回。"说完就自杀了。

冉闵被刘茂这一招儿给镇住了，再加上底下人苦劝不止，他决定不去迎击而是调转军队回去守城。冉闵先退到安喜（今河北省定州市），慕容恪随后追到；冉闵弃城再退向常山，慕容恪又追到；冉闵再退到魏昌（今河北省无极县），慕容恪也丝毫没有停步的意思，继续攻城略地一直杀到魏昌。

冉闵本来就憋了一肚子气，终于忍不住了，回军去战。冉闵打仗是这样：派盾牌手在最前面，后面埋伏弓弩手，再后是骑兵。对方冲过来时，盾牌手护住己方不受对方弓箭的袭击，等对方杀到一定距离时，用急弩猛射。然后，盾牌手和弩箭手往两边一闪，骑兵从阵中杀出，直入对方中军。如果对方有生力军来援，再回阵固守，然后等对方再进攻时，重复刚才的打法。所以，燕军和魏军打了几仗，并没有讨到什么便宜，反而伤损了不少士兵。

这种战法让慕容恪很苦恼，后来他也想出一个办法，就是从军中选出五千大力射手，人马都披上重铠甲，每五十骑一排，每排用铁锁连环。第一排是弓弩，第二排是长枪，以此类推，一共是一百排，列成方阵，号称"连环马"。连环马阵杀向冉魏军，冉魏军的弩便不起作用了。远处时，双方用箭互攻，倒是冉魏军先吃了亏，等到了近前，那使长枪的士兵直挺挺地把枪撞来，冉魏军根本抵挡不住，被刺死踩死，后边的骑兵看厉害也赶紧让开。

但冉魏军训练有素，等这排连环马过去，又重新回到原地，继续列阵。后面冲来的前燕军又遇到了以前的打法，先被狂射一阵，然后又被骑兵冲破。前燕军因为刚才见到自己的连环马厉害，以为没事了，所以冲得更前，反被射死射伤得更多。而那些连环马因为笨重，又锁在一起，冲过去后就转不过弯，结果前燕军又一次大败。前燕高开战死，慕舆根败退。冉闵在前燕兵中左冲右杀，正杀到慕容恪的中军，于是直奔慕容恪杀去。慕容恪急忙走避，并放号炮召众将士来攻。毕竟前燕军是冉魏军的五倍，虽然败了却不溃散，整军回来把冉魏军团团围住。冉魏军寡不敌众，整整杀了一天，直杀到半夜，几乎全部战死，无一人投降。刘群、董闰、张温和冉闵都被生擒。

慕容恪把冉闵送到蓟城，慕容儁见了他骂道："你不过是石虎的一个奴仆，你也敢妄自称帝？"

冉闵昂然道："如今天下大乱，像你们这些人面兽心之辈都想称王称帝，我是中原英雄、大汉后人，为何不能称帝？"

这句话把慕容儁给气坏了，让人先抽冉闵三百鞭子，再押往龙城，送到遏陉山（今辽宁省朝阳市境内）斩首。

慕容恪回蓟城辅政，命慕容评率精骑一万，去攻邺城。这时，冉魏太子冉智还没来得及为父亲举行丧礼和登基继位，听说前燕来攻，急忙集合了所有兵力（约一万余人），并派大将蒋干领兵去战。蒋干出城和慕容评打了一仗，打不过慕容评败回城中，闭城坚守。慕容评围城猛攻，冉智眼看支持不住，问蒋干怎么办。蒋干道："事到如今，只好向晋朝投降，请晋兵来援了。"于是，派侍中缪嵩和詹事刘猗去江东献降表，同时向谢尚求救。

前文说过，中原大乱，四国相争，东晋也是其中一个，并任命谢尚为安西将军，派兵北进，一直攻到黄河北岸，占了枋头，就是苻洪和苻健原来待过的地方。缪嵩、刘猗来到枋头向谢尚请兵，谢尚问："既然是投降，那玉玺带来没有？"

两个人说："这世道兵荒马乱的，那么重要的东西怕路上被抢了，所以没带。"

"噢，没带呀。那你们两个留下，我派人去拿玉玺。"

缪嵩、刘猗面面相觑，但也没有办法。谢尚遂派部将戴施带了五百人赶到邺城。蒋干一看晋军只带了五百人来援，心想："晋军不会是开玩笑吧，五百人也算是援兵？"却听戴施道："我是来取玉玺的，等我把玉玺交给皇上，皇上肯定会派重兵来救。"

蒋干道："你要是把玉玺拿走了，也不发兵，那我们岂不是什么都没有了？"

戴施说："那这样吧，你把玉玺交给我保管，就算是献给晋国了。我不出城，和你待在一块儿，然后派人回报晋朝说拿到玉玺了，皇上也能派兵。"

蒋干于是小心翼翼地把玉玺交给戴施，结果戴施晚上就找了块石头放到原来装玉玺的匣子里，另把玉玺交给副将何融，让他化装成百姓悄悄离开邺城，混出城回到枋头，把玉玺交给谢尚。谢尚得了玉玺，立刻派一千精骑，日夜兼程，护玉玺到建康。

这个玉玺，就是大名鼎鼎的和氏璧。春秋时，卞和三次献宝，失去两足，方把此宝献给楚王。后为秦国所得，成为历代封建王朝统治天下的象征。王莽篡位时，王寻、苏献逼着汉孝元皇太后交出玉玺，孝元皇太后拿玉玺砸二人，玉玺落在地上砸坏了一角，王莽用黄金镶补。此玺方圆四寸，上镌五龙交扭，正面刻有八字篆文：受命于天，既寿永昌。东晋诸臣看了都忍不住落泪，皆叹玉玺重归晋朝，是晋朝将要复兴的好兆头。

　　这边东晋君臣弹冠相庆，那边慕容评已经兵临邺城之下，很快攻破了邺城，太子冉智被擒。戴施则带着蒋干出城逃奔仓垣（今河南省开封市西北），回了东晋。东晋永和八年（352）八月庚午，冉魏灭亡，共计立国三年。

　　慕容评率军凯旋，慕容儁听说玉玺已归了东晋，不由遗憾，但又心有不甘，悄悄派人告诉冉智的母亲董氏，让她献了一块假玉玺，然后声称玉玺到手，封董氏为"奉玺君"，接着于永和八年十一月戊辰称帝，国号"大燕"。

　　这时，不去救冉魏、眼睁睁看着冉魏被前燕吞并的东晋，派使臣去蓟城封赏慕容儁。慕容儁对晋使道："你去告诉你们主子，朕现在是皇帝不是燕王，如果还想跟朕好好交往的话，以后不要再拿什么诏命来烦朕。"

　　东晋使者仓皇而归。

第十章 晋燕争雄

政治斗争

回过头来，再看东晋参与中原之争的事。东晋大将桓温灭成汉之后就想收复中原，当后赵武帝石虎死时，桓温觉得机会来了，便上表请命北伐。朝廷担心桓温北伐立功，威信和势力坐大，反过来控制朝廷，便拒绝了。后来，中原乱成一锅粥，冉魏、后赵在河北互相打来打去，前燕也时时南下，桓温见有机可乘，又请命北伐，朝廷又拒绝。桓温怒了："这一定是庸臣殷浩在搞鬼，当年朝廷重用殷浩不过就是想拿他来抗衡我，我偏偏不怕他。"

桓温于是带兵十万，顺江而下，来到武昌扎下军来。朝廷一看桓温带兵一直向东，也不说要做什么，又疑又惧。有人说桓温要反了，这是准备攻打建康；有的说桓温是要抗命北伐；有的说桓温既不想反，也不是北伐，这是用威严的沉默，来向朝廷示威。

在朝辅政的司马昱问殷浩怎么办？殷浩也拿不出什么办法，说："干脆我辞官算了，桓温不就是看不惯我吗？"这时站出一人，此人叫王彪之，是王导的侄儿。王彪之对司马昱道："桓温不是普通人，所以必不能以普通人来揣度。我愿替相王（指司马昱，时为丞相、会稽王）写一封亲笔信给桓温，必令其回师。"

司马昱遂让王彪之先写信，只见王彪之写道：

"现在北方还没有平定，您说要北伐那是为国家深谋远虑、经略打算，而且能承担北伐大任的除了您还能有谁呢？非您莫属啊。可是，既然兴师动众，其后方一定要有资本才行，不能因为开始容易，便不考虑将来之难。如果您去北伐，后方得不到保障，一旦失败，则朝野不安，连社稷都会有危险。其实许多人都对您产生怀疑，说什么话的都有，我想您也没少听说吧。我和您两个人，虽然一个主内，一个管外，但目标是一致的，都是安社稷、保家国。您应当先考虑安定国内，再想着一统天下，这才能保证国家的稳定。我是跟您开诚布公地说心里话，希望您能听到心里去。"

司马昱连声夸好，然后署上自己的名字，给桓温送去了。

桓温见了信，明白就算自己强行北征，一定会被后方掣肘，反而不利，不由长叹一声："本想趁中原之乱的时候收国土、雪国耻，为国尽力，没想到后方扯我的后腿啊。"当即向朝廷谢罪，领兵回来了。

本来这事就完了，殷浩却认为中原大乱也是自己建功立威的好机会，于是准备北伐。这时又传来消息，本来已经投降晋朝的冉魏豫州牧张遇，现在又转降了前秦，占据河南许昌与晋朝为敌。殷浩于是利用这个机会，上表要求北伐。

书圣王羲之劝殷浩道："你是人才不假，但人才有文武之分，职分也有内外之别。汉高祖的时候，负责在前面打仗的是韩信、彭越，而萧何、曹参则在后面出谋划策，管理朝政，所以才得以平定天下。你的才能，相当于萧何、曹参，而不是韩信、彭越。你不应当亲自北伐啊。"

殷浩听了很不高兴："你小看我没有军事才能啊，我偏要打几个胜仗让你看看。"

朝廷里北伐的呼声也比较强烈，绝大多数人都支持殷浩北伐，于是朝廷准奏。殷浩率十万大军出师，以谢尚为前锋、姚襄为副将，进兵许昌。

张遇兵少，苦守许昌不敢出战，眼看城将攻破。前秦的苻雄率两万骑兵，苻菁率两万骑兵，分别杀来。晋军和秦军一场大战，殷浩支持不住，先带着自己的部队逃了。谢尚、姚襄苦苦支撑，最终还是大败。晋军迅速南逃，前秦军在后紧追不舍。姚襄急命扔掉一切粮草、辎重、衣服、饭盆……除了武器其他东西全部扔掉，这才逃到淮南。而殷浩跑得更快，早就逃回寿春（今安徽省淮南市寿县境内）。

姚襄回到谯城（今安徽省亳州市谯城区），命令手下在淮河两岸屯田种粮，并训练将士，准备北伐。殷浩认为姚襄要自立，但又找不到什么理由除去姚襄的兵权，便派刺客许敬去暗杀姚襄。

许敬潜入姚襄的军帐，但被姚襄俘获。许敬被抓住后，立刻就招认是殷浩派他来的。姚襄拿自己的顶头上司没办法，只好杀了许敬，以后更加防备。殷浩一连派了十几个刺客，个个有去无回，最后再没刺客敢去了。殷浩觉得这也不是个办法，又派魏憬率五千精骑兵，去偷袭谯城。不料姚襄竟然早就埋伏了人马，将魏憬杀败，魏憬被擒杀。剩下的降兵被姚襄脱得精光，让他们光着身子回去告诉殷浩：不要逼人太甚，兔子急了还咬人，何况我姚襄比兔子强多了。

打发完这批降兵之后，姚襄越想越气，又派参军权翼去寿春质问殷浩。殷浩当然不承认，百般抵赖，就是权翼拿出证据，他也是瞪着眼睛不认账，还说："你去告诉姚襄，我从来就没有害他的意思，让他尽可放心。"

姚襄哪里放得下心，更加痛恨殷浩。

东晋永和九年（353）十月，殷浩又起兵十万北伐，由寿春出兵，并命姚襄为前锋。姚襄和部下经过讨论认为，这是殷浩借刀杀人，让他的军队和前秦军队火拼。如果败了，姚襄必被怪罪，难免惹上杀身之祸；如果胜了，则是为殷浩建功立业，自己反受其制。商量来商量去，姚襄决定给殷浩一个教训。

姚襄派兵悄悄南行，在山桑（今安徽省亳州市蒙城县北）埋下伏兵，然后派人向殷浩报告说："姚襄密谋要逃跑，投奔前秦。"

殷浩遂带所有军队去攻谯城，来到山桑却中了姚襄的埋伏，所有人马被困在山中，不能施展，任人砍杀，自相践踏。大将刘启、王彬之被杀，殷浩拼命逃出，逃到寿春闭城不出。姚襄则驻军盱眙（今安徽省淮安市盱眙县），然后派人去建康说明情况，并呈奏殷浩的罪行。

殷浩名声扫地，又徒耗国力，朝廷只好召殷浩回京城。桓温趁机弹劾殷浩猜忌大将，没有能力，造成国家的巨大损失，影响将士团结；每回打仗都把大批粮草丢给敌人，好像不是去打仗，而是给敌人送粮食一样；又说殷浩多次派刺客或士兵去杀姚襄，终于把姚襄逼急了，却又打不过人家；等等。

在强大的压力下，同时朝廷也对殷浩的个人能力产生深深的怀疑，于是免去殷浩一切官职，让他回老家去了。从此，晋廷的内外大权，都是桓温一个人说了算。

殷浩以前并不爱当官，但自从当官以后发觉当大官还是很有意思的，那么多人听他指挥，出门前呼后拥，到处都有人巴结，很是过瘾，于是回家后闷闷不乐，也很不服气，常常以手向空中书写"咄咄怪事"四个字。桓温和殷浩其实是从小玩到大的发小，他听说后让自己最亲信的谋士、参军郗超给殷浩安排个官做，他对郗超说："殷浩这个人做个仆射、尚书令之类的官还是很能胜任的。"当时，这两个官都是掌管文书处理的。

于是，郗超安排殷浩做了尚书令，并写信告诉殷浩。殷浩得到这一消息高兴得不知道怎么好，他立刻给桓温写了一封热情洋溢的感谢信，而且写完装进信封之后，又反复拿出来斟酌词句，结果最后虽然改得很满意了，却误把信给放到一边，给桓温寄了个空信封。

桓温认为殷浩这是在羞辱自己，不领自己的情，于是再不起用殷浩。殷浩后来发现这封信没寄出去，又悔又恨，竟然大病一场，死于信安（今浙江省衢州市境内）。

桓温掌握朝中大权之后，再没人能反对他北伐。于是，桓温于东晋永和十年（354）二月乙丑，统率步骑五万，从江陵出发，取道襄阳，逆汉水北上，由均口（今湖北省丹江口市境内）抵达南乡（今河南省南阳市淅川县境内），然后直指武关（今陕西省商洛市西南、丹江北岸）。

武关与潼关、萧关、大散关并称为"关中四塞"，雄伟险绝，为关中东南门户、兵家必争之地。桓温率军到了关下，并不进攻，而是悄悄派了数百余壮士，化装成百姓潜入了关内，然后于晚上击鼓点火，前秦兵以为攻关，都来到关上防守。城内的数百人便到处点火，同时大喊晋军已经入关了。前秦兵大惊，桓温趁势攻关，前秦兵本来就少，又慌乱不能齐心，很快抵挡不住，被晋军攻破，守将郭敬投降。

桓温取了武关，挥军西进，又连取上洛（今陕西省商洛市）、青泥（今陕西省西安市蓝田县境内）二垒，令弟弟桓冲率一万骑兵为侧翼，自己三万步骑在前，侄儿桓石虔率一万士兵在后，进军长安。

前秦皇帝苻健则派太子苻苌与淮南王苻生率五万部队去迎战，苻雄与苻菁率一万精骑兵为侧翼。淮南王苻生是苻健第三个儿子，自幼性格无赖不讲理，粗暴野蛮，又因为天生瞎了一只眼睛，他的爷爷苻洪非常讨厌他。苻洪曾经当着苻生之面对左右的人嘲笑这个孙子说："我听说瞎儿只流一行泪，不知道你们信不信？"左右当然随口附和："相信！"苻生受了侮辱，拔出佩刀，在瞎了的那只眼上狠刺一刀，指着流出的血道："这岂不是又一行泪吗！"苻洪大怒，让人用鞭子抽他。苻生天生有厚皮，并不觉得疼痛，反而笑道："我生性不怕刀砍鞭抽。"苻洪大骂道："你就是个贱骨头，只配当奴隶！"因为石勒当过奴隶，苻生便回答道："那我是不是和石勒一样啊？"

苻洪听苻生自比前国之君，更觉丧气，便向苻健道："你儿悖异轻狂，我看早点弄死算了，不然一定会有后患。"

苻健虽然连连答应，但毕竟是亲生儿子，不忍下手。苻洪的小儿子苻雄也替这个侄子向父亲求情说："孩子大了肯定能改过，关键还在于教育，毕竟是一条命啊，怎能说杀就杀了？"苻生这才得以不死。苻生长大以后，天生神力，又极雄悍好斗，能徒手和猛兽打架，追及奔马，而且骑射与武艺都非常厉害，竟成为一员猛将。

苻苌带着苻生率军来战桓温。苻生自带一支人马，冲在部队的最前头，直杀入晋军之中。晋军竟抵挡不住，被杀得大乱，晋将刘泓被苻生斩于马下。苻苌趁势掩杀，晋军败退。桓温拼命稳住阵脚，退军守营不敢出战。

第二天，桓温派桓石虔带兵与前秦军交战。桓石虔是桓温二弟桓豁的儿子，自小勇猛好斗，曾经随桓温在荆州围猎，一猛虎身中数箭伏地，桓温帐下有人和桓石虔开玩笑道："你敢不敢从那老虎身上拔箭？"桓石虔听了下马走上前就要拔箭，老虎并未死掉，跳起来扑向桓石虔，桓石虔也立刻跳起，跳得竟比猛虎还要高，凌空从虎身上拔出一箭。老虎疼得大吼一声，再跳再扑，桓石虔闪身躲过，再拔一箭。一连拔了数箭，竟把那老虎给疼死了。桓石虔长大以后，身高八尺三寸（约为1.96米），不但长得高，体格健壮，且武艺高强，也是一员猛将。

桓石虔带兵与苻生战在一处，可谓是棋逢对手，连战两日不分胜负。

桓温是劳师远征，欲速战速决，一看战斗在僵持状态，对己不利，遂让桓石虔诈败。苻生天性好杀，自然不肯舍弃，从后追来。桓温早设下伏兵，把前秦军杀败。苻苌带兵后撤，自己断后，结果被箭射伤。

苻雄与苻菁的侧翼和桓冲所带的军队在白鹿原大战，桓冲被包围，情势危急。桓温遂放弃攻城，转去增援桓冲，给苻雄与苻菁来了个反包围，苻雄与苻菁大败，逃回长安。

桓温遂与桓冲合兵一处，在灞上（今陕西省西安市东，因在灞河西高原上而得名，如今的白鹿原）驻军，许多晋朝旧民包括长安周围的百姓纷纷前来投奔，许多郡县也纷纷归降。有的老人拉着晋军官兵哭泣道："真没想到啊，这辈子还能看到你们来。"

苻健一方面坚守城池，另一方面派出几万大军连夜把城外所有的麦苗都割得精光，不让桓温未来得到熟粮。

桓温攻城不下，本来打算做长期准备，并指着城外麦田告诉桓冲等人说：这就是我们的粮仓。哪知道，忽然一夜之间麦田青苗被全部割光，桓温这才着急了，急忙命人四处寻找还有青苗的麦田。但苻健做得很绝，他派了游兵，能烧就烧，能毁就毁，竟把周围麦田全部毁光。桓温的晋军既不愿与百姓争粮，更不能以人肉为食，只好退军。

苻健见桓温撤军，遂派苻生、苻苌、苻雄、苻菁、雷弱儿兵分数路在后掩杀。桓温一路打一路退，等退到了武关，已经损失了一半人马。不过在战斗中苻雄战死，太子苻苌被射成重伤，前秦军也死伤两成。两军各有胜负。

这年十月，前秦的太子苻苌箭伤发作，伤口迸裂而死。苻健在另立太子的时候，算了一卦，结果谶文是"三羊五眼"，他认为"三羊五眼"是暗指独眼的儿子苻生，于是按所谓的天命立苻生为太子。苻健因先失幼弟，再失爱子，悲伤过度，得了大病，第二年（355）六月病亡，于是苻生即位，并在当年改元。

按礼制新皇应当在继位后的第二年再改元，以示对先皇的尊重，所以大家都上折子告诉苻生按制应当来年改元。这本来是小事一件，也很有道理，苻生却大发雷霆，找出首议者右仆射段纯，把他给杀了。

苻生每回上朝时，都要带着刀、锤、钳、锯、凿，只要觉得哪个大臣说话不中听，甚至长相不顺眼，当即就杀。在位还不到半年，上至后妃、公卿，下至奴仆，被他亲手杀死的有五百多人；被他砍去小腿或割去耳朵等，更是不计其数。凡是有机会见到苻生的人，无不自危。

苻生又因为自己是独眼，不许人说"残、缺、偏、只、少、无、不具"之类的字，只要有人不小心说了，那就立刻杀死。太医令程延曾经给后妃开安胎药,苻生嫌药中的人参细小,程延说了一句:"参质虽细,未具人形,但已可合用。"无意中说出"未具"两个字,苻生便命人剜出程延的双眼,枭首示众。

苻生又喜欢活生生地剥掉牛、羊、驴、马、猪的皮,甚至以每十个人为一组,剥掉人的脸皮,让他们跳舞。牲畜、禽兽和受刑的人在殿上哀号痛叫,惨声不绝,苻生却坐在殿上高兴地拍手。

除了残忍,苻生猜忌心还很重。他宠信赵韶、赵诲、董荣三个人,用他们来掌管朝政。但这三个人以权谋私,大搞贪污腐化,闹得很不像样子。雷弱儿是前秦极有地位的大臣,而且曾救过苻健的命,是苻健遗诏中的第一辅政大臣。他看不惯这三个人的行为,就常常在上朝的时候公然批评他们。这三人由此痛恨雷弱儿,向苻生诬陷雷弱儿经常说苻生的坏话,并且图谋作乱。苻生也不调查,直接就把雷弱儿满门抄斩了。

司空王堕曾经说过董荣是鸡狗不如的东西。董荣知道后,也找机会报复。正好出现日食,董荣便说:"我算了一卦,日食出现,是上天发怒,应当诛王姓中显贵的大臣来挡灾。"苻生道:"王姓中最显贵的大臣当数司空王堕。"于是,便让董荣去杀王堕。王堕临刑前,董荣笑道:"你今天还敢把我董荣比作鸡狗吗?"王堕大骂董荣,死不闭目。

因为杀的人太多了,底下人议论纷纷,苻生很不服气,还下了一道诏书为自己辩解。诏书大概意思是:我自从继承皇位以来,有什么做得不对?天下竟然有这么多人诽谤我!既然你们这么说,那我也不客气了,我要真正地使用严厉的刑罚来治理你们,看你们能把我怎么样。

苻生这么一说,人们都不敢说话了。苻生听不到人们的抱怨,很高兴,干脆连朝也不上了,天天不是饮酒,就是杀人。很快,苻生身边的人都杀得差不多了,大臣们活一天算一天,每日在生死的恐慌中度过。

王者苻坚

东晋永和九年(353)十一月,凉州牧张重华得重病去世,年仅二十七岁,其十岁的儿子张曜灵继位。张重华的庶兄长宁侯张祚早就和张重华的宠臣赵长、尉缉等人交好，并结为异姓兄弟。张重华临终前召酒泉太守谢艾入京做辅政大臣，却被赵长、尉缉将诏书压住不发。等张重华死后，张曜灵刚刚继位，张祚便在赵长、尉缉二人的帮助下，带兵入宫，废张曜灵为凉宁侯，自称大都督、大将军、凉州牧、凉公。

张祚登基后，又杀掉张重华的妃子裴氏，再杀谢艾，于354年称帝，改元"和平"，建立凉国，史称前凉。这时，正好桓温入关伐秦，前凉秦州刺史王擢也以晋朝藩国的名义举兵响应东晋，进攻陈仓（今陕西省宝鸡市东）。王擢同时派人告诉张祚，桓温入关的很大一部分原因是张祚称帝，脱离晋国，所以桓温讨伐完前秦之后，就要进攻前凉。

张祚听了很害怕，收拾好东西，随时准备逃往西域，后来看桓温撤兵走了，这才松了一口气，此时他想起秦州刺史王擢归附东晋，并威胁自己，认为王擢一定是背叛了自己，便以牛霸为秦州刺史，率兵去攻王擢。王擢刚和前秦打了败仗，被前秦赶回秦州，损兵折将，实力大损，所以与牛霸一战，再次大败，只好投奔了前秦。

第二年，河州（今甘肃省临夏州西南）刺史张瓘打着复立张曜灵的名义起兵。张祚急忙问尉缉、赵长怎么办。赵长说："既然张瓘扬言要复立张曜灵，那就把张曜灵杀掉，张瓘没了主子，就无法进兵了。"张祚于是立即杀张曜灵于东苑，埋于沙坑，对外宣言，张曜灵暴病身亡，谥为哀公。

但张曜灵不过是张瓘进兵的幌子，他死了，张瓘还是继续进兵。骠骑将军宋混、宋澄兄弟也起兵响应一起讨伐张祚，起兵的理由换成了为张曜灵报仇。张祚一看，对方进兵的理由还很充分，自己白担了杀侄的名声，只好派大将易揣、张玲率骑兵两万去迎击张瓘。张瓘在黄河南岸列阵，等易揣、张玲的兵马渡过一半的时候突然发起冲击，易揣、张玲大败，带着几十名士兵逃回姑臧。

张瓘的军队和宋混、宋澄的军队刚到城下，张祚的部将赵长、张涛便拥立张曜灵之弟张玄靓为新王，士兵全部倒戈。赵长带兵追捕张祚，张祚逃到万秋阁，被万秋阁的厨子徐黑用菜刀砍死。

由于张祚凶狠残暴，城中百姓自发地砍下张祚的首级示众，又将尸体抛于路边，任路人投石、践踏，以泄心头之恨。张祚虽博学多才，勇武善战，且有政事之才，却无治国安邦之德操，自立后荒淫无道，残杀宗室，暴虐百姓，遭万民痛恨，其下场罪有应得。张祚篡立三年而亡。

张瓘和宋混、宋澄入城，立张曜灵的弟弟张玄靓为凉王，自为使持节、都督中外诸军事、尚书令、凉州牧、张掖郡公，以宋混为尚书仆射，继续使用东晋的年号，并重新向东晋称臣。这时，张玄靓年仅七岁，凉州大政遂由张瓘掌握。

前凉这么一折腾，国力大损，前秦的苻生便打算去攻凉国。赵韶、董荣认为前秦刚和桓温打了一次大仗，又遇旱灾蝗灾，加上苻生治国无方，国力现在很弱，根本支撑不了这么一场大的战争，所以劝苻生不要轻易动兵。

苻生对这两个宠臣还是比较信任的，但还是不甘心，说道："坐失良机，岂不可惜？"

董荣道："不如这么办吧，派个能说的使臣，去说降张瓘。说成了当然好，说不成也没有损耗国力。"

苻生便派征东大将军、晋王苻柳的参军阎负、梁殊出使凉州。

两个人见了张瓘，说明来意。张瓘自称晋臣，绝不事二主。阎负道："你离前秦近，而离晋国远。何苦要舍近求远，去向晋朝称臣呢？"

张瓘道："我们凉州向晋朝尽忠，到现在已经六世了。我们重的是一个'义'字，一个'忠'字。所以，只能向晋称臣。"

梁殊道："那前凉的先王也曾向前赵称臣，你怎么解释？"

张瓘道："前赵是个骗子，所以我们也骗骗他们。"

阎负、梁殊见软的不行，就来硬的，威胁道："我们前秦很厉害啊，比当年的前赵要厉害多了。你不投降可是要考虑后果的。"

张瓘笑道："前秦既然这么厉害，为什么不先取江南，再攻前燕，那时候不劳你们再来，我会主动向你们投降。"

梁殊道："我们皇上认为，打江南必须用兵，而取河右则可以用德，所以才派我们来此。如果你不称臣的话，江南等过几年再打，不过打你这里却快得很。"

张瓘这下害怕了，遂在请示张玄靓以后（张玄靓只有七岁，张瓘手握大权，这种请示也只是做做样子），向秦国称藩了。

前秦不动一兵而得一藩国，苻生很高兴，当即封张玄靓仍为凉王，张瓘原职如故。

这时候，那个曾经击败殷浩、导致殷浩下台的姚襄仍占据着两淮，但他已经成为一股割据势力，表面上为晋臣，但东晋的法令和命令都无法在他那里实施，俨然一个独立王国。因为他的士兵都是陕甘流民，并不习惯南方的生活，很想念家乡，有人多次劝姚襄带兵西还。姚襄一开始不同意，说陕甘之处一直由前秦所占，一路上要经过的河南、湖北等地又是东晋的地盘，一路杀到前秦，再和前秦死战，岂不是自寻死路？

姚襄后来听说前秦的苻生无道，国力衰微，再加上部下苦求，便决定西行，带领所有人马离开了两淮。

桓温的部下都请兵去拦截姚襄。桓温笑道："姚襄留在两淮也是一个割据势力，现在他走了，我们一兵未出而白白得了两淮，这是好事啊。再说，姚襄是要去和前秦争地盘，两虎相争，必有一伤，他们的实力受损，也是好事。既然对我们晋朝只有好处而无坏处，为什么要去阻拦他呢？"

于是，姚襄在晋国的领土上一路畅通，从河南兰考东南部向西行，经过许昌，又由许昌进军西北。路过洛阳的时候，姚襄突然改主意了，要在洛阳扎根，然后与前秦、东晋争雄。于是，率部把洛阳城围了，日夜进攻，洛阳守将周成急忙向桓温求救。桓温一看，这姚襄要赖在河南不走，于是派督护高武从鲁阳（今河南省平顶山市鲁山县）出兵，命辅国将军戴施从河上（今山东省聊城市境内）进军，自己率大兵从江陵北上，去伐姚襄。

姚襄打了一个多月也没能攻下洛阳。长史王亮说："咱还是赶快离开这个危险之地吧，洛阳城这么长时间攻不下来，将士已经很疲惫了。若有援军到了，我军必败！"姚襄不听，仍一心一意要攻下洛阳。

又攻了一个星期，桓温率大军来到，姚襄急撤洛阳之围，然后选三万精锐之兵埋伏在伊水（洛阳城南边的一条小河）北面丛林中，然后向桓温请降，请桓温先退军三十里。

姚襄的意思是等桓温退军，然后乘势掩杀，但桓温并不上当，他告诉来使："如果姚襄诚心要降，让他自己来，不过就是二十多里路的事情，何必派个使臣来！"

接着，桓温强渡伊水进攻姚襄。姚军已经连续作战将近两个月了，十分疲惫，桓温的兵力又多出姚襄数倍，姚军很快败退。姚襄拼命杀出重围，带着三千人马，向北渡过黄河，逃到了并州。

虽然东晋早已收复洛阳，但桓温还是第一次到此。桓温亲自去先帝陵祭奠，见晋国皇陵都已残破，乱草丛生，不由慨叹。他命人修复皇陵，安排了专门护陵的人，然后上表朝廷，请移都洛阳，以便收复中原。但桓温上了十多道折子，朝廷每次都表示反对。桓温只好带兵返回江陵。第二年（357）正月，晋穆帝司马聃年满十四岁，遂亲政，褚太后撤帘归政，大赦天下，改元"升平"。

再说姚襄向并州方向逃跑，来到平阳地界，前秦的并州刺史尹赤得知消息，前来迎接。尹赤是姚氏旧部，原也是天水的羌族，后随姚弋仲东迁。在姚氏集团与前秦的一次战争中，尹赤被俘后投降。后来，尹赤为前秦立了不少战功，被苻健任命为并州刺史。

尹赤见旧主人来了，便把并州的地盘连同自己的人马全交给姚襄，姚襄一下子便拥有了山西中部到南部的地盘，很惊喜。但他并不满足，先西渡黄河占据杏城（今陕西省延安市黄陵县西南故邑），又招纳羌、胡等少数民族的士兵，很快聚集八万士兵。姚襄有了兵，底气也足了，便向苻生借路，说自己要回陇西的老家，希望前秦能让条道。

苻生本是嗜杀好战之人，他会是让路的人吗？立刻把前来声称借道的使者给砍死了，然后以卫大将军、广平王苻黄眉为帅，龙骧将军、东海王苻坚为副帅，建节将军邓羌为前锋，率兵三万来战姚襄。

苻黄眉是苻健大哥的儿子，与苻生一直相处得不错。苻坚则是苻雄的嫡生长子，就是通常所说的世子。苻洪很喜欢这个孙子，经常把苻坚叫到身边陪自己。苻坚八岁的时候，向苻洪请求给他派个老师，说自己要学习。苻洪惊道："咱们这个民族，世代只知道饮酒射箭打猎，怎么这小子却要求学习？看来将来必成大器。"遂为苻坚请来最好的老师教授他。苻坚长大后，喜好结交英豪，所以身边的梁平老、强汪、吕婆楼等一批有才能的人都和他相处甚善。父亲苻雄死后，苻坚继承了父亲东海王的爵号。

姚襄知道苻坚很厉害，守城不出。苻坚攻了几天没有攻破，于是撤兵，姚襄趁势追杀。结果，苻坚早已埋下伏兵，将姚襄的部队包围，姚襄战死，时年二十七岁，姚襄的手下姚苌、薛赞、权翼等人都在被俘后投降。

回师后，苻坚不请封赏，好像没发生过这事一样，而苻黄眉不但为将士请赏，还请求抚恤阵亡受伤的将士。苻生大骂道："赏什么？你已经是王了，再赏不就是皇帝了！难道你想坐我的位置吗？"苻黄眉气得七窍生烟，回去后与亲信商量要发动兵变。他本来认为将士深恨苻生赏罚不明，而大臣们又因为苻生动不动就杀人，早就对这个皇帝厌恶至极了，自己若起事，必一呼百应。哪知道苻生并不是等闲之辈，他虽然不理政事，只知道喝酒杀人，但也广插耳目，对特务机构的经营特别上心。苻黄眉谋反的事很快被苻生知道，苻生立刻把苻黄眉杀掉，受到这件事牵连而死掉的将臣有数百人。

苻坚和大哥苻法担心将来自己也遭不测之祸，遂与薛赞、权翼、梁平老、强汪、吕婆楼及刚从民间请来的谋士王猛等密谋后发动政变。这一次，苻生的耳目没能提前侦知，苻坚和苻法顺利起兵。

苻坚的庶兄苻法与梁平老、强汪等人，率五百人攻云龙门，薛赞与权翼各带三百人在城中点火制造骚乱，以壮兵威。苻坚与王猛、吕婆楼等人，率五百人抄近路攻西阳门。虽然人数不多，但苻生手下的士兵们早就和这个皇帝离心离德了，见苻坚攻来，立刻就放下武器，打开宫门。苻坚带兵冲入苻生的寝殿时，苻生刚喝了酒睡得正香，被人摇醒后大怒道："见朕为何不拜？给朕拖出去斩了。"

众人哄堂大笑，登时把苻生捆了个结结实实，苻生这才明白是兵变了。

政变之后，在谁当皇帝的问题出现了一点儿波折。这场兵变是苻坚和大哥苻法一起发动的。从功劳上看，是苻坚先捉住苻生，但苻法进攻的是皇宫的正门云龙门，这是最难攻的一个门；而苻坚则捡了个便宜，抄的是近道，直接从西面攻取西阳门，所以才先捉到苻生。从这一点上看不出谁的功劳大小。再以排序来看，苻法是长子，但他是庶生，而苻坚是嫡子。两个人都想当皇帝，但表面上推来推去，一时不能定夺。于是问到苻坚的生母，也是苻家目前最有地位的王后苟氏。苟氏当然要立自己的亲生儿子，于是她说道："苻坚既然已经继承了他父亲东海王的职位，而苻法只是龙骧将军，按身份高低也当立苻坚为帝。"

前秦寿光三年（357），苻坚执掌了政权，不过他并没有称帝，而是称大秦天王。苻坚称王以后将苻生的余党董荣、赵韶等二十多人全部杀掉。群臣都上书请苻坚杀掉苻生以谢天下,苻坚于是下令斩杀苻生。苻生临死的时候,请求饮酒,结果一连喝下去数斗,昏醉不省人事,最后被刽子手勒死。苻生在位两年,死时二十三岁,谥号为厉王。

苻坚的庶兄苻法被立为丞相,因为苻法的威信也很高,且掌兵权,又是苻健的长子,所以自从苻法当丞相后,找他拉关系的人很多。这引起了苻坚生母苟太后的猜忌。苟太后遂找个理由,趁着苻坚出长安的时候把苻法赐死。苻坚对这个情况采取了默认的态度,大哭一阵,也没有找母亲说理,只是封苻法的大儿子苻阳为东海公,二儿子苻敷为清河公。

再说苻坚请来的谋士王猛,当年桓温攻秦的时候,王猛曾经求见,一边捉着虱子一边和桓温谈论天下大事,把桓温说得心服口服。但有一件事桓温没有听王猛的——王猛让桓温继续攻前秦,只要坚持必有百姓相助,粮草问题会解决的。但桓温担心攻前秦不成反损了自己的实力,到时候两头没着落,还是退兵了。王猛深为遗憾,拒绝了桓温邀他南下做官的邀请,转投了苻坚。桓温退兵的过程中,遭到前秦兵掩杀,损失不小,桓温这才有些后悔不听王猛之言。

苻坚称王后,王猛向苻坚要求去做始平(今陕西省兴平市东南十里)县令。苻坚很奇怪:"以你的才能,应当用来治国安邦才对,怎么能放你去做一个小小的县令呢?"

王猛笑道:"陛下欲平天下,必先安定国家,安定国家必先治理始平。始平治理好了,国家自然安定;国家安定了,您就有了平天下的资本。"

王猛为什么这样说呢?因为始平不是一个普通的地方。在始平居住的人,都是羌氏部落的显要人物。这些人主要以樊、席、仇三家为首,当年在河南随着苻健一起杀回关内,为前秦立下了汗马功劳,所以封功受赏,地位很高。而这些人倚仗功劳,控制地方,霸人田地,夺人妻女,随便杀人,甚至抢劫百姓,地方官却拿他们没办法。

王猛一到始平,经过查访就确定了一个叫樊宝的豪强的罪行,把他给杀了,又对席、仇等几大族中的首恶之人进行了整治。他还施行严厉的法律,惩治犯法豪强,始平遂安。苻坚看到王猛的治理成果,很高兴,遂升王猛为尚书左丞、咸阳内史。

王猛打击豪强宗亲和旧勋的利益,受到他们的仇视。曾帮助苻健平定关内的姑臧侯樊世在殿中见了王猛骂道："我们与先帝一起打下来江山，现在反而一点儿权力都没有。你什么功劳也没有，竟然坐享其成？正应了那句话，'我为耕稼而君食之'？"

王猛回敬道："不但要让你耕田收粮，还要让你给我做好饭呢！"

樊世大怒，出手去打王猛，正好苻坚上殿，呵斥他道："王猛是国家的栋梁，你住手！"

樊世并不听苻坚的话，仍揪住王猛不放，继续动手。其他人围在苻坚身边都向他诉苦，骂王猛的不是。

苻坚一看这局面，知道如果不用严厉的手段是没办法镇住这帮老家伙了，遂命人将樊世斩首，又把刚才围在自己身边骂王猛的人，全部鞭抽三十；还把尚书仇腾贬为甘松护军，把丞相长史席宝贬为平民。

从这以后，这帮老元勋都老实了，对王猛也客气了，而苻坚再施行什么政策也没人说三道四了。苻坚于是不断提拔王猛，使之成为一人之下、万人之上的丞相。在王猛的辅佐下，苻坚施行了有利于百姓生产、国计民生和提高国家实力的政策，前秦国力得到恢复。

燕晋中原之争

前燕慕容儁灭掉冉魏之后，继续四处出击，攻城略地。他先把占据鲁口、自称安国王的王午给灭了，然后又攻到了并州，最后将黄河以北的地方全部占领。

这时，黄河以南地区，大部分为已经投降晋国的各国降将占有。占领陈留的是段氏鲜卑首领段兰之子段龛。段兰原来投奔了后赵，病亡后其子段龛继职。后赵灭亡后，段龛又从陈留迁到广固（今山东省青州市西北）并自称齐王，向东晋称臣，被封为镇北将军。还有前面提到过的洛阳守将周成，是从冉魏投奔过来的。

慕容儁还想取山东、河南之地。他先看上了段龛的地盘，于是派人去招降段龛。段龛骂道："我乃晋臣，岂降燕贼？"

前燕使者威胁道："你不降，我们便要派兵来打，到时候你别后悔。"

段龛道："慕容儁算什么东西，也敢称帝？我正准备向朝廷请命北伐呢，既然你们要来，也省得我费事了。"

双方谈判决裂，接下来就是战争了。慕容儁以慕容恪为帅，以阳骛为副帅，以鲜于亮为前锋，带兵五万渡过黄河去攻打段龛。

段龛嘴上说得厉害，但知道自己并不是前燕的对手，赶紧闭城不出，并派段蕴向东晋求救。

这时，桓温正在洛阳讨伐姚襄，根本没时间去救段龛。徐、兖二州刺史荀羡倒是从下邳（今江苏省睢宁县西北处）聚集军队后出兵去救，但由于太远，兵到琅琊（今山东省临沂市）时，段龛已经败降于燕，荀羡便打算退兵。军司郗昙说："咱们不能白白出兵一次啊，虽然段龛败了，可这时候前燕刚刚占领了阳都（今山东省临沂市沂南县）和卞城（今山东省济宁市泗水县境内），守兵并不多，不如趁这个时候攻下这两个城池。"

荀羡遂先后攻破汴城和阳都，杀死守将慕容兰和王腾，留下大将诸葛攸、戴遂、刘庄守城，然后还军。

这次前燕东晋之战，算是各有得失，不过前燕占的便宜稍大一些。

段龛投降前燕之后，慕容儁对他还不错，封他为伏顺将军。慕容儁觉得自己的首都设在蓟城（今北京市）对争夺中原很不方便，遂将首都迁到邺城。

桓温听说燕都南迁，不由大惊道："河南必危矣！"遂又上疏朝廷，再请移都洛阳，并请北伐。这时，东晋的望族大臣们都过惯了江东安逸的日子，并不想迁都，更不想北伐，于是纷纷以迁都会造成国家混乱等理由反对迁都，又以桓温功高震主为由，不许桓温北伐。

相王司马昱便再次拒绝迁都，而北伐的事则交给徐、兖二州刺史荀羡。

史荀羡率军北伐，先攻山茌（今山东省济南市长清区东北四里），守将贾坚不敌，城破自刎而亡。这时，慕容尘率援军赶来，晋军出城迎击，史荀羡亲自指挥。正在大战时，史荀羡突然头疼，大叫一声掉下马去，昏迷不醒。副帅郗昙急忙收兵，前燕军趁势进攻，晋军败退，失掉山茌。慕容尘以贾坚的儿子贾活为山茌太守，然后带兵北归。

晋军回去后不久，史荀羡就病死了，郗昙被任命为徐、兖二州刺史。司马昱又派郗昙北伐，同时命豫州刺史谢奕也带一支军队策应。哪知道军队尚未出发，谢奕就病卒了。司马昱连折两员大将，也觉得丧气，但北伐仍然要继续。于是他以吴兴太守谢万为西中郎将，豫州刺史，监司、豫、冀、并四州诸军事；郗昙为北中郎将，徐、兖二州刺史，都督徐、兖、青、冀、幽五州诸军事。两军东西齐出，两路伐燕。

谢万是谢奕之弟，好谈军事，和战国时期的赵括一样，也是个纸上谈兵的人物，而且为人很是清高，不善于和下属打成一片。他的三哥谢安当时还没有做官，在谢万的军营里帮着做些事，见到谢万一副潇洒名士的样子，担忧地说："你现在是元帅，不是艺术家。你应当经常和手下部将们谈话，既拉拢人心，又建立威信，这样才好指挥他们。像你这样孤傲，可不是一个元帅的样子。"谢万于是召集诸将训话，可是又不知道说什么，干脆用手中的铁如意伸到前面随便指了指，然后道："诸将都是劲卒。"下面那些将士们见他指手画脚的样子，并称大家为"劲卒"，反而都看不起他。

谢万率军驻扎下蔡（今安徽省淮南市凤台县），又派征虏将军刘建驻军马头城（今安徽省蚌埠市怀远县境内）；郗昙率军驻扎高平郡（治所在今山东省菏泽市巨野县），以泰山太守诸葛攸为前锋，攻打东郡（治所在今河南省濮阳市）。不料，诸葛攸正与前燕军大战于东阿（今山东省聊城市东阿县）时，郗昙又生重病，无法指挥军队，遂没有进兵增援诸葛攸。诸葛攸没有了后援，被前燕军数倍于己的军队击败，退回泰山。谢万听说诸葛攸打了败仗，还以为前燕大军要朝自己方向杀来，急忙退兵。底下诸将本就瞧不起谢万，一听要退兵，没有一个人去提醒谢万，都带兵乱哄哄地向南逃跑。谢万没有威信，整束不住军队，本来是后撤，结果成了败逃。最后，谢万只带着几个亲兵逃了回去。

慕容儁见晋军不战而逃，便派慕容恪、慕容评、阳骛、慕舆根等分率数路前燕军，渡河南下攻城，夺到了许昌、颍川、谯、沛等淮河北岸的城市。晋廷非常愤怒，于是将谢万废为庶人，郗昙虽事出有因，但也有罪，降职为建武将军。

谢万被废为平民之后，他的三哥谢安（谢奕是老大）开始步入仕途。谢安在兄弟中排行第三，自幼聪明多智。四岁时，当时的尚书吏部郎桓彝（即桓温的父亲）看到他，大发赞叹："这孩子风俊神清，以后肯定不啻王东海（王东海即王承,曾任东海太守,是晋朝一代名臣)!"稍大一些,谢安更是气宇非凡,甚至连著名的丞相王导都知道他,以致当时的学童都竞相仿效他的读书音韵,一时成为时尚。

青年谢安以名士风度闻名于当时,曾多次被举荐做官。第一次是他弱冠之时,扬州刺史庾冰听到他的声名,几次下郡县敦请逼迫他做自己的属下。万不得已的情况下,谢安只好告别自己喜爱的家园前去赴召。可是才过了一个多月,他便打道回府了。另一次是在七年后,大将军桓温征伐成汉时也关注到谢安的盛名,就上报朝廷让谢安做他的司马。谢安这回更加干脆,以世道难行为由,婉言拒绝了桓温的好意。

当时,谢氏家族中,谢安的从兄谢尚、长兄谢奕等兄弟辈有很多人已做了高官。谢家门前经常是车水马龙,门庭若市。有一次,谢安的夫人刘氏指着那些富贵的本家兄弟悄悄地跟他开玩笑:"大丈夫难道不应该这样吗?"谢安听罢,手掩鼻口悄悄对夫人说:"恐怕我以后也不免要这样。"

尽管谢安知道自己为了家族的崛起不免要出仕,却仍旧屡次拒绝朝廷的征召。当时有人感慨地说:"安石不肯出,天下百姓可怎么办呢?"但也有人认为谢安不尊重朝廷,竟连续几次弹劾他,并要朝廷对他施加禁锢,限制他自由活动。面对外界的种种反应,谢安依旧稳如泰山,淡然若水,对此根本不屑一顾,直到他的四弟谢万兵败遭到废黜后,谢安为了保持家族地位,更为了使其经略得以致用,才决定步入仕途。不久后,谢安受桓温之邀,担任征西大将军府的司马。

再说北边的前燕,在攻取淮北之后,慕容儁十分高兴,雄心大发,决定完成他吞并天下的志向,开始在全国大规模征兵,命令每户百姓家只能留一名男丁,其余都征召入伍。后来,因为老百姓受不了,农田无人耕种,又改为三丁抽二,五丁抽三。同时,广备粮草,打造兵器。正在踌躇满志的时候,慕容儁却得了大病,一病不起,到第二年(360)正月病亡,时年四十二岁。

太子慕容暐继位,只有十一岁。朝廷遂以慕容恪为监国太宰,总领朝政;以上庸王慕容评为太傅,辅赞朝政;以阳骛为太保,慕舆根为太师,参辅朝政。

东晋朝廷因为丢了两淮的大片土地,一直耿耿于怀,得知慕容儁已死,又想北伐，但却选不出可以统兵的大帅，最后还是不得不命桓温北伐。桓温却道："前燕最可惧的不是慕容儁，而是慕容恪，有他在，不可伐。"东晋朝廷这才极不甘心地暂时放弃收复两淮的打算。

到了第二年，前燕和东晋又起战事。起因是河内太守吕护投降东晋，被东晋拜为冀州刺史。慕容恪遂带军八万去攻河内郡（治所在野王，今河南省沁阳市）。吕护一面守住城池，一面向东晋求援。东晋本打算派兵去援，但再一次遭到桓温的反对。桓温认为黄河北岸不可守，建议吕护带兵南归。这时（361），晋穆帝突然病亡，死时年仅十九岁。因为晋穆帝没有儿子，遂以晋成帝司马衍的儿子司马丕继承皇帝位，改元隆和。晋廷这么一乱，就顾不上派兵了。结果，吕护让前燕军队整整围了半年多。吕护等人饿得够呛，最后饿得实在受不了，带兵突围，被慕容恪所擒。慕容恪并没有为难吕护，而是授他为宁南将军，并为城中百姓和士兵供给粮食，吕护深受感动，表示自己愿意为前燕立功赎罪。

其实，慕容恪正要利用吕护。因为晋国不重视洛阳，只在洛阳放了七八千士兵防守，慕容恪早有取洛阳之心。但他一直担心从邺城整军南下会被东晋盯上，派兵去增援洛阳，反而不妙。现在正好攻下河内，离洛阳已经比较近了，东晋并不防备自己。此时去攻洛阳，等东晋发现也已经晚了，根本来不及增援。慕容恪于是命吕护带五千士兵以败兵的名义去骗开洛阳的城门。洛阳守将陈祐以为吕护是突围逃过来的，正要开城门，长史沈劲道："吕护可疑，不可开城。"沈劲的父亲沈充当年是王敦的心腹重将，后随王敦叛乱，战败后被杀。沈劲因为父亲的缘故一直无法做官，直到三十多岁的时候才得到丹阳尹王胡之的保荐，被授为洛阳冠军长史。

陈祐说："我怎么看不出来呢，哪里可疑？"

沈劲道："可疑有三。前燕以八万之众把河内围得如铁桶一般，慕容恪又是极有智谋的人，吕护一支弱旅怎么能突围出来？纵然吕护逃出了，一定是经过一番苦战，而且他在河内被困了半年之久，士卒必然憔悴。可你看看城下士卒，一个个精神饱满，盔甲鲜亮，身上连一个血点子都没有，队伍里一个伤兵都没有，哪儿像是半年没吃过饱饭、从八万大军中杀出来的？还有，吕护既然逃出，为什么没有带家属？"

陈祐听了恍然大悟，问沈劲怎么办？

沈劲道："我们埋伏一千弩兵在瓮城之上，然后开门，等他进入瓮城，万箭齐发，必能射死这个老贼。"

陈祐遂令开门。吕护与副将段崇带兵入城，将到瓮城之内，却见正门紧闭，一声梆响，利箭如暴雨般射下来，顿时无数兵士倒地，吕护和段崇急忙后撤。这时瓮城正门打开，沈劲带三千骑兵追杀出来。吕护五千士兵剩下不到两千，一路向北逃到了黄河边，刚上了渡船离开岸边，沈劲追到，又是乱箭齐发，吕护被流箭射死。段崇最后只带了三四百人逃回野王，见了慕容恪，大哭不已。

慕容恪自责道："是我虑事不周。"遂亲率大军进攻洛阳。陈祐见八万燕军来攻，知道洛阳不可守，要弃城南逃。沈劲慨然道："我常因父亲陷于不义而遗憾，早就想为国立功，以雪先人之耻。现在我得到了这个机会！捐躯沙场，马革裹尸，便是我的志向！"军队中有七八百人听了沈劲的话也自愿留下。陈祐道声保重，带着剩下的几千人离开了洛阳。

前燕军八万人来到洛阳，没用多长时间就攻下了洛阳。沈劲以数百将士杀伤杀死前燕兵上万。慕容恪俘虏了沈劲，怜惜其才，欲劝降沈劲。沈劲道："我的志向就是死得其所！"慕容恪很是佩服，便要放他。中军将军慕舆虔道："沈劲的确是有勇有谋的壮士，然而正因为他智勇双全，将来必成前燕之大患。既然不能为我所用，只能杀之。"

慕容恪遂杀沈劲，然后命人厚葬。前燕军乘势将河南其他诸城一并攻取，占领了今河南全境，与两淮连成一片，向南和东晋以淮河为界，向西与前秦以崤山和渑池为界。前燕成为三国之中实力最强的一个。

东晋朝廷本来一直防着桓温，但是前燕不断南侵，朝中又无人可用，只得仍然重用桓温。桓温到了现在已经是侍中、大司马、都督中外诸军事、录尚书事、假黄钺，基本掌握了东晋六成兵马。晋廷又让桓温兼领扬州牧，入参朝政。

桓温不愿入朝受制，遂把自己的办公地点搬到姑孰，以吴国内史庾希为北中郎将，徐、兖二州刺史；以龙骧将军袁真为西中郎将、豫州刺史；以其弟桓豁为荆州刺史，桓冲为江州刺史；又以抚军司马王坦之为大司马长史，郗超、谢安为大司马参军，王珣为大司马主簿。桓温把自己的人全部安插到重要位置后，又找人测算晋国的运道。谢安知道桓温私下里测国运后，猜到桓温有不臣之心，便开始想脱身之计。

桓温正在经营扩大自己势力的时候，正是慕容恪率军渡黄河、袭洛阳、取河南之际。东晋朝廷急派相王司马昱到洌洲（今安徽省马鞍山市和县长江中的小岛），和桓温商量北伐拒敌的事。正在这关键时刻，朝廷传来丧报，晋成帝司马丕死了。这个皇帝不是病死的，而是迷信黄老之术，常服所谓长生不老之药，慢性中毒而亡，死时二十五岁。

司马昱闻报，只得返回建康主持国丧，商量立新君之事。而桓温此时心已不在北伐之上，遂任由前燕尽占河南之地。

司马丕也没有儿子，经大臣朝议之后，拥立他的同母弟弟司马奕为帝。时为365年。

燕晋征战暂时告一段落，再看凉州之事。前凉向前秦称臣三年之后（359），权臣张瓘欲废掉凉王张玄靓而自立。宋混早就对张瓘专权不满，表面拥护张瓘，暗地派弟弟宋澄带着二三十个亲信家兵，来到南城军营，对诸营将士道："张瓘谋逆，愿讨贼者随我来！"这些凉州将士对前凉张氏还是有感情的，于是便有很多人站出来支持。宋澄很快凑齐了七千人马，率领这些人马杀向张瓘府。张瓘赶紧组织自己的人来反击，但仓皇间没凑齐多少人。兵败后，张瓘与其弟张琚先后自杀而亡，余众投降。宋混夺政后，劝张玄靓去凉王之号，降称凉州牧，自己做辅政大臣，执掌朝纲。两年后（361），宋混病死，其弟宋澄继续独掌朝纲。凉州右司马张邕趁着宋混病死、宋澄没什么威望，又发动兵变杀死宋澄，并灭其族。这次政变后，张邕被任命为中护军，张玄靓的叔叔张天锡被任命为中领军，二人共同辅政。

张邕灭掉宋氏一族把持朝政后，对治理国家并没有多大兴趣，而是擅杀大臣，沉迷酒色，甚至和张玄靓的祖母马太后勾搭成奸。张玄靓的叔叔，二十岁的张天锡虽无兵权，却以十分的胆气决定与亲信张肃、赵白驹一起除掉张邕。

这年十一月，张天锡和张肃、赵白驹三个人趁着张邕没有带护卫的机会，偷袭张邕。张邕毕竟是武将出身，拼着命从宫中逃出。张邕逃出去后，不顾身上有伤，马上带了几十个人跑回宫来报仇。张邕本想着对付这三个年轻人，根本不需要带多少兵，但他错了。张天锡和张肃、赵白驹三个人爬上房顶，张天锡站在房顶上以张玄靓的名义宣布张邕为反贼，历数张邕罪状，并称只杀张邕一人，其他人概不相问。这几十个士兵本就不是张邕的亲信，只是最底层的士兵而已，又对张邕没什么好感，于是全都散了。张天锡和张肃、赵白驹立刻从房上下来，继续拿着刀追砍张邕，这一回再没让张邕跑掉，终于杀死了张邕。张天锡从此把持朝政，并在这一年重新向东晋称臣，改用东晋的年号。此年为东晋升平五年（361）。

张邕死后不久，马太后也病死，张玄靓的亲生母亲郭氏执掌了内宫权力。她认为张天锡是个有野心的人，遂与张钦谋划除去张天锡。泄密后，二人被张天锡所杀。张天锡干脆一不做，二不休，又带兵入宫，把张玄靓也杀了，自称大都督、大将军、凉州牧、西平公。

366年，略阳的羌族首领敛岐率四千户人家叛秦投奔李俨。李俨原是前凉大将，后来归附前秦，并占据枹罕、大夏、武始（今甘肃省定西市临洮县）等数郡。他得了敛岐的四千户后，觉得自己的实力足够自立，遂拒绝前秦交出敛岐的要求，宣布独立。

当然，他独立的后果非常严重。一直因为他有前秦撑腰而不敢动他的凉州，马上派前将军杨遹、征东将军掌据、游击将军张统，加上张天锡亲自率领的一支人马，共四路、六万大军进攻李俨，很快攻破大夏、武始二郡。李俨只得退守枹罕。

前秦则以王猛为帅，以陇西太守姜衡、南安太守邵羌、扬武将军姚苌等带领五万人马攻下略阳等地。李俨一看惹下大祸了，急忙向秦国赔罪称臣，并愿意交出地盘，请前秦派兵对付前凉。

王猛遂率前将军杨安、建威将军王抚、立忠将军彭越，领兵三万去救枹罕。两军在枹罕城下连战数日，凉军不敌向西退去。前秦军想早早结束战事，以防前燕军东侵，于是与凉州言和，双方各自退兵。

第十一章 壮丽的前秦

失败的北伐

367年4月，前燕大司马、太原王慕容恪病逝，时年四十三岁。慕容恪自幼从军，征战无数，百战百胜，未曾一败，辅政八年，前秦、东晋皆不敢犯。

慕容恪死后，慕容暐欲封慕容垂为大司马，执掌朝权。这下可急坏了太后可足浑氏。

可足浑氏出身微贱，而慕容垂的妻子为段末波的女儿，血统比较高贵，性子又很孤傲，曾经得罪过可足浑氏。可足浑氏便密谋杀掉段氏，于是派中常侍涅皓诬告段氏和典书令高弼用巫术谋害皇上。

兴寿三年（358），段氏和高弼被抓进大狱后，受到严刑拷问。可足浑氏想让二人诬陷慕容垂，以绝后患。但段氏、高弼抵死不认。慕容垂与段氏感情很好，实在是不忍妻子遭受痛苦，私下派人对段氏道："人生总有一死，不如招认，以免受毒刑。我和你死在一块儿，我也认了！"段氏道："我若诬陷了你，对上辱没祖宗，对下牵累于你。我绝不做此事。"后来段氏死在狱中。慕容垂感念段氏的恩情，于是娶段氏的妹妹为继室。现在慕容垂执掌了朝纲，可足浑氏害怕遭到报复，遂极力反对，对慕容暐道："你的父亲一直讨厌慕容垂，你怎么可以对这样的人委以重任？"

而皇叔祖慕容评，从前燕在东北发展的时候就一直南征北战，立下卓越战功，后来却仅作为慕容恪的副手参与朝政，慕容恪死后仍然没有轮到他成为一把手，而是慕容垂。对此，慕容评深为不满，也反对道："大司马一职执掌全国的兵权，应当给最信任的人，皇上有这么多的亲兄弟，不如选一个能干的授大司马之职。"争来争去，最后可足浑氏的另一个亲生儿子慕容冲被任命为大司马，不过当时慕容冲只有八岁。一个八岁的孩子绝没有能力掌控全国的军队，于是由慕容评代为掌管。从这时开始，前燕朝政落到了可足浑氏和慕容评的手里。前燕离灭亡也就不远了。

慕容恪病亡，前燕大权由太后和皇叔祖分掌。面对这样的局势，意欲夺回黄河南岸失地的东晋，想收复山西和豫西的前秦，都跃跃欲试，准备发兵攻打前燕。

前秦的君主苻坚先派人对前燕进行了一番调查，认为从国力、兵力、用将、内政等方面的综合实力对比来看，前秦要略胜前燕一筹，遂集结部队，准备攻伐前燕。这时苻坚得到密报，说是晋公、征东大将军、并州牧苻柳，魏公、镇东大将军、洛州刺史苻廋，赵公、征西大将军、秦州刺史苻双，燕公、安西大将军、雍州刺史苻武，四个人已经商量好了，要趁苻坚带兵东征时，在长安发动政变，拥立苻柳。

苻柳、苻廋、苻武这三个人都是苻生的弟弟，他们认为苻坚只不过是苻健的侄儿，而他们三个作为苻健的儿子，才最有资格继承皇位；苻双则是苻坚同母所生的亲弟弟，因为不满苻坚，所以也附和三人。

苻坚遂向王猛问计。王猛道："这很简单。您装作不知道这回事，用商量东征的理由把他们四个叫到长安。等他们来到长安，一块儿都收拾了。"

苻坚遂下诏命四公入长安。这四个人都很狡猾，一看诏书就明白这是要关门打狗，请君入瓮。于是四人立刻举兵造反，苻柳占据蒲阪（今山西省永济市蒲州镇），苻双占据上邽（今甘肃省天水市清水县），苻廋占据陕城（今河南省三门峡市陕州区），苻武占据安定（今甘肃省定西市安定区）。

苻坚派人劝和，见四人不从，遂派后将军杨成世征讨上邽，左将军毛嵩率兵进攻安定，建节将军邓羌去攻蒲阪，前将军杨安与广武将军张蚝攻取陕城。

陕城的苻廋因为正处在前燕边境，于是派使者去前燕，表示愿意将陕城献给前燕，请求前燕出兵。慕容暐虽然秉性忠厚，但是个没主意的人，于是召众臣商议。慕容皝最小的儿子范阳王慕容德请求带兵出战，众大臣也纷纷支持出兵，却遭到慕容评的坚决反对。慕容评认为多一事不如少一事，前秦内乱，还是不要掺和为好，要是惹急了前秦，苻坚举倾国兵力来打，岂不是自寻烦恼？

苻廋派来的使者急忙称，苻坚有天下之志，王猛是人中之杰，他们肯定要发兵攻前燕。若此时不趁前秦内乱而取前秦，等前秦安定后，必发兵攻前燕。慕容垂、皇甫真都认为使者说得对，但朝中是慕容评和太后说了算，他们不让发兵，谁也没有办法。

这时，杨成世在上邽被苻双击退，毛嵩在安定也吃了败仗。杨成世只好与毛嵩合兵一处，退守榆眉（今陕西省宝鸡市千阳县）。苻双、苻武也联合起来，反攻榆眉。毛嵩和杨成世急忙向长安求援，苻坚命宁朔将军吕光率三万兵马去增援。吕光大军来到榆眉后，见苻双和苻武有六万兵马，双倍于己，于是派人进城让毛嵩、杨成世守城勿出。毛嵩和杨成世见吕光在城外，既不进攻敌人，也不入城增援，有些搞不明白，只好拼命守城。这样过了大概一个月，苻双、苻武的军粮耗尽，于是退兵。吕光又派人进城对二将道："现在可以出击了。"城外和城内两支军队直杀向二人的军队。苻双和苻武大败，六万人剩了三万人，逃到上邽守城不出。吕光遂把上邽包围，日夜攻城。

邓羌在蒲阪与苻柳互有攻守，相持不下。后来苻双、苻武大胜，苻坚派吕光出援。苻柳猜测长安留守的军队不多了，遂让世子苻良守蒲阪，自己亲率两万大军偷袭长安。哪知道王猛早已在黄河岸边埋伏，杀得苻柳大败。苻柳逃回蒲阪，被城下的邓羌军队迎击，并被围困。苻良开城去救，反被邓羌攻入城中。王猛夺城后将苻柳父子斩首，整编降兵之后，与邓羌一起去帮杨安、张蚝攻陕城。

这时吕光也攻下了上邽，杀死苻双和苻武，带兵去攻陕城。八万兵马一同来攻陕城，陕城很快就被攻破，苻廋被俘，押回长安。

苻坚赐苻廋自杀，但为了给自己的叔叔苻健留后，宽恕了苻廋的七个儿子，并封苻廋的长子袭爵为魏公，余子皆封为县公。

前秦处理内乱的时候，东晋已经派兵北伐攻前燕了。桓温带八万大军一路北进，其先头部队建威将军檀玄在湖陆（今江苏省徐州市沛县北）先和前燕宁东将军慕容忠打了一仗。东晋军大胜，俘虏慕容忠。桓温再进抵金乡（今山东省济宁市金乡县）。这时正遇到北方大旱，许多水道干涸，晋军习惯水运辎重而不备骡马，后勤供应不上。桓温遂暂时停止进军，命人开凿了三百里水路，连接泗水与清水。但因为是旱年，水并不深，还是不方便漕运，又命人开凿水道将汶水引入清水。

水道畅通之后，已经是深秋了，如果不能速战速决的话，冬季一到，河道结冰，后勤仍然会成为影响桓温进军的大问题；且南方兵将不习惯在寒冷的冬季作战，很影响战斗力。于是郗超建议不要再攻城略地了，率大军直扑前燕首都邺城，只要攻破邺城，前燕军一定大批北撤，黄河以南的大片失地便可很快收复。

桓温听了沉思不语。郗超又道："如果您认为不顾后方，直逼燕都，有点儿太冒险的话，您可以先停兵不前，储备物资，等明年夏天再进兵。虽说是迟了一些，毕竟比较稳妥，明年一定能大胜前燕。"

桓温进兵邺城没有把握，驻军不进又不甘心，于是道："你的前计太急了一些，后策又太缓了一些。"遂率陆军继续进兵，很快与前燕刚刚调集来的主力军两万前锋骑兵相遇。晋军再一次击败前燕军，下邳王慕容厉逃跑。高平太守徐翻献城投降。

前燕乐安王慕容臧的八万军队接着南下与晋军交战。晋军前锋军朱序的部队失利退兵。桓温亲自指挥大军与慕容臧大战，终于大败慕容臧。慕容臧领残兵北逃。

桓温遂一路进军到武阳（今山东省聊城市阳谷县西），兖州刺史孙元在桓温还没有来的时候就挂起晋国的旗帜投诚了。桓温遂进兵枋头。枋头离邺城不过二百里地，三天的路程。慕容暐和太傅慕容评十分恐惧，商议欲逃回故都龙城。

这时，吴王慕容垂站出来说："现在邺城还有十万人马，仍可与晋兵一战。为什么要逃呢？难道祖宗打下的江山就这么轻易地被我们扔掉吗？"

慕容评坚持要逃，慕容垂坚持要战。慕容暐决定不了，在殿上急得直哭。这时皇甫真道："大司马临终的时候说，如果国事紧急，一定要重用吴王，您忘了吗？"大司马就是慕容恪。慕容暐听了，这才决定让慕容垂统兵南拒晋兵。

慕容评担心慕容垂打不过晋军,向慕容暐建议用让出虎牢关以西所有土地的代价去请前秦兵来救。慕容暐遂派散骑常侍李凤、散骑侍郎乐嵩为使,去长安向前秦求救。

苻坚担心晋国灭了前燕后实力大增,对前秦不利,再加上前燕愿意割地,便派将军苟池、洛州刺史邓羌率三万军马去救前燕。

慕容垂进兵到枋头,并不与晋军交战。他先密派慕容德与兰台治书侍御史刘当以一万五千重兵紧守石门,断去晋军赖以漕运的水源,又派豫州刺史李邽守皋陵陆道,断去晋军从陆路运粮的通道;再派尚书郎悉罗腾与虎贲中郎将染干津率五千精骑兵,去组织各郡县抢收附近粮食,并阻止晋军就地收粮。然后紧闭营垒,只守不攻。

桓温向慕容垂的营寨进攻了几回,慕容垂坚守阵地,一时不能攻克,双方在枋头形成了对峙状态。一直拖延到九月,由于石门断水,清水的水位降低,不便漕运,桓温派袁真率一万兵进攻石门,以放水源。

慕容德派慕容宙和慕容寅设下一支伏兵,袭击了袁真的前锋袁瑾,袁真带兵去救袁瑾,击败慕容宙和慕容宇,但慕容德与刘当又抄了袁真后路。打来打去,最后还是晋军被打败了。

桓温听说袁真败了,一方面强令袁真不惜一切代价,一定要夺取石门,一方面派邓遐去皋陵打通陆道;又派后赵降将李述和前燕降将段思两个人带兵就近筹粮。

李邽以重兵死守险关皋陵,邓遐攻了好多天,也没能攻下来,十分郁闷,却拿李邽没有办法。李述、段思带兵筹粮,可各处的粮食都已经抢收完毕,被前燕军运走,好不容易抢了一些粮食,却被悉罗腾与染干津带兵杀出来抢光。李述和段思都被杀死,出来筹粮的晋兵全军覆没。

这时,桓温的军队只有几天的存粮了,皋陵和石门又屡攻不下,桓温只好与慕容垂决一死战,猛攻慕容垂的阵营。慕容垂坚守阵地,晋军屡次攻打,没有效果。这时桓温又听说前秦出兵从洛阳攻向颖川,欲抄自己的后路。桓温粮草不继,后路遭袭,只得退兵。因为清水已经不能行船,便一把火把带来的所有大小船只烧了个干净,然后带军南撤。

桓温南撤之后,前燕军顿时欢欣鼓舞,被晋军痛打了半年多,他们也想出出气，便纷纷请战。慕容垂说："桓温用兵谨慎，一定用精兵殿后，严加防备。我们现在去打他们，肯定占不了便宜。"遂命四千精锐骑兵，日夜兼程，抄到桓温的前面埋伏。又亲自率领八千精锐骑兵，远远跟在晋军的后边。

桓温日夜急行，一直跑到襄邑（今河南省商丘市睢县）。晋军都累坏了，趴在地上起不来。桓温忙催士兵起来继续跑，士兵哪里能起得来？桓温着急坏了，派亲兵和将领用鞭子抽着这些士兵走。

这个时候，慕容垂的骑兵从后路发动了攻击，漫山遍野向晋军杀来。晋兵抵挡不住，溃散南逃，在南边又遭到慕容德的伏击。此一战，晋军死三万，伤两万，逃散者不计其数。桓温来时所带的八万大军，连轻伤士兵在内所剩不到两万。

桓温向南来到谯郡（今安徽省亳州市蒙城县西北三里），正遇上前秦将领苟池、邓羌的军队。桓温的败军哪里打得过，又大败而逃，一直逃到山阳以南才敢停下，再检点人马，仅余三千。

慕容垂击败桓温，威名大震，成为燕国最有威信的人。太傅慕容评更加嫉妒慕容垂。慕容垂为将士请功，慕容评认为他是邀买人心，压着不办；慕容垂请求在边境安排几员重将，慕容评认为他是安插亲信，也不答应。慕容垂本来是个好脾气，此时也对慕容评有了很深的看法，便找慕容暐评理，并利用自己的威信和人缘给慕容评施加压力。

慕容评发觉慕容垂已经不好控制了，并且朝廷内外都心向慕容垂，便向可足浑氏建议除去慕容垂。可足浑氏早有此意，于是二人开始寻找慕容垂的所谓罪行。

慕容恪的儿子慕容楷和慕容垂的舅舅兰建得到消息，急忙找到慕容垂，劝他先发制人，除去慕容评与乐安王慕容臧二人，掌握朝权。慕容垂道："我不忍骨肉相残，成为乱臣。宁愿死，不忍为。"

两个人苦劝慕容垂，慕容垂最后道："这样吧，我离开京城远走他乡，其他的办法，你们就不要提了。"兰建只好道："就算是走，也应当早走。否则等慕容评向你下手的时候，你就是想走也走不了了！"

于是慕容垂带着老婆段氏，四个儿子慕容令、慕容宝、慕容农、慕容隆，两个侄子慕容楷、慕容绍，舅舅兰建，郎中令高弼等人，以外出打猎为名，离开京城,一出京城就直奔辽东的旧都龙城。

慕容评得知后立刻派西平公慕容强率一百名快马骑兵去追。慕容强在范阳将慕容垂等人追上。

慕容垂呵斥慕容强,让他回去。慕容强敬畏慕容垂,不敢捕他,但回去也无法复命,只好道:"我奉太傅之命来请您回去,不敢违令。"

慕容垂的长子慕容令大怒,拿着铁枪就刺慕容强。慕容强不敢反抗,带着人撤走。

慕容令对父亲道:"太后和慕容评已经知道咱们要去龙城,一定还要派兵来追。燕国是不能待了,不如投奔前秦。"

慕容垂也苦于天下之大,无处容身,叹道:"只能这样了。"于是把马蹄和车辙印都抹掉,改穿老百姓的衣服,从小路悄悄南下。路过邺城,再到河阳(今河南省孟州市西)。在河阳过河的时候,因没有通关文牒被守军拦住,慕容垂没办法,只得亮出身份。这些官兵都很敬佩慕容垂,遂让慕容垂渡河。但消息很快传到了邺城,慕容评急忙派吴归来追。

吴归在阌乡(今河南省灵宝市西北)追到慕容垂。吴归本是慕容垂的老部下,有心放水,于是假装去捉慕容垂,却暗示慕容垂砍他一槊。慕容垂于是打了吴归几下,吴归假装不敌败逃。慕容垂遂进入前秦境内。

苻坚听说慕容垂来投,急忙派邓羌去接,把慕容垂迎入陕城,殷勤招待,侍候得十分周到。又派专车来接,并让邓羌亲自护送,一路送到长安。慕容垂等人刚到长安城东的灞上,就见秦王苻坚已经带着文武百官出城来迎了。灞上距离长安城约二十里地,苻坚亲自出城二十里来接,可见是高规格接待礼节。

苻坚见了慕容垂,拉着他的手道:"你来投我,是上天让你来帮我定天下啊。你放心,如果成功,我将把你世封幽州,使你既不失为孝子,也不失为忠臣。"

王猛与慕容垂见面寒暄之后,发觉此人并非久居人下之辈,遂悄悄对苻坚说:"慕容垂父子,不是可驯之人。将来必为我国之患,不如早除之。"

苻坚道:"周朝得到微子而灭商,秦国得到由余而称霸,吴国得伍子胥而胜强楚,汉朝得陈平而诛项羽,曹魏得许攸而破袁绍。朕得慕容垂,如果给他最高的待遇,一方面可以邀得前燕民心,另一方面可以促使更多的前燕将领来投。难道不是好事吗？"

苻坚并不听王猛的话，拜慕容垂为冠军将军，封为宾徒侯，拜慕容楷为积弩将军，其余人等各有重赏。苻坚一方面操练兵马，筹备粮草，准备东攻；另一方面派黄门郎石越出使前燕，问前燕讨要虎牢关以西的土地。

慕容评见到石越，矢口否认当时订下的割地条约。石越把条约拿出来说："你看，白纸黑字写得清清楚楚。你还要抵赖？"

慕容评翻脸道："大燕疆土是将士们流血征战得来的，怎么能够轻易给人？"

尚书郎高泰、太傅参军刘靖、给事黄门侍郎梁琛、皇甫真等人都劝慕容评防备前秦，慕容评却不以为然，认为是杞人忧天，称前秦本身是实力不济的小国，苻坚也是个小心谨慎的人，绝不会进攻前燕。

前秦灭燕

石越回到长安，说慕容评不肯交出先前答应割让的土地，苻坚非常高兴，道："如此我师出有名矣！"于是以王猛为帅，以建威将军梁成为先锋，以洛州刺史邓羌为副将，出三万兵，从陕城出发，东取洛阳。王猛因为一直忌惮慕容垂父子，遂请慕容令为参军，作为向导，欲在前线把慕容令除去。王猛临行前亲自拜访慕容垂，对慕容垂道："你我一见如故，我实在是舍不得离开你啊，不如你给我个信物，让我能睹物思人。"慕容垂毫不怀疑，遂把身上常年佩带的一把金刀送给王猛。

王猛带着秦军刚到乙泉（今河南省洛阳市宜阳县西南洛河北），守将吴归便出城投降。王猛派邓羌率一万骑兵去攻占虎牢关，令梁成率一万骑兵切断孟津通道，阻断前燕军的来援之路；又亲率主力军去攻洛阳城。

因为前燕对西部边防并不重视，虎牢关和孟津虽险，但各自只有一千多守军。前秦军只攻了半日便把两处攻下。洛阳对外交通遂断绝，成了一座孤城。王猛派使入洛阳，劝降守将慕容筑。慕容筑道："像慕容垂这样的国家基石尚且投前秦，我又守什么城呢？"竟然一仗未打，便投降了。王猛夺了洛阳，找来早已买通的慕容令手下部将金熙，让他拿着金刀找到慕容令，假称慕容垂在京城受到猜忌，已经东投前燕去了，让他也找机会逃回前燕。

慕容令要看父亲的亲笔信，金熙说："这么机密的事，怎么敢使用书信？这支金刀便是凭据。"

慕容令遂于第二天率旧部逃出洛阳，投奔石门的乐安王慕容臧。王猛知道后，并不追赶，却写一封密信给慕容垂道："令郎叛逃，你也快走吧。不然秦王生气了，你一定会被杀头。"慕容垂也急忙逃跑，结果跑到蓝田，被张蚝抓回长安。

苻坚不但不杀慕容垂，反而抚慰慕容垂道："人各有志，你儿子逃归前燕，也算不得什么大罪。不过前燕肯定要被灭，你儿子跑到前燕，我怕他是凶多吉少。况且你儿子逃跑和你无关，你不要害怕。"

王猛听说自己的计策没有成功，慕容垂并没有被苻坚杀掉，深深地叹了口气。后来前秦果然被慕容垂所灭，王猛虽早有预料，却只能眼睁睁地看着慕容垂好好地活在自己的眼前，而不能动他。

慕容令到石门投奔慕容臧，却被慕容臧当作奸细，捆到邺城。慕容评将他发配到龙都东北六百里外的沙城，并在当年将其害死。

慕容臧在石门驻扎着十万军队，听说洛阳失守便派杨璩去攻虎牢关。杨璩刚去便被邓羌杀败，死于乱军之中。慕容臧又亲率大兵来攻，王猛和梁成急忙调集所有的兵力前去增援，双方大战数日。慕容臧再败，逃回石门。

王猛留下邓羌镇守洛阳，然后胜利回师。此时为建元六年（370）正月，这次大规模伐前燕，为前秦灭前燕打下了坚实的基础。王猛回师后，苻坚封王猛为平阳郡侯，然后整兵储粮，谋吞全燕。五个月后，也即同一年六月，王猛再次带大军从灞上出发。这次共带杨安、梁成、邓羌、吕光、张蚝、毛当、苟苌、郭庆、姚苌、彭越上将十员，雄兵六万。

苻坚曾经表示他要亲率大军随后东进，王猛却胸有成竹地说："荡平残胡，如风扫叶，不劳陛下亲受风尘之苦。您只需要在后方派人给前燕的被俘君臣预先造好住房就行了。"

此次前秦征燕之兵，不过六万。而前燕举国兵力，多达三十万。王猛面对强敌，能有如此把握，足见此人早将天下装于胸中。王猛兵分两路，一路由杨安率领，过黄河北攻晋阳；另一路由王猛亲自率领，攻壶关，取邺城。

壶关守将前燕南安王、上党太守慕容越闭关坚守。王猛知道此关险峻，不可强攻，于是一面派虎牙将军张蚝掘地道入城，一面率领将士佯攻城关。慕容越只注意防守城关，没有防备到王猛会挖地道，结果被张蚝先攻入城中。慕容越大败被擒。王猛留苟苌守壶关，一路向东，所过郡县的守军，并不死守，而是纷纷投降，令他很快到达潞川（今山西省长治市潞城）。

这时杨安已经攻到晋阳（今山西省太原市南），但晋阳是军事重镇，城墙坚固，有兵数万。杨安攻了两个月也没有攻下，王猛率兵北上，合兵一处攻破晋阳，活捉并州刺史、前燕东海王慕容庄。

王猛和杨安的军马再下潞川，这时慕容评亲率大军三十万来到潞川。慕容评虽有三十万大军，却不敢出战，只是阻住王猛的去路，静等王猛粮草耗尽。同时，慕容评把山封了，把水源也占了，干起卖水卖柴的买卖来。在潞川待了一个多月，慕容评竟然大发其财。

王猛知道强攻打不过慕容评的三十万大军，索性也安营扎寨，和慕容评对峙起来，暗地里派游击将军郭庆率五千轻骑，从小道绕到燕营之后，一把火把慕容评的粮草辎重都烧了。

慕容暐听说慕容评率三十万大军却不敢出战，让王猛给烧了粮草，又封山卖柴，占泉卖水，饶是他脾气好，也给气得要命，派人骂慕容评道："你是高祖的儿子，应当以国家社稷为重，为什么跑到潞川不打仗却做起生意来了？国家所有的财富，朕与你共有，你还嫌不够吗？如果国家灭亡了，你还要这么多钱干什么用？立刻把所有的钱财都下发给将士，以鼓舞士气，然后立即出战！"

慕容评大惧，不得已将刚赚来的钱帛散给将士，带兵出战。前秦、前燕之间最大规模的一场战争就此开始了。

就在决战的前一天傍晚，前秦军营内部差一点打了起来。邓羌的部下徐成侦察敌营，回来天已经黑了。这严重影响到王猛对第二天决战的布置，于是王猛要按军令斩徐成。这时邓羌为老部下求情，王猛很坚决地拒绝了邓羌。

邓羌是个直性子，一看王猛不给他面子，非常生气，立刻回营，召集士兵，准备率自己的军队向王猛杀去。邓羌号称"万人敌"，要是拼杀起来，王猛还真不是他的对手。且在和前燕大战前火拼，第二日的决战必败无疑。关键时刻，王猛制止住请战的部下，单骑进入邓羌大营。邓羌正在疑惑王猛是不是来找死的，王猛却大夸邓羌够义气，是条汉子，并把徐成放出，回到邓羌营中。邓羌这才罢兵。

第二天早上，大战在即，王猛站在阵前慷慨陈词，众将士热血沸腾，欢呼跳跃，恨不得立刻冲向敌方。这时又出事了，邓羌让王猛事先答应打胜仗后保举他为司隶校尉。司隶校尉从待遇上来说是二千石，相当于一品朝臣。从权力上来说，负责监察所有的官员，能劾奏三公等地位最高的官吏。司隶校尉还掌京师兵权，率领一支由一千二百名中都官徒隶所组成的配备最好装备的武装队伍。在汉晋时的政权中，此官可谓举足轻重，董卓称之为"雄职"。

这么重要的官职，王猛怎么能轻易许诺，再说他也不是苻坚，就算是许诺了，苻坚也未必答应。于是王猛说："这个职位我实在是不敢担保，不过我担保你做安定太守，封万户侯，怎么样？"

邓羌撇了撇嘴，收兵回营，自己则回到大帐中睡觉去了，王猛只得自领一军去和前燕军交战。邓羌拥有前秦军一半的兵力，而且部队的战斗力极强。王猛拿剩下的一半兵力去和三十万前燕兵拼，很快就被包围，情势十分危急。王猛急忙再次单骑跑到邓羌的军营中，下马入帐对着躺在营中睡觉的邓羌喊道："我答应保举你司隶校尉的职位，必为你要到此职。"

邓羌听了，一下子从床上蹦起来，立刻穿戴好盔甲，又连喝几口酒，带领部队直杀向前燕军。这一场恶战，持续了整整一天。慕容评的三十万大军竟然被邓羌和王猛率军给杀败了。慕容评带兵后撤，王猛和邓羌在后掩杀，一直杀到邺城。慕容评回到邺城的时候，三十万大军只剩下一万了。

邓羌因为徇私求情不成而发动兵变，又因为临阵求官不成而罢兵不战，王猛临阵机变，全部隐忍了。但他竟然没有秋后算账，治罪邓羌。究其原因，第一是因为邓羌是个军事奇才，没有邓羌，王猛根本不可能以少胜多打赢这场硬仗。当时以军事为重、到处征战的情况下，王猛不可能杀邓羌。第二是邓羌无私。邓羌发动兵变是为了自己的一个部将，临阵求官则是为了打击豪强。为什么这么说呢？因为邓羌疾恶如仇，好打击豪强，他当司隶校尉，不是贪图富贵，而是真想干点事儿。王猛理解他，所以不怪罪他。

前秦军围住邺城，日夜攻城。苻坚听说前秦军打到了前燕的都城，抑制不住自己激动的心情，整兵十万，亲自率军向东进发。苻坚的大军到了邺城后，前秦军以十五万士兵攻城，杀声震天，气贯长虹。

慕容暐与太傅慕容评则亲自上城守卫，前燕、前秦双方都死伤惨重。一直打到当年的十一月，前燕的散骑侍郎余蔚叛变，带兵夺了北门，打开城门。前秦军蜂拥而入，与前燕军展开巷战。

慕容暐与慕容评、慕容臧等率数路骑兵从东门杀出，向龙城逃去。前秦郭庆率一万五千骑兵追到，慕容臧回兵迎击，兵败被杀。慕容暐与慕容评走散，左卫将军孟高、殿中将军艾朗等一百多人护着慕容暐继续北行，遇前秦将领王重。孟高和艾朗在战斗中身亡，慕容暐则趁乱逃走。一直逃到高阳（今河北省保定市高阳县东），慕容暐身边只剩七八个侍从，最后被郭庆追上了。郭庆手下的一名叫巨武的军官立刻叫人把慕容暐绑起来。慕容暐大骂道："你一个小人物，敢绑天子？"巨武冷笑："我是受命追贼，哪里来的天子？"慕容暐遂被押回邺城。苻坚见了慕容暐，问道："你为什么不投降反而要逃走？"慕容暐哭道："狐死尚归首丘，我不过欲死在先人的坟墓前罢了。"苻坚听了，顿生怜悯之心，于是没有杀掉慕容暐。

至于慕容评，总算逃到龙城，但郭庆大军也随后赶到。龙城的守将宜都王慕容桓守城不住，城破身亡。慕容评又逃奔高句丽，高句丽虽然一直向前燕称臣，但现在见前燕垮了，便把慕容评绑了送交前秦军。慕容评也被押回邺城。

慕容暐被俘后，其他各州仍拥有一定兵力的牧守渠帅，也都纷纷投降，前燕遂亡。从慕容廆占据大棘城，到慕容暐亡国，前燕共历四世七十六年。

苻坚论功封赏，先把前燕的宫女和珍宝分赐给将士，然后授王猛为使持节、都督关东六州诸军事、车骑大将军、开府仪同三司、冀州牧，镇守邺城，晋爵清河郡侯，并将慕容评府中财物悉赏王猛。王猛践诺，推举邓羌为司隶校尉。苻坚道："司隶校尉的职位会得罪很多人，不是名将适合担当的职位。邓羌有廉颇、李牧一样的军事才能，朕还要用他来继续统兵，北平匈奴，南荡扬、越。"于是封邓羌为镇军大将军，封真定郡侯，赐位特进，就是说可以享受和三公一样的待遇。其他将士各有封赏，阵亡者厚加抚恤。被俘的前燕王族也给了适当的封号，封慕容暐为新兴侯，慕容评为给事中。然后是赈济贫民，发展生产，任命官吏，施行法律等。

苻坚灭前燕之后，又要伐凉州。因为王猛的威信已经相当高了，大臣们都建议这次还让王猛来率兵。苻坚道："我们刚刚平定了前燕，那边形势还不很稳定，需要王猛在邺城替我稳住那里，不能轻易调他回来。"大臣又建议苻坚向王猛问计，苻坚遂派人去邺城。不久，王猛回信说：现在前凉的国力已经不如以前了，而秦国的国力则威震天下。强弱对比这么明显，还需要发兵去攻打凉州吗？

苻坚一看就明白了，派使臣去前凉让张天锡称藩。张天锡不敢反抗，于是派使臣到长安向苻坚谢罪称藩。苻坚遂封张天锡为使持节、都督河右诸军事、骠骑大将军、开府仪同三司、凉州刺史、西平公。

前文提到的慕容吐谷浑一部，已经在洮水之西、直到白兰山的数千里地建立国家，见前秦势力越来越大，恐其入侵，遣使送去重礼，并愿称藩国。苻坚封吐谷浑国君碎奚为安远将军、漒川侯。

强大的前秦

前秦攻灭前燕的时候，东晋也在打仗。桓温从前燕大败而归后，因为袁真没有攻下石门，遂将袁真降为平民，因为邓遐不能打通皋陵，也将邓遐免官。袁真不服气，写了一封检举信，检举桓温的罪状。但此时朝廷被桓温把持着，所以检举信落到桓温手里，并没有起到任何效果。

袁真于是投降前燕，并把自己据守的寿春献给前燕。前燕遂授袁真为使持节、都督淮南诸军事、征南大将军、扬州刺史，封为宣城公。桓温刚打了一个大败仗，军事力量很弱，元气尚未恢复，没有力量征伐袁真，只好把自己的驻地挪得离袁真远点，以防袁真来打自己。桓温从姑孰搬到了广陵（今江苏省扬州市），然后征调附近百姓修筑广陵城。

东晋太和五年（370）二月，袁真病卒，前燕任命他的儿子袁瑾为扬州刺史。桓温这时候已经恢复元气，遂率两万军马去打袁瑾。前燕派左卫将军孟高率骑兵南下增援。孟高到淮北的时候，恰逢王猛第二次大规模伐前燕，前燕军屡屡打败仗，朝廷又将孟高召回。袁瑾遂守寿春城不出，一直守到前燕被前秦所亡。袁瑾干脆再降前秦，请前秦出兵。苻坚派张蚝率两万军马去救。桓石虔与桓伊带兵在石桥大败张蚝。张蚝退屯慎城（今安徽省阜阳市颍上县境内）。桓温终于攻破寿春，把袁瑾及其宗族擒获，押到建康后斩首。

桓温早就有篡晋夺位当皇帝的野心了，他曾经叹道："男子不能流芳百世，亦当遗臭万年！"按照桓温的计划，他先通过北伐树立威望，邀买人心，然后再逼晋帝退位，但攻前秦的长安，因缺粮而退；伐前燕的邺城，又在枋头大败。这回桓温恢复实力，攻克寿春之后，又问参军郗超："凭我现在的实力，还能够再次北伐，一雪枋头之耻吗？"

郗超回答："您的实力还达不到。"桓温遂闷闷不乐。郗超知道桓温的心思，于是对桓温道："虽然您现在担天下重任，但由于北伐失败，如果不能立下不世之功，则不足以镇民望。"

桓温道："我也在为这事儿发愁，你说怎么办？"

郗超道："伊尹放逐太甲，霍光废黜昌邑王。明公要立大威信，使四海信服，也应当学习他们。"

"我早有此心，可是皇帝没什么过错，我找什么理由废掉他呢？"

"没什么过错，就给他找出过错。宫门深幽，最能让人相信的是床笫方面的事。您可以说皇帝阳痿，他的儿子全部是他的宠臣相龙、计好、朱灵宝等参侍内寝的大臣所生。仅凭此一件事，必可废掉他！"

桓温大喜，先派人去造谣，等朝野之间传得沸沸扬扬的时候，桓温带兵入京，对褚太后说，因为皇帝有痿疾，要废掉皇帝。

太后大惊："那为什么田氏和孟氏为皇帝生有三男？"

桓温假装吃惊道："您没听说吗？现在朝野都知道，这三个孩子是皇上的宠臣相龙、计好、朱灵宝等所生。此三臣经常和皇上在一起，甚至夜不出宫，这事很有可能。"

太后完全没有主意了，遂道："那就凭你处置吧。"

桓温诓到了太后懿旨，遂废司马奕为东海王，另立相王司马昱为帝。朝中百官并非没有反对的，但桓温带兵入朝，杀气腾腾，哪个敢说半个不字。桓温废掉司马奕后，把田氏、孟氏及其所生的三子杀掉，相龙、计好、朱灵宝也被满门抄斩。司马奕被强迫离开都城，迁到吴县西柴里居住，他害怕桓温暗害自己，竟然不敢让自己的妻妾怀孕，每日只是饮酒睡觉，忍辱求生。

桓温废立晋君之后，回到姑孰，把郗超留在京中把持内政。司马昱被推上皇位后的第二年即病亡，年五十二岁。司马昱临终遗诏称："大司马桓温依周公居摄政事。少子可辅者辅之，如不可，君自取之。"意思是由桓温来控制朝政，如果桓温愿意，也可以取而代之当皇帝。

司马昱之所以下这样的诏书，是怕桓温将来篡位加害自己的子孙，干脆书面明确桓温当皇帝的合法性，这样桓温也就用不着加害他们了。但侍中王坦之坚决反对，甚至把司马昱的遗诏撕得粉碎。

司马昱叹口气道："天下，本是我祖无意中得来的，你又何必阻止呢？"

王坦之反驳道："天下是宣帝、元帝的天下，皇上您又怎么能让给他人呢？"

在王坦之的坚决要求下，司马昱又改遗诏为："家国事一禀大司马，如诸葛武侯、王丞相故事。"就是说只给予桓温相当于三国诸葛亮一样的权力。

但司马昱死后，朝臣不敢立新皇，要去向桓温请示。谢安、王彪之、王坦之坚决按照司马昱的遗诏，拥太子司马曜即皇帝位。

郗超凭自己在朝中的力量没办法阻止三人立新君，于是跑到桓温那里告状说："本来司马昱并无此遗诏，您可以趁此机会控制朝政，甚至得到皇位。但这样的好事全让谢安、王彪之和王坦之给搅黄了。"

桓温也非常失望，听了郗超的话，立刻以觐见新帝的名义，带大军去京城。大军到了京城南十二里地的新亭，然后请谢安和王坦之出城来见，并埋下伏兵，打算若一言不合，便把二人杀掉，然后带兵入京，强行夺权。

谢安、王坦之是司马昱遗诏中三位顾命大臣中的两个，如果除掉此二人，或者把此二人争取过来，桓温便可在朝中为所欲为。太后及百官包括王坦之都很害怕，只有谢安道："晋朝的存亡，在此一行。"

谢安和王坦之到了新亭，只见桓温大军兵营整肃，杀气腾腾，随行人员都吓得脸色苍白，就连王坦之也很紧张，连朝笏都拿反了。只有谢安谈笑风生，神情轻逸。与桓温相见之后，谢安笑道："我听说如果诸侯有道，则四邻都是可以帮你防守的朋友，你又何必在墙后面藏这么多士兵呢？"

桓温十分尴尬，立刻撤去所有伏兵。谢安先把桓温大大地吹捧了一顿，称："别说是武侯诸葛亮、丞相王导，就是历史上的伊尹、周公在世，也比不上您啊！"几句话说得桓温很是舒服，然后两个人就司马昱的谥号、庙号、祭拜陵寝的日期等事进行了商量。

桓温遂和气地进入建康，处理司马昱的丧事，扶立新君。这时，桓温忽生大病，一连十数日卧床难起，病好后，却不离开京城，且向谢安和王坦之提出一个要求：要九锡之礼。

在桓温以前的封建王朝中，只有王莽、曹操、司马昭和孙权接受过九锡礼，其中王莽、曹操和司马昭篡位，孙权也称了皇帝。于是，加九锡成为权臣建立威信、当皇帝的铺路石。

谢安当即道："凭您的功劳，别说是受封九锡了，就是禅受皇位也未尝不可！您只管回去，这事包在我身上。"

桓温很高兴，带着军队离开建康回去了。

王坦之则很生气，责问谢安道："九锡是异常之礼，一旦相加，则晋室危矣。你怎么能轻易许诺？"

谢安笑道："我如果不许给他，他怎肯离开京城？我跟你说实话吧，我略懂医道，看桓温病情严重，活不了几天。还不知道他能不能等到加九锡之礼的时候呢！"

王坦之恍然大悟，不得不佩服谢安智谋远在他之上。

桓温回到姑孰，果然又病倒在床，病情一天比一天重。桓温怕自己等不到加九锡的日子了，便时时派人去京城催问。谢安和王坦之一直拖了两个多月，实在推不过去了，便让吏部郎袁宏草拟诏命。袁宏是当时东晋写文章最好的人，妙笔生花，文采过人。当天接到任务，当天就完成了，马上交给谢安，得意扬扬地等谢安夸奖。

哪知道谢安随便扫了一眼，便让他修改，也不说改什么，只说不好。袁宏这次不敢大意，想了三天才敢动笔，但谢安仍是不满。如此多次，一连改了二十多天不能定稿，袁宏基本上要崩溃了。他于是向王彪之请教。王彪之笑道："你写的文章很好，哪一篇拿出来都可以用。不过你好笨啊，现在大家都知道桓温就快病死了，谢公这是在等桓温的死讯。你着急什么？"

袁宏这才明白，回去以后便开始随便写两笔，让谢安看了，回去再改再交，如此反复，不觉又是一个月。到了宁康元年（373）七月，桓温病情突然恶化，他知道自己不行了，遂让弟弟桓冲接替他的位置，并且告诫桓冲和自己的几个儿子道："以你们的才能，绝不是谢安的对手，所以今后再不可对晋有异心。"当月桓温病亡，享年六十二岁。

桓温死后，谢安大喜，立刻让袁宏随便拿出一篇诏命书稿来，提请皇上同意后，给了桓温加九锡的赐礼。桓温死后方得到这一赐礼。

桓冲则被封为中军将军，扬、豫二州刺史，督扬、豫、江三州诸军事，镇守姑孰，这个权力仍然很大，但比桓温在世时要小多了；又以王坦之为中书令，王彪之为尚书令，谢安为尚书仆射、领吏部尚书，三人共辅朝政。

郗超不甘心就这样失去一次谋大事的机会，便劝桓冲带兵进京，杀谢安和王坦之，执掌东晋朝权。桓冲不但断然拒绝，还辞去了扬州刺史的职位，向朝廷表示忠心。朝廷遂以桓冲为都督徐、豫、兖、青、扬五州诸军事及徐州刺史，镇守京口（今江苏省镇江市京口区）；以谢安兼扬州刺史。东晋的局势从此安定下来。

此时，苻坚听说桓温病亡，便要出兵江南。王猛道："桓温虽死，还有谢安！现在要伐江南，还有困难。不过，现在东晋的军事力量大多集中在东边，谢安忙于朝政也无力西顾，咱们可以先取梁、益二州！"梁州和益州相当于当年三国蜀汉刘备所辖治的地区。先攻取这个地方，再统一天下，正是西晋司马炎一统全国的战略部署。苻坚于是命益州刺史王统、羽林左监朱肜、陇东太守姚苌率兵三万出汉川；命前禁将军毛当、鹰扬将军徐成率兵三万出剑门，以杨安为元帅，作总指挥。

梁州刺史杨亮把守汉中，杨亮的儿子杨广把守阳平关，这两处关隘都比较险要。王统知道强攻不一定能成功，遂兵分两路，分取两关，但到了关下，并不攻关，而是日夜擂鼓喊杀。然后派人化装成商客到两关分别放风说另一关隘马上就要被攻下了。杨亮于是亲自率兵去救阳平关，杨广则率兵去救汉中。两军相遇之后，这才知道上当了。因阳平关留守士兵比较少，杨广立刻带人去救阳平关，结果路上被王统手下大将朱肜、姚苌伏击，杨广和杨亮拼命杀出重围，奔向汉中。但汉中已经被秦军攻占，杨亮只得带兵由汉水退到荆襄。王统的军队攻取梁州之后，便分兵派朱肜、姚苌帮助毛当、徐成攻打剑门。

剑门由梓潼太守周虓把守，毛当和徐成攻打二十多天不能攻下。姚苌本是姚襄的亲弟弟，便借着哥哥的名义假称投降晋国，与周虓约好晚上举火为号，自己和周虓里应外合，偷袭秦军的大营。周虓竟然相信了姚苌的诈降，晚上见关下秦军营中到处燃起火来，杀声大起，于是亲率一支军队开关去攻秦营。周虓刚入营中，便中埋伏，损失惨重，后路被断，根本无法回关，只得弃关带兵退守梓潼（今四川省绵阳市梓潼县）。剑门因为留守士兵太少，当天便被攻下。

杨安又带兵进攻梓潼，梓潼无险可守，周虓刚遭大败，手下又没多少部队，再败，退到涪城（今四川省绵阳市涪城区）。周虓担心涪城也守不了多长时间，便令部下刘仁带三千骑兵护着自己的母亲家小回江陵。但刘仁半路上被前秦军所劫。杨安将周虓一家老小押到涪城城下，逼迫周虓投降。周虓不得已，只得献城。

益州刺史周仲孙，听说剑门、梓潼两关皆失，杨亮、杨广退到荆襄，他认为自己的实力无法与秦军抗衡，遂带兵退守南中（今云南、贵州和四川西南部），其他晋军退守至巴东（今四川省开州区、万州区以东）。

前秦基本上完成了对巴蜀的战争，再向南中进攻没有军事意义，如果向东进攻，则将不可避免地会与晋军的主力军决战，并且会进入一个相当长的消耗战时期。前秦还没有做好这方面的准备，遂停止进兵。

苻坚在王猛的辅佐下，将前秦治理得不错，国力强盛，人民安康。但王猛积劳成疾，于宁康三年（375）六月病危。苻坚为了治好王猛的病，不仅派了最好的御医，而且亲自去拜宗庙，祭上天，祈求黄河、五岳诸神，特赦死刑以下罪犯。但王猛还是在一个月后病亡，时年五十一岁。王猛临终前给苻坚提出最后一个建议：不要攻打东晋，集中精力肃清国内鲜卑、西羌的力量。

王猛死后，苻坚对天痛哭道："这是上天不想让我一统天下啊！"苻坚按照汉朝大将军霍光的规格安葬王猛，又谥"武侯"，这是诸葛亮的谥号，苻坚以此来说明王猛在他心中的地位。

王猛死后，前凉的张天锡又开始与东晋接触，准备向东晋称藩。苻坚便以这个理由进攻前凉。他先派尚书郎阎负和梁殊去诏请张天锡入长安，同时派苟苌、毛盛、梁熙、姚苌等率十三万大军分四路陈兵边境，又命秦州刺史苟池、河州刺史李辩、凉州刺史王统作为预备军。如果张天锡拒绝来长安，便立刻发兵。

第十一章 壮丽的前秦

张天锡是个很硬气的人,他问前秦的这两个使者:"你们是想站着回去呢,还是想躺着回去?"

阎负和梁殊一听张天锡语气不善,遂反问道:"您是想奉诏去长安呢,还是不去长安?"

张天锡道:"我本是晋朝之臣,世代忠义,岂肯奉秦贼的诏?"

阎负说:"你们凉国曾经向刘汉和石赵称臣,后来又向我大秦称臣,凭什么自称世代忠义?"

梁殊也叹道:"可惜凉州自先祖武公莅凉以来,历经八世七十多年,如今却要亡在你的手里。"

然而,无论二人如何劝说,张天锡是下定决心和前秦翻脸了。他让士兵把两个人绑在军营的门柱上,然后命令士兵一齐向二人射箭。张天锡说:"凡是不能射中二人的,一定是有异心。"士兵们一齐去射二使,竟然没有一支箭射偏。射完之后,两个人就像全身长满了刺一样。

前秦得到二使被射杀的消息,便开始进攻。苟苌先派扬武将军马晖、建武将军杜周,西出恩宿(今甘肃省永昌南),截断张天锡逃走的路,然后派姚苌、梁熙、王统及李辩四路兵马从清石津渡西河,进攻河会城(今甘肃省兰州市西,黄河与湟水会合处)。前凉骁烈将军梁济战败投降。

苟苌也带一支军队由石城津(今兰州市西北)渡黄河,与梁熙等四部会合后,猛攻缠缩城(今甘肃省兰州市永登县南),很快攻下。前凉主将马建虽带兵五万,却不敢出战,而是退守清塞(今甘肃省武威市古浪县境内)。同时张天锡又派征东将军掌据率军三万进驻洪池(今甘肃省武威市南),自率军五万驻扎在金昌(今甘肃省金昌市永昌县北)。三军形成三足之势。

不久,姚苌与马建决战。马建失败后虽然仍有一定的实力,但他无心再战,率一万余人投降,剩下的前凉兵不愿投降,全部溃逃。苟苌攻入洪池,掌据兵败后不愿投降而自杀。

张天锡再派司兵赵充哲率最后一支军事力量与前秦军战于赤岸(今甘肃武威东南),整整打了两天。凉军再败,四万人只剩下一千多人,赵充哲战死沙场。此时张天锡只有一万多人了,他仍然坚持,准备坚守金昌城。这时金昌城内发生叛乱,张天锡只好带三千骑兵逃回姑臧(今甘肃省武威市)。很快前秦军又追到姑臧，张天锡知道自己无力再战，只好出降，前凉灭亡。时为晋太元元年（376）八月。

苻坚以梁熙为凉州刺史，留守姑臧；又把凉州有势力的豪族七千余户迁到关中，封张天锡为归义侯，拜北部尚书。

到这个时候，北方诸国只剩下代国没有被前秦兼并了。

代国自代王拓跋猗卢死后，内乱不断，代王之位在很短时间内几经易手后，最后落到拓跋贺傉头上。拓跋贺傉的母亲是拓跋猗卢的弟媳妇惟氏。惟氏一直执掌代国朝权到324年病亡后，拓跋贺傉才有机会亲政。拓跋贺傉仅亲政一年便病逝，其弟拓跋纥那继承王位。

拓跋纥那与哥哥文弱的性格大不相同，他性格刚猛又好用兵，很快统一各部。但327年，拓跋纥那与石虎打了一仗，拓跋纥那大败，只得迁都大宁（今河北省张家口市）。329年，贺兰部及其他各部酋长拥立拓跋纥那的堂侄，也就是拓跋郁律的儿子拓跋翳槐为代王。拓跋纥那带兵镇压，兵败后逃往辽东的宇文部。拓跋翳槐成为代王。

335年，拓跋翳槐和当年拥立他的舅父贺兰部酋长贺兰蔼头发生矛盾，并引发战争。拓跋纥那趁机从宇文部返回，再次被拥立为代王，拓跋翳槐则逃到后赵。337年，拓跋翳槐在后赵将领李穆保护下来到大宁，夺回代王位。拓跋纥那逃到前燕，后不知所终。

晋咸康四年十月，拓跋翳槐死，遗命其异母弟拓跋什翼犍为代王。拓跋什翼犍继位时十九岁，在位时进行了大规模有利于国家的改革，并且不参与中原的战争，国力得到发展，在位三十余年，其疆域发展到东起濊貊（中国古代北方民族名，当时居于今黑龙江省嫩江流域），西到拔汗那（中亚古国，今吉尔吉斯斯坦亚费尔干纳盆地），南达阴山（今内蒙古自治区中部到河北省西北部），北至沙漠，人口近百万。

苻坚灭凉之后，便以幽州刺史、行唐公苻洛为北讨大都督，率十万军队进攻代国；又命后将军俱难、镇军将军邓羌、尚书赵迁、尚书李柔、前将军朱彤、前禁将军张蚝、右禁将军郭庆等分领共二十万大军，与苻洛联攻代国。

代国虽然中兴，但力量仍然不能与前秦相提并论，代王拓跋什翼犍又在重病之中，病得连路都走不了，根本没办法指挥战斗。代军屡战屡败，代王拓跋什翼犍只好向前秦称藩。苻坚于是撤兵,时为太元元年(376)十二月。

前秦撤兵后,代国立刻发生了叛乱。

当年拓跋翳槐死后,遗命立拓跋什翼犍为代王。可是当时拓跋什翼犍正在后赵当人质,诸大人梁盖等人认为拓跋什翼犍难以返还,就准备拥戴拓跋什翼犍之弟拓跋孤,不过拓跋孤拒绝,并自愿前往后赵作为人质以交换拓跋什翼犍。后赵王石虎被其情义感动,干脆把两个人都送回国。拓跋什翼犍对这个弟弟也很感激,于是继位后便把一半国土分给拓跋孤。但拓跋孤死后,代王并没有让拓跋孤的儿子拓跋斤继承这块庞大的封地。拓跋斤由此对拓跋什翼犍产生了仇恨,一直等待机会报复。这时,拓跋什翼犍连遭大败,又沉疴难愈,拓跋斤认为机会来了。

拓跋什翼犍原来立嫡长子拓跋寔为王储,后来手下长孙斤发动兵变,拓跋寔与之交战,杀死长孙斤,自己也重伤不治而亡。拓跋什翼犍很喜欢这个儿子,又因为儿子为护己而身亡,便一直没有立嗣。拓跋什翼犍其他几个儿子便都一直觊觎世子的位子。拓跋斤向代王庶长子拓跋寔君表示愿意拥立他为代王,并且说代王有意立慕容妃之子为嗣,让他早点下手。拓跋寔君为了夺代王位,与拓跋斤联兵发动政变,杀死父亲什翼犍,又把几个弟弟全部杀死,只有最小的弟弟拓跋窟咄得以逃脱。

这个时候,正在镇守边境的前秦将领李柔和张蚝趁势带兵攻破云中,擒住拓跋斤与拓跋寔君。苻坚了解到代国内乱的原因后,便将拓跋寔君与拓跋斤押入长安,然后用车裂酷刑杀死。苻坚派人查找拓跋什翼犍的子孙,只有拓跋什翼犍的小儿子拓跋窟咄和拓跋什翼犍的孙子拓跋珪还活着。苻坚遂将这两个人及其家人全部送到长安,其实就是把代国有地位的王族当作人质。

代国的旧臣燕凤担心代国从此再没有复国的机会,于是说拓跋珪留在代国有利于牵制刘卫辰。刘卫辰是匈奴铁弗部首领,苻坚利用他统治北部黄河以西诸民族。但刘卫辰脑后有反骨,一会儿叛前秦投代,一会儿叛代投前秦,苻坚对此人也很头疼,但也不得不利用他的威信来使北方安定。所以苻坚听从了燕凤的话,让代国旧将刘库仁奉养拓跋珪母子,将拓跋窟咄迁入长安,送入太学读书。拓跋珪时年五岁,后成为北魏王朝的开国皇帝。

至此,前秦完全统一了北方,并且还占有了西南之地,比当年三国时曹魏的国土还要大许多,但前秦的天下之志还没有实现。

第十二章 十国争北地

淝水之战

苻坚统一北方后不久，东北的苻洛发动了叛乱。苻洛是苻坚大哥的小儿子，与苻坚是叔伯兄弟。苻洛本为幽州刺史，攻灭代国以后，认为自己有功，便要求享受三司级待遇。苻坚当然没有允许，苻洛很是不满。不久，苻坚又任命苻洛为征南大将军、益州牧，调任襄阳。苻洛一听这个调任令就火了："好啊，你一会儿把我调到东北，一会儿把我调到西南，净是些偏远的地方。我要带兵打回长安，问个究竟。"

幽州治中平规撺掇道："前秦刚打完仗，穷兵黩武，将士思归，战斗力不会很强。而我们所处的地方，有乌桓、鲜卑、高句丽、百济等属国，可以借兵不下五十万。这一仗可以打。"

但昌黎太守王缊、辽西太守王琳、北平太守皇甫杰、牧官都尉魏敷都反对造反，说："我们是为天子守边疆的，不是替你造反的。"

苻洛大怒，将四人斩首，自称大将军、大都督、秦王，然后派使臣向鲜卑、乌桓、高句丽、百济、新罗、休忍等诸国借兵。结果让苻洛很失望，没有一个国家肯出兵。

苻洛这下傻眼了，玄菟太守吉贞、辽东太守赵赞于是劝他道："既然造反的兵力不够，您又不愿意去益州，那就派人去长安向皇上请求留在幽州，未必皇上就不答应。"

苻洛正在犹豫，那个极力劝苻洛造反的平规又跳出来道："您已经扯起造反的大旗了，半途而废岂不是更糟糕？不如假称奉皇上的命令南下，邺城的阳平公苻融一定不会防备。等擒了苻融，占了冀州，便可以凭借关东，与关内抗衡，到时天下三分，您已有其一。"

苻洛又一次被激起了雄心，于是任命平规为幽州刺史留守，亲率幽州七万士兵向南进军。苻洛的哥哥，镇北大将军、北海公苻重，正好镇守在蓟城，也起兵三万，响应苻洛。苻洛和苻重遂合兵杀向中山（今河北省定州市）。

苻坚急忙派使臣去劝苻洛罢兵，并且承诺：如果苻洛罢兵，可以世封于幽州，子孙相传。

苻坚已经很给苻洛面子了，但苻洛认为自己一定能够成功，至少也可以割据关东，于是说："幽州太小，放不下我这个天子。如果苻坚能够亲自到潼关迎驾，我可以封他为上公。"

苻坚看苻洛反心已定，遂以苻融为征讨大都督，步兵校尉吕光为先锋，窦冲、都贵、石越为大将，率兵七万迎击苻洛。

两军会于中山决战。苻坚的军队并不像平规说的那样毫无战斗力，倒是苻洛的军队军心不齐，战斗力并不强。吕光趁幽州空虚，先带兵绕到敌后，占领了幽州，将平规等一百多苻洛党羽的人头砍下，带着南下。到了中山战场，吕光把这些人头扔到阵前，大喊幽州已破。战场上苻洛的这些兵大多是幽州兵，顿时人心思归，军心更乱。两军刚一交战，便有许多北军将领投降。北军很快大败，不过逃走的士兵倒是不多，大多数士兵纷纷在阵前请降。苻重在乱军中被杀死，苻洛被俘。苻洛被押到长安后，苻坚顾念兄弟之情，没有杀他，只把他流放到凉州的西海郡（今青海省海北藏族自治州海晏县）。时为晋太元五年（380）。

晋太元七年（382），车师前部王弥寘、鄯善王休密驮到前秦首都长安，朝见前秦王苻坚，希望前秦能够像汉朝一样设置都护统治西域，并愿意作为向导，帮助前秦讨伐西域那些没有归附的国家。

苻坚于是任命骁骑将军吕光为使持节、都督西域征讨诸军事，与凌江将军姜飞、轻车将军彭晃、将军杜进和康盛等人率十万大军讨伐西域。阳平公苻融认为大军万里远征西域，对国家并没有什么好处，反对出兵。但苻坚仍然不放弃对西域的统一。383年，吕光自长安出发，苻坚在建章宫送行，同时加封休密驮为使持节、散骑常侍、都督西域诸军事、宁西将军,加封弥寘为使持节、平西将军、西域都护,让他们率领本国军队为吕光引导方向。

吕光率大军在茫茫戈壁和沙漠中行进三百多里,进至焉耆国,国王泥流和邻近的几国都不战而降,并且表示很愿意接受前秦的统治。只有龟兹王白纯据城抗御。

吕光命部众在龟兹城南集中,每五里设一营,挖战壕、筑高垒。吕光指挥军队攻城,至次年七月,龟兹王渐渐不支,于是出重金向狯胡(另一少数民族)请求援兵。狯胡王派其弟呐龙、侯将馗率骑兵二十余万,另集中温宿和尉头等国军队共七十多万人救援龟兹。西域各国部众弓马便利,善于使矛,铠甲坚硬,箭难射入,战斗力很强。而吕光只有七万人,在兵力上明显相差好几个级别。

吕光手下几个将领打算一个营一个营地层层设防,吕光认为敌人兵力是己方的十倍,如果层层设防,力量分散,不利于抗敌。遂令各营聚于一处,又操练勾锁之法,另派精骑作为游军,随时补充各个缺口。

双方在龟兹都城龟兹城(今新疆维吾尔自治区阿克苏地区库车市东)展开决战,吕光军队拼死杀敌,一天砍死的敌人竟然有一万多人。敌方从来没有见过这么打仗的,七十万大军全部崩溃。白纯急忙收拾珍宝出城逃走,白纯之弟白震开城请降,此后,西域三十余国全部请降。前秦遂定西域。这一年为385年。

就在吕光出兵统一西域这两年,前秦发生了惊天动地的大变化。这个庞大的帝国因为一次战役而突然如大厦崩塌般迅速垮了下来,刚刚统一不久的北方又恢复到四分五裂的局面。这个战役就是历史上著名的淝水之战。

苻坚在历年征战当中,多得胜利,绝少失败,特别到了后来几年,几乎是连年胜仗,这让苻坚志得意满,开始把谋取江南提上日程。但在大军进攻东晋之前,前秦内部先发生了一次关于战争可行性的争论。

当苻坚向群臣提出南征的想法时,羽林监、秘书监朱肜第一个表示赞同,他说这次打仗是"有征无战"——就是说大军只要一开到,几乎不用打仗就能让东晋投降,东晋即使不降也会吓得逃往海外。当然,前提是派一百万军队,而前秦是有这个国力的。

当年姚襄的旧将权翼（曾经参加过苻坚的军事政变，帮助苻坚除去苻生）表示不同意。他认为东晋有谢安和桓冲这样的人才，同时这几年正是晋朝上下同心的时候，不是南征的时机。

太子左卫率石越也认为，东晋未失民心，且有长江天险，南征有困难。

苻坚对反战派很不满，他说："我大军的马鞭扔到长江，也足以使之断流。长江之险算什么？"

朝堂上诸大臣争论了很久也没有结果。苻坚只好散朝。

由于大多数朝臣都反对南征，苻坚希望能得到弟弟苻融的支持，但苻融也反对南征。苻坚很生气，他提出自己南征的两条理由：第一，秦国有一百万强兵，而且后勤储备也很丰富，从军事和经济实力上远远超过了晋国。第二，自己并不是赏罚不明的昏君，身经百战，颇得人心，无论是在德望还是在才能上，都具备一个统帅的资格。

苻融也提出不可南征的两条理由：第一，秦国有鲜卑、羌、羯等对秦国不友好的民族，这些民族的领导人还都生活在京城附近。一旦南征，太子能力不济，留守京城的士兵也不多，很可能会发生叛乱。第二，第一条理由是王猛提出来的，你听不进去别人的话，难道连王猛的临终遗言也不听吗？

苻坚此时已经发晕了，他说道："彼一时，此一时，世易时移，不可同日而语。"苻坚认为，八年前王猛临终时所提到的秦国内患，现在已经不存在了。但后来的事实证明，并非如此。王猛的担忧在八年后不幸成为现实。

苻坚和苻融最终没能谈拢，不欢而散。

接下来的几天里，苻坚继续争取更多的朝臣同意。他苦口婆心地说："天下是天下人的天下。所以秦失其鹿，天下共逐，有本事的人才能得到。现在我和司马曜相比，谁更有本事，一目了然。而前秦和东晋的国力，也是强弱分明。你们几乎所有人都说不能伐晋，我实在是不能理解啊！"

苻坚说到这里的时候，表现得十分痛心。这时任京兆尹的慕容垂给予苻坚最有力的支持。他说："当年晋武帝司马炎平定东吴，不过是依靠张华和杜预两个谋士，如果听从群臣之言而没有伐吴，还不知道什么时候能一统天下呢！"

苻坚听完豁然开朗，高兴地说道："与朕共定天下者，只有你一个！"当即赏慕容垂锦帛五百匹。苻坚完全忘记了，王猛临终时所说的不能南征的理由，就是因为担心慕容垂这样的人。

晋太元八年（383）秋八月戊午日，苻坚命令全国的老百姓，每十丁抽一，共征调一百多万大军。他留太子苻宏监国，以苻融为征南大都督，同张蚝、慕容垂等率步兵、骑兵共二十五万为前锋，从长安出发，直指建康；以姚苌为龙骧将军，率益、梁二州水军十万出成都，顺江东下；苻坚自己带六十余万步兵，二十七万骑兵，浩浩荡荡向南开去。

由于苻坚所带的军队太多了，他的中军抵达项城（今河南省项城市）时，凉州的部队才来到咸阳，而蜀汉的水军正在长江顺流而下，幽冀的士兵正在彭城（今江苏省徐州市）地界行军。军队走在路上，前后绵延近千里。

慕容垂带着自己的两个侄子慕容楷、慕容绍，还有儿子慕容宝等人也随军出征。慕容垂悄悄告诉他的子侄，此去秦国必败。慕容垂说了三个必败原因，第一个是他夜观天象，第二个是江淮之险，第三个是军心不稳、人心不齐、将士无心。前两个理由一个是迷信，一个不是必然原因，而第三个理由则非常重要。慕容垂说前秦军中大部分人是汉人，一个异族驱使汉人去打他们本民族的人，汉人必无战心。而其他的士兵则为鲜卑、羌、羯等族人，更是希望秦军打败仗，以恢复本族领地。用这些人打仗，岂有不败之理？

慕容垂的随行军队来到洛阳的时候，前秦军的前锋已经和东晋军打起来了。晋将桓石虔率水陆三万士兵大败秦将荆州刺史都贵，前秦军损失两万人；桓冲亲率大军十万进攻襄阳，襄阳告急。

慕容垂遂向苻融请命，愿带兵去援襄阳。苻融乐得让慕容垂先和东晋军两败俱伤，当即同意。慕容垂率带着自己的三万鲜卑兵向襄阳而去。苻融则派张蚝由黄河入石门，顺颍水直到颍口（今安徽省阜阳市颍上县境内），进攻东晋寿阳城（今安徽省淮南市寿县境内）。

前秦军的大举进攻使东晋非常恐慌，文武百官尽皆失色，晋孝武帝司马曜更是惊恐不安。只有谢安胸有成竹道："苻坚虽有雄兵百万，但我有三胜之宝。"

谢安所说的"三胜之宝"几乎和慕容垂所说的一模一样，正所谓英雄所见略同。朝臣们又向谢安请教谁当为帅，谢安推荐自己的侄子谢玄。于是司马曜宣谢玄进京，任命他为元帅。谢玄又保举刘牢之为先锋，带着八万"北府兵",由京口起军,沿淮河西上去阻秦兵。北府兵是谢玄担任兖州刺史、广陵、相监江北诸军事的时候,在广陵组建训练的一支精锐军队。东晋朝廷又派龙骧将军胡彬,率水师八千增援寿阳。

苻融围攻寿阳,攻城很专业,围三面而留一面。所以寿阳守将徐元喜并没有死守城池,感觉顶不住的时候就弃城南逃,结果被张蚝的伏兵袭击。徐元喜被俘,晋军投降。苻融进入寿阳后,东晋的龙骧将军胡彬率八千水师已到了泗淮界口,苻融即命大将苻方率军两万人马去迎击胡彬。两军交战后,晋军不敌,便退至硖石(今安徽省淮南市西部)。硖石是进入淮水必经的峡口,在这个峡口两岸各有一城,十分险要。苻方攻了四五日也没有攻下,便向苻融请求增援。苻融道:"关口险要,不是增兵就能攻破的。不过你也不用攻城,只需要把两城围得严严实实的,时间长了胡彬一定缺粮,到时候城池不攻自破。"

苻融又派卫将军梁成率五万人马抢占洛涧关口,阻止谢玄的军队逆流西上增援。谢玄被梁成阻在洛涧之东,没办法前进,只得暂时停止进军,在洛涧河附近安下营寨。

被困在硖石的胡彬,粮食将尽,派人去向谢玄求援,被苻融捉到。苻融料定硖石指日可下,不由笑道:"我以前以为江南很难打,没想到江南如此不堪。"立刻向苻坚报喜,苻坚也很高兴,登上城头向江南望去,感慨道:"真没想到秦始皇一统天下的大业,这次落到了朕的身上!"喜悦之情溢于言表。苻坚便打算渡过淝水,寻找江南主力决战。这时战将朱序出来说自己愿意先去劝降谢玄,劝降不成,苻坚再南攻不迟。苻坚于是派朱序去劝降。

朱序原是东晋的降将,在前秦灭凉的时候,朱序作为晋将进攻过前秦。后来在镇守襄阳的时候,城破被俘,投降了前秦。朱序见到谢玄,第一件事就是表白心迹,称自己人虽在前秦,却一直心向晋朝。第二件事则向谢玄透露了前秦的机密情报。他说前秦军虽然号称百万,但实际上大多数前秦兵都在路途上,寿阳的前秦军只有二十多万,现在必须趁前秦军兵力不是很多的时候速战速决。不然,等前秦军全部在江淮部署完毕,那时候再想取胜就很难了。

谢玄听完朱序的情报后,倒身便拜,说道:"破秦之计,全靠你了。"并且要朱序留下来帮助他。朱序说:"如果我不回去,苻坚肯定要怀疑,而且我已经联络了凉州张天锡和刚刚投降前秦军的徐元喜等人,回去之后我们可做内应。"

谢玄于是不惜代价拼命强攻洛涧，终于将洛涧攻下，杀死梁成。晋军迅速进军到淝水东岸八公山下，与前秦军隔河相望。洛涧一失，前秦军南下的绝对优势便消失了。苻坚十分恼怒，他质问朱序："你不是说谢玄愿降吗？为什么他会强攻洛涧？"

朱序也做出一副很委屈的样子："我也是被谢玄欺骗了啊。"

苻坚想了好一会儿，还是相信了朱序，没有杀掉他。当日，苻坚与苻融登城瞭望，只见晋军阵容严整，士气高昂。此时正是十一月仲冬，淮河流域的草木正是繁盛的时候，草木随风摇曳，杀气弥漫，影影绰绰像是漫山遍野的士兵。苻坚不觉心惊，对苻融道："这明明是劲敌，谁说是弱旅呢？"苻坚由此创造了一个成语"草木皆兵"。

这时建康城中也充满了不安和紧张的情绪，绝大多数人都被百万前秦兵压境的恐惧所围绕着，只有谢安游玩于山水之中，不出去玩的时候便找朋友下几盘围棋，过得很是安闲。京城朝野见丞相都这样淡定，于是也都安下心来。

谢玄见前秦军紧逼河岸布阵，晋军无法渡河，只能隔岸对峙。但谢玄把对己不利的条件很巧妙地转化为有利条件。他激苻坚说："你不是自恃兵强马壮，想要速战速决吗？你紧逼在河岸之前，我们怎么对决？如果你真有胆气的话，你往后让一让，给我在淝水北岸让出一块空地来，咱们好好地干一仗。"

苻坚认为可以趁谢玄的军队渡河到一半的时候出击，将晋军歼灭。苻融也认为这个作战计划很周密，可以实施。但实际情况是前秦军士气低落，其中汉、鲜卑、羯、羌等族的将士都很厌战，指挥也不统一。向后撤时乱了步伐，阵形大乱，而且部队很多人都不知道为什么撤退。更糟糕的是，朱序、张天锡等人组织了一批起义士兵在前秦军中故意大喊："秦军败了！秦军败了！"一部分前秦军便信以为真，争相奔逃。晋军趁势发起进攻，前秦军于是大溃，没怎么抵抗就纷纷奔逃。苻融急忙带着亲兵跑到阵前，想要稳住阵脚，但乱兵如洪水一般后撤，就是前面的想止住步，后边的也停不下来。苻融在混乱的人群中被冲倒，竟然被踩死了。这时朱序的起义士兵又在喊："苻融死啦！苻融死啦！"前秦军更是无心恋战，拼命北逃。晋军如驱赶羊群一样在后掩杀。其实根本不用晋军动手，前秦兵自相践踏和挤入淮河中淹死的就不计其数。

在寿阳城楼上观察战场的苻坚当时目瞪口呆，愣在那里半天没有回过神来,他根本没有想到会有这个结果!等他回过神来后,第一件事就是带着城中不多的士兵逃跑。

前秦之后的任务就是不断地逃跑,拼命向北奔逃,沿途不敢停留,听到风的声音鹤的叫声,都以为是晋军追来,这就是著名典故"风声鹤唳"的来历。

当淝水之战的捷报送到京城时,谢安正在府中与客人下围棋。他看过捷报之后,拼命压抑着激动的心情,不动声色地把捷报随手放在一边,继续下棋,就好像什么也没有看到一般。对面的客人着急地追问道:"前方战事是什么情况?"

谢安轻轻说道:"小儿辈遂已破贼。"说完此话,他走向内室,因为难以抑制心中的喜悦,跨过门槛时竟然连屐齿折断都没有发觉。

淝水之战后,晋军趁势收复了西南的益州以及黄河以南的大片地区。而对前秦打击更大的是,慕容垂、姚苌、乞伏国仁等人纷纷拥兵自立,原本强盛的前秦顿时四分五裂,北方再一次陷入大混乱时期。

前秦裂数国

苻坚一直逃到淮北才敢停下。很快,各处传来消息,百万前秦军只剩下三十多万,除少量战死被俘外,其余大多溃散逃亡。龙骧将军姚苌的十万水军在巴东遇到晋将桓石虔的阻击,多日不能前进,得知前秦军主力大败后,又退回成都。冠军将军慕容垂所率三万鲜卑兵全师而退,正驻守在许昌。苻坚遂带领自己的一千名亲军去投奔慕容垂。

慕容垂本来带兵在郧城(今湖北省安陆市)与桓冲十万大军对峙。苻坚在淝水溃败后,他便打算北撤,但又担心桓冲追击,于是派士兵晚上把尽可能多的火炬点燃,系在树梢之上,光照数十里。桓冲看到晚上的火把,估计对方至少有二十几万人,以为慕容垂的援军到了,所以不敢追击。慕容垂这才从容北退。

慕容垂等人听说苻坚来投,慕容宝建议趁此机会杀死苻坚起义。慕容垂不同意,认为自己这样做就是恩将仇报,他要在不违背良心的原则下得到天下。

慕容德劝说他道："我们是为国家报仇雪耻，并不是违背良心！"

参军赵秋说："如果你想复兴燕国，现在就是机会。杀死苻坚后，占据邺都，然后带兵西进。天下必是你的！"

慕容垂仍是不为所动，不但把苻坚接到营中好好招待，甚至把兵权交给苻坚。苻坚对慕容垂既感激又信任，于是领着这支兵马从许昌出发向西，一路收容被打散的小股部队，等到了洛阳的时候，部队已经有十五万之众，后勤储备也比较充实。苻坚在洛阳待了半个月后，开始向长安进发。

慕容垂的三子慕容农向父亲请求带兵离开苻坚，到河北谋求发展。慕容垂再一次拒绝。

苻坚的军队来到渑池时，陇西鲜卑酋乞伏步颓造反了。正巧前秦军的前锋将军乞伏国仁是乞伏步颓的侄儿，乞伏国仁忙向苻坚表示忠心，并请命去征讨乞伏步颓。乞伏鲜卑部落是从乞伏山（今宁夏回族自治区石嘴山市东北抵黄河的银川一带，贺兰山曾用名）迁徙到苑川（今甘肃省兰州市东）的一支少数民族部落，开始只是松散的游牧部落，只有简单的官制，没有固定的国界，只是为了生存而战争。东晋咸和（326—334）年间，石勒的后赵势力渐渐伸入秦陇地区，乞伏部的首领乞伏傉大寒只得北迁到麦田无孤山（今甘肃省白银市靖远县北）游牧。前秦苻健在位的时候，乞伏傉大寒的儿子乞伏司繁又东迁到度坚山（今甘肃省白银市靖远县西）。苻坚继前秦王位后，于371年派将军王统率兵讨伐。乞伏司繁统领三万骑兵在苑川（今甘肃省兰州市榆中县）抗击，被王统打败投降苻坚，后因帮助前秦屡建战功，被授使持节、都督讨西胡诸军事、镇西将军。乞伏司繁死后，由其子乞伏国仁代行其职。也就是说，乞伏国仁是乞伏部落传统意义上的最高首领。

也正因为如此，乞伏国仁带兵去讨伐乞伏步颓，乞伏步颓反而出来迎接，并劝说乞伏国仁自立。乞伏国仁没敢公开反叛宣布独立，但是他率军队割据陇西，并召集鲜卑各部，聚集了十余万军队，并胁迫周围诸郡背叛前秦，拥立自己，等待机会叛出前秦。

苻坚把乞伏国仁派走后，慕容垂也向苻坚辞行，称河北也有叛乱，自己愿意去河北替秦国镇压。因为许昌让兵权的事，苻坚很信任慕容垂，遂放慕容垂离开。

慕容垂北去后，权翼刚刚带一支军队赶来，听说苻坚让慕容垂带兵去了河北，着急道："完了，完了！慕容垂绝非久居人下之将，此去河北必然自立。"他请求苻坚立即派人把慕容垂抓回来。

苻坚不好意思派兵把慕容垂抓回来，便想了一个补救办法，派骁骑将军石越率精兵五千去戍邺城，派骠骑将军张蚝率五千羽林军去镇守并州，派镇军将军毛当率七千兵去守洛阳，借以牵制慕容垂。权翼再劝苻坚，苻坚仍然坚持自己的做法。权翼走出大帐叹气道："关东就要大乱啦！"

权翼心有不甘，自带一支人马去追，慕容垂早就快马加鞭，抄近路日夜兼程，跑得远远的了。权翼没能追上慕容垂，只得回兵随苻坚入关。

到了长安城下，苻坚忽然放声大哭不肯入城。群臣问苻坚为何，苻坚道："朕是哭我的弟弟苻融啊！如果当年听了他的话，何至于有今日之辱？"遂令在城外驻扎，全军换上白衣孝服，先祭奠了苻融及阵亡将士，又去王猛墓前祭拜，这才入长安城。

不久，洛阳传来急报，说丁零人翟斌在新安聚众七千造反，前燕宜都王慕容桓之子慕容凤也率三千鲜卑士兵造反。平原公苻晖派毛当镇压慕容凤，被慕容凤击败杀死，现在翟斌和慕容凤正联兵进攻洛阳。苻坚急忙命令长乐公苻丕调冀州兵南下平叛。

这时，在邺城驻军的苻丕刚刚迎接到慕容垂的军队，他本来想把慕容垂杀死，但侍郎姜让认为慕容垂是来帮他平叛的，最好暂时先不要动他，不然会引起非议。苻丕于是亲自把慕容垂迎入邺城，殷勤招待，但对慕容垂还是很忌惮。正好苻坚援助洛阳的命令下来，苻丕赶紧打发慕容垂率三千鲜卑兵去洛阳，并派广武将军苻飞龙率一千名氐族骑兵随军监视。

慕容垂领兵南行到安阳汤池便不走了，停下来招兵买马，很快聚齐八千士兵。苻飞龙催促慕容垂进兵。慕容垂继续行军，在行军途中派慕容麟、慕容隆突袭苻飞龙，将苻飞龙和他的一千氐族骑兵全部杀死，又派参军田山潜回邺城通知慕容农等三人，让他们赶紧逃出邺城。慕容农与慕容楷、慕容绍等人带了亲信数十人骑快马连夜出城。当时正是大年初一，苻丕大宴宾客，派人去请慕容农赴宴，却见慕容农家中空无一人，苻丕赶紧派人四处搜捕。数日后传来消息，慕容农等已在列人县（今河北省邯郸市肥乡区东北十五里）起兵反叛，招募军队三万人。

与此同时，慕容垂已经到了洛阳城下，正在围攻洛阳城的翟斌、慕容凤全部归附慕容垂。慕容垂分析形势说，洛阳四面受敌，不利于作为根据地长期占据，如果北取邺城，则可以先得河北之地，然后以其为根本而得天下。

慕容垂的意见得到大家的响应，于是慕容垂率军撤洛阳围，杀向邺城。路过荥阳的时候，荥阳太守余蔚、昌黎的鲜卑人卫驹等率军队来投奔，并请慕容垂立国，进上尊号。慕容垂遂自称大将军、大都督、燕王，承制行事，定年号为燕元，史称后燕。

到这个时候，慕容垂手下军队已经多达二十万，遂由石门渡河，向邺城进军。

苻丕手下的部将石越带两万军队正和慕容农在列人城大战。慕容农夜袭前秦军营，石越大败后自杀。慕容农得胜后也带兵攻向邺城。

苻丕见慕容垂带大兵压境，不敢出战，死守城池。慕容垂久攻不下，只好一边把邺城围住，一边派人到肥乡（今河北省邯郸市肥乡区）筑造新城，以做根据地。

苻坚见慕容垂果然造了反，正打算调兵遣将去镇压。慕容暐的弟弟、北地长史慕容泓也在华阴（今陕西省华阴市）起兵造反了，自称都督陕西诸军事、大将军、雍州牧、济北王。苻坚十分郁闷，他对权翼说："当时不听你的话，结果造成了这个局面。关东的地方就不说了，关中的慕容泓不可不除！"他急调雍州牧、钜鹿公苻睿回长安，以左将军窦冲为长史、龙骧将军姚苌为司马，出兵五万，征讨慕容泓。

造反之势如星火燎原。慕容泓这边才刚起兵，平阳太守慕容冲（慕容泓的弟弟）也反了，并率兵马两万进攻蒲阪。苻坚只得把五万部队分成两路，一路由窦冲带领去征讨慕容冲，另一路由苻睿、姚苌带领去征讨慕容泓。

在华阴，慕容泓被前秦军打败，带兵向东逃窜，苻睿亲自带三千骑兵星夜追赶，欲全歼慕容泓。不幸的是，苻睿带兵追到华泽（今山西省永济市南），路过一片沼泽，一下子全陷进去了。而慕容泓熟悉地形，早绕过了这片沼泽向西逃去，突然听说苻睿的骑兵全陷入沼泽中了，他急忙带一千弓箭手骑快马奔回，对着苻睿的军队一阵狂射。可怜苻睿及其三千骑兵，全被射死。慕容泓这才从容退去。

等姚苌带着后军到了，只看到沼泽中一片凄惨的景象。姚苌只好派龙骧长史赵都、参军姜协去向苻坚谢罪，自己继续追击慕容泓。苻坚一听自己最小的儿子被慕容泓乱箭射死在沼泽当中，心痛万分。这事本来和赵都、姜协无关，他们只是来报信的，却被苻坚迁怒，当即被拖出去斩首。姚苌听赵都和姜协被杀了，估计自己更不可免罪，于是把军队解散，带着十几名亲信跑到渭北去了。

慕容泓见没了追兵，便留在晋南招募鲜卑士兵，很快聚集了五万人马。这时慕容冲刚被窦冲打败，率败军一万赶来投奔。慕容泓派使臣对苻坚说："前秦当年灭了前燕，而现在吴王慕容垂已平定关东。请您把我们前燕的皇帝和皇室宗室功臣全家都送回到邺都，以后秦燕两国以虎牢关为界，可以永远做好邻居。"

苻坚见了这封信，怒不可遏，当即让人把慕容暐带上殿来，把这封信扔在他面前大骂不止。慕容暐害怕狂怒的苻坚把他全家杀了，叩头一直到额头流血，一再谢罪。苻坚最后还是心软了，并没有惩罚慕容暐，只是让慕容暐写信招抚慕容垂、慕容泓等人。慕容暐回家后，密派亲信给慕容泓带去一封信，信中说："我肯定不能生还，而且我也是燕王室的罪人，所以你们不要顾念我。你可以代行皇帝事，以慕容垂为相国，慕容冲为太宰、兼大司马，你为大将军、兼司徒，承制封拜。如果我死了，你马上继位。"

慕容泓接到信后，便称制改元，史称西燕。

至于姚苌，他原是羌族首领姚弋仲的儿子，而陕北本是姚弋仲部族发迹的地方，所以姚苌逃到渭北的牧马之地，便有天水人尹纬、尹详，南安人庞演等羌族豪强带着手下的百姓来投，并拥姚苌为王。姚苌于是自称大将军、大单于、万年秦王，他建立的国家，史称后秦，占有华阴、北地、新平、安定等地。

苻坚亲自率领两万人征讨姚苌，在赵氏坞（今陕西省铜川市耀州区）与姚苌决战。姚苌大败，退入安公谷据守。苻坚一时不能攻入，即命人将安公谷包围，并切断水源。正值盛夏，安公谷挖井又挖不出水来，一直挖了几十米深，才挖到一点点细流，根本无法解决四五万人马的喝水问题。姚苌的兵马被包围数天之后,便开始有人马渴死。后秦的频阳守将游钦,率三千人马来救姚苌,被苻坚手下大将杨壁打败并生擒。姚苌又派弟弟姚尹买,挑出两万精兵去抢攻同官水堰,决堤取水,又被窦冲伏兵打败,姚尹买及手下兵士全部战死。

接下来一连几天,姚苌的军队渴死者上万。姚苌已经绝望了,他把剑磨了磨,准备自杀。这时突然天降暴雨,姚苌军队的驻地因为地势低,很快积水三尺,将士们在雨中齐声欢呼。秦军那边,苻坚当时正要吃饭,见天降大雨,他把筷子一扔走到外边,指着天大声怒喊道:"上天啊,你难道不辨正邪吗?"便要亲自率军冒雨杀入谷中。这时得来情报,慕容冲率十多万鲜卑士兵西攻长安。慕容冲的军队是姚苌派手下谋士尹纬去请来的。尹纬去请兵的时候,慕容泓一开始不答应,他说自己只打算收复关东,恢复前燕旧地,不打算谋取关中,所以也不会管关中的事。

慕容冲等人则请求西去,说可以攻取长安,把皇帝慕容暐和前燕旧臣抢回来再东归。

慕容泓坚决不同意。慕容冲气愤地当着众人说道:"你不进兵长安,是有私心!"意思是慕容泓怕救回慕容暐,丢了权力,当不成皇帝。慕容泓被戳到痛处,拿着剑过来要杀慕容冲。这时,高盖冲过来,一刀把慕容泓给砍死了。这些前燕旧人本来就拥护正统皇帝慕容暐,所以默认了高盖的行为,然后拥立慕容冲为帝。众将在慕容冲的带领下杀向长安。

苻坚知道长安空虚,只得迅速撤兵。姚苌总算得了一条生路,这时他手下人建议和西燕兵联合攻取长安。姚苌道:"燕人思归,即使他们能攻下长安,也必会移师东去。我则可以坐收渔利,何必现在去和他们争呢?"

姚苌留长子姚兴守城,自率大军去攻新平(今陕西省彬州市、长武县及永寿县、麟游县部分地区),以发展自己的根据地。新平太守苟辅向姚苌诈降,等姚苌进入瓮城后,苟辅的伏兵立刻万箭齐发,姚苌急忙率兵撤退。苟辅趁势掩杀,大败姚苌。这时尹纬、姚晃、狄伯支也各自带着队伍来到新平,苟辅立刻退回城中固守。

苟辅凭城固守,姚苌连攻两个月不能破城。于是姚苌也耍了一个花招,他派人对苟辅说:"我要的只是你的城,并不想要你和城中老百姓的命。我知道你快扛不住了,我也不想让我的将士死得更多。咱们讲个条件吧,你把城让出来，你带着你的士兵和百姓走。"

两个人说好后，姚苌在南面让开一条路，苟辅带着城中几千老百姓出了城，走了没多远，姚苌带兵赶上，将他们全部抓起来。苟辅大骂姚苌不讲信誉。姚苌笑道："你既然能骗我入城，我为什么不可以骗你出城呢？"因为深恨苟辅，姚苌命令把苟辅带的所有人，包括老百姓，无论男女老少，全部活埋。

这时苻坚已经回到长安，同时急令镇守洛阳的苻晖倾所有兵力赶紧回守长安。苻晖带七万大军与慕容冲的部队相遇，被慕容冲打败，逃回长安。苻坚痛骂苻晖，说他竟然连一个小孩儿也打不过，枉活人世。结果，苻晖羞愤自杀。

苻坚骂死了自己的良将，也是他的儿子苻晖后，只得又派儿子苻琳与前将军姜宇带兵去攻慕容冲，前秦军再败，苻琳战死。慕容冲遂占领阿房城，攻到长安城下。

苻坚见慕容冲连战连胜，也很担心，遂派人给慕容冲送去一身锦袍，并在信中说："想想当年我对你的恩情吧！"慕容冲让人把锦袍送回，并答道："我要的是天下，一件锦袍算什么！"

苻坚知道大战不可避免，于是把目前的形势向将士们讲清，说明这是生死之战，遂亲自率领将士出城，身先士卒向慕容冲的军队杀去。这一仗慕容冲大败，先败退到仇班渠（今陕西省咸阳市泾阳县西），又败退到雀桑（今陕西省咸阳市泾阳县西北），再败退到白渠。在白渠的时候慕容冲小胜一仗，但随即又大败，败回阿房城。

慕容暐在长安得知慕容冲已打到城下，便派人联络城中所有的鲜卑人，准备里应外合。结果左将军窦冲有个小妾是鲜卑人，她知道哥哥要随慕容冲发动兵变，便事先向窦冲告密，并请求饶恕她的哥哥。窦冲急忙报告苻坚。苻坚于是派人叫慕容暐入宫。慕容暐料到事情败露，遂率众杀掉苻坚派来的使者，准备夺城门冲出长安。只是苻坚早有防范，慕容暐被窦冲所擒。苻坚遂命将长安城中所有鲜卑人，无论男女，全部杀死。

慕容冲听说哥哥慕容暐被杀，痛哭失声。不过，他很快就宣布继燕国皇帝位，并率全国所有的兵力二十余万，再次进攻长安。

这次长安之战打了很长时间。慕容冲见强攻不下，便派兵把住通往长安的各处道口，断了城中之粮，又纵兵在关中烧杀抢劫，百姓纷纷逃散。于是长安之外千里之内，人烟断绝。长安城真正成了一座孤城。长安城外的一些将领也派兵来援，但因实力不济，都被打败。苻坚只好让太子苻宏守城，自己带着一千人马拼命杀出重围，向五将山（今陕西省宝鸡市岐山县东北）而去。

慕容冲只一心要攻下长安，对杀苻坚不感兴趣，并不派兵去追，而是加紧进攻长安。十日之后，长安城破，慕容冲带燕兵入城后到处抢掠。苻宏带着母亲、妻儿、宗室男女，由八千士兵护着从南城突围投奔东晋。

姚苌听说长安城破，苻坚逃往五将山，不由大喜道："这是天灭苻氏啊！"立刻派骁骑将军吴忠即率五千骑兵飞速赶往五将山去擒苻坚。

苻坚知道吴忠来到五将山后，把自己的士兵遣散，只有十多名侍卫坚持不走，劝苻坚突围。苻坚道："天命如此，走也无益。"最后被吴忠所擒。

因为苻坚当年擒获姚苌后不但没有杀他，还重用他，一直对他很不错，所以姚苌不好意思与苻坚相见，让吴忠把苻坚关在新平，又派人去向苻坚要传国玉玺。苻坚瞪着眼睛骂使者："小小羌奴也敢称天子？玉玺已经在晋朝了！"

姚苌见得不到玉玺，又派尹纬劝说苻坚配合自己举行个禅让仪式，名正言顺地把王位让给自己。苻坚又骂道："禅代是圣贤之间的事。姚苌是叛贼，没资格！"骂完后又悔不当初地说道："我很后悔当年没有杀掉慕容垂和姚苌二贼，所以才有今天啊！"

尹纬的父亲尹赤曾经是前秦的并州刺史，他把大片土地和大队军马交给败逃到山西的姚襄，也因此苻坚后来便不用尹赤的后人。尹纬到了四十岁的时候，才得以做了一名尚书令史，一直郁郁不得志，后来投到姚苌处才得以重用。

苻坚曾问尹纬道："你在我朝的时候，最高做到什么官职？"尹纬回答道："尚书令史。"这个官职，比芝麻还小。

苻坚不由叹道："你的才学不亚于王猛。我竟然不知道朝中还有你这样的人，秦国败亡不奇怪！你去告诉姚苌，我只求速死。"

姚苌听说苻坚不肯禅让，便派人用白绢将苻坚缢死在新平的佛寺中。时为前秦建元二十一年（385年）八月辛丑日，苻坚时年四十八岁。苻坚死前，杀掉了两个女儿苻宝、苻锦。苻坚死后，他的妃子张夫人、儿子苻诜都自杀身亡。姚苌隐去苻坚的名字，以王礼安葬，定谥号为壮烈天王。

历史学家陈登原认为苻坚有四大善事：文学优良，内政修明，大度容人，武功赫赫。遍观中国古代君王，真正能做到这四点的寥寥无几。可这样的苻坚为什么会迅速败亡呢？

宋代王安石评价说："苻坚好功而不能忍，智大而不见机。（王）猛知其不能除（慕容）垂，故劝以勿伐晋耳。不然，以（苻）坚之强，而欲取晋，夫又何难之有！"王安石的意思是：苻坚好大喜功，不能隐忍以等待机会；虽聪明多智，却不能见机而行。其实就是说苻坚不善于顺天命，待时机。

很多人都认为苻坚的灭亡是没有杀掉慕容垂、姚苌的缘故，但是司马光不这么认为，他的评价是："坚之所以亡，由骤胜而骄故也！"许劭说魏武帝曹操是盛世的能臣，乱世的奸雄。假使苻坚治理国家不违背治国之道，那么慕容垂、姚苌全都是前秦的能臣，怎么能作乱呢！苻坚之所以灭亡，正是因为屡次取胜后骄傲的缘故。

魏文侯曾经问李克："为什么吴国会亡？"李克回答说："百战百胜。"魏文侯奇怪道："百战百胜是好事啊，怎么会亡国呢？"李克回答说："仗打得多了则人民厌战，胜仗打多了则国主骄盛，骄盛的国主带着厌战的百姓继续发动战争，岂不是自取灭亡？"苻坚的人生悲剧或许也就在于此。

不管如何，苻坚对国家统一的贡献是不可磨灭的，哪怕他是一个悲剧英雄！

北方十国的混战

前面说过乞伏国仁带兵去讨伐乞伏步颓，结果反被拥立为王。乞伏国仁割据陇西，发展自己的势力，等待机会叛出前秦。苻坚被害的消息传到陇西后，乞伏国仁遂自称大都督、大将军、大单于，领秦、河二州牧，不久后又改称秦王，史称西秦。

再说苻丕死守邺城，后燕之主慕容垂久攻不下，于是派兵先收复了邺城周围的州郡，又命丁零部落首领翟斌率部在漳河上游筑大堤蓄水，准备决堤放水灌城。但翟斌因为争地位、抢地盘、分配战利品等许多事情与后燕军发生矛盾。许多鲜卑将领认为翟斌将来肯定会对后燕军不利，请求提前解决了他。但慕容垂怕杀死翟斌影响他的声望，使天下英雄不敢来投奔，所以只是暗中提防，表面上对翟斌兄弟更加热情友好。

翟斌认为自己功劳很大，又向慕容垂求封尚书令（相当于丞相），结果被慕容垂婉拒。翟斌遂认为跟着慕容垂混没什么前途，又派人秘密进城与苻丕密谋，然后偷偷把漳河上游所积之水全部泄走。

翟斌这种明目张胆的做法把慕容垂激怒了，慕容垂便设下鸿门宴请翟斌兄弟吃饭，席间把翟斌兄弟杀死。翟斌大哥的儿子翟真正领兵在外，听说两个叔叔被杀，马上调兵去攻打后燕军，苻丕也趁势出击。但这一次慕容垂已经做好准备，将二军击退。苻丕带兵退回城中；翟真带兵北去中山，从此与后燕成为敌人。

慕容垂对攻下邺城失去了信心，便放弃攻城，带军退回到肥乡新造的城池，然后派慕容宝与慕容德、慕容楷等守城，自己带着慕容农等人北上讨伐翟真。

翟真的军队与慕容垂的军队在中山对峙，翟真很快败退，逃往行唐（今河北省石家庄市行唐县）。不久，翟真的部将鲜于乞杀死翟真，投降慕容垂，丁零部队立时溃散。翟真的堂兄翟辽带着一小股部队南逃到黎阳。慕容垂让慕容农留守中山，率大军回师，再一次围攻邺城。但这一次留下了西门，给苻丕留了一条西逃的路。

苻丕不肯西逃，当然他也担心自己在西逃的路上被慕容垂歼灭。但此时邺城已经被困一年有余了，粮食基本上已经吃光，再坚守下去也不太可能。苻丕只好向东晋求救，称如果东晋击败后燕军，情愿把邺城献出；如果长安被西燕军攻陷，那自己情愿带领所有部队投降东晋——当时西燕正在攻打长安。

东晋自从淝水大捷之后，派杨亮出兵收复川蜀，派刘牢之出兵收复黄河南岸。谢玄被朝廷封为徐、兖、青、司、冀、幽、并七州都督，而这七个州都在北方失地，说明了朝廷这一次北进的决心。

焦逵把苻丕的信送给谢玄。这封信的内容基本上就是一封投降书，谢玄很是高兴，遂命刘牢之率二万士兵驰救邺城，并命晋陵（治所在今江苏省镇江市）太守滕恬之向邺城运军粮二千斛。

刘牢之在邺城与苻丕配合，大败后燕军。后燕军败退到肥乡新城。刘牢之的军队跟杀过来，后燕兵弃城而逃。刘牢之一直追杀到五桥泽（今河北省广宗县北，因涧上有五座桥而得名），被后燕军伏击，晋军大败，如果不是前秦军及时赶来相救，刘牢之就全军覆没了。前秦军与晋军遂退守邺城。东晋朝廷听说晋军大败，对北进又失去了信心，命令刘牢之带兵回到黄河以南。刘牢之退军后，苻丕也带着前秦军以及城中六万余百姓西去。

慕容垂等苻丕西去之后，率后燕兵占据了邺城。这时候邺城已经成为一座空城，邺城周围数百里也因为连年征战，人烟稀少，农田荒芜。后燕军进驻邺城后，吃饭成了大问题。将士们连吃一顿饱饭都不能。慕容垂下令禁止百姓养蚕，采集桑葚作为食物，但仍然不能从根本上解决问题。这时在中山的慕容农称中山城比较富足，粮食也不成问题。于是慕容垂让鲁王慕容和带一小部分军队驻守邺城，自己率大众迁都中山，并于次年正月，在中山称帝。这时燕国有两个皇帝，一个是西燕的慕容冲，一个是后燕的慕容垂。

苻丕向西来到晋阳的时候得到长安陷落、苻坚被杀的消息，不久又听说太子苻宏也投奔了晋朝，苻丕及众人放声大哭。万幸的是并州在前秦骠骑将军张蚝、并州刺史王腾的治理下还算稳定。王猛的儿子、幽州刺史王永也因后燕的进攻而率领五万士兵西退到晋阳。前秦此时还具有一定的实力，于是苻丕在晋阳即皇帝位。

这时前秦将领吕光已经平定了西域，驻兵在龟兹。龟兹地处交通要道，是个繁华大城市，一点儿也不比长安差。吕光又算是西域的最高地方长官，成了当地的土皇帝，有权有钱的日子过得很是滋润，但时间长了将士们都有思乡之心。不久又传来苻坚淝水大败，慕容垂、姚苌纷纷自立的消息，吕光便带着部队东归。

凉州刺史梁熙本有割据凉州的打算，听说吕光来了，便把行唐公苻洛给杀了，以防此人与吕光里应外合，又命高昌太守杨翰等人严守险关，不许吕光入境。哪知道吕光一路进军，所过郡县纷纷请降，杨翰等人全部投奔了吕光，高昌、玉门、敦煌、晋昌等郡很快落到吕光手中。

梁熙急派儿子梁胤、大将姚皓、别驾卫翰，率五万部队来到酒泉据守。但梁胤的军队很快被吕军击败，梁胤被擒。吕光接着进军到姑臧城下时，武威太守彭济带兵把梁熙擒住，献城投降。吕光下令将梁熙父子斩首，然后派人到凉州各处发号令，命令其他的州郡投降，但酒泉太守宋皓和西郡太守索泮坚决不降。吕光派兵很快将两城攻下，将二人斩首。至此，吕光占据凉州，自称凉州刺史。这时传来苻坚的死讯，吕光遂令三军为苻坚戴孝穿白，并举行了盛大的丧礼。第二年（386）十二月，吕光又自称使持节、侍中、中外大都督、大将军、凉州牧、酒泉公，建年号为太安，史称后凉。

这时，奉养代王拓跋什翼犍嗣孙拓跋珪的刘库仁死了，他的儿子刘显继承了他的位子。刘库仁替前秦管理着代国旧地黄河以东的地区，这些地方居住的都是原代国的拓跋鲜卑族。拓跋珪年已十六岁，不但武艺出众，而且拓跋各部落首领也对这个代王之后特别尊重。刘显担心拓跋珪对自己的权力形成威胁，便想杀掉他。原代王拓跋什翼犍的外甥梁天眷知道这个消息后急忙告诉拓跋珪的母亲贺氏。贺氏用美色引诱刘显，把刘显灌醉，拓跋珪遂带着旧臣长孙犍、元他、罗结等人悄悄逃走。

刘显一觉睡到第二天中午才醒来，见拓跋珪消失，知道受骗，便要杀贺氏。刘显的弟弟刘亢埿苦苦为贺氏求情，刘显又恋贺氏美色，总算没有杀她。不久刘显得到消息，拓跋珪已到了贺兰部，外朝大人贺悦、南部大人长孙嵩等都率着各部落去投奔拓跋珪。于是刘显亲率一支军队去攻打贺兰部，由于贺兰部早就得知消息迁移，刘显没能追上。而中部大人庾和辰趁刘显出兵，也率部跑了，还把贺氏也带走了。

拓跋珪逃到贺兰部投靠他的舅舅贺讷。贺讷遂把此贺兰部交给拓跋珪，接着拓跋鲜卑族的许多部落都来投奔，拓跋珪很快拥有三十万的部众，遂于东晋太元十一年（386）正月戊申，即代王位，定都盛乐城（今内蒙古自治区呼和浩特市和林格尔县）。四月，拓跋珪因"代王"是晋朝封号，改"代"为"魏"，自称魏王，史称北魏。

此时，刘显的弟弟刘亢埿、族人刘奴真都离开刘显，率部降魏。拓跋珪认为歼灭刘显、统一代国旧地的时机到了，遂联合后燕，一起去攻刘显。刘显被后燕北魏联军杀得大败，逃到马邑西山。北魏后燕联军追到马邑西山，与刘显的军队又打了一仗，刘显又大败，这次刘显的家底彻底赔光了，只带着一百多亲信向西逃去，后来再没有消息。后燕军把刘显手下的所有军队和百姓，还有数以千万的马牛羊等牲畜吞并后南归。

拓跋珪则得到了刘显的地盘，他以此为基础，又派兵四处征伐，很快将库莫奚、叱突邻、高车、纥突邻、纥奚等部统一，只有柔然部去投靠了刘卫辰。拓跋珪亲率大军去征柔然，柔然并不迎击，而是一直向西逃。柔然逃跑的速度比兔子还要快，魏军全部是骑兵，竟然连追六百里不见柔然部的一点儿踪影。拓跋珪手下的诸将都劝他回去，拓跋珪坚持要追。部将称粮食不够了。拓跋珪问："如果杀副马作为军粮，够不够三天的口粮？"部将道："足够。"游牧民族的骑兵部队，每名骑兵除了自己骑的马之外，还有一到两匹备乘的马，叫作副马。

拓跋珪于是下令以副马为粮，继续追击，终于在大碛南床山（今蒙古国境内席勒山）下追上柔然，击败柔然，俘虏了一半以上的柔然民众。只有匹候跋和部帅屋击分别领着小部分柔然民众逃走。拓跋珪命令长孙嵩、长孙肥继续追击。长孙嵩在平望川追上了逃跑的柔然民众，并将其全部歼灭，部帅屋击被杀。长孙肥在涿涂山（今蒙古国车车尔勒格县境内）追上匹候跋，匹候跋不等长孙肥进攻便赶紧投降了。

平定柔然后，拓跋珪为将士摆庆功宴，在宴席上他问诸将："你们知道我为什么要问以副马为粮是否可以支持三日吗？"众将都不明白。拓跋珪道："柔然已经连续奔走了很多日，一定是人困马乏，到了有水草的地方必定会停留。所以，不出三日我们一定可以追上他们。"

然而，拓跋珪正在摆宴庆贺的时候，后方传来消息，匈奴首领刘卫辰趁北魏军出讨柔然，遣其子刘直力鞮带兵八万进攻北魏。拓跋珪立刻带军队回去，在铁岐山（今内蒙古自治区包头市固阳县西北）以南大败刘直力鞮的军队。刘直力鞮带兵一路南逃，魏军在后追击，一直从五原金津向南渡过黄河追到刘卫辰的领地，随后攻到悦跋城（又名代来城，今内蒙古自治区鄂尔多斯市境内）下。刘卫辰父子连城都不敢守，弃城而逃，最后被魏军的轻骑在木根山（今内蒙古自治区鄂尔多斯市境内）下擒获，只有刘卫辰的小儿子刘勃勃一人得以逃脱。拓跋珪命令将刘卫辰的家眷、宗亲以及党羽五千多人全部杀死，把尸体扔到黄河里去。至此，黄河以南的各部也被拓跋珪统一。

前面说到翟真的堂兄翟辽带着一小股部队南逃到黎阳，投奔东晋。黎阳太守滕恬之将翟辽收留，但翟辽利用滕恬之爱好畋猎、不恤士卒的弱点，收买人心，发动兵变，将滕恬之软禁，占据黎阳。很快，丁零族人纷纷投奔翟辽。而后燕魏郡太守齐涉聚众一万人投降翟辽，在新栅（今河北省邢台市清河县西）据守；东晋泰山太守张愿率一万部队也降了翟辽，在祝阿县（今山东省德州市齐河县）的甕口驻军。翟辽又拥有了数万人马。

后燕慕容垂遂派慕容德、慕容隆带兵两万去攻打张愿。慕容德、慕容隆行军至斗城（今山东省禹城市西南），离甕口二十余里，后燕军停军休息，准备休息够了再一鼓作气，去攻甕口。哪知道刚刚解下马鞍，埋锅造饭，张愿突然带兵杀来。慕容德的军队仓皇抵抗，赶紧后撤；慕容隆的部队却很快集合完毕，反击张愿的军队。张愿的儿子张龟在战斗中被后燕将领王末杀死，张愿败退。

慕容德的军队看到张愿败了，又整兵回来，与慕容隆的军队合兵一处追击张愿的军队，一直追到甕口，再次大败张愿，张愿带着残军退守三布口（今山东省肥城市东）。后燕军很快收复了历城（今山东省济南市历城区），尽占青、兖、徐三州郡县。不久，新栅的冬鸾也发动兵变，擒获齐涉父子投降后燕。慕容垂命令将齐涉父子二人斩首，其他人一律赦免，然后再次整军，亲自率军南征翟辽。翟辽觉得自己不是后燕的对手，便赶紧派使臣向后燕请降。慕容垂遂罢兵，封翟辽为徐州牧、河南公。但等燕军回兵之后，翟辽又后悔了，与慕容垂断绝臣藩关系，自称魏天王，建都滑台（今河南省安阳市滑县），史称翟魏。时为388年2月。

385年，西燕国主慕容冲攻破长安后，既贪恋长安的繁华安逸，又不愿东归与叔叔慕容垂争夺领土，于是便在长安待了下来。但鲜卑将士和贵族都希望能回故地，不愿久留长安。386年2月，左将军韩延杀死慕容冲，拥立前将军段随为西燕王。

段随并不是慕容皇族，因此遭到慕容家族的反对，仅仅一个月后，长安再起兵变，仆射慕容恒、尚书慕容永率西燕兵攻入宫中，杀死段随。三人拥立慕容皝的孙子慕容凯为西燕王，然后带领四十多万鲜卑人离开长安，开始了用鲜血铺就的东归之路。

当慕容鲜卑一离开长安，姚苌立刻带部队进入长安称帝，国号"大秦"，史称后秦。

西燕离开长安不久，在行军途中又发生政变。慕容凯被慕容韬所杀，慕容韬与哥哥慕容恒又立慕容冲的儿子慕容瑶为西燕王。因为慕容冲就是不愿东归而被杀的,很多人对慕容冲及其后人并不服气,担心他们对东归不利,众将都转而支持慕容永。慕容永也不同意立慕容瑶为西燕王,便率兵把慕容瑶从慕容恒兄弟手上夺过来杀掉,立慕容泓的儿子慕容忠为皇帝,但几个月后慕容忠又被刁云所杀,众将又拥立慕容永为主。慕容永被推为大都督中外诸军事、大将军、大单于、雍秦梁凉四州牧、河东王,他派使臣联络后燕,向后燕皇帝慕容垂称臣。

就这样一路行军一路杀,伴随着内乱和内讧、鲜血与阴谋,西燕部族终于来到了并州闻喜县。这里是前秦的地盘,于是慕容永派人去向前秦皇帝苻丕借道。慕容族曾攻破长安,把前秦的老家给抄了,苻丕能借道吗?苻丕亲自带兵八万去攻击西燕。

前秦军与西燕军在襄陵大战,前秦军大败,前秦的文臣武将大多都在这次战役中战死。慕容永遂占据山西,并以长子(今山西省长治市长子县)为都,登基做了西燕的皇帝。

苻丕带着五六千败军南逃至陕城,被东晋将军冯该袭击。苻丕在战斗中被杀死,太子苻宁、长乐王苻寿等人都被擒获,送到建康。东晋皇帝对他们还不错,全部赦免,交给先逃到东晋的太子苻宏管理。另有尚书寇遗、渤海王苻懿、济北王苻昶在这次战斗中逃脱,三个人化装为乞丐,一路向西,去投奔南安王苻登。

苻登是苻坚的族孙,在前秦的官职为殿上将军、长安令,他打仗十分勇猛,性格豪放刚烈,后来因为有过失被贬为狄道(今甘肃省定西市临洮县)地方官。当苻坚被害后,姚苌的弟弟姚硕德占据秦州,苻登遂自命为都督陇右诸军事,抚军大将军,雍、河二州牧,略阳公,率众五万与姚硕德争夺秦州的地盘。姚硕德不是苻登的对手,急忙向姚苌报告:"你们的援军再不快点来救我们,我们就要都被苻登吃光了!"姚苌于是让太子姚兴、弟弟姚绪留守长安,自己亲自率领后秦五万大军来救。

然而,苻登的将士十分勇猛,所向无敌,后秦军被打得大败,五万兵被打死打伤两万,姚苌带着剩下的人马急忙逃回姚硕德镇守的上邽。

苻登刚刚在上邽城下扎住营,寇遗、苻懿和苻昶便带来了苻丕战死、前秦在山西的地盘被慕容永侵占的消息。苻登为苻丕发丧之后，打算立苻懿为前秦的皇帝。

苻懿这个时候年纪还小，当然更无战功和威信，众人都认为在此乱世之中，还是跟着苻登混比较可靠，于是一致拥立苻登为帝。苻登推托了几次，见大家是真心拥立自己，便乐得顺水推舟，当了皇帝。

前秦将士知道前秦已经不能与当年同日而语，四周都是强敌，随时都有被歼灭的危险，于是纷纷在自己的兵器和铠甲上刻上"死、休"等字，以表宁愿战死沙场的决心。苻登还创立了一种战阵，用长槊和钩刃结成方圆大阵向前猛攻，阵后的将士随时根据战斗需要而补充人员。无论是在士气上，还是在战术上，苻登的前秦军队都要强过姚苌的后秦军队。因此，苻登的军队屡战屡胜，打得姚苌的军队抱头鼠窜。姚苌认为苻登一定是得了苻坚神灵的帮助，突发奇想，令木匠刻了一座苻坚的神像，祭祀祷告之后，抬到阵前再与苻登交战，结果还是大败。姚苌气愤至极，把苻坚神像的脑袋给砍下来，然后弃城而逃，退守安定，又派一支队伍连夜赶到新平，把苻坚的尸首给挖出来，鞭抽数千下，把殓服剥下，用荆棘裹住尸体，随便挖了个土坑埋了下去。

姚苌败退后，许多依附于姚苌的豪强想离开他，多亏尹纬安抚，并替姚苌夸下海口，称姚苌必成帝业，又让姚苌把国库打开，犒赏三军，并带头提倡节俭，这才安抚下众心。

这时北方仍是多国并立，各霸一方，征战不断，具体形势为：

今内蒙古中西部地区以及蒙古国的南部地区，首领为拓跋珪，称"魏王"，史称"北魏"；

今辽宁省、河北省、山西省南部地区，山东省大部分地区，河南省黄河以北地区，首领为慕容垂，称"皇帝"，史称"后燕"；

今甘肃省南部和陕西省中部地区，首领为苻登，称"皇帝"，史称"前秦"；

今甘肃省大部、新疆维吾尔自治区、青海省东北部地区、内蒙古部分地区，首领为吕光，称"凉州牧""酒泉公"，史称"后凉"（仍以前秦为国号，承认是前秦的属地）；

今甘肃省东南部的西和、武都、天水、陇城等地，首领是苻坚的女婿杨定，称"仇池公"，389年自号"陇西王"，史称"后仇池"（仍以前秦为国号）；

今甘肃省东部渭河上游的陇西之地，首领为乞伏国仁的弟弟乞伏乾归，称"金城王""梁王"，史称"西秦"（此时向前秦称臣）；

今青海省大部、甘肃省南部小部分和四川西北地区，首领为慕容视连，称"沙州牧""白兰王"，史称"吐谷浑"（此时向西秦称臣，也算是前秦之臣）；

今陕西省中北部、内蒙古河套地区、宁夏全境，首领是姚苌，称"皇帝"，史称"后秦"；

今河南省黄河南岸东部、山东省西部，首领是翟辽，称"魏王"，史称"翟魏"；

居无定所，到处打游击战，攻破长安后又向东杀去，当时大概游击于今陕西东南部的慕容泓，称"皇帝"，史称"西燕"。

北方的十个国家不断混战，后来又有新的国家崛起，当然也有国家灭亡。

值得一提的是，自拓跋珪386年定都盛乐城，改"代"为"魏"后，便意味着北朝开始了。

第十三章 英雄称霸忙

北魏的崛起

前秦皇帝苻登攻下上邽之后,归附者更多,很快拥有十多万大军,于是又占领了苟头原(今甘肃省平凉市东),逼近安定。姚苌因为总打败仗,不敢出战,只是坚守城池。不过姚苌也没有束手待毙,他派儿子姚崇率一万士兵偷袭苻登储存粮草的大界(今陕西省彬州市与甘肃省平凉市泾川县之间)。但苻登早有防备,派大将啖青伏击,姚崇大败逃回。姚崇本来泄了气,这时尹纬劝姚崇再去偷袭,说:"苻登大败我军,一定认为我们短时间内不敢再偷袭,防备肯定不如以前。我们这次派重兵去袭击,成功的可能性很大。"

姚崇遂亲自带三万骑兵迅速出击,果然偷袭得手,放火烧掉了苻登的粮草。苻登看到大界那里火光冲天,知道被袭了,急忙带兵来救,但姚崇已经撤退,大界的所有粮草辎重化成一片灰烬。没了粮草的前秦军队立刻直扑安定城,拼命攻城,但姚苌守城不出。前秦没有粮草,只好退守胡空堡(今陕西省彬州市境内)。

这时前秦本已投降后秦的旧将魏揭飞在杏城起兵反叛,前秦旧将雷恶地在李润镇起兵响应。姚苌忙派兵去救援杏城。众人不解,问:"你不担忧六十里内的苻登,却担心六百里外的魏揭飞,这是什么原因?"

姚苌道:"苻登拥有十多万大军,我打不过他。而我安定城城池坚固,苻登也打不进来。所以我们目前的形势处于相持阶段。但如果魏揭飞和雷恶地攻占杏城,苻登再派兵去支持,那么长安东北的大片领土就将被前秦控制,如果我抢在苻登前面迅速出兵,那这两个人根本就不经打,可以迅速平灭叛乱。这是立竿见影、迅速决定形势的战斗，我当然要把心思放在那里。"

姚苌只带一千六百骑兵，趁夜悄悄从安定出城，急奔杏城。杏城守将姚当成向姚苌报告说，魏揭飞和雷恶地已经有三四万兵马了，而且还有军队不停地来到。姚苌听了大笑，姚当成奇怪："敌人不断增兵，你高兴什么？"

姚苌道："这两个人所带的部队，是从各个民族杂凑出来的，并没有能战的主力军。他们全部来到这里，我们正好可以全部歼灭，省得以后再聚集添乱。"第二日，姚苌一面守城，一面带一支军队绕到敌后袭击。魏揭飞和雷恶地大败，魏揭飞战死，雷恶地投降。这时苻登的军队才开始出发，听到魏揭飞和雷恶地已经大败，只好回兵。

不久，苟曜也起兵投奔前秦，这一回苻登再不犹豫，急忙派兵去援。姚苌知道如果二军合在一处，自己一定会非常被动，也派兵去迎击苻登。苻登的军队一开始仍然是连连打胜仗，但姚苌知道一旦让出路来便大势已去，所以败而不退，三番五次整军反扑，终于将苻登击败了一次。苻登并没有姚苌那样百折不挠的决心，他在打了一次败仗后便转攻安定，希望能趁姚苌带大军在外的机会，攻下安定。

姚苌这时候打了个时间差，他率军一路狂奔去攻击苟曜。苟曜这时候也算是帮了姚苌一个忙，他也正带兵向姚苌杀来，这大大缩短了姚苌大军的行军距离。苟曜本来是想趁前秦军队和后秦军队交战时，从后面袭击姚苌的。但苻登给了苟曜一个"惊喜"，他放弃与姚苌继续交战的机会，自以为是地乘虚攻打安定去了。于是苟曜毫无悬念地被姚苌击败，苟曜被杀，他所有的部将和士兵全被活埋。姚苌遂又立刻马不停蹄狂奔到安定布防，这时苻登的兵马才刚刚来到安定。双方再一次进入到相持阶段。

这次狂奔大大地消耗了姚苌的体力，姚苌随后得病，卧床难起，不久病亡，时年六十四岁。其子姚兴并没有举行登位大典，而是把兵力全部集中起来，准备与苻登决战。

苻登得知姚苌已死，又集中了几乎所有的军队去攻打长安。两军在马嵬堡对垒。尹纬建议姚兴占据水源，然后坚守不出。前秦的军队屡次去攻打水源地，但都没有成功。这时正是农历四月，关中炎热无比，又不下雨，苻登的军队不断有人渴死。数日后苻登决定退兵，后秦军队冲出掩杀。苻登渴了十几天的军队根本没办法抵挡,全军覆没。苻登带着几个亲兵逃到雍城。这时苻崇和苻广得知苻登全军被歼,又因为部队几乎全让苻登带走了,没多少士兵守城,所以两人弃城而逃。苻登也只好转而逃到平凉(今甘肃省平凉市),收集了数千残兵,进入马毛山中。

姚兴大胜之后才为姚苌发丧,并即后秦皇帝位,之后进兵马毛山,与苻登又打了一仗,将苻登全军俘虏。姚兴把苻登杀死,解散了苻登的残部,命他们回去种地,再不许参军。

苻登的儿子苻崇逃到湟中据守,听说父亲被杀后,便即前秦皇帝位,但湟中是在西秦的地盘里,西秦的乞伏乾归本来被苻登封为梁王,这个时候也翻脸了,带兵赶走了苻崇。苻崇于是到后仇池国投奔苻坚的女婿杨定,他和杨定又一齐联兵进攻西秦。但这次进兵失败,苻崇和杨定都被杀死,后仇池国还被西秦占去陇西的地盘,杨定叔父的儿子杨盛即位后自称征西将军、秦州刺史、后仇池公。虽然此时的后凉和后仇池二国仍然不称王,自称前秦领地,但前秦已经在事实上灭亡。这一年为394年。

391年,翟魏的首领翟辽病死,他的儿子翟钊继位。后燕慕容垂于是带兵去攻打翟钊。翟钊急向西燕求救,但西燕皇帝慕容永以慕容垂同是宗族的理由拒绝,他的谋士张腾叹道:"两国之间讲什么宗族情谊?等翟钊被灭后,慕容垂就该出兵来攻打咱们了。"慕容永仍是不肯出兵。后燕军队于是很从容地派兵,用了不到一个月的时间就灭掉了翟魏,之后果然如张腾所说,慕容垂带八万大兵去攻西燕。

慕容永这回着急了,他派各路军队紧守关口,特别是滏口(太行山在河北省南部的一个断裂带,为重要关口,今属河北省邯郸市峰峰矿区)、壶关(也是太行山南部一个山隘,为重要关口,今属山西省长治市壶关县);又派尚书令刁云、车骑将军慕容钟率五万军队驻扎在潞川(今山西省东南部的浊漳河),作为后备救援军。一切准备停当,却只见慕容垂在关下扎营,不见进攻。过了七八天,慕容永突然得到情报,在轵关(今河南省济源市东部轵城镇)下有大批军队聚集,而且还有更多的军队不断前来。慕容永认为这才是慕容垂的主力军,急忙将重兵移去守轵关,壶关和滏口的守军大量减少,只有存放粮草辎重的台壁(今山西省黎城县西南)仍留有重兵把守。

其实慕容垂在轵关的军队是疑军，他真正的主力全部放在滏口。他见自己调动慕容永军队的目的达到，立刻不惜代价，全力去攻滏口。由于滏口兵力不多，慕容垂很快攻下，迅速进军到台壁。

如果台壁一失，西燕的粮草物资将全部落到后燕的手里，慕容永急忙命各路兵马来救。两军主力在台壁决战，慕容永不是慕容垂的对手，部队主力被歼，他率一支人马逃回到首都长子，并向北魏求救。至于台壁的粮草辎重，全部被后燕军所得。后燕军又乘胜攻取晋阳，围攻长子。西燕太尉大逸豆归手下的部将伐勤、贾韬悄悄投降，打开城门，后燕兵攻入城中，擒获慕容永。慕容垂对慕容永并没讲什么宗族之情，命人把慕容永斩首，又将慕容永手下刁云、大逸豆归等公卿大将三十多人全部杀死。394年8月，西燕灭亡。

北魏拓跋珪因为总受后燕欺负，被勒索良马，因此与西燕交好，和后燕断绝了外交关系。后燕包围长子城，西燕向北魏求救后，拓跋珪便派陈留公拓跋虔率五万骑兵迅速去救。但由于出了内奸，长子很快城破，西燕灭亡。拓跋虔一想，既然出兵了，不能白来一趟，索性在后燕境内劫掠一番，抢了大批财物才回去。慕容垂早有灭魏的心思，便以这个理由进攻北魏。因为这个时候已经是秋天了，北方水草不足。于是等到第二年五月，慕容垂派太子慕容宝、辽西王慕容农、赵王慕容麟率八万大军进攻北魏，又命范阳王慕容德、陈留王慕容绍率步骑兵两万押运粮草。

拓跋珪得到消息后，立刻把所有的部众分成数路，带着粮食和牛羊全部向北向西撤退，一直撤退了一千多里，又把军队分成四路，分别退到黄河南岸隐蔽起来。后燕军到达北魏的都城盛乐，却只见一座空城，没有一个人。拓跋珪连一只羊、一粒粮也没给燕军留下。后燕军造船到黄河南岸寻找北魏军主力决战，在渡河的时候正好遇到大风，只好暂停。但有十多艘船被大风吹到南岸，北魏军捉到这些俘虏后了解到，后燕军在起兵的时候，慕容垂已患重病。于是拓跋珪派人四处造谣，说慕容垂已经死了。那个时候通信很困难，就是骑快马通信，由于受行军道路情况的影响，也是很慢的。

后燕太子慕容宝因为一仗未打，又年轻好胜，所以仍然坚持进军。但接着又有谣言传出，说赵王慕容麟要发动兵变，与他争皇位。慕容宝立刻派人把慕容麟的部将慕舆嵩等人全给杀了，然后烧掉船只，向南撤退，并命慕容麟率三万骑兵殿后。

慕容麟莫名其妙地被大哥慕容宝给收拾了一顿，自己手下的几员猛将全部被杀，心情很是不好，所以带着这三万骑兵，并不是沿途设伏布哨防备追军，而是打猎散心。结果后燕军主力退到参合陂（今内蒙古自治区乌兰察布市凉城县境内，一说在今山西省大同市阳高县境内）的时候，突然被北魏军袭击。后燕军大败，死伤逃散无数，被擒者有四五万人。

慕容宝和慕容农仅带着四五千人马拼命逃了回去，而正在打猎的慕容麟见机不妙，带着三万骑兵先逃了。

拓跋珪大获全胜后，本来打算把后燕兵都放回去。中部大人王建说："这些人放回去还要当兵回来打咱们，不如全杀了。"拓跋珪担心这样做会激起后燕兵的仇恨，以后必拼死而战。但最终考虑了一下双方的国力对比，认为杀死这四五万人，更有利于自己，于是把这些后燕兵全部杀死。

慕容宝逃回中山后，见父亲不但没有死，而且病也好了，很有精神，他十分后悔，向父亲请罪。慕容垂最终没有惩罚太子，不过也再不敢用他了，自己亲自领兵十万去攻打北魏。

因为北魏刚打了大胜仗，没想到后燕军这么快又卷土重来，所以没什么防备便仓促出战，很快丢失了平城等地，平城守将拓跋虔战死。后燕军快速攻到盛乐，但盛乐又是一座空城。原来拓跋珪听说慕容垂亲自带兵来了，知道自己不是对手，带着所有人再次逃跑，这次逃跑不再埋伏什么部队，而是逃得非常彻底，全部人马撤往漠北。

后燕军本打算追击北魏军，但慕容垂这时又犯了病，吐血不止，一度昏厥，后燕军只得退兵。退到沮阳（今河北省张家口市怀来县南）的时候，慕容垂病卒，终年七十一岁。

慕容宝带着慕容垂的灵柩回到中山后，即后燕皇位，谥慕容垂为成武皇帝。慕容宝以幼子慕容策为太子；慕容德为车骑大将军、冀州牧，镇守邺城；慕容农为并州牧，镇守晋阳；慕容凤为冀州刺史，镇守信都（今河北省衡水市冀州区）；慕容麟为左仆射；慕容隆为右仆射。

拓跋珪逃到漠北，听到慕容垂病卒，才敢回到盛乐。慕容垂死后，拓跋珪认为后燕没什么可怕的了，遂举倾国之军四十多万去征伐后燕。

前锋李栗率三千骑兵在晋阳与晋阳守将慕容农打了一仗，李栗败退，慕容农带兵一路北追，结果北魏军的另一路人马乘虚占领了晋阳。慕容农追击一段路程之后遇到北魏军主力，急忙撤退，但晋阳已被北魏军占领。慕容农被前后夹击，全军覆没，单身一人逃回到中山。

慕容宝既不敢出兵与北魏军决战，也不愿意退到河北。他最后决定加固中山城，据城而守。哪知道拓跋珪并不攻打中山城，而是径自越过太行险关来到河北之地，又南下山东，到处攻城略地。慕容宝带重兵龟缩城中，任凭北魏军四处占地。最后除中山、信都、邺城三座城池因为兵多城固没有被攻下，后燕其他地方全部被北魏所占。

拓跋珪派族弟拓跋仪率五万骑兵去攻邺城，王建、李栗率五万骑兵去攻信都，自己亲率大军去攻中山。但中山城经过慕容宝的经营，的确是城高险固，易守难攻。仅仅在一天之内，拓跋珪就损失了七八千的兵力，他发现这样强攻不行，只好先退兵，把自己所带的军队分成两路，去助攻邺城和信都。

拓跋珪的舅舅、辽西公贺赖卢率三万骑兵来帮助拓跋仪攻邺城，但贺赖卢性情桀骜，不肯听拓跋仪的指挥。拓跋仪也拿他没办法，于是两支军队各扎各的营寨，各攻各的城池，互相也不联络。拓跋仪的部下司马丁建，本是后燕将领，便趁机挑拨两个人互相攻击。

正碰上白天刮起一阵猛烈的沙尘暴，天忽然暗了下来，贺赖卢便命人点起火把照明。丁建于是报告拓跋仪说："贺赖卢烧掉大营，要反叛！"拓跋仪不愿意与贺赖卢发生冲突，便赶紧率兵马退走了。丁建又派亲信向贺赖卢说："东平公拓跋仪擅自撤走了，您孤军难胜，还不赶紧撤退啊！"于是，贺赖卢大骂拓跋仪一顿后也带部队撤了。丁建趁乱率部下投奔邺城守将慕容德。慕容德见燕军突然撤走，正在奇怪，丁建来投之后，他才知道这是丁建的反间计。慕容德急率兵出城掩杀，走在后边的贺赖卢被痛打了一顿，大败而还。贺赖卢一边败逃一边还埋怨拓跋仪，等回到鲁口大营才知道是中了丁建的反间计。拓跋珪把两个人都责备一番，说二人不能齐心，才会中计，让二人将功折罪，去攻信都。

这时王建、李栗围攻信都已经两个多月了，不但攻城不下，而且死伤惨重，拓跋珪已经派一部人马去助攻，但仍然没有效果。贺赖卢和拓跋仪带兵到了信都之后，为雪前耻拼命攻城。慕容凤一看这阵势，知道信都守不了几天了，便将城中粮草烧尽，然后弃城而逃。拓跋珪把大军移驻到信都，正准备全力攻邺城的时候，奉命镇守并州的监军丑提带兵回到北魏作乱反叛了，并且还联合纥突邻、纥奚等部一起造反，大有吞并北魏之势。镇守盛乐的拓跋顺连吃败仗，急请拓跋珪回兵。拓跋珪只好赶紧带兵北归。

慕容宝听说北魏内乱，北魏军北还，认为这是一个击败北魏军的好时机，于是把中山所有士兵约十六万全部调出城外，沿滹沱河北岸立下大营，阻断北魏军北归的路。拓跋珪派人向慕容宝求和借道，慕容宝坚决不答应，并于当夜用重金悬赏，聚一万敢死队过河杀敌。这一万敢死队果然厉害，冲到对岸，把北魏军杀得落花流水，拓跋珪连衣服都顾不上穿，骑着战马逃出营外。但这一万敢死队是重金悬赏来的，都是贪财之人，杀进拓跋珪大帐后发现有财宝，于是争相抢劫，并不追杀北魏军。北魏军很快集合起来反攻，敢死队员全部死亡。慕容宝在对岸看到北魏军大败，本来打算渡河乘胜掩杀，但船到河心，却见自己的敢死队被围歼，急忙又掉头回去。北魏军反而乘胜渡过河来，进攻后燕军。后燕军本来人数就少，很快被北魏军分割包围。慕容宝拼命杀出重围逃回中山，再检点兵马，只剩下两三万人。而当时正遇上大风雪，许多溃兵来不及逃回中山城便冻死在路上。

拓跋珪见形势突变，立刻放弃回军，返回去再进攻中山城。慕容宝此时手中已经没有多少兵力了，急忙派人去辽东的龙城，命清河王慕容会速率龙城兵来救。

慕容会是慕容宝的次子，因为英勇善战，很受慕容垂宠爱。慕容垂临终时让慕容宝立慕容会为太子，但慕容宝认为慕容会的母亲出身低贱，继位后却立最小的儿子慕容策为太子。慕容策当时只有十一岁，慕容会则已经二十多岁了，并且立下许多战功，眼看着父亲置先皇慕容垂的遗命于不顾，而宁愿立一个乳臭未脱的小孩子为太子，他对父亲很是愤恨，在接到慕容宝的命令后也按兵不发。慕容宝一再催促，并在信中大骂慕容会，慕容会被催得没办法，这才率了两万士兵，慢慢悠悠地南下。

虽然后燕军只剩两三万，但毕竟中山城坚固，北魏军围困了十多天，仍是无法攻克城池。慕容隆认为北魏军已经南下很久了，征战不停，一定非常疲急,向慕容宝请求出城攻击。慕容宝一开始不同意,但禁不住慕容隆再三请求,城中将士也都愿意出城死战,于是慕容宝令慕容隆出战。

慕容隆选择当年参合陂被俘遭坑杀之兵的父兄子弟为兵,在城中集合。这些士兵一听要去击杀北魏军,顿时哭声一片,纷纷请缨,奋勇向前,正是士气极高的时候。此时,赵王慕容麟在城内反叛,把左卫将军、北地王慕容精劫持,要慕容精率左卫禁军来捕杀慕容宝。慕容精拒绝后被杀。

慕容宝立刻停止了慕容隆出城的军事行动,带军镇压慕容麟。慕容麟从西门逃出城。慕容宝这时也没心思守城了,与慕容农和慕容隆商量要弃城北逃到龙城据守。慕容隆哭泣道:"先帝好不容易才打下来的江山,难道就这样抛弃不成?"但慕容会的援军迟迟不到,慕容麟的叛逃又使军心浮动,慕容宝认为此城已经不能再守,遂带一万多骑兵从东门出城,弃城北去。

慕容宝走后,城中东门大开。拓跋珪的探子很快报来消息说慕容宝已经弃城了,东门正开着。拓跋珪担心晚上入城遭到伏击,遂打算于第二天入城。哪知道到了第二天,城门紧闭,城上旌旗招展,原来是开封公慕容详被城中留下来的后燕兵和百姓拥立为统帅,继续坚守城池。魏军又一连攻了三四天,死伤无数,不能破城。拓跋珪登上巢车(古代的一种兵车,用来瞭望敌军。车上有用辘轳升降的瞭望台,人在台中,如鸟在巢,故名),对着城中喊道:"慕容宝已经逃走了,你们又是为谁守城?又何苦如此呢?"

守兵回答道:"我们害怕投降后遭到当年参合陂被活埋的下场,所以不敢投降,情愿死战,多活一天算一天,总比被活埋了强!"

拓跋珪被噎得说不出话来,走下巢车,正看到当年劝他活埋后燕兵的王建,不由怒从心头起,骂道:"这都是你的功劳啊!"王建满面通红,不敢说话。

谋士崔逞道:"现在慕容麟在城西的山中,如果我军暂时撤退,慕容麟一定回来和慕容详争城,等他们自己打起来,我们再来攻城,一定可以破城。"拓跋珪于是又带兵来到河间屯兵,恰好桑葚大熟,拓跋珪于是命令士兵上山采桑葚充饥,解决了军粮问题。

慕容详见北魏军退兵,认为自己为后燕国立下了大功,于是自立为帝。在中山留下来的文武百官中大多数人还是忠于慕容宝的,都劝他不要称帝,说慕容宝还在,此时称帝,如同谋反。慕容详大怒,把反对他的人全部杀掉。有人不服气，便偷偷出城把赵王慕容麟引来。慕容麟带兵悄悄入城，突然发动进攻，擒杀慕容详后，竟然也称起帝来。大家一看，慕容家的人全都是这种货色，也就不去争了，随他们称帝去吧。

这时北魏军再次围攻中山城，慕容麟拼命守城，无奈将士并不齐心，最终城破，慕容麟带着一百多人逃奔到邺城，投靠范阳王慕容德，既然是寄人篱下，当然也就取消了帝号，只称赵王。北魏军入城后，城中后燕百官及士卒有两万余人投降，这次拓跋珪下令一律赦免，不许杀一个人。然后以拓跋仪为前锋，率骑兵三万，去攻打后燕在中原留下的最后一座城池——邺城。

慕容德不敢独守孤城，于是率城中军民赶到黄河渡口黎阳津（今河南省鹤壁市浚县黄河故道边）。等到渡口的时候，一时船只不够，只得分批摆渡，但第一拨船还没有渡河的时候，忽然狂风大作，那些渡船根本不敢渡河，慕容德只得在对岸扎下营来，一晚上唉声叹气，辗转难眠，生怕这风连刮数日，不能渡河，被北魏军歼灭在黄河北岸。哪知道第二天黄河竟然封冻了，所有人都欢呼雀跃。慕容德也高兴得当即祭拜天地，改黎阳津为"天桥津"，然后率部踏冰过河。

拓跋仪来到邺城时，邺城已成一座空城，又一路追到黎阳津，本来冰封的黄河却又消融化开了。拓跋仪打听到黄河一夜封冻的事后，十分惊讶，急忙把这件怪事报告给拓跋珪。拓跋珪叹道："看来慕容德是得到上天的帮助，天意不可违！"遂停止追击，还兵邺城。

这时丑提之乱已经被拓跋珪的族弟拓跋顺平定，拓跋珪遂将都城迁到平城，分派将领士兵镇守各城，并于这年（398）十二月己丑即皇帝位，所有官制全部仿效汉族，国号仍为"魏"。

后燕分，凉州裂

慕容德率众逃到滑台，镇守滑台的鲁阳王慕容和出城迎接。此时黄河南岸尚有十多个城池为后燕所有，而慕容宝已经退守到今天河北北部到辽东的地方，后燕南北两地中间被北魏隔断，这十几个城池需要一个领导。慕容德是前燕皇帝慕容皝的小儿子，身份地位在南边所有慕容家族中最高，于是被众人拥立。但慕容德没敢称帝，而是称燕王，仍以慕容宝为帝，史称南燕。慕容皝的孙子、慕容垂的儿子慕容麟不久密谋作乱，意欲杀慕容德而自立，反被慕容德知道后派人杀死。

而慕容宝一直跑到蓟城，才见到儿子慕容会带着两万军队不紧不慢地行军。慕容宝大怒，又看慕容会对自己态度轻慢，遂在向龙城的行军路上与慕容农、慕容隆商量除去慕容会。三个人的密谈被慕容会的心腹打听到，悄悄告诉了慕容会。慕容会立刻带兵闯入慕容宝的营中。慕容隆出来阻挡被杀，慕容宝与慕容农骑马奔逃，一路快马加鞭逃回龙城。

慕容会在后紧紧追赶，一直追到龙城城下。镇守龙城的是慕容宝的长子长乐王慕容盛，他派部将高云诈降慕容会，趁慕容会不备，将慕容会刺杀，并大喊"余者不究，全部赦免"，收复了慕容会的叛军。慕容宝这才算在北边稳定下来。

慕容宝巩固北边的根据地之后，便带兵要再去和北魏一争高下。但幽州将士都不愿意打仗，慕容宝强行带着部队以及文臣武将的家属东征。大军来到乙连（今辽宁省葫芦岛市建昌县境内，一说在今河北省秦皇岛市青龙满族自治县境内）的时候，慕容宝后军中发生了兵变，兵变首领段速骨带着乱兵狂杀乱砍，后军都是文臣武将的家属和后燕皇室宗族，家属倒没什么事，后燕皇室宗族则大多被杀死。慕容宝再一次逃跑（他已经逃跑过很多次了，当然此后他还要逃跑很多次），逃到中军与慕容农一起回兵去进攻段速骨，同时通知前军的慕舆腾赶来增援。哪知道，中军和前军的将士听说后军反叛了，也一齐反叛。慕容宝再次逃跑，因为他对于逃跑已经很有经验了，所以很快逃出乱军，但慕容农没能逃出，被乱兵捉住杀死。

段速骨带兵进攻龙城，慕容宝急忙命带兵驻扎在城东的顿丘王兰汗来救自己。兰汗虽然是慕容垂的舅舅，也是慕容盛的岳丈，但他不仅不救慕容宝，反而和段速骨一起攻打龙城。龙城很快被攻破，慕容宝再次逃跑，他的儿子慕容盛和将领慕舆腾也跟着一块儿逃走了。

兰汗入城后立刻又火并掉段速骨，杀死段速骨的同党，拥立小太子慕容策，并派使者请慕容宝回来。

慕容宝这时已经逃到了蓟城，见兰汗派人辩解说自己攻龙城其实是诈降段速骨，便打算回龙城。慕容盛劝他说："兰汗这个人很不可靠，你要是回去被他捉起来，那就完蛋了。不如向南投奔范阳王慕容德，然后北攻获得冀州，再回师夺龙城，这样才保险。"

慕容宝于是去往黎阳，并派人与慕容德联络。

慕容德听说慕容宝要来，十分着急，忙把群臣招来，说自己愿意让位给慕容宝以试探他们的态度，结果大多数人都对慕容宝不太感冒，并不欢迎他。右仆射慕容舆更是大骂慕容宝是个昏君，然后率几百名心腹骑兵去杀慕容宝。慕容德对慕容舆的行为采取了默认的态度。但慕容舆带人赶到黎阳时，慕容宝已经听说慕容德自称燕王的事了，赶紧撒丫子再一次逃跑，总算捡回一条命。

慕容宝跑到冀州，慕容盛建议留在这里招兵买马，于是慕容宝暂时留在冀州。这时慕容盛和慕舆腾发生矛盾，慕容盛以横征暴敛、激起民怨的罪行把慕舆腾给杀了。慕容盛又在冀州广招人马，而且还很有成效，很快聚集起一批将士。这时兰汗再一次派使臣来请慕容宝回去当皇帝，慕容宝便要回龙城。慕容盛一再地苦劝父亲，抱着慕容宝的大腿大哭。慕容宝仍然一心要回龙城当皇帝，而不愿意在冀州当皇帝。原因一来可能是他对大儿子慕容盛专权很不满意（慕容盛杀慕舆腾并没有请示过慕容宝），二来冀州实际是在北魏疆域之内，北魏随时都能出兵把冀州平灭。于是，慕容宝坚决要回龙城。慕容盛则和将军张真带着新招募的军队从另一条路去龙城。

四月丁亥，慕容宝来到距离龙城四十里的地方，兰汗派弟弟带着五百精骑兵来迎接。为什么不带文武百官而是带五百精骑兵来迎呢？因为这个欢迎仪式的主要内容就是把慕容宝及其所带的所有文臣武将杀死。这回慕容宝再也没能逃走，连龙城的门都没有看到就死掉了。兰汗以慕容宝遇上强盗被杀为名，为慕容宝办了葬礼，然后自称大都督、大将军、大单于、昌黎王，改元青龙，以子兰穆为太子，以弟弟兰加难为车骑将军。

慕容盛听说父亲被杀死，十分悲痛，告诉张真自己要入城杀兰汗报仇。张真说："你一进城就会被兰汗杀死，还提什么复仇呢？还是回去整军，壮大势力之后再说吧。"慕容盛说："我是去投奔兰汗，而且我是兰汗的女婿，他不会杀我。"

慕容盛入龙城后，兰穆、兰加难都劝说兰汗杀掉慕容盛，但兰汗宠妃乙氏（慕容盛的丈母娘）、兰汗的女儿兰氏（慕容盛的老婆）一齐为慕容盛求情。慕容盛也说自己来投奔兰汗是因为父亲被强盗杀死，无处可投。兰汗于是放过慕容盛，并且任命他为侍中、左光禄大夫。慕容盛在龙城暗中与族弟慕容奇和心腹李旱、卫双、刘忠、张豪、张真等人联络，千方百计讨好兰汗的儿子兰穆，在取得兰穆的信任后，便在兰穆面前说兰汗之弟兰加难的坏话，挑拨兰汗父子和兰加难的关系。其实兰汗和兰加难本就不和，在慕容盛的挑拨下，兄弟二人矛盾加深。

慕容奇因为是兰汗的外孙（兰汗的另一个女婿慕容楷的儿子）而没有被杀，慕容奇找机会出了城，在建安与将军张真会合后起兵五千，扬言要讨逆贼，杀兰汗。

慕容奇当时年纪还很小，慕容盛趁机挑拨说，慕容奇这么小的年纪一定是受了挑唆才造反，背后一定有主谋，这个主谋可能是兰加难。于是兰汗派遣抚军将军仇尼慕带兵去讨伐慕容奇，又夺了兰加难的兵权。这年龙城大旱不止，数月无雨，仇尼慕带兵走后，兰汗每天都去后燕宗庙以及慕容宝的牌位前面叩头、祈祷，并把弑君篡权的罪全部推到兰加难的身上，请慕容宝的神灵怪罪兰加难。兰加难听说后非常生气，便率领自己的部队出城袭击仇尼慕的军队。仇尼慕正在攻城，没防备背后让兰加难给插了一刀子，被打得大败，逃回龙城。

兰汗于是派太子兰穆带兵去讨伐兰加难。兰穆很快将兰加难打败，回去后和父亲二人大摆庆功宴。宴席完毕之后，慕容盛带着李旱等人暗杀了兰穆，拿着兰穆的人头突然出现在军队中，号召队伍跟他起义。这些人大多为后燕士兵，当即拥立慕容盛为主。起义军队又将兰汗杀死，占据龙城。

兰汗的儿子鲁公兰和、陈公兰扬分别驻守在会支（今河北省唐山市迁安市境内）、白狼（今辽宁省朝阳市喀喇沁左翼蒙古族自治县境内），慕容盛派遣李旱、张真、慕容奇去攻打并击杀了二人。那个处处受排挤的兰加难也没能幸免，他东躲西藏，还是被慕容盛的人捉到杀死。兰氏一族全部被慕容盛灭掉，包括他的丈母娘乙氏，只有他的老婆兰妃被赦免，但也被打入冷宫，终身不得为后。慕容盛召慕容奇回龙城受命。这时慕容奇已经与丁零、乌桓部族联合起来，打算拥兵自立，于是慕容盛再次出兵大败慕容奇，把慕容奇也给杀了。这时，后燕内乱才算平定，慕容盛即位为皇帝。

南燕王慕容德在滑台称王后，苻登的弟弟苻广率三千多人马前来投靠，慕容德任命他为冠军将军，镇守乞活堡（今河南省安阳市渭县境内）。但第二年（399）苻广就在乞活堡称秦王自立。慕容德于是让慕容和镇守滑台，亲自带兵讨伐苻广。苻广根本不是慕容德的对手，很快兵败被杀。但慕容德刚刚带大军往回走了一天，就见右卫将军慕容云带着家属跑来了，说鲁阳王慕容和被长史李辩所杀，滑台也被献给了北魏。

慕容德急忙率军去攻滑台，但被北魏军杀败。慕容德也就滑台这么一郡十城，丢了这个地盘，连立足的地方都没有了。但如果强攻，又打不过北魏军，只好打其他地方的主意。这时向北有北魏，向西有后秦，向南有东晋，那只能向东了。东部的山东半岛一直为后燕的地盘，不过慕容宝北逃之后，山东半岛的后燕将领纷纷自立。慕容德于是打着恢复后燕的旗号前往山东，立刻就有许多郡县投奔，他很快拥有了今山东省中东部的大部分地区，只有青州的辟闾浑抗拒不从，把广固周围八千余家百姓全部迁入广固城中，把城外粮食全部割光，欲坚壁清野，据守广固。辟闾浑又派司马崔诞去守薄荀固，派平原太守张豁去守柳泉。但是慕容德一到，崔诞和张豁就都投降了。广固城中的一些后燕旧将也打算投奔慕容德。辟闾浑这下害怕了，带着妻子儿女去投奔晋国，结果被南燕军追上，全家被杀。

慕容德把广固定为都城，然后即皇帝位（400）。为了使百姓官吏容易避讳自己的名字，慕容德改"德"为"备德"（按中国古代避讳礼俗，对尊长的双字名，不可两字同说，但两字分说则可不避，是为"二字不偏讳"）。慕容备德所占有的山东半岛这个地方，因为不属于兵家必争的要地，日子过得比较安稳。慕容备德这个人为政也比较务实。有一个故事说，慕容备德大宴群臣，酒至半酣之时，他问手下人："我可以和历史上哪个帝王相比？"青州刺史鞠仲说："陛下是中兴皇帝，所以能和夏朝的少康帝、汉朝的光武帝相比！"慕容备德于是道："好，赐给你帛一千匹！"一千匹帛值很多钱，大概相当于现在的一百万。鞠仲没想到慕容备德会赏这么多的财物给他，急忙说："赏赐太重了。"慕容备德大笑说："你跟我开玩笑，我岂不知？我也是在和你开玩笑呢。"

鞠仲满脸羞愧。韩范这时出来道:"我听说天子无戏言,忠臣无妄对。今天这件事,应当是'上下相欺,君臣俱失'。"慕容备德不怒反喜道:"你说得很对,是忠臣嘴里说出来的话。"于是赏赐韩范绢五十匹。

东边的事情说完,再回头来看西边的凉州。吕光占有凉州之后,先是自称凉州牧、酒泉公,不久又自称三河王,396年又称天王位,国号大凉,史称后凉。吕光在国内实行严刑峻法,又好猜忌,所以国内屡有叛乱,再加上经常和西秦征战,国力一直没能强盛。397年,吕光带十万大军分兵三路征讨西秦。西秦的金城、临洮、武始、河关等纷纷陷落。西秦王乞伏乾归手下的人都劝他迁都,乞伏乾归说:"十万后凉军中,吕光的弟弟吕延带着最精锐的六万,只要击败吕延,后凉军必退。吕延有勇无谋,我必能胜他。"遂在路上一山谷中设下伏兵,吕延一路大胜过来,并不加防备,进入山谷后,被乞伏乾归用山石和滚木将两端封住。西秦军乱箭齐发,吕延及其所带的八千骑兵全部被射死在谷中。吕延部将耿稚急忙去救,又被西秦主力军在后奇袭。结果后凉军大败,耿稚带残军退回枹罕。其他两路后凉军也只得退兵。乞伏乾归乘胜反攻,收复失地。

吕光大败之后,境内的秃发鲜卑便借此机会造反自立。本文开篇提到三国末年秃发树机能起兵反晋的事,致使司马炎推迟了南下攻吴的时间。秃发树机能死后,秃发鲜卑降归西晋,首领换成秃发树机能的堂弟秃发务丸,秃发务丸去世后,他的孙子秃发椎斤继位。据《资治通鉴》记载,秃发椎斤活了一百一十岁。他在位的时候,西晋灭亡,秃发鲜卑占有甘肃南部一带,先后向前赵、后赵、前秦等国称臣。秃发椎斤死后,儿子秃发思复鞬继位,秃发思复鞬之后是秃发乌孤。到了秃发乌孤的时候,吕光占凉州,建后凉,于是他又向后凉称臣。后凉兵大败,吕延战死后,秃发乌孤遂以西平为都,自称西平王。因该国地处凉州之南,史称"南凉"。

因为吕延大败,吕光便把吕延手下的部将尚书沮渠罗仇和三河太守沮渠麹粥给治罪杀掉了。沮渠罗仇本来是匈奴左沮渠的嫡传后人,被杀后引起了这个部族的不满。沮渠罗仇一个弟弟的儿子沮渠蒙逊借此机会煽动族人起义,聚集沮渠族精兵一万,占领临松郡(今甘肃省张掖市民乐县与肃南裕固族自治县境内),驻军金山。沮渠蒙逊的堂兄沮渠男成是后凉将军,此时也起兵响应,带三千士兵投奔。两兄弟又说服建康(今甘肃省酒泉市)太守段业造反,拥立段业为凉州牧、建康公,定都张掖。因该国地处凉州之北,史称"北凉"。

西秦、北凉、南凉三国,不断进攻后凉,后凉军疲于奔命,虽然胜多败少,国土却一天天变小。吕光忧愤成疾,不久病亡(399),在位十四年,时年六十二岁。太子吕绍继任为天王,吕绍的两个哥哥吕纂和吕弘分别为太尉和司徒。吕绍即位后,吕纂和吕弘大权在握。吕绍本来秘不发丧,吕纂却带着人抬着法器推门而入,大大地闹腾了一番灵堂才出门。吕绍很害怕这个大哥,干脆对吕纂说:"我不做这个皇帝了,让给你吧。"吕纂大怒道:"你是嫡子,我哪儿敢篡位?"说罢昂首而去。

吕光弟弟吕宝的儿子吕超劝吕绍除掉吕纂,说此人现在说得好听,将来一定会篡位。吕绍说:"我现在没什么能力,只能依赖两个哥哥来治理国家,如果他们要皇位,那就给他们好了。我不能骨肉自戕!"

吕纂一出宫就找到吕弘商量废掉吕绍的事。吕弘说:"吕绍年纪还小,继承大统,众人不能心服。大哥你素有威信,为了国家社稷,你不要拘小节。"意思是鼓励吕纂发动政变。吕纂得到二弟的认可后,当晚便率数百士兵攻入皇宫,吕弘也率兵入宫。宫中禁兵见了吕纂,都不战而逃,吕绍自杀,吕超则逃到广武自立。吕纂遂登基即天王位,并以吕弘为大司马、录尚书事,封番禾郡公;又派人招抚吕超,仍让吕超担任旧职。一切停当之后,吕纂因为弟弟吕弘手握重权,想除掉他;而吕弘也知道吕纂是个什么东西,先行兵变。两个人带兵在京城中恶斗一番,吕弘兵败被杀。

吕纂刚刚稳定了内部,南凉传来消息,南凉国王秃发乌孤因为喝醉了酒,骑马的时候出事故死了,其弟弟秃发利鹿孤继位。吕纂认为这是个好机会,于是带兵杀向南凉的都城西平(今青海省西宁市)。秃发利鹿孤派弟弟秃发傉檀带兵固守三堆(今甘肃省兰州市永登县境内),同时向北凉段业求援。

吕纂带兵猛攻三堆,秃发傉檀坚守城池。吕纂无法前进,被阻在这里,不久听说北凉段业乘虚去进攻自己的都城姑臧,急忙回军去救,秃发傉檀趁机出城掩杀,吕纂因此损失了一千多人马。吕纂回到姑臧,段业也撤兵回去了。吕纂对段业的骚扰很是不满,便又要进攻北凉。他带兵围住张掖,日夜攻城。段业同样死守城池,然后请南凉出兵。秃发傉檀于是派两万骑兵奔袭姑臧,吕纂只好又退兵,段业出城掩杀,这次吕纂又损失了五六千人。就这样,吕纂打北凉，南凉从背后打他；吕纂打南凉，北凉又从背后打他。吕纂筋疲力尽，最后国土全被这两个国家给蚕食，只剩下姑臧、昌松、番禾三郡。吕纂这个人又爱打猎，除了打仗就是打猎，对国家生产、经济发展全部不管。吕超和他的哥哥吕隆遂决定发动政变，两个人趁一次宴会后送吕纂回去时，袭击了吕纂，把吕纂和他的侍卫全部杀死。宫中的禁军见吕纂已死，便都扔掉了兵器投降。吕超兄弟在外面安排的将军魏益多也杀入宫中。吕超和吕隆宣布吕纂已死，掌握了京城军权。

这时在姑臧北城驻守的陇西公，吕纂的同母弟弟吕纬，带兵来进攻吕超兄弟。吕超对他说："吕纂杀死兄弟，祸害国家，我是为了国家和人民才杀他，又不关你的事。况且他死了，我们需要重立一个主公，你现在是先王最年长的儿子，以你的地位是再合适不过了。请你入城为我们主社稷。"吕纬一听，原来是要拥立自己啊，于是高兴地带着几个亲兵入城。结果，他一进城就被吕超杀了。众人请吕超登基继位，吕超以自己的哥哥年长，而且本事比自己大为理由推举大哥吕隆，于是吕隆继后凉天王位，任命吕超为辅国大将军、录尚书事，封安定公。

再说段业建立北凉后，以李暠为效谷令，宋繇为中散常侍。李暠和宋繇是同一个母亲所生，两个人在后凉做官时，后凉太史令郭黁曾给两个人算命说："宋繇当位极人臣，李暠将成一国之主。"后来李暠被任命为敦煌太守。段业于399年称凉王以后，李暠的好朋友右卫将军敦煌索嗣为了谋取敦煌太守的位子，对段业说李暠有不臣之心，不能让他久居敦煌。段业遂让索嗣代替李暠为敦煌太守。

索嗣带了五百多骑兵来到敦煌就任。李暠听说后本来想卸任，手下效谷令张邈道："现在天下大乱，正是英豪有为之日。您现在据守敦煌，足可称国，何必要拱手让给他人？索嗣自恃老家就是敦煌的，以为敦煌人都拥戴他，他也想在敦煌割据。其实敦煌没有人看得起他，不如把他杀了自立。"宋繇也劝李暠："你不会忘记当年郭黁给咱哥俩算命的事吧！"李暠遂下决心道："我本无风云之志，来敦煌也只是因为被派到这里做地方官，却没想到被此郡中的士人如此推举。既然如此，你们替我去迎接他吧！"暗示可以动手杀掉索嗣。

第十三章 英雄称霸忙

宋繇与李暠的两个儿子李歆、李让率兵去迎索嗣。索嗣见李暠没有来，责问三个人道："李暠怎么不来迎接我？"宋繇道："我大哥念及旧情，不忍看到你被杀死。"说完，左右一拥而上，刀枪齐下，把索嗣砍死了。索嗣带的五百多骑兵，也被杀死一大半，剩下的人拼命逃回。段业急忙派人向李暠道歉，并封李暠为都督凉兴以西诸军事、镇西将军，以安抚李暠。但李暠仍自称凉公，独立于北凉。因该国地处凉州之西，史称"西凉"。

段业要带兵征讨李暠，但这个时候他和沮渠蒙逊已经互相猜忌，他害怕自己带兵走后，沮渠蒙逊叛乱，遂没有举兵。沮渠蒙逊早就想发动政变了，他向堂兄沮渠男成建议废段业，让沮渠男成继位，不过被沮渠男成拒绝了。沮渠蒙逊只好先向段业请求去西安当太守。段业恨不得他早点离开，当即同意。沮渠蒙逊去西安之后不久，写信给沮渠男成，约他去兰门山（今甘肃省境内祁连山）祭祖。沮渠男成答应了。沮渠蒙逊又暗派司马许咸去向段业告密说："沮渠男成将要发动叛乱，如果他以到兰门山祭祖的理由向大王告假，那就是做发动叛乱的准备。"

段业半信半疑。不久沮渠男成果然以去兰门山祭祖的理由来请假。段业当即命人将沮渠男成拿下。沮渠男成突然明白这是怎么一回事，急忙分辩道："沮渠蒙逊要约我谋反，我没有同意。但因为他是我的兄弟，我也没有告发他。今天这件事一定是沮渠蒙逊的阴谋。如果我死了，我们的部众都将听从沮渠蒙逊的命令，我早上死，他下午就会反。您不如欺骗他说我被你杀死了，他肯定会造反，然后我出兵征讨他。我的部众见我未死，一定不会跟从他，我可以立刻平定叛乱。"沮渠男成说的这些话很中肯，但说给段业听，等于对牛弹琴。段业还是把沮渠男成杀了。

沮渠蒙逊听说沮渠男成被杀，立刻以为沮渠男成报仇的名义召集部众，举兵造反，杀向张掖。一路州县全部投降，士兵百姓纷纷投奔沮渠蒙逊的军队。段业派田昂为前锋、梁中庸为大将去据守候坞（边境地区伺望侦察敌情的土堡），但田昂先率骑兵五百投降蒙逊，梁中庸再率所有部众投降。段业带着几百名禁军侍卫急忙逃回张掖，田昂的侄子田承爱关闭城门，也称自己投降了沮渠蒙逊。这就是众叛亲离的下场啊。

不久，沮渠蒙逊追至，段业的所有侍卫一哄而散，段业被擒。他跪在沮渠蒙逊面前哀求道："我孑然一身在凉州，是被你们沮渠兄弟推举才勉居此位，现在我愿意把国家让给你。请你饶我一命，让我回家与妻子相见。"沮渠蒙逊瞪眼骂道："你杀我堂兄的时候，并不可怜他；现在你要死了，倒要人可怜？"说完，挥手一剑，刺死段业。沮渠蒙逊遂在众人的推举下成为北凉之主。

后秦东征惨败

后秦的姚兴在尹纬的辅佐下，国力日渐强盛。在十六国后期的帝王中，姚兴是较有作为者。他为了巩固统治，注意选才纳谏，又相继采取了一些有利于社会经济、文化发展的措施：百姓因荒乱自卖为奴婢者，一律赦免为良人；简省法令，慎断刑狱，奖励清廉，惩治贪污；设置律学，调集郡县散吏学习法律，郡县疑狱可上送廷尉审理；提倡儒学，允许收徒讲授，长安儒生达一万多人。后秦的势力向东已经到达山西南部的平阳、河南北部的洛阳等地。姚兴看到陇右、河西本来不大的地方分裂成好几个国家，每个国家的国力都比较弱，于是决定统一西部。

姚兴的第一个目标是西秦，他亲率十万大军进攻。西秦军队善于骑射马战，因此打算退出多山的陇西，准备在一马平川的柏阳和侯辰谷（两地均在今甘肃省天水市境内）据守，与后秦决战。但西秦军队在撤退过程中遇到了沙尘暴，乞伏乾归所带的军队误入姚兴的军寨，被姚兴狠狠地痛杀一顿。乞伏乾归带着败兵跑到主将罗敦的营中。罗敦听杀声震天，以为是后秦军到了，风沙中又不辨旗帜，于是带兵出来截住乞伏乾归又是一顿狠揍，乞伏乾归闹不清是怎么回事，见对方猛攻自己，以为是后秦军队拦在了前头，也拼命反抗。姚兴听前面打成一片，便停军等待。等罗敦和乞伏乾归知道误会了，停下来不打了，姚兴又带着后秦军队冲进去拼命砍杀。最后罗敦和乞伏乾归只带着一千多骑兵逃回苑川。

自此一战，西秦兵五万主力尽失，只有大将慕容允还有两万军队在柏阳。乞伏乾归手下诸将都建议凭着这点儿家底再跟后秦决一死战。乞伏乾归说："根据现在的形势，我们再战也只能失败，不如投降，还能保存实力。如果天不亡我，将来说不定还能复国。"后来乞伏乾归果然复国。

乞伏乾归投降了后秦，被姚兴任命为河州刺史、归义侯，仍然让他率旧部镇守苑川。这时后秦的目标又转向了凉州。西凉国李暠、北凉国沮渠蒙逊、南凉国秃发利鹿孤为了让姚兴不打自己，都派使臣向姚兴称臣，并且一致说后凉的坏话，称后凉内部不团结，兄弟之间杀来杀去，老百姓也不得安宁，正是攻取后凉的好时机。于是姚兴派姚硕德为帅，率军六万进攻后凉姑臧，乞伏乾归率一万骑兵助战。

后凉吕隆的两个弟弟吕超、吕邈举倾国之兵出战。其实后凉也只剩下姑臧、昌松、番禾三郡了，举国之兵也没多少。两军在姑臧城下决战，后凉军大败，吕邈被擒，吕隆和吕超带败军回城。由于姑臧经过几代人数十年经营，城高墙厚，战略物资储备也丰富，后秦军围城四个多月，不能破城。后秦主帅姚硕德很是郁闷，幸好后凉将军姜纪投降，并向姚硕德献策说："吕隆孤城无援，早晚要耗尽储备。您把粮草堆成山一样高，再在城周围盖房子，开垦田地，就好像在城外永远住下去一样。吕隆肯定害怕，不久就会投降。"姚硕德依计而行，吕隆果然害怕；再加上当时吕隆的叔父、巴西公吕佗也带着东苑两万五千兵出城投降了，吕隆终于下了决心出城请降。姚兴命吕隆为镇西大将军、凉州刺史、建康公，仍然镇守姑臧。但姜纪对姚硕德道："吕隆虽然降了，只是文降，手里仍有兵权，将来有一天恐怕会找机会反叛。"于是姚硕德向姚兴请示后，任命姜纪为武威太守，配骑兵三千，在晏然（治所在今甘肃省武威市西北）驻兵；又以焦朗为魏安（治所在今甘肃省武威市东南）太守，并把除吕隆外的所有吕族子弟及文武旧臣全部迁到长安为人质。至此，南凉、北凉和西凉向后秦称臣，西秦和后凉被后秦攻灭，吐谷浑和后仇池也向后秦称藩。后秦遂统一西部。

这时北魏和后秦发生了矛盾。拓跋鲜卑有个风俗：凡立皇后，必须先铸金人像，如果金像成，才能册立此人为皇后。拓跋珪先娶刘库仁弟弟刘头眷的女儿，夫妻两人相处得非常好，生儿子为拓跋嗣。后来攻下中山城后，拓跋珪得到慕容宝的小女儿慕容氏，因慕容氏年轻貌美，拓跋珪也很喜欢她。北魏天兴三年（400）三月，拓跋珪要册立皇后，于是按照风俗，为刘氏和慕容氏分别铸金人像，结果慕容氏的金像成了，而刘氏的没有成，所以立慕容氏为皇后。后来，拓跋珪又听说后秦姚兴的女儿美貌，遂派北部大人贺狄干献给后秦一千匹良马作为聘礼向姚兴求婚。姚兴问贺狄干："拓跋珪立了皇后没有？"贺狄干回答："已经立慕容氏为后。"

姚兴听了很生气："既然拓跋珪已经立了皇后，又来求婚做什么？难道让朕的女儿给他做小老婆吗？"于是，姚兴不但不答应这门婚事，还把贺狄干给关起来了。

拓跋珪大怒，于是派常山王拓跋遵率军五万，去攻打后秦的高平（今宁夏固原市）和朔方（今陕西省延安市）。镇守这两个地方的是刘卫辰的儿子刘勃勃。当年拓跋珪攻灭刘卫辰，把刘卫辰的全家都杀了，只有刘勃勃一个人逃出。刘勃勃先投奔薛干部落，拓跋珪让薛干部落的首领太悉伏交人，太悉伏拒绝，拓跋珪就把薛干部落灭了，杀了太悉伏。刘勃勃遂又逃到后秦的高平川，投奔高平公没弈干（别称没奕于、木易干）。没弈干很喜欢刘勃勃，把自己的女儿许配给他，又将他引荐给姚兴。姚兴和刘勃勃谈了谈，觉得这个人很有才，于是任命他为骁骑将军，加奉车都尉，并让他参与军国大政。不久又任命刘勃勃为安远将军，派给他三万士兵，帮助没弈干镇守高平。后来又任命刘勃勃为安北将军、五原公，再交给他两万多鲜卑及其他少数民族的部落，兼顾镇守朔方。

没弈干和刘勃勃很快被北魏军打败，损失惨重，两人带着七八千骑兵，迅速向上邽方向退却。拓跋遵一直追到瓦亭（今宁夏回族自治区固原市泾源县大湾乡境内），但是这两个人逃得实在太快了，拓跋遵竟然没能追上，只好带兵回去。拓跋遵回去时把高平和朔方的所有人及物资都带回了北魏，之后又派材官将军和突攻击后秦的豳弗、素古延等部落，派平阳太守贰尘进攻后秦的河东郡。北魏兵所至，连抢带杀，关中的所有城池都不敢轻易开城门。姚兴派他的弟弟、义阳公姚平与尚书右仆射狄伯支两个人率军四万，去反击贰尘。平阳太守贰尘大败，一直被后秦军追到乾壁（今山西省临汾市东南一带）城中，坚守不出。姚平围城六十多天，终于攻破乾壁城。贰尘又逃回平城。

拓跋珪得知乾壁失陷后，便以毗陵王拓跋顺、大将长孙肥率骑兵六万为前锋，亲自统率大军南下。不久，姚平的前锋侦察营与北魏军主力相遇，两百多人几乎全部被北魏军所擒，只有首领越骑校尉唐小方带着几个人杀出重围。唐小方回去后称北魏军兵力很强，建议姚平退过汾河。姚平仍然决定与北魏军决战，结果乾壁城下一战大败，北魏军追入城中。姚平弃守乾壁，向西撤退，这时再想渡过汾河已经来不及了，他只好在汾河东面的柴壁（今山西省临汾市襄汾县西南汾河东岸柴庄）城坚守。

姚兴匆忙集合了四万七千人的部队去救援姚平，但到了汾河西岸容易渡河的较浅之处，看到拓跋珪已经在西岸筑起一道高墙，并在汾河上铺设浮桥，汾河两岸军队可以随时接应。姚兴没办法从此处渡河去救，只能转而绕道汾河南部过河。但这里有一个著名的险要之处叫蒙坑（今山西省临汾市襄汾县、曲沃县交界处），从东面海拔一千一百六十米的乔山一直延伸至汾河岸边的柴壁城，东西绵延一百五十多千米，宽约一千米，相对深度一百米，是一条巨大的黄土冲沟，也是古代兵家必争之天堑重隘。姚兴冒险进入蒙坑，结果遭到北魏军的迎头痛击，损失了数千人也没办法从蒙坑攻出来，只好又退回去。姚兴的大军与姚平相隔虽然不远，却不能相救。

姚兴又想了一个办法，到汾河上游砍树，然后顺流扔下去，想毁掉浮桥。但北魏军用长钩把树干都捞了起来，拿回去生火做饭盖房子。姚兴实在是没有办法，只能安营扎寨，寻找时机。

姚平被困在柴壁城六十多天，最后粮食都吃光了，遂趁夜突围。姚兴此时能做的只有多点几个火把，为对岸的姚平擂鼓助威。姚平突围了几次都没有成功，干脆带着手下大将跳河自杀。拓跋珪的长钩这时候又派上用场了，他们用长钩钩起一个个投水自杀的秦将，竟然一连救了四十名。其余两万多后秦士兵全部投降。

姚兴见姚平的军队已经全军覆没，只得退军蒲阪向北魏求和。但拓跋珪拒绝和谈，带兵进攻蒲阪。姚兴一方面固守城池，另一方面请北方的柔然出兵救援。

柔然当年被拓跋珪击败后，一度向北魏称臣，到了郁久闾社仑做部落首领的时候，进行了大规模军事改革，在军队纪律、训练、建制、战术等方面取得了飞跃式的进步。因此柔然迅速崛起，不但取得独立，而且制服高车族等其他民族，国界西至焉耆，东与朝鲜接壤，南到大漠。郁久闾社仑自称"丘豆伐可汗"。郁久闾社仑一直与后秦有战略联盟关系，所以后秦求救，柔然便派兵占领参合陂，一路南下。拓跋珪只得放弃继续进攻后秦的计划，退兵向北去战郁久闾社仑。郁久间社仑见北魏军从后秦撤军，自己的战略目的已经达到，也撤兵回去。

后秦刚度过了东边的危机，西边又有人反叛。后凉的吕隆得知后秦被魏军打败后，起兵反叛。他先派吕超去攻打晏然城，不过姜纪早就防着吕隆反叛，早把晏然城好好地重修了一遍，又藏了许多粮食。吕超打了好几天也打不下来，于是又去打焦朗。焦朗则向南凉王秃发傉檀请求支援。这时南凉的秃发利鹿孤已死，秃发傉檀嗣位，迁都于乐都。秃发傉檀早就想占姑臧了，有人请兵当然求之不得，立刻带兵去打吕隆镇守的姑臧，北凉的沮渠蒙逊也想在后凉占个便宜，于是也请求进兵姑臧。吕隆没有占着任何便宜，反被南凉、北凉、姜纪和焦朗围起来痛殴。吕隆和吕超在姑臧关起城门，不敢出战。但这哥俩光想着打人并没有准备好挨打，所以城中没存多少粮，才七八天粮就吃完了，城中的很多百姓都饿死了。吕隆只得派人向长安求援，他对姚兴说："您要是不来，我这里就是北凉和南凉的领土了。"

姚兴派尚书左仆射齐难、镇西将军姚诘、左贤王乞伏乾归、镇远将军赵曜等人率四万人马去救姑臧。南凉和北凉见后秦兵来了，立刻撤军。吕隆赶紧上去诉苦，说自己对后秦如何忠心。齐难等人入城后，按照姚兴的安排，任命司马王尚代理凉州刺史，带兵三千镇守姑臧，然后把吕隆、吕超全家以及姑臧城中没有饿死的百姓一万多户全部迁到长安。吕隆一下子愣住了，齐难解释说："这里很危险，你看你总是被欺负，过得太不容易了。圣上很关心你，派我们来接你去长安过好日子。"吕隆也知道是怎么回事，只好随军入长安。姚兴封吕隆为散骑常侍，任命吕超为安定太守。后凉就此彻底灭亡。

这时，南燕慕容备德已经七十岁了，立太子的问题越来越紧迫。但慕容备德不但没有儿子，连亲侄子都没有一个，一直在为这件事发愁。当慕容备德在前秦当官时的下属赵融来山东看他时，慕容备德和赵融谈起这件事，赵融突然说道："你还有个亲侄子活着呢。"

原来慕容备德随慕容垂在山东起兵反秦时，前秦把慕容备德全家都杀了，只有两个人没有死，一个是他的兄弟、北海王慕容备德的母亲公孙氏，因为已经快八十岁了，因此被赦免，还有一个是他的兄弟、北海王慕容纳的妻子段氏。段氏在狱中的时候，正好有一个叫呼延平的狱吏是慕容备德以前的心腹故吏。这个人看段氏怀孕，便将段氏救出，以给慕容家留个后。呼延平带着公孙氏和段氏逃到羌人部落中隐居。不久段氏生下儿子，取名慕容超。慕容超十岁时，奶奶公孙氏患重病，临死的时候，她拿出慕容备德的金刀传给慕容超。呼延平后来又带着段氏母子入后凉，吕隆降秦后，又迁入长安。呼延平死后，慕容超娶妻成家在长安定居。后来有人传说慕容超是慕容备德的侄子，慕容超很害怕，于是装疯卖傻，靠讨饭为生，长安人称作"贱丐"。东平公姚绍还是不放心，向姚兴建议给慕容超一个小官做，把他监视起来。姚兴遂派人叫慕容超上殿，与慕容超聊了一会儿天。慕容超故意胡说八道，答非所问。姚兴于是让人放慕容超回去，也不再管他。

慕容备德听说这件事后，赶紧派人化装成客商去长安把慕容超悄悄接回来。叔侄二人见面，慕容备德看了信物，又见慕容超长得十分英俊，身材高大，越看越喜欢，毕竟慕容备德也是七十岁的人了，一个亲戚都没有，突然有了一个亲侄子，高兴得不得了。他马上封慕容超为北海王，拜侍中、骠骑大将军、司隶校尉，又精心为他选来老师、助手。数月后即立慕容超为太子。405年，慕容备德病亡，慕容超继位。

慕容超继位后，派人去后秦接自己的母亲。这时姚兴已经把慕容超的母亲和妻子给软禁起来。慕容超只好派使臣去求姚兴放人。姚兴说放人可以，但南燕要向后秦称藩。慕容超思母心切，便去帝号向后秦称藩。姚兴很高兴，遂归还慕容超的母亲和妻子，并赠送厚礼。慕容超接到母亲和妻子后，尊母亲段氏为王太后，妻呼延氏为王后。

后燕慕容盛杀兰汗继帝位后，或许是因经历了艰险和阴谋，他变得很爱猜忌别人，因此经常杀戮大臣宗亲，弄得人人自危。左将军慕容国与殿上将军秦舆、段赞等人担心有一天灾祸也会降临到自己头上，于是密谋暗杀慕容盛。慕容盛知道后带人去抓三人，三人提前发动兵变。401年，双方在京都龙城打了一仗，慕容国、秦舆、段赞等叛乱者都被杀死，但慕容盛本人也身受重伤，很快死掉了，时年二十九岁，在位三年。同年，慕容垂的小儿子、慕容盛最小的弟弟慕容熙继承了帝位。

本来大家要拥立慕容盛的弟弟慕容元继位，但慕容熙最受慕容盛之母丁太后的宠爱。在丁太后的操纵下，慕容元被赐死，慕容熙继位。第二年，慕容熙娶已故中山尹苻谟的两个女儿苻娀娥和苻训英入宫，分别封为贵人和贵嫔。慕容熙非常宠爱苻氏姐妹，因此兴筑宫殿，游玩打猎。苻娀娥生病，有人表示可以治愈，结果苻娀娥去世，慕容熙遂将此人肢解后焚烧。为了给苻家姐妹造宫殿，慕容熙广征民夫，累死一万多人。丁太后管教不住自己的这个儿子，这才心生悔恨，遂打算废掉慕容熙，事情泄露后，丁太后反被慕容熙所杀。

杀掉丁太后以后，慕容熙封苻训英为皇后，慕容熙与苻后玩乐更不知节制。光始五年（405），后燕攻高句丽辽东城（今辽宁省辽阳市），原本城将攻陷，慕容熙只为了要与苻后一同坐辇车进城，因而命军暂缓登城，以致延误战机，不能攻下辽东。次年（406），后燕攻契丹未果而回师，又因苻后想要观战而临时抛弃辎重转而偷袭高句丽，致士卒马匹，疲累寒冷，沿路死亡不可计数。苻后这个人吃东西也很奇怪，夏天想要吃冻鱼，冬天要吃生地黄，官员也屡因不能取得而被斩首。建始元年（407），苻后去世，慕容熙痛不欲生，竟命人检查百官有无哭泣，规定未哭者给予处罚，群臣只好口含辣物以刺激流泪。慕容熙又赐死高阳王慕容隆的王妃让其殉葬，以致有大臣唯恐突然受命殉葬，每天都洗好澡来等待命令。此外，慕容熙还规定家家户户都要参与建造苻后陵墓的工程，使得国家财政消耗殆尽。苻皇后出殡的时候，因为丧车过于高大，出不了城，慕容熙竟命人把城池的北门拆掉。慕容熙没有想到的是，苻皇后下葬之日，也是他完蛋之时。

前文曾经提到一个叫高云的人。当后燕惠愍皇帝慕容宝跑到幽州投奔大儿子慕容会、反被慕容会追杀时，是慕容盛的部将高云诈降慕容会，将慕容会杀死，收服了慕容会的叛军，立下大功。慕容宝见高云十分英武，特别喜爱，遂把高云收为养子，赐姓慕容，封夕阳公。

慕容熙给苻皇后操办丧事的时候，一个因罪逃跑在外的中卫将军冯跋和他的弟弟侍御郎冯素弗潜回龙城，纠结好朋友左卫将军张兴等二十多名将领，劝说夕阳公慕容云造反。慕容云被说动后，便带人占领龙城，把城门给关了。

慕容熙下葬完苻皇后，一看回不去了，便带城外的士兵去攻龙城。但慕容熙无德无威，士兵们一听有人造反，都很高兴，一哄而散。慕容熙只好自个儿跑了，但第二天就被抓获。慕容云把慕容熙的罪状一条一条说出来，然后把慕容熙全家都杀了。后燕就此灭亡，时年407年。慕容熙死时二十三岁，在位七年。慕容云即天王位，改回自己的高氏，还叫高云，国号仍称为燕，史称北燕。

第十四章 东晋的权杖

争权

　　淝水之战后，东晋除了向北扩张外，内部一直没有战事和叛乱，在这样和平的环境中，桓冲、谢安、谢玄相继老病而亡，晋孝武帝司马曜和前几任东晋皇帝相比幸福很多，再没有权臣把持朝政，也没有了来自北方的威胁。司马曜本可以放开手脚，在政治领域上大干一番，但他对经营国家并不感兴趣，而是把朝政交给自己的同母弟司马道子管理，任命司马道子为司徒、扬州刺史、录尚书六条事，自己每天和张贵人一起喝酒玩乐。司马道子和他的哥哥一样也喜欢玩，于是也把朝政扔到一边，每天和晋孝武帝一起唱歌跳舞，喝酒游戏。国政从此荒废。

　　司马道子还很迷信佛教，对和尚尼姑很是宠信，并给他们很大的权力，结果朝廷里进进出出的都是些尼姑和尚。这让司马曜有些不高兴。司马道子仗着自己把持朝政日久，对司马曜也不太尊重，司马曜便对这个弟弟有了成见。后来司马道子竟然煽动朝臣给自己假黄钺，加殊礼，司马曜当时就骂司马道子："假黄钺、加殊礼是当年周成王年幼的时候，靠周公辅政，所以才加给周公的礼仪。现在我正当壮年，你还要当周公吗？"骂完之后，他任命中书令王恭为兖、青二州刺史，镇守京口，统领北府（东晋建都建康，军府设在建康之北的广陵，故称军府为北府）；以黄门郎殷仲堪为荆州刺史，镇守江陵。用这两个人来压制司马道子。

　　晋太元二十一年（396）七月，孝武帝司马曜又在后宫大宴嫔妃，喝完酒后，由张贵人陪着回到清暑殿。司马曜还要与张贵人对饮，因为已经喝了很多酒，任司马曜怎么说张贵人也不肯再饮。司马曜沉下脸道："你今天如敢违抗君命，拒不陪饮，朕可要定你的罪！"张贵人平时也被娇宠惯了，听了此话便顶撞说："妾偏偏不饮，看陛下定我什么罪！"

司马曜毕竟是皇帝，被张贵人顶撞后心头火起，借着酒劲冷笑道："你用不着嘴硬，你已经年近三十，应该废黜了。我有的是年轻貌美的佳人来代替你。"说到这里，又是一阵呕吐，左右慌忙将他扶入卧室，司马曜昏睡过去。

张贵人自从得宠以来，恃宠生娇，从来没有受过如此训斥、羞辱，她又嫉妒成性，平日最担心司马曜再宠爱别人，废弃自己。想到自己容貌将衰，司马曜竟然厌弃自己，张贵人又气又恨，顿起杀心。她洗脸换衣后，招来心腹宫女，命令她谋害司马曜。宫女不敢答应，她威胁道："你已经知道了这件事，就算你不从我，难道我能饶得了你吗？我必先杀掉你，再灭掉你家全族！"这个宫女只好和张贵人一齐用被子蒙住司马曜的口鼻，将司马曜闷死。司马曜堂堂一个大国皇帝，竟因为和爱妃吵了几句就被爱妃闷死，真是死得窝囊。更窝囊的是，张贵人处理完现场，然后哭哭啼啼报说司马曜饮酒过度，梦魇而亡。大家都知道司马曜是个酒鬼，而执掌朝权的司马道子也乐得司马曜早点死掉，这个故意杀人案竟然也没有人仔细去查，就这样草草地蒙混过去了。

司马曜死后，太子司马德宗继位。司马曜有两个儿子，都是陈淑媛所生。长子就是司马德宗，次子为琅琊王司马德文。司马德宗再一次把司马氏家族的弱势基因给显露出来——他从小就说不了话，不辨寒暑，不知饥饱，连饮食起居都不能自理，还不如当年的晋惠帝司马衷。司马衷也就是智力低下，而司马德宗应当算作白痴。幸亏白痴皇帝有个对他很好的弟弟司马德文。司马德文性格善良，非常照顾他的白痴哥哥，因此，司马德宗过得还算是不错。

司马道子这一回得到了假黄钺、加殊礼的礼仪，继续摄政，执掌朝权。他又安排自己的亲信王国宝为尚书左仆射，加授后将军、丹阳尹，统领东宫禁军；同时安排王国宝的堂弟王绪为建威将军。这三个人贪污受贿，腐败浪费，大搞特权，比司马曜在世时张狂许多倍。

兖、青二州刺史王恭打算发动政变除掉这三个人，他和王导的孙子尚书令王珣商量时，王珣说："先帝刚刚死去不久，他们的罪行也才开始，还没有到砍脑袋的地步，你现在行动还有点早。再说你带兵去攻京城，人家都要说是你叛乱。我看不如等到人们把三个人的罪行都看清楚，人神共愤的时候，你再发兵除之，一定会深得人心。"

王恭这才暂时作罢。到了这年（396）十月，为孝武帝司马曜下葬以后，司马道子想和王恭拉关系，亲自为王恭送行。王恭教训他说："你现在在守丧期间，又是丞相，应当起到表率作用，任用忠臣，远离小人，维护国家尊严。不要每天只知道吃喝玩乐，贪图享受！"

司马道子听了很不高兴，回去跟王国宝说："王恭这个人太可恶了，每回和我谈及国家大事，总是板起脸来教训我，我实在是受不了！不除此人，我心里不舒服。"

王国宝便和堂弟王绪带禁军去追杀王恭。王恭正往回走，忽听得后面人喊马嘶、尘烟四起，知道这是有人要杀自己，急忙从小路逃走。他一回到京口，便整顿兵马，并派人去江陵邀殷仲堪一起发兵征讨王国宝。

殷仲堪对这件事很犹豫。桓温的小儿子桓玄来访殷仲堪，他极力鼓动殷仲堪起兵。桓玄是个很有能力的人，他原本想在朝中混个出身，但一方面他父亲的名声不好，影响他的仕途，另一方面司马道子很看不起他，处处压制他。虽然官场上有很多人帮桓玄的忙，但桓玄始终郁郁不得志，只能做一些中下级官职。后来他干脆辞去官职，回到江陵。桓家在江陵的根基很深，颇有威望，因此桓玄在这个地方做地头蛇还是很吃得开，就是殷仲堪也得让他五六分。桓玄听说要反司马道子，当然很高兴，极力怂恿道："王国宝等人和你是死对头，早就想除去你。现在你不反他，将来他把你调回朝中，你不是只能束手就擒？如果你同意和王恭东西两路齐攻京城，我愿率我的手下为你做先锋！"殷仲堪遂下决心起兵。

王恭和殷仲堪以讨伐王国宝的名义进军京城。王国宝派王绪去竹里（今江苏省句容市北）拒敌，但很快被王恭的前锋刘牢之（就是淝水之战时被谢玄保举为先锋的那位）部队打败，王绪逃回京城。王恭进逼京城，司马道子非常害怕，于是把自己的两个卖命心腹王国宝和王绪都杀了，然后写了一份极为深刻的检查，派人送给王恭，请他退兵。

王恭一看这两个仇人都死掉了，司马道子也服软了，于是收兵回到京口。殷仲堪这时带兵刚刚到了巴陵（今湖南省岳阳市），得知王恭已经把事情搞定了，也带兵回江陵。

经历过这件事以后，司马道子深深地感觉到手中掌握几千名禁军是干不成什么事的，要想大权在握，必须手握重兵。于是他听从司马尚之、司马休之兄弟的建议，又任命王国宝的异母兄王愉为江州刺史，都督江州及豫州等四郡军事。司马道子此举让豫州刺史庾楷很不高兴，他见司马道子要夺自己兵权，便派人向王恭诉苦说："司马道子这是要削弱藩镇的权力，现在应当趁着他还没有对你下手，赶紧想办法对付他。"

王恭于是又约殷仲堪、桓玄出兵。刘牢之则劝王恭道："司马道子的这个任命，虽说是有失公允，也不算大过错；而且削的是庾楷的兵权，与你并没有损害，你何必再次起兵。"

王恭没听刘牢之的，再次起兵。这次声讨的对象是王愉、司马尚之、司马休之。

司马道子听说王恭和殷仲堪又带兵来了，又急又怕："看来这回只有等死了。"

司马道子的儿子司马元显表示愿意出战。司马元显当时只有十七岁，司马道子问他道："北府兵天下闻名，刘牢之又是名将，你一个小孩也敢说大话？"

司马元显道："王恭这个人恃才傲物，并不重用刘牢之。以刘牢之之才，怎甘屈居其下？两人必有矛盾。父亲只要给刘牢之写一封亲笔信，向他许诺：如果阵前反戈，除去王恭，便把王恭的官职爵号全给他。我再派一个能言善道的人送这封信，不信刘牢之不反。只要刘牢之反了，王恭必败。"

司马道子觉得这个计策相当不错，于是派司马元显为征讨大都督，率军去竹里拒敌；任命司马尚之为豫州刺史，去守石头城，对付庾楷。

司马元显到竹里后，立刻派庐江太守高素拿着司马道子的亲笔信去劝降刘牢之。高素原来也是北府军旧将，和刘牢之是战友，他来到营中先不说劝降的事，却对刘牢之说："现在朝廷虽然算不上好朝廷，但也没到周幽王、周厉王的地步吧？王恭是受过先帝大恩的，又是当今皇帝的舅舅。他两次带兵来京，这是对皇室的侮辱和轻慢。我看此人将来必有称帝之心，你要是继续跟着他混，那你将来就是附逆之臣。想将军当年赫赫有名，为天下名将，连史册都把你记在功臣传中，而今却要毁于一旦，真让我痛心啊！"

这些话正说中刘牢之的心事，他也叹气道："我哪里是心甘情愿啊！只是我屡次劝谏王恭,他不听我的,你说怎么办?"

高素道:"你劝他,他不听,你就当讨伐他。你这叫作讨逆,是不世之功啊!"

刘牢之想了想道:"我不忍心去讨伐我的老上级,这样吧,我离开他总行吧。"

高素听刘牢之说到这个地步,知道时机到了,把司马道子的信拿出来给他看。

刘牢之一看,有点儿动心了,又说:"恐天下人说我无情无义。"

高素知道刘牢之已经同意反攻王恭,只是怕人说闲话,劝道:"你和他是亲生骨肉吗?你和他是君臣吗?不过一起共过事罢了。既然人各有志,今天讨伐他又有何不可?"

刘牢之听罢,奋然而起道:"好!我今天就去讨逆!"他当即率部众投降司马元显,然后以儿子刘敬宣为前锋,率众杀回京口。

王恭这时刚从京口城内出发,不及防备,被刘敬宣杀得大败。王恭想回城固守,守城的却是刘牢之的女婿、东莞太守高雅之,高雅之早把城门关闭,不让王恭进城。王恭于是绕城而逃,手下部队全被刘敬宣杀散,最后王恭一个人逃到曲阿(今江苏省丹阳市),在老部下殷确的帮助下打算乘船逃奔桓玄。但行至长塘湖(今江苏省常州市长荡湖)的时候,王恭被巡逻兵擒获,押送到京师被斩,他所有的家族成员及党羽全部被处死。司马道子把王恭的所有职位和封号全封给了刘牢之,又命刘牢之进攻殷仲堪的部队。

之前殷仲堪、桓玄和殷仲堪的司马、堂邑太守杨佺期率军在湓口(湓水入江之处,又称湓城,唐初改名浔阳,在今江西省九江市)击败江州刺史王愉,王愉逃到临川(今江西省抚州市)。殷仲堪继续进军到牛渚(今安徽省马鞍山市采石镇),正遇到庾楷和司马尚之大战,殷军助战,司马尚之大败,逃回石头城。

殷军和庾军联兵来到石头城下。这时传来消息,刘牢之阵前反戈,已经击败王恭军队。司马元显也带兵回到石头城,刘牢之正率北府兵驰援京师,已经进军到新亭。桓玄和杨佺期都有些担心。这时桓冲的儿子、左卫将军桓修向司马道子献计,请司马道子再封赏桓玄和杨佺期二人,让二人退兵。司马道子于是上表后任命桓玄为江州刺史,杨佺期为雍州刺史。两个人一下子成了封疆大吏,都很高兴,不愿意再冒风险,于是劝说殷仲堪罢兵。殷仲堪见王恭败了，桓、杨二军也要回去，他也只得带兵退回江陵。桓玄、杨佺期则分别带兵分赴武昌、襄阳上任。庾楷则被降为武昌太守，他虽然心里很不服气，但现在只剩下了自己一支队伍，如果继续打下去肯定会败，也只得罢兵，听任安排。

司马元显因军功被升为中领军（掌管所有的禁卫军，算是京城卫戍部队总司令）。司马道子身体有病，又不愿意管理朝政，而且两次兵变都是由他而起，加上这个人贪污腐化，所以很不得人心。司马元显趁此机会向白痴皇上的亲弟弟司马德文请求接替父亲，并向朝臣们施加压力，最终如愿得到了父亲司马道子的职务，并担任扬州刺史。司马道子虽然很恋权，但由于政声太坏，没有威望，权力尽失，也只好由儿子去了。

司马元显在朝廷中安插亲信，并重用庐江太守会稽人张法顺。张法顺向司马元显建议说："现在荆州兵、北府兵都很厉害，人家只要来打，凭京师这点儿禁军肯定打不过。一旦再有王恭这样的人反叛，我们还是要吃亏。应当招募新军，扩大您手中的兵力。"司马元显于是在三吴八郡强制征兵。

在王恭第二次进军京师的时候，钱塘"五斗米道"的首领杜子恭的徒弟孙泰，以替朝廷征讨王恭为名，私下里招兵买马，储备钱粮，准备造反。司马元显后来将计就计，以征讨王恭有功要封赏孙泰的名义，把孙泰诱入京中，斩首示众，并把孙泰的六个儿子全杀掉。孙泰的徒弟孙恩、卢循率一百多个死党东逃入海，藏在海岛上。等司马元显在三吴征兵的时候，孙恩和卢循趁着人心骚动、对征兵不满，上岸后召集了五斗米道的八千信徒，攻入上虞（今浙江省绍兴市上虞区），杀死上虞令，然后声讨司马元显父子的罪行。这一号召颇得人心，投奔来的老百姓达到十多万。

孙恩又带兵攻打会稽。会稽内史王凝之是王羲之的二儿子，这个人没什么本事，孙恩来攻的时候，他竟然作法请天兵天将。结果会稽很快被攻破，王凝之连逃都来不及，被孙恩的士兵杀死在法坛之上。孙恩很快占领了会稽、吴郡、吴兴、义兴、临海、永嘉、东阳、新安等三吴八郡，聚兵二十多万，官军望风而逃。孙恩遂于会稽自称征东将军，号义军为"长生人"。

孙恩的势力发展得这么快离不开大量士族豪强的私下支持。朝廷征"免奴为客"者（指本身或父祖是奴隶，但已放免为佃客的壮丁）当兵，这些人很不愿意应征当兵；同时征这部分人，对其佃主也是损失，从而引起世家大族对朝廷的不满，他们都想给朝廷一个教训，所以孙恩率五斗米道众取得一两次胜利后，便立刻在经济上和兵源上得到迅速补充。

司马元显急忙派卫将军谢琰、镇北将军刘牢之率兵镇压。刘牢之的北府兵战斗力极强，一路连胜，一直杀到钱塘。在钱塘为寻找敌军主力，刘牢之派参军刘裕率几十名骑兵去侦察敌情。刘裕在侦察完毕回来时和孙恩的三千军队遭遇，再逃已经来不及了，刘裕干脆大喝道："贼众我寡，逃是逃不走了，不如死战！"遂第一个举起长刀，杀入敌阵，随行骑兵一齐冲杀，大多战死。刘裕在战斗中跌到河中，孙恩的士兵下河去捉，刘裕站在河中举刀反抗，竟然又力劈数人，敌人不能走近。这时刘牢之的儿子刘敬宣带兵赶来，见刘裕一人独斗千军，不由赞叹道："真是神将啊！"刘敬宣带兵击败敌军，将刘裕救回。刘裕回去后把敌方的情报讲得清清楚楚，刘牢之不由对此人刮目相看。

刘裕，字德舆，小名叫作寄奴，是汉高祖刘邦之弟、楚王刘交的第二十二世孙。刘交被刘邦封为楚王后，以彭城为都，因此刘交的子孙后裔都在彭城及周围繁衍生息。到刘裕曾祖刘混的时候，因为西晋永嘉之乱（即永嘉五年，匈奴兵攻陷西晋京师洛阳，俘虏晋怀帝，烧洛阳城，杀王公士民三万余人），刘混带全家人南迁至丹徒（今江苏省镇江市丹徒区）京口里。刘裕的祖父刘靖曾做过东安太守，他的父亲刘翘只做到郡功曹（就是郡守手下的办事人员）。刘裕出生的时候母亲难产而死，刘翘认为此儿不祥，又因为家里穷得叮当响，便想把刘裕给扔了，但刘裕的姨母断了自己儿子刘怀敬的奶来喂养刘裕，刘裕才活下来。刘翘后来娶兰陵萧氏为继室，又生了两个儿子分别是刘道规与刘道怜。不久，刘翘病死，家里更穷，三兄弟全部由萧氏拉扯大。刘裕长大后不喜欢读书，却十分喜欢武艺，骑马、射箭、使刀都玩得很好，力气也很大，但这些都不能当饭吃，他平时便以种地为生，农闲时则卖鞋。

刘裕十分孝顺，对继母也毕恭毕敬，但因为家里实在是太穷了，快四十了也没有找到媳妇。刘裕又很喜欢赌钱，欠下赌债不能还时，曾被尚书令刁协的孙子刁逵绑在马桩上示众。正好王导的孙子王谧路过，见刘裕有成大器的面相，便替他还了赌债，并且时常资助他。王谧还经常对别人说："从刘寄奴的面相和骨骼上来看，他一定会成为一代英雄，你们不要慢待他。"别人听了，都把这话当成是笑话。

孙恩造反的时候，镇北将军刘牢之招兵平叛，刘裕便去投军。刘牢之见了刘裕，也很喜欢他，让他练几下看看，发现刘裕武艺果然不错；又和他谈了谈打仗行兵的事，刘裕也说得头头是道。于是，刘牢之破格提拔刘裕为参军。

通过刘裕的情报，刘牢之在钱塘江的西面寻找到孙恩的主力军，很快击败孙恩，孙恩撤到钱塘江东岸继续据守。这时谢琰的另一支军队已经收复了义兴、吴兴诸郡，分出一支兵马由司马高素（就是劝说刘牢之起义反王恭的那个人）率领来帮助刘牢之。高素领一支兵马从孙恩背后袭击。孙恩急忙回击，刘牢之趁势攻过河去，与高素合击孙恩。孙恩大败，逃回到会稽固守。

刘牢之于是命令高素率本部开往余姚，断孙恩后路，自己率其余军队全力进攻会稽。孙恩和卢循知道孤城难守，便弃城逃回海岛。三吴叛乱遂平定。

桓玄称帝

刘牢之回军京口，谢琰则被任命为会稽太守，戍守沿海，以防备孙恩再次上岸。司马元显被封为中军将军、录尚书事，一时成为朝中权臣。司马元显也是个贪财之人，利用权力四处经营，很快成为豪富之户。他又掌握着百官的升迁贬降，百官都对他十分恭敬，甚至公卿以下的官员见到司马元显都要行叩拜大礼。司马元显既奢侈贪利，又骄横跋扈，东晋朝政并没有比他父亲掌权时好多少。

再说谢琰镇守会稽时，武备松弛，对孙恩并不加防范，有人建议他好好整练队伍，加强工事，巩固海防。谢琰笑道："孙恩不过是个海盗，败逃入海，如果他再敢上岸，那是自寻死路。"

不久，孙恩率众登陆，由浃口（今浙江省宁波市东）攻入余姚，又攻破上虞，乘胜进军会稽。众将请出兵设伏，伏击孙恩。谢琰道："和这些乌合之众打仗，还用费脑子想这么多计谋吗？"于是只让将士留在城中等待，一直等到孙恩兵临城下后，谢琰才带兵出击孙恩的军队，孙恩大败而逃。谢琰带兵一路掩杀，孙恩军队中许多来不及登船的人都被杀死在岸边。孙恩带另一支军队从一条塘路逃跑，谢琰沿塘路追击。但谢琰事先没有调查过地形，并不知道这条塘路是越走越窄,结果前面的军队挤成一团,后面的军队又收不住脚,前挤后推,挤作一团,甚至时有官兵落水。孙恩一些已经上了船的军队本来正准备逃跑,见了这情况后便把船开回来,直开到塘路两侧,向谢琰的军队射箭,其中被挤在中间的官军无路可逃,大多中箭而亡。谢琰带残兵撤退。逃跑的孙恩又转回头来追,谢琰一直逃到千秋亭,被孙恩的部将张猛赶上,谢琰不敌,于乱军中被杀,他的两个儿子谢肇和谢峻也都战死,手下部队全部被打散。孙恩再一次占据会稽。

司马元显急派冠军将军桓不才、辅国将军孙无终、宁朔将军高雅之三路去攻会稽。三路军马很快被孙恩打败。司马元显只好再一次派刘牢之率北府兵进攻会稽。孙恩一听刘牢之来了,不敢迎战,放弃会稽,乘船退回海中。

刘牢之得知孙恩弃守,冷笑道:"孙恩一定不会罢休,他肯定是去进攻海盐,海盐空虚,必须尽快去救!"当下拨给刘裕骑兵一千,日夜兼程赶到海盐。

刘牢之不愧为东晋名将,事实正如他预料的一样,海盐令鲍陋刚把援军刘裕迎进城来,孙恩已经带兵来到城下。刘裕命令所有军队藏匿在城中,城门大开,派一些士兵化装成百姓,向孙恩的军队说鲍陋知道城不能守,已经弃城逃了。孙恩认为鲍陋这支弱旅逃跑并不奇怪,但他没有想到北府军会来,于是毫无戒心地带兵入城。孙恩刚入城,便被刘裕的军队乱箭狂射了一通,又被骑兵来回冲杀,被打得晕头转向,赶紧退出城去,但士兵已损十之二三。刘裕带兵追出来继续冲杀,孙恩的军队根本就没想到北府军来得这么快,无心恋战,落荒而逃,再次退入海中。刘裕知道自己兵少,刚才是杀了孙恩军队一个措手不及,所以才打了胜仗,于是并不追赶,而是赶紧回城加固城防。

孙恩见海盐也有北府军防守,不敢再进攻这里,可是又不甘心就此回到海岛,于是继续北上进攻沪渎(今黄浦江下游)。这一次他攻下了沪渎,并把镇守沪渎的吴国内史袁崧杀死。孙恩以沪渎为根据地,招募士兵,打造兵器,很快就拥有了十多万大军,以及一千多艘船只。然后他由沪渎逆江而上,杀向建康。

刘牢之因为离得太远,追之不及,便下令北部的刘裕带着他的一千骑兵飞速去援京城。

孙恩的先锋军队在丹徒上岸，刚刚攻下丹徒，刘裕的军队就赶到了。两军在丹徒决战，孙恩大败。孙恩十分纳闷，北府军怎么会跑得如此之快呢？他赶紧撤军，回攻郁洲（今江苏省连云港市东云台山一带，原来在海中为岛，现已与大陆相连）。这时刘裕已经补充了兵力，率一万精骑驰救郁洲。孙恩在郁洲又被打败后，沿着东南海岸一路南逃，刘裕则在陆地上跟着追，在沪渎、海盐接连大败孙恩。孙恩只好又回到海岛。刘裕又奏请朝廷禁止百姓出海，孙恩因此得不到供给，再没有能力进攻。

再说桓玄成为江州刺史之后，便以始安太守卞范之为心腹谋臣，发展势力。杨佺期知道桓玄有野心，于是决定先灭掉桓玄。他扬言要去北伐后秦，开始集结兵力，并且向儿女亲家殷仲堪请求联兵攻灭桓玄。

殷仲堪担心桓玄一旦被灭后，杨佺期趁机发展势力，成为自己的劲敌，认为还是保持现状为好。所以他一方面劝说杨佺期不要出兵，一方面派堂弟殷遹率兵来荆州北部边境，向杨佺期示威。杨佺期一看殷仲堪这个样子，只好罢兵。

桓玄见杨佺期集结大量军队，扬言要北伐，又突然解散了，同时殷遹也非常奇怪地屯兵在荆州北境，便问卞范之这是怎么回事。

卞范之说："这肯定是杨佺期以北伐为借口，实际是要与殷仲堪联兵袭击你。殷仲堪是个多疑之人，他为了保持三方平衡，所以不但不从，还派兵阻止杨佺期进攻你。"

桓玄于是决定先下手为强。卞范之向他献计说："你也可以扬言要北伐后秦，也给殷仲堪写一封信，请他帮助你进攻杨佺期。殷仲堪肯定故技重施，派重兵反过来援杨佺期。等殷仲堪把主力派出后，你便由江口入长江，乘虚取江陵，占荆州。殷仲堪被你赶走后，杨佺期也终将被你所擒。"桓玄大喜，立刻按卞范之的计策，一面聚齐兵马扬言北伐，一面请殷仲堪共同讨伐杨佺期。

殷仲堪果然中计，立刻告诉杨佺期防范桓玄，同时命令殷遹再率主力军，驻扎在荆州北境。桓玄留卞范之、庾楷守武昌，自己带着郭铨、苻宏二将逆江西上，先攻取巴陵，夺得荆州储备粮草。殷仲堪这才明白过来，急忙让殷遹带兵回来。殷遹在回来的路上遭到桓玄的伏击，大败而逃。桓玄乘胜又攻占零口（今湖北省荆州市江陵县西南），这时离江陵只有一百多里。殷仲堪急忙请杨佺期来救援。杨佺期道："江陵没有粮食，我派援军助你守城也守不了多长时间，不如你带兵来我这里,咱们共守襄阳吧。"

殷仲堪实在是舍不得放弃自己的地盘,于是骗杨佺期说江陵已经有了许多粮草。杨佺期于是亲率八千骑兵,驰救江陵。等他到了江陵,才知道江陵即将断粮。杨佺期气得大骂殷仲堪,因为无粮不能守城,只好出战,以求速战速决。但桓玄带兵撤退,不给杨佺期决战的机会。杨佺期带兵追击,又中了桓玄的埋伏。杨佺期和儿子杨广拼命杀出重围,在逃往襄阳的路上,正碰上桓玄部将冯该的军队,父子二人被擒。桓玄命人将杨氏父子二人斩首。殷仲堪遂弃守江陵北逃,欲投后秦,在冠军城(今河南省邓州市)又被冯该追上擒获,被逼自杀而亡。

桓玄得了荆、雍二州,遂派人入朝,请求得到荆、江二州。朝廷孱弱,只得下诏以桓玄为都督荆、江、司、雍、秦、梁、益、宁、扬、豫等八郡诸军事,领荆、江二州刺史,又以其兄桓伟为雍州刺史,其侄桓振(桓石虔之子)为淮南太守。到这个时候,东晋三分天下,桓玄已得其二,他也有了进军京城、把持朝政的想法。这个时候,孙恩一路向京师杀来,桓玄便要求带兵去讨孙恩。

司马元显担心桓玄趁机入京把持朝政,不敢答应。但桓玄已经开始集结士兵来京了。司马元显正在着急的时候,刘牢之、司马尚之击败了孙恩,孙恩退回海岛。司马元显赶紧以孙恩已败的理由制止了桓玄进兵。

桓玄因为没能进军京城,恼恨司马元显作梗,便把长江漕运给断了,于是上游的物资不能进入京城。京城附近刚刚经历孙恩之乱,方圆数百里都残破无收,京城得不到补给,人们吃的都是麸皮和橡果。桓玄把司马元显逼到这份上还不罢休,还写信给司马元显,出言讥讽他是昏聩之徒。

司马元显被桓玄逼得没有办法,问张法顺怎么办。

张法顺说:"桓玄刚得到荆州,人心未附。不如趁这个时候以刘牢之为前锋,你亲带大军进攻他,这样胜算会很大。不然等桓玄羽翼丰满了,那时就难胜他了。"司马元显恨透了桓玄,便请下诏书,宣布了桓玄的罪行,讨伐桓玄。司马元显自任骠骑大将军、征讨大都督、都督十八州诸军事,以刘牢之为前锋都督,以司马尚之为后军统领。

大军出发的时候,张法顺对司马元显道:"刘牢之性格反复无常,万一他阵前倒戈,我们将全军大败。现在京城中有很多桓氏的子弟,请您命令刘牢之把他们都杀了,这样刘牢之就不可能投奔桓玄了。如果刘牢之不愿意,说明他还想给自己留反叛的后路,那您就先把刘牢之杀了,再另派别人为先锋将军。"司马元显既舍不得刘牢之,又不愿意让刘牢之去杀桓族子弟,其实还是怕刘牢之不杀桓族子弟,自己下不来台,最后没有听从张法顺的话。

桓玄见司马元显带大军来攻,便打算退守江陵。卞范之说:"司马元显不过是一个乳臭未干的小儿,刘牢之也不过是一个无威无信的战将,如果我们兵至京城,可以打击敌人的信心,握八分胜算。哪儿有请敌入境、自取穷困的道理?"

桓玄于是决定转守为攻。他留桓伟守江陵,抢先发兵,在姑孰驻军,派郭铨、苻宏、冯该等人去攻历阳。苻宏就是苻坚的太子,苻坚死后投奔东晋,现在已成桓玄手下一员猛将。襄城太守司马休之固守城池。桓玄的军队切断洞浦(今安徽省马鞍山市和县西,临长江)道路,焚烧豫州舟舰,收降武都太守杨秋,大败并生擒司马尚之,继而再败司马休之,司马休之弃城逃回京城。桓玄又破豫州,逼近溧洲(今江苏省南京市西南长江中)。

司马元显急令刘牢之出战。刘牢之遂率北府兵进驻溧洲,刚到溧洲不久,就和前来攻城的桓玄前锋军打了一仗。刘裕先带兵出战,击败杨秋军队,杀死杨秋。接着北府军的何无忌、刘毅,冲入桓玄军队中厮杀,桓玄军当即败退。

刘牢之本当乘胜追击,但却收兵回营。刘裕、何无忌、刘毅都向刘牢之请兵去追,刘牢之没有同意。在这关键的时候,刘牢之都放了桓玄一马,说明刘牢之已经有了私心。

桓玄一直退兵到姑孰才敢驻军,因为畏惧北府兵,不敢进兵。正在进退两难的时候,军中从事何穆道:"刘牢之是我的外甥,昨日他打败了你却不追击,其中必有缘故。我愿去他军中,说服他来投降。"桓玄遂派何穆去见刘牢之。

何穆见了刘牢之,说道:"我前日见你阵前大胜,不但不为你庆贺,却为你担忧。所以我冒死前来,和你说说我的肺腑之言。"刘牢之问:"我有什么可担心的?"何穆道:"自古乱世之中,君臣能够和谐相处的只有燕昭王和乐毅、刘玄德和孔明,然而那也是他们大业未成而早逝,如果一统天下之后,难保乐毅和孔明不遭杀身之祸。古语道:'鸟尽弓藏,兔死狗烹。'凡是功高震主、立下不赏之功的勋臣,没有一个能够保全自己的。越国的文种、秦国的白起、汉代的韩信,他们追随的都是明君,可是下场都很惨。何况你现在的主公又是凶残的司马元显。你现在的形势,如果战胜,司马元显会猜忌你,恐怕全家都逃不了死罪;如果战败了,桓玄也不会饶恕你,根本没有全身而退的道理。不如换个主公,倒可以长保富贵。"

刘牢之对桓玄和司马元显两个人都不感冒,但听了何穆的一番话后,他却有了另一番想法:他想先借桓玄的力量除去司马元显父子,然后再伺机除去桓玄,最终自己把持朝政。其实这个小九九,在他打败桓玄时就已经开始在盘算了。

刘牢之按自己盘算好的想法,把自己的将军寨移到岸上,让出水路。刘牢之的儿子刘敬宣劝说父亲道:"现在国家衰弱,危在旦夕,您要让桓玄入京的话,那桓玄就会成为当年的董卓。国家的命运,就掌握在您和桓玄的这次较量当中啊!"

刘牢之道:"我今日取桓玄易如反掌,但平定桓玄之后,我却不能奈何司马元显。"这是刘牢之的心里话,但他并没有掂量自己的威德和地位。刘牢之打仗很在行,但政治上的事情并不是光靠打仗好就能解决的。不管如何,刘牢之已经认定桓玄入京对自己只有好处没有坏处,于是派何穆回去告诉桓玄放心进军,他不会管这件事了。

卞范之听了,对桓玄道:"此是刘牢之欲借你的力量除掉司马元显,但事成之后,恐怕他会反过头来对付你。"桓玄听了,便有了除掉刘牢之的想法。当然,他表面上并不表露出来。第二日,桓玄大军安全通过溧洲,并向刘牢之表示了感谢,然后直到新亭。

司马元显听说刘牢之叛变,桓玄已率大军到了新亭,他急忙驻守城中的国子学堂。桓军到南桁(桥名,又名朱雀桁,在今江苏省南京市南秦淮河上)后,司马元显又退守内城。桓玄军追到后,齐声大喊:"放下武器!"司马元显的军队都很听话,全部扔下武器逃了。司马元显急忙跑回家,这时只有张法顺一个人跟随他,其他人全部跑光。司马道子正喝醉了睡觉,听兵变了,只会坐在床上哭泣,什么办法也没有。很快桓军闯入,将三人拿下,押到新亭。桓玄命令把三个人绑在船头,便要入京杀死皇帝自立。

卞范之阻止他说:"现在京城周围带兵的藩镇将领还是比较强的,刘牢之也在统兵一方等着寻找咱们的不是。民心尚没有厌弃晋朝，如果太快了会出危险。晋文公接纳周襄王，结果使诸侯听从他的命令；魏武帝挟持汉献帝，天下群臣都得归附。您不如学习他们两个，也挟天子以令诸侯，不是很好吗？"

桓玄遂穿着朝服入朝。晋安帝虽是个白痴，但也惊讶地说道："我没有下诏，你怎么来了？"桓玄道："您左右都是獐头鼠目之人，前后都是狼心狗肺之徒，既伤害朝纲，又暴虐百姓，我是来起兵为您诛杀佞臣的。"

晋安帝又问："谁是佞臣？你要如何处置？"

桓玄说司马元显父子、司马尚之兄弟、张法顺等人是佞臣，遂把司马元显、司马尚之、张法顺等人都杀了。司马道子早已是不能视事的酒鬼，这次并没有司马道子什么事。桓玄表面上饶了他，但在把司马道子送往安成郡（治所在今江西省吉安市安福县境内）的途中，还是派人把他毒死了。

在桓玄的安排下，晋安帝以桓玄为丞相、都督中外诸军事、录尚书事、扬州牧，入朝不趋，赞拜不名。桓玄又以桓伟为荆州刺史，桓修为徐、兖二州刺史，其兄桓谦为尚书左仆射，卞范之为丹阳尹，而以刘牢之为会稽内史。从此，桓玄独掌朝廷，但凡沾亲带故，和桓玄能扯上关系的人都来投奔他。桓玄的姐姐是新安太守殷仲文的妻子，殷仲文得知桓玄掌握朝纲之后，便来投奔，桓玄遂给他一个谘议参军的官做。

刘牢之得知自己被桓玄任命为会稽内史，非常吃惊："这不是要夺我兵权吗？看来大祸将至！"于是召开紧急军情会议，商讨征伐桓玄。参军刘袭道："人世间最不应当做的事就是反。将军先反了王兖州，后又反了司马郎君，今天又要反桓公。像你这么反来反去的人，根本没有自立的根本！"说完话就走了。刘牢之手下的绝大部分将佐也纷纷离开了他。

刘牢之的军队就这样垮掉了，他只好带刘裕去投奔广陵的高雅之。刘裕劝他说："你去了广陵也逃不出桓玄的手心啊。我也要脱下戎装，换上常服，回京口做老百姓了。"说完也告辞走了。刘牢之的外甥何无忌问刘裕："你们都走了，我该怎么办？"刘裕说："我估计刘镇北（刘牢之平定孙恩之乱时被委任为镇北将军，故有此尊称）一定不免一死，你可随我一起回京口。"何无忌犹豫了半天，最终也告辞离去。

刘牢之这才开始害怕起来，带着士兵向北撤退，等撤到新洲（在今江苏省南京市北大江中）的时候，他的士兵也跑得精光。刘牢之觉得未来没有希望，遂解下腰带，找了棵树上吊死了。

刘牢之的儿子刘敬宣不久赶来，把父亲的尸体装殓后，送回丹徒老家。桓玄派军队赶到，刘敬宣来不及掩埋他的父亲，匆匆渡江，向北逃到广陵，与高雅之、司马休之一起投奔了南燕。桓玄命人劈开刘牢之的棺材，砍下首级，暴尸于市；又到处悬赏捉拿刘牢之的党羽，杀戮北府军将领。辅国将军袁虔之等北府将领逃往长安，投奔后秦。姚兴任命袁虔之为大司农，并问他："桓玄的才略和他的父亲桓温比起来怎么样？他能不能成功？"袁虔之道："桓玄名为晋臣，实为晋贼。此人好猜忌，赏罚不公，我看比他的父亲差远了。桓玄既然已经执掌朝政，将来肯定篡逆。但他没有命世之才，断无成功道理，迟早要完蛋。"

再说海盗孙恩被困在海岛，得不到补给，过得很是辛苦，几次带兵进攻东晋，但每次都被打回去。孙恩感觉前途无望，投水而死。孙恩死后，还留有七八千教徒，于是大家又推孙恩的妹夫卢循为首领。卢循遂向桓玄请降，桓玄刚刚执掌朝政，也不愿意国家有事，所以就接受了卢循的投降，任命他为永嘉太守。卢循接受任命后，依然保存实力，并在这年五月，再次举兵起义。桓玄派去镇压的军队连连失败，桓玄很为这事心烦，桓修建议起用刘裕。

桓玄于是命刘裕为建武将军，令他出讨卢循。赋闲的刘裕再一次得到了出山发展的机会，他带着何无忌领兵出征，用一年多的时间将卢循彻底赶出三吴。卢循逃往晋安（今福建省南安市丰州镇），刘裕又追来把卢循赶出福建，卢循只好渡海向南海逃走。刘裕回师京城，桓玄论功行赏，将刘裕升为彭城内史，从此日益受到朝廷的重视和重用。

东晋复国

晋元兴二年（403）九月，桓玄逼晋安帝封他为楚王，他见事情办得很顺利，朝野内外也没有反对的声音，于是胆子更大起来，准备当皇帝。经过一番安排之后，他带着文武百官入内宫，让晋安帝禅让。晋安帝本是个白痴，自然无话。桓玄遂登基成为皇帝，国号为楚，史称桓楚。

桓玄当皇帝后，把他的亲信都任命到实权职位：桓弘为青州刺史，刁逵为豫州刺史，郭昶之为江州刺史，刘裕也因为对桓玄表示拥戴，被封为中军将军。桓玄还认为刘裕是个难得的军事将领，以后难免要倚重他，于是经常厚赏刘裕，并经常召见刘裕一起喝酒游玩，拉拢感情。

刘裕早就派何无忌拉拢了一大批中下级军官和地方官，打算起兵反楚复晋，但被桓玄留在京中，一直不能脱身。刘裕便以母亲身体有病需要照顾为名，向桓玄请假。桓玄批准刘裕走后不久，又后悔了，急忙派人去追。哪知道刘裕挑了一匹快马，一路南奔，桓玄的人根本就追不上。桓玄听说刘裕跑得这么快，心里隐隐感觉不安，但还心存侥幸，没想到几天后，他的担心成为现实。刘裕在京口起兵了！

这时在京口的何无忌已经联络了一大批北府兵旧将和其他反楚的中下级官吏，刘裕被推为起义首领。刘裕安排下三路人马，分别进攻青州刺史桓弘、徐兖二州刺史桓修和豫州刺史刁逵。

京口这一路，刘裕和何无忌化装成钦差大臣，带着一百多人来到桓修府中，等桓修出来迎接时，他们一刀将桓修劈死。因为京口士兵大多为北府旧部，是刘裕和何无忌的老部下，所以都投降了刘裕。桓修的司马刁弘率自己的军队来战，刘裕很快将刁弘击败，收降其部下，占了徐、兖二州。

广陵这一路，刘毅在桓弘手下做参军，刘道规为参军，孟昶为主簿，三个人一起邀请桓弘出去打猎。桓弘未加防备，一口答应。在打猎的那天早上，三个人带上打猎的刀枪剑戟直接走到桓弘的客厅，桓弘正在吃早饭，看见三个人拿着兵器，还纳闷他们怎么这么着急。哪知道三个人一齐围上来，用这些打猎的武器把桓弘给杀了，也收降了青州的士兵。刘道规据守广陵，刘毅和孟昶带兵去京口和刘裕会合。刘裕让孟昶守京口，然后挑出一万多精兵，攻向京师。

历阳这一路，诸葛长民却被桓玄的亲信刁逵先发制人，反被擒获。刁逵把诸葛长民等人装入囚车中送往京城。

桓玄听说刘裕等人造反，不由大惊道："刘裕是当世英雄，刘毅为人杰，何无忌的军事才能不亚于他的舅舅刘牢之。这三个联合起来反对我，我就要败了！"这时桓谦大哭闯入，一定要请桓玄出兵击杀刘裕，为二弟桓弘报仇。

桓玄道："刘裕虽然兵少，但这个人打仗很厉害，手中又握有善战的北府兵，如果出兵对决，一旦战败，大势去矣！不如把所有的军队都收缩到覆舟山（今江苏省南京市东北）一带防守。刘裕行军数百里不见一兵一卒，忽在覆舟山见我数倍于他的大军，军心必惧。我们坚守不出，刘裕的军队久攻不下，军心会更加动摇。到时，刘裕自然会退兵。"但桓谦一定要桓玄出击，为二弟报仇。桓玄被他缠得没有办法，就派顿丘太守吴甫之、右卫将军皇甫敷先后北上去攻刘裕。

吴甫之率三万兵在江乘与刘裕的部队相遇。吴甫之先击败前锋何无忌，但刘裕的中军随后杀到，又大败吴甫之的部队，并杀死吴甫之。刘裕带军队追杀吴甫之的残兵，追到罗落桥（今江苏省南京市江宁区境内）的时候，皇甫敷率领五万大军赶到。两军混战一番后，刘裕因为兵少，被楚军分割包围，刘裕手下将军檀凭之被射死。在这危急时刻，刘裕带一小队人马，奋力杀向皇甫敷，把皇甫敷杀死。皇甫敷死后，形势顿时逆转，失去主将的桓楚兵纷纷撤退，刘裕趁势掩杀，沿途又征招降兵，队伍很快壮大到三万人。

桓玄急忙任命桓谦为征讨都督，令游击将军何澹之率一万人守东陵，又命卞范之率一万兵防守覆舟山，作为东陵后援。刘裕进兵至东陵，很快击溃桓谦的军队，接着又攻下覆舟山。桓谦、何澹之、卞范之逃回京城，对桓玄道："刘裕的兵力很强，漫山遍野，不知有多少。您快逃吧！"桓玄被吓坏了，带着三个人和数千亲信及士兵，挟持着晋安帝和司马德文仓皇逃出京城。前相国参军胡藩拉住桓玄的马笼头道："现在你还有八百羽林军射手，身边也有数千人，为什么不去和刘裕决一死战呢？今天你离开京城，就再没有回到京城的那一天了。"

桓玄无以作答，只以马鞭指了指上天，表示这是天意，便率众人逃到石头城，又从石头城乘船西逃。一路上桓玄心情难受，刚当上皇帝没几天就被人家赶下台，这皇帝做得还不如晋安帝那个白痴。他难受得食不下咽。等到了浔阳，江州刺史郭昶之迎接桓玄，桓玄遂命何澹之和郭昶之守在湓口，自己与桓谦、卞范之等人，挟持晋安帝和司马德文退回江陵。

刘裕的军队到了建康，王谧率京中百官出城来迎。刘裕入城后，派刘毅、何无忌、刘道规等率一万水军继续追剿桓玄,又把城中没来得及逃走的桓氏宗族余党全部杀死。同时到处寻求人才,先后重用刘穆之、胡藩、臧熹等人,又打击豪强,严肃法律,稳定了社会。

不久,刘裕的部将诸葛长民也回来了。原来,诸葛长民被押到当利(今安徽省马鞍山市和县东南)的时候,传来消息,桓玄败出京城。押送诸葛长民的士兵也起义反对桓玄,打开囚车放出诸葛长民等人,诸葛长民又潜回到历阳,发动兵变。刁逵在兵变中失败,弃城而走,后来被其部下擒回,反被诸葛长民用槛车押送到京城。刘裕以前被刁逵欺负过,所以连审都没审,就让人把刁逵杀了。

刘裕击败桓玄入京后,按道理应当受到封赏。但皇帝不在了,封官的事就只好互相推选。王谧和大家推举刘裕为扬州刺史。刘裕一再拒绝,最后以王谧为侍中,领司徒、扬州刺史、录尚书事。大家又推举刘裕为使持节,都督扬、徐、兖、豫、青、冀、幽、并八州诸军事,徐州刺史;推选刘毅为青州刺史,何无忌为琅琊内史,孟昶为丹阳尹,刘道规为义昌太守,诸葛长民为宣城内史。刘敬宣和司马休之听说刘裕打了胜仗,起义成功,也从南燕回国。毕竟刘裕当年是跟着刘牢之混起来的,看在刘牢之的面子上,刘裕让大家推选刘牢之的儿子刘敬宣为晋陵太守,又任命司马休之为会稽内史。

刘毅、何无忌、刘道规的晋军在桑落洲(今安徽省安庆市宿松县境内)与桓玄的战将何澹之激战,这时桓玄的军队还很多,双方打了很多天不分胜负。何澹之想了个自以为是的计策,他悄悄地转移到郭昶之的舰中,让自己的旗舰冲向敌阵,以诱晋舰来围攻,这样其他桓楚舰则可以仗着舰多兵多对晋舰进行反包围。但他担心泄密,并没有把这个事通知到每条船上,而是憋在自己肚子里不说,这就为后来的失败埋下了伏笔。

晋军很快把这艘旗舰攻下。何无忌一马当先,攻入旗舰中,却不见主帅何澹之,何无忌方知上当。这时候桓楚舰已经从四面八方将晋舰包围,何无忌急中生智,出来喊道:"何澹之已被我生擒了,你们还不投降?"

桓楚军见旗舰被攻下,所以都相信何无忌擒住了他们的主帅,皆无斗志,纷纷撤退。晋军乘势追击,桓楚军大败。何澹之从郭昶之的舰中急得跳出来大喊:"我在这里!"但此时已无人注意到他。何澹之和郭昶之只好弃舰而逃。

晋军遂攻克溢口，进据浔阳，又从浔阳继续进兵。

桓玄又派苻宏为前锋，率荆州水军两万阻挡刘毅。刘毅的军队只有一万，在峥嵘洲（今湖北省武汉市新洲区境内）与桓玄的水军遭遇后，两军混战。由于晋军兵少，又处于下游，开战后处于不利的局面，开始后撤。但这个时候忽然刮起了东风，且特别猛烈。水军交战，风向特别重要。桓楚军虽然处于上游，但遇到强烈的逆风，船只都被吹得后退。晋军趁势掩杀，并同时射出火箭放起火来。桓楚船纷纷中箭着火，风助火势，楚军登时溃败。桓玄见此情景，再一次指天长叹道："这是上天亡我啊！"桓玄乘小船逃走，殷仲文投降晋军。

桓玄逃回江陵后，苻宏、冯该等将请桓玄整兵再战。但桓楚军中的将士大多充满悲观情绪，就是桓玄也再无斗志，打算去汉中投奔梁州刺史桓希。但桓玄出逃的消息被人走漏，他出发的前一夜，有人趁机发起暴乱，哄抢府库和沿街商店。桓玄也顾不得整兵镇压了，只想快跑，于是带了一百多名亲信士兵，连夜从城西出逃。因为走得着急，竟把晋安帝和司马德文给忘在城中。荆州别驾王康产、太守王腾之两个人急忙带着几百侍卫保护住两个人。

桓玄乘船到江陵西南三十里处的枚回洲时，正遇上宁州刺史毛璠刚刚病死，毛璠的哥哥、益州刺史毛璩派侄孙毛祐之带着参军费恬、督护冯迁率八百士兵，护送毛璠灵柩归葬江陵。毛修之是当年陶侃手下名将毛宝的曾孙，是毛璠和毛璩的侄子，此时正在桓玄的亲信士兵中做屯骑校尉。毛修之早就有捉拿桓玄的心思，所以一路跟随桓玄，并不离开，这时他看到毛家的船只，便和船上人打招呼。毛祐之、费恬、冯迁见是毛修之，便问毛修之要去哪里。毛修之站在船头大喊道："逆贼桓玄正在船上，你们快过来杀贼！"

桓玄大惊失色，立刻命人去杀毛修之。毛修之即命手下的几个神箭手，射倒七八个士兵。又有箭手去射桓玄，桓玄手下的丁仙期、万盖用身子护住他，这两个人都被射死。

很快，毛祐之的船靠了上来，众士兵纷纷跃上船只，杀败桓玄手下人。冯迁将桓玄杀死，时为东晋元兴三年（404）五月壬午日，桓玄称帝不足半年，年仅三十六岁。卞范之、桓升等人都被生擒，押送到江陵后斩杀。

到第二年正月，晋安帝回到了建康。皇帝回来后，论功封赏：琅琊王司马德文为大司马；刘裕为侍中，车骑将军，都督荆、司、梁、益、宁、秦、雍、凉八州诸军事，并前时扬、徐、兖、豫、青、冀、幽、并八州，合称十六州都督，领青、徐、兖三州刺史，封豫章郡公，统领北府，镇守京口。这一连串的职务，意味着刘裕掌握了东晋全国的兵权。

刘裕的亲信也都身居要职：刘毅为左将军、封南平郡公；何无忌为右将军、豫州刺史，封安成郡公；刘道规为辅国将军、并州刺史；毛璩为征西将军；毛修之为龙骧将军；冯迁为汉嘉太守。

趁着刘裕和桓玄打仗之时，起义军的领袖卢循攻下广州，自称平南将军，又派姐夫徐道覆攻下始兴（今广东省韶关市始兴县），几乎占领了相当于今天广东省的全境。刘裕正打算派兵去征讨时，益州又有一个叫谯纵的参军也造反了，并自称成都王，向后秦称藩。川蜀之地，再次分裂了出去。

因为刚刚平定了桓玄之乱，国家的经济实力还很弱，而川蜀路险，远征也不容易，刘裕只好暂时不去管他。卢循占据广州等地后，派人向东晋朝廷进贡称臣，刘裕接受了卢循的这种实为保存实力的投降，任命卢循为广州刺史，任命徐道覆为始兴相。

东晋义熙三年（407）十二月，刘裕的恩人、扬州刺史王谧病死。刘裕趁机取得扬州刺史的职位，当时这个职位还掌握着京城的兵权；刘裕同时还谋得"录尚书事"的职位，这意味着进入国家最高权力中心——尚书台，并拥有批阅所有奏章、进行行政决策的权力。也就是说，刘裕从这个时候起掌握了整个东晋的政权、军权、财权等一切权力，成为东晋的实际掌管者。

刘裕全面掌握东晋之后，第一件事就是北征南燕立威信。其实，刘裕北征南燕，很大的原因也是慕容超自找的。自从继承了他叔叔的皇位后，慕容超这位历经灾难、甚至当过乞丐的年轻皇帝便开始享受人生，打猎、游乐……什么都玩，就是不理朝政。后来他又觉得自己宫中跳舞的人不够级别，国内又一时选拔不到相关的人才，便派南燕军袭扰东晋北部边境，抢来不少青年男女，从中挑选人才，培养成乐伎。东晋百姓中这样的人才确实很多，经过培训后，有一些人让慕容超特别满意。于是他又派人到东晋抢了一千多青年人回来。

刘裕便以此为理由要亲自带兵北征南燕。这时刘裕当年的战友刘毅已经看不惯刘裕独掌朝纲的局面了。刘毅也是北府军的名将，曾和刘裕、何无忌一起在溧洲击败桓玄军队，甚至后期剿灭桓玄的军事行动，大部分是刘毅负责指挥的，刘裕基本上没有参与。可是最终却是刘裕一个人独掌朝纲，刘毅只混了一个青州刺史而已。他对刘裕相当不服气，所以这次刘裕准备北伐建功，反对最强烈的就是刘毅。他说："你堂堂一个大宰相还需要亲自出征吗？你派一个大将就可以了，并不影响你获得北伐之功！当年淝水之战谢安不就是这样做的吗？苻坚强大的前秦军还不是照样被打败，谢安照样留名青史！"

刘裕一下子没明白刘毅话中的深意，反而觉得有些道理。正在犹豫的时候，左仆射孟昶、记室录事参军刘穆之却跑到刘裕府中力劝他亲自出征："亲自出征总比留在京中更能树立威信，而且当年谢安是什么志向，您又是什么志向呢？"有帝王之志的刘裕遂决定亲自出征，于当年四月带大兵出发。

慕容超赶紧召开紧急会议，商量拒敌的事。征虏将军公孙五楼道："我有三条计策：上策，坚壁清野，使东晋兵无法及时得到补给。我军可以据守大岘山（今山东省临沂市沂水县境内），使东晋军不能北上。等相持到一定时间，再派一员大将，率两千轻骑兵沿海滨绕到敌后方，绝其粮道，再派另一员大将，从兖州向东进军。晋军腹背受敌，又无粮草，必败。中策，命各城守将储备物资，闭城不出战，如果城即将被攻破，就烧掉所有物资。东晋军耗尽实力攻下来城池又得不到什么好处，用不了一个月，他们就会因实力不济而退兵。下策，不守大岘山，放敌进入，与我军直接决战。"

慕容超说："我们的骑兵很厉害，晋军善于水战，不如就放他们进来，在平原之上用我们的精骑兵冲杀，一定能胜。你的下策可以用。"

慕容镇不同意："我们如果在大岘山迎战，即使打了败仗，还可以从容退守。何必要弃守险关呢？当年成安君（陈馀）放弃井陉关（关隘名，今河北省石家庄市井陉县北），被韩信打败；诸葛瞻不在束马（今陕西省运城市平陆县境内）守险，被邓艾生擒。我看应当在大岘山拒敌。"但慕容超就是不听。慕容镇生气道："我看你今天的所作所为，倒是很有刘璋（三国时让刘备夺了益州的笨蛋）当年的风范。"

慕容超听了大怒，当时就要斩慕容镇。大家都为慕容镇求情，慕容超才没有杀他，把他关入监狱。

慕容超派莒城（今山东省日照市莒县）、梁父（今山东省泰安市境内）两地的守军退守广固，派公孙五楼与左将军段晖率五万人守临朐（今山东省潍坊市临朐县），放弃了大岘山险关。晋军得以一路畅通无阻，很快通过大岘山险关，在临朐与慕容超的主力相遇。这时慕容超又亲自带领四万部队与公孙五楼、段晖原来的五万部队合兵一处。慕容超的这九万部队多是骑兵，而临朐则处于一片平原之上，所以刘裕的部队其实并不占便宜，在第一天的战斗中很快败退。不过刘裕早有准备，在自己的营前安排了一万名弓箭手。晋军先锋孟龙符败退后，公孙五楼与段晖刚追上来，就被晋军万箭齐发，射了回去，反倒折损不少人马。

刘裕见南燕军的骑兵战斗力很强，兵力也很充足，遂决定不与南燕军正面决战。他听从王镇恶（前秦丞相王猛的孙子，后流落到东晋）的建议，把军中所有的骑兵共八千骑派给胡藩、檀韶、向弥，由三人领兵连夜奔袭临朐。因为临朐在南燕军的后方，南燕军把所有的兵力都调到了阵前，只在临朐放了一两千弱军，所以晋军很快攻占临朐。

晋军又从临朐迅速出发，从后方袭燕营，杀入南燕营后不干别的，就是放火。很快，南燕营大部分营寨都着起火来。刘裕趁势带全军冲锋。这时南燕军已经如苍蝇一般乱冲乱撞，根本不能整军集合反抗，被刘裕杀得大败。慕容超带着亲军一路奔逃到广固，九万南燕兵，逃回去的只有一两万。刘裕乘胜追到广固，将广固重重围住，然后到城外去招降各城，很快就有不少城池守将投降。广固之外，南燕之地大多被晋军所占。

第十五章 刘裕的崛起

战略上的较量

东晋义熙三年（407），即刘裕掌握整个东晋权力的那一年，后秦把那个为北魏拓跋珪求婚的倒霉使者放回去了，并送给北魏一千匹良马。北魏则把当年北魏后秦之战时，被俘后秦将领狄伯支、唐小方等人放了回来。后秦和北魏握手言和。

这时，匈奴首领刘勃勃在后秦经过多年经营，已经很有势力了。他以北魏为自己的世仇而后秦却与北魏言和为由，起兵造反。其实刘勃勃早有独立之心，现在是恩将仇报，当年要是后秦不收留刘勃勃，他可能早就不知所终了，哪儿能有今天的地位。

刘勃勃以打猎的名义悄悄地接近高平川，不过他这次打猎带的不是普通侍从，而是三万名精骑兵。他突袭高平川，杀死没弈干，吞并了没弈干的部落。没弈干当年收留刘勃勃，并极力向后秦之主姚兴推荐，使刘勃勃得以富贵；还把自己的女儿嫁给了刘勃勃，结果却被这个"白眼狼"给干掉了。

刘勃勃不久自称大夏天王，设置百官，史称胡夏。但刘勃勃的胡夏国没有固定疆域，没有都城，甚至连国土都没有，打到哪里算哪里，后勤补给完全靠抢掠补充。他的部下都劝刘勃勃给自己弄块根据地，别把大家弄得像土匪似的，而且没有固定的地盘也不利于国家经济和军事实力的增长。刘勃勃说："你们说得都很有道理。可凭咱们现在的实力根本不是姚兴的对手，如果经营城池，姚兴必然攻克；如果划定疆域，姚兴一定占领。那咱们经营根据地不是等于替姚兴白白干活吗？现在咱们是打得过则打，打不过则跑。敌人不想打了,咱们出其不意地攻击;敌人前来追击,咱们又迅速退走。如此,使后秦疲于奔命,而我们则保存了实力。只需要十年的工夫,后秦必然会退出岭北、河东一带。姚兴死后,他的子嗣姚泓远不如他的父亲,是个无能之辈,那时我们再出兵攻灭后秦,必成大事。"事实证明这个战略是相当正确的,后来后秦虽然名义上拥有岭北、河东,但所有城池大白天也不敢开城门,所有军队都龟缩在城中,生怕受到胡夏军队的游袭。城池以外的大片土地,实际上都算是让给了胡夏。

再看南凉,其首领秃发傉檀虽然向后秦称藩,但毕竟是一个独立的割据政权,所以并不忠心,而是一直想谋取后秦的土地,扩大自己的实力。正好凉州别驾宗敞和秃发傉檀是心腹旧交,他向秃发傉檀出主意说:"你打不过后秦,其实也可以得到凉州。只要你去藩称臣,姚兴必然会把凉州交给你管理。到时候,凉州可不战而得。"

秃发傉檀很高兴,立刻去年号,不称王,向姚兴称臣,又献给姚兴战马三千匹、羊三万头。姚兴很高兴,觉得这个人还是挺忠心的,遂把秃发傉檀封为凉州刺史,让他带领旧部镇守凉州的首府姑臧,而将原凉州刺史王尚调回长安。

凉州人都舍不得王尚调走,一致推举主簿胡威去长安向姚兴求情。在胡威的劝说下,姚兴又担心秃发傉檀将来反叛,急忙派人去告诉王尚继续当他的凉州刺史,同时派车普去通知秃发傉檀不要去姑臧了。车普和秃发傉檀是好朋友,他快马加鞭,日夜兼程,找到了秃发傉檀。但他不是通知秃发傉檀回去,而是告诉他赶紧加快速度去姑臧,姚兴已经改主意让王尚继续留下来了。

秃发傉檀急忙把人马分成两队,一队骑兵由自己带领,轻装前进,快速向姑臧进发。秃发傉檀到姑臧后,通知王尚的使臣还没有到。王尚便和秃发傉檀交接完毕,然后带兵离开了姑臧。等王尚在回去的路上接到通知时,木已成舟。

姚兴只好让秃发傉檀待在姑臧。其实通过秃发傉檀抢占姑臧这件事,姚兴也看出来了,秃发傉檀根本不是自己能够用得动的忠心臣子,他本质上还是一个拥兵自政的藩王,只不过是换了个臣子名义。

再说刘勃勃的游击战,虽然让后秦非常郁闷,但毕竟岭北、河东的城市还在后秦手中,刘勃勃进行战略补给和发展生产都受到很大的制约,于是他把目光转向秃发傉檀的南凉。刘勃勃把南凉当作他的大粮仓,没粮的时候就去南凉打一仗，抢几万头牛羊回来；没有马的时候再去南凉打一仗，抢几千匹马回来；没奴隶、需要补充兵源的时候，再去南凉抢人……

秃发傉檀几乎要让刘勃勃这种强盗行为逼疯了，他几次带大兵出战，但都被打败。最惨的一次，南凉军被胡夏军杀死一万多人，大将阵亡十几人，其余部卒全部逃散。秃发傉檀带着几个亲兵狂奔回到姑臧，刘勃勃的追兵在他屁股后面追着打。

姚兴看到秃发傉檀在刘勃勃面前表现得如此窝囊，便也出兵想夺回姑臧。他派儿子姚弼，大将敛成、乞伏乾归等将领，率三万大军进攻南凉。秃发傉檀躲在城内，却弄了几万头羊赶到城外。后秦军只见白羊不见兵，于是高高兴兴地抓起羊来。秃发傉檀等后秦军的队伍混乱之后，带骑兵出击，大败后秦军。姚弼带着败军撤回。这一仗打完后，秃发傉檀干脆和姚兴撕破了脸，自称凉王。别说是称臣，就连称藩也免了。

北边后秦军的将军齐难也吃了刘勃勃的败仗，两万精骑兵只剩下了五千。姚兴亲率数万后秦军再与刘勃勃决战，刘勃勃坚持游击战争，姚兴找不到主力，驻军又受袭扰，只好退兵。姚兴退兵后，刘勃勃乘机在敕奇堡（今甘肃省平凉市西北）、黄石固、我罗城等地又大肆劫掠了一番。姚兴干着急生气，却想不出对策。

第二年七月，西秦的乞伏乾归趁后秦和胡夏的战争日益频繁，率众在陇西复国，以苑川为都，称西秦王，以乞伏炽磐为太子。后秦此时已经顾不上收拾西秦了。

被东晋刘裕围困的南燕慕容超就是在这样的背景下，来长安向后秦寻求救兵，姚兴也想救南燕，可哪里抽得出来军队，只好派人去吓唬刘裕说："我已经派了十万大军驻在洛阳。你们要是不退兵的话，我就要进攻了！"

刘裕并不上当，对来使说："你回去告诉姚兴，我本来想灭掉南燕之后，息兵三年再去进攻后秦。既然姚兴想提前送上门来，就让他来吧。"

南燕慕容超见求不来救兵，十分着急，便派人向刘裕求和，愿意割地称藩。刘裕没有答应，一定要灭南燕。慕容超只好再次派人去后秦求援。这次不是派普通的使臣，而是派了一个高级别的政府官员——尚书令韩范。韩范在外交上很有一套，所以这一次让后秦在捉襟见肘的情况下，竟从军中抽出一万人由右将军姚强带领去救南燕。但军队快到洛阳的时候，突然有快马追到，说刘勃勃再一次大败后秦军，要姚强迅速带兵回援。韩范看着姚强带军回去，不由长叹："南燕要亡了！"

副使张纲道："既然南燕国要亡，不如咱们就去后秦吧。"

韩范道："南燕亡国后，接着就是后秦。我不可以两次受辱，不如直接投奔东晋。"

韩范投奔刘裕后，刘裕立刻任命他为散骑常侍，并邀请韩范同车，绕城巡视。一边绕城，一边命令东晋兵大声呼喊："刘勃勃大破后秦军，无兵相救！"

城内的士兵一直坚守待援，现在听说后秦军不来了，又见韩范和刘裕共坐一车，军心顿失。刘裕趁机让韩范到城下劝降。韩范道："我不忍心。"刘裕并不强求，反夸他忠心，于是日夜攻城。但连攻八个多月，广固城竟岿然不动。刘裕多方查访，有人建议堵住五龙山的水道，使水不能入城。

刘裕遂派人把五龙山水道堵住。城中虽然可以掘井取水，却因为水中没有五龙山上的水中所含的某种矿物质，城中得软脚病的人越来越多，严重到根本不能行走。军队因此大幅减员，留下的也战斗力大减。更可怕的是，疾病使城中弥漫着恐怖气氛，很多人想逃出城去，避免成为残疾。

在这种情况下，刘裕终于攻破了广固城，慕容超拒不投降，道："兴废原有天命，我宁奋剑致死，不愿衔璧求生。"慕容超战至最后一人，终于被擒。因为刘牢之的儿子刘敬宣被南燕收留过，二人有旧交，所以慕容超把母亲托付给刘敬宣，自己被押到建康后斩首，南燕遂亡。慕容超在位六年，死时二十六岁。

因为围攻了将近一年才打下来这个城池，刘裕入城后，便想进行大屠杀报复。韩范苦苦为百姓求情，最后刘裕把南燕宗室三千人全部斩杀，家属一万余人发作奴婢。

就在刘裕刚刚攻破南燕广固城的时候，农民起义军领袖卢循、徐道覆正在率大军向建康杀去。朝廷已经向刘裕下了几次急诏，催他回去抵御卢循的叛军。刘裕一直坚持到攻破广固城，这才赶紧带兵南归。

当时，卢循已率西路军从湘江去攻打江陵，徐道覆率东路军从赣江杀向建康。徐道覆这路水军，从赣江顺流北上，连连攻破南康（江西省赣州市境内）、庐陵、豫章，一直攻到浔阳。豫州刺史何无忌正驻守浔阳，长史邓潜之为他出主意:"徐道覆这一次来势凶猛,他的兵源多为始兴兵,英勇善战,而且他们又居于上游,我们不如挖开南塘的堤坝,使赣江水位下降,这样徐道覆的船只就不能顺利北来,我们坚守浔阳等待援军。等援军到了,我们再出击,必能大胜!"

何无忌不高兴地说:"我当年灭桓玄的时候,打过几十次仗,无不是以弱胜强。徐道覆不过个海盗,我还用怕他吗?"遂派出军队,逆流而上去迎击徐道覆。徐道覆早就在河西的小山上埋伏下弓箭手,对东晋军的舰船万箭齐发。何无忌命舰船靠岸反攻,这时徐道覆又率兵顺流攻击。何无忌兵少,顾此失彼,又处下游,很快落败。邓潜之让他赶紧带兵退走,何无忌宁死不退,站在船头指挥军队,一直到身中十几箭方才倒下。徐道覆大胜,攻取了浔阳。

刘裕领军南归,到下邳后分为两路,一路押运便用辎重走水路,一路由陆路急速赶回。到了山阳(今江苏省淮安市境内),又传来消息,何无忌大败战死。刘裕没想到事态会这么严重,立刻带上七八十名护卫队员骑快马先行,很快来到京城。这时徐道覆还没有来到京城,刘裕这才松了一口气,赶紧调动京中军队,安排城防。由于京中可用的兵力太少,刘裕放弃其他险要之处,把所有兵力聚集在石头城,而在其他地方则用插旌旗、派人擂鼓的方法造成有军队的假象,专等徐道覆到来。

其实徐道覆早该杀到京城,但路上被刘毅带兵挡住。徐道覆怕打不过刘毅,暂时驻兵,请卢循带兵到浔阳合兵一处。卢循从湘江北进,一路上也是连克城池。荆州刺史刘道规在长沙阻击卢循,失败后逃走。卢循继续前进,攻下巴陵,直逼江陵。路上接到徐道覆的信,要他去联兵进攻刘毅。卢循担心败走的刘道规从后面袭击他,便请占据川蜀的谯纵出兵江陵,进攻刘道规,并向谯纵许诺,如果取得东晋,就把西边的领土封给他。谯纵遂起兵去攻刘道规。

卢循则由巴陵下浔阳,与徐道覆合兵一处。徐道覆挑最小的船五十艘,派部去和刘毅交战。刘毅见了先是大为惊讶,接着放声大笑。因为他来的一路上都听说徐道覆和卢循有很多兵和很大的船,没想到却只是几十艘像树叶一般的小船。刘毅很快击溃王得,王得带船败走。

刘毅一直追过桑落洲,这小船往两边一闪,对面突然奔来八艘大船。这八艘船有现在的七八层楼房那么高,船身蒙着铁甲,船头有长长的钢锥,并成一排直扑过来。刘毅有十多艘船来不及躲避，都被这八艘铁船撞碎。刘毅急忙退兵，徐道覆在后一路追杀，直追到桑落洲，才停下不追。刘毅刚到桑落洲，突然两岸射出无数火箭，桑落洲上尽是芦苇，船只和芦苇全部烧着，桑落洲上一片火海。刘毅最后只带了十多艘军船逃出，刚逃出几里地，卢循手下部将林佥、刘稷又率一万水军从豫山后的水道中杀出，刘毅前进不得，赶紧弃船上岸逃跑。等他跑回建康，数万大军只剩下了十几个人。刘毅见了刘裕，恨不得找个地缝钻进去，刘裕倒是好言安慰了几句。

不久，各处败兵们陆陆续续来到建康，纷纷传言，卢循的水军有几十万，船只前后相接有数百里，船高十多丈，把建康的将士们都吓得够呛。孟昶、诸葛长民等人都建议刘裕退到长江北岸，和大部队会合之后，再与卢循决战。刘裕道："现在敌人就要到了，人心浮动，都想逃跑。我要是带头一走，那京城就会出现大逃亡，我们的军队立刻就要崩溃。这样还能逃到江北吗？就算是逃到了江北，江北的军队也早就闻风而散了，还能集合起来决战吗？也不过是多拖延几天罢了。现在京中的士兵虽然少，但与卢循一战也足够了。如果胜了，君臣同庆；如果败了，以身殉国，决不能逃跑苟活。"

孟昶再三恳求刘裕撤退，刘裕就是不听。孟昶大哭："当初你要北伐南燕，大家都不同意，只有我赞成，导致现在卢循祸害国家，这是我的罪啊。我当以死谢天下！"刘裕很生气，对他道："等我打完这一仗，你再死也不迟。"但孟昶一回家就喝毒药自杀了。对孟昶这种做法，刘裕不理解，但也只有叹气而已。

卢循听说刘裕以神速赶到建康，一开始并不相信，后来接连从俘虏口中得到确认，他又害怕起来。他和徐道覆商量，不如转攻江陵，占据江、荆二州，割据一方，对抗东晋。徐道覆道："我军连连大胜，士气正旺，又有十余万大军，上千艘战舰，正是乘胜追击、直取建康的有利时机，你却要后撤。如果刘裕调集优势兵力，再来攻你，到时候还能打得过他吗？"卢循想了很多天，最后还是同意了徐道覆，带大军顺江而下，杀向建康。

卢循的舰队开到建康以后，先是直奔新亭，在城头观望的刘裕不由大惊，接着卢循的舰队又转向西岸，停在蔡洲（今江苏省南京市西南），刘裕又是一喜。旁边人不理解，问他为什么先忧后喜。刘裕道："如果贼兵从新亭直接杀进来，那我们根本挡不住他们，只能回避，胜负难料；现在贼兵却回去停泊在西岸，那他们必将成为我的俘虏！"

其实徐道覆本来是命令舰队杀进新亭的，但卢循却吓得大惊失色，急忙派人调徐道覆的舰队回来。徐道覆对卢循道："我们可以从新亭、白石垒一线登陆，然后烧掉所有舰船，破釜沉舟，激励战士，数路并进，刘裕必成为我们的俘虏！"卢循则担心道："我们的大军还没有到建康，不要急着决战，等后面所有的部队上来再说吧。"徐道覆一再请求，这次卢循却坚决起来，就是不让进兵。徐道覆没有办法，走出来后自语道："这家伙干不成事，我终将为他所误。如果我能为英雄卖命，就算是平定整个天下都算不了什么！"

因为卢循的军队在路上等徐道覆时耽搁了一些日子，与刘毅打仗又被阻挡了一些日子，听说刘裕在建康又犹豫了十多天，来到建康后又停在蔡洲不肯前进，又是十来天。这样刘裕便得到了充足的时间来调集军队，北伐的军队赶了回来，接着各地勤王的军队也赶来了。卢循在蔡洲待了十多天以后，整个京城防线已经被晋军防守得如铁桶般严密。这时卢循再想进攻，根本就没有机会了。他亲率大舰去攻石头城，哪里能攻得下来。

徐道覆见强攻不成，便想了个办法。他派老弱残兵扮成精锐部队乘大船向北，进攻白石垒，以吸引刘裕主力。因为白石垒也是江滨要害，刘裕留参军沈林子与徐赤特守石头城，自己带着刘毅、诸葛长民率兵守白石垒。刘裕临走时怕卢循乘虚攻石头城，嘱咐二将只可守城，不可出战。

卢循见刘裕果然带重兵去防白石垒，急令徐道覆去攻石头城。徐道覆率军先攻破石头城前的查浦垒，查浦守将刘钟退回石头城。徐道覆焚毁查浦上的工事，乘胜进军至张侯桥，并在张侯桥安营。他料到晚上晋军必要偷袭，派秦用、范崇民、林俭、刘稷四将埋伏在外，留少数士兵守在营中。

石头城的守将徐赤特果然在当晚就要偷袭徐道覆的营寨。沈林子说主力都让刘裕带出去了，不可轻易冒险，况且刘裕也说过，只可守城，不可出战，极力劝阻。徐赤特不听，执意带两千士兵出战。结果中了徐道覆的埋伏，全军覆没，只有他一个人逃回石头城。徐道覆趁势攻城，沈林子赶紧点火向刘裕报信求救。刘裕在白石垒望见信号，命令参军朱龄石率军回援。徐道覆一时强攻不下，又见晋军援军到来，便带兵撤退了。

刘裕回到石头城后，问明情况，立斩徐赤特，并号令三军："三军只需坚守，不许出战！有违令者，以徐赤特为例！"

于是，晋军坚守建康，从不出战。卢循围城两个多月，没有任何进展。不久，卢循军队的军粮出现问题。他派兵去建康周围的丹阳、京口等城去劫粮，这些城池难以攻下，而城外的粮草都早就割光，收入城中。卢循没了粮草，只好退兵，临走时对徐道覆道："我们去夺取荆州，仍能据有东晋三分之二的领土，还有实力和刘裕争一争。"徐道覆见事已至此，攻不能攻，守又无粮，只好派大将范崇民领精兵五千守住南陵，以防刘裕从后掩袭，和卢循带大军退回浔阳。

晋将听说卢循退兵，都向刘裕请兵追击。刘裕道："卢循并非战败，而且战舰比我们的优良，水军也比我们强，不可追击。如果去追必中埋伏。"

刘裕遂在建康招募新兵，修建水寨，建造巨舰，训练水军，排演水战，增强自己在水军方面的实力，以达到能和卢循水军匹敌的程度，准备下一次的大战。

刘裕专权

西蜀的谯纵出兵江陵，助战卢循，在出兵之前谯纵还向后秦请兵。已经投降后秦的桓谦一听要打东晋，很是兴奋，极力劝说后秦皇帝姚兴出兵。他对姚兴说："我们桓氏在江陵很有势力，也很得民心，如果我领兵南征，最起码荆州的百姓会响应我，取荆州会很容易。"

姚兴也知道桓家在荆州的势力，于是一面派桓谦回荆州笼络旧部，招兵买马，一面派前将军苟林率一万五千士兵南下。桓谦悄悄地潜回荆州后，竟然很快组织起两万多人马，进兵至枝江（今湖北省枝江市）。此时，苟林也进军到江津，谯纵则派他的弟弟谯道福率三万水军进入荆州。

三路军马杀向江陵，老百姓都很害怕，担心刘道规守不住城，纷纷要逃。刘道规干脆把所有城门打开，贴出告示说，谁愿意走我不拦着，但我保证江陵城一定能保得住。大伙儿一看刘道规这么镇定，逃出城的人也就少了。

面对三路强兵，刘道规认为坐着等他们在江陵城下合军一处，然后决战，那是坐以待毙的挨打战术，他决定以时间换空间，发挥运动战的长处，在三路兵马未汇合之前，带兵转战三处，将他们各个击破。以他现在的兵力，只能全军出战方有胜算，但全军出战，就没有兵力守城了。刘道规正在烦恼的时候，雍州刺史鲁宗之率五千士兵从襄阳赶来援助。虽然兵力不多，但足够守城。刘道规立刻请鲁宗之替他守城，自己率两万士兵去攻桓谦。

当时苟林距离江陵最近，其次为桓谦，再次为谯道福。从战斗力来说，以桓谦最强。刘道规舍近求远，去攻桓谦，这在军事上是有说法的。苟林是弱军，而且此人既胆小又没什么军事判断力。如果去攻苟林，桓谦来救，必成一对二的形势。反过来，刘道规舍近求远去打桓谦，苟林则不敢当机立断地迅速回军援救。一旦攻破桓谦，苟林又会因为失去援助而迅速退兵。所以，与桓谦的决战，是胜败的关键。

刘道规在枝江与桓谦进行了一场惨烈的决战，很快分出胜负。桓谦全军覆没，失败被杀。刘道规打败桓谦后迅速回师，那苟林果然没有回援桓谦，而是去攻江陵。江陵有鲁宗之死守，苟林一直攻不下，又听说刘道规击败桓谦回师，就急忙撤军，但已经晚了。刘道规很快迎面拦住苟林的军队。面对刘道规的军队，苟林不堪一击，也战败身亡，部众全部投降。

不久，徐道覆也率一支军队从浔阳向江陵急速进军，很快就要兵临江陵城下了。这时鲁宗之已经带兵回到襄阳，再派人去请他回援助守，时间已经不够。徐道覆虽然只带了三万人马，但他的军队战斗力比桓谦要强得多，而徐道覆本人也能谋善战。刘道规这次采取的是四面开花的战术。他紧急招募了三四千民兵，简单训练后配以两千名正规军来守城。然后把约两万人的军队分成三路全部埋伏在城外。徐道覆的军队来攻打时，刘道规带着数千民兵硬是艰难地守了七八个小时，一直坚持到天黑。这时，反攻的时间到了。先是刘遵率一支军队冲击徐道覆的后路，这时，徐道覆还算冷静，他分出一支部队去阻击刘遵的进攻。但很快又先后有两支军队杀来，深夜之中徐道覆不知有多少军队杀来，赶紧撤退，刘道规趁势带兵出城。四路军队在后一阵掩杀，徐道覆大败，顺水路逃回浔阳，损失近万人。谯道福本来已经攻破巴东（今重庆市奉节县境内），杀死守将时延祖，正在向江陵进军，听说两支友军皆败，徐道覆也被杀败，不敢再进军，退回了蜀国。

刘裕本来一直担心江陵形势，一连得到刘道规的两份捷报后才长吁一口气，说道："有刘道规在江陵，我可以放心了。"几个月后，刘裕的船只建造完毕，水军也训练得差不多了。刘裕遂带大军全面清剿卢循和徐道覆。

刘裕在进军之前，先派建威将军孙处、振武将军沈田子率五千水军，断卢循后路，防备卢循失败后重新逃到海岛据守，又因为他知道刘毅和自己已经是貌合神离，遂让刘毅留守建康。安排完毕之后，刘裕以王仲德和刘钟为先锋军，向南而进。王仲德和刘钟到达卢循手下部将范崇民的防区南陵（今安徽省芜湖市南陵县），正巧这一天是大雾天气，雾气浓重，对面也只能看到影影绰绰的人影，再远一些就什么也看不到了。王仲德和刘钟的船只误入范崇民的水寨，引起双方的混乱。王仲德和刘钟干脆带兵一顿猛杀，而范崇民则以为对方是有备而来，专门趁雾劫营，大雾中又辨不清对方来了多少人，急忙弃了南陵逃回浔阳。

刘裕军立刻进逼到浔阳，用火攻的方法击败卢循，卢循又退守豫章，刘裕军再攻下豫章，卢循和徐道覆分两路南逃。卢循逃到番禺（今广东省广州市番禺区），徐道覆逃到始兴。卢循来到番禺时，孙处已经从海路行军占领了此城。卢循仗着手里还有一万多人，便攻打番禺。孙处坚守城池不出，与卢循相持了十多天。刘裕派刘藩和孟怀玉率轻骑一万，飞速去援孙处。卢循被城内守军和城外的援兵夹击，战败后率残部逃往交州（辖地包括今越南北、中部和我国广西壮族自治区部分地区）。而徐道覆的军队在始兴被击败，徐道覆被杀。

交州刺史杜慧度带兵在龙编津（今越南河内东）击败卢循残部，卢循无处可逃，将自己所有妻妾杀死后，投水自杀。这一年是东晋义熙七年（411）四月庚子日。自隆安三年（399）十一月，孙恩在浙东起义，到卢循在交州龙编津被消灭，这次起义长达十一年零五个月。

卢循被灭的第二年，荆州刺史刘道规病卒，刘毅被任命为卫将军、荆州刺史。前文说过，刘毅认为当年反桓玄、打江山，自己一点儿不比刘裕的功劳小，可是刘裕越混越好，成为一朝之主，而自己却只是一个高级将领，心里很是不平衡。两个人在朝廷中也互有小动作，刘毅暗地里给刘裕使绊，刘裕则利用权力压制刘毅，不让他抬头。这一次刘毅到了荆州，立刻就开始准备起兵与刘裕抗衡。刘毅还有个堂弟刘藩远在兖州当刺史，手下也有数万兵马。为了稳妥起见，刘毅托病向刘裕申请把自己的堂弟刘藩调到荆州当副手。

刘裕一见到刘毅这个要求，便叹了一口气道："刘毅要反啦！"不过刘裕接着又说道："他这是自寻死路。"刘裕不动声色地同意了刘毅的申请，等刘藩按惯例来朝中谢恩时，刘裕将刘藩杀死，接着以迅雷不及掩耳之势，迅速出兵，一路攻城略地，很快攻下江陵城二十里地以外的豫章，进兵到江陵城下。刘毅根本没时间调集兵力，仓促应战，很快城破逃跑，逃到牛牧佛寺的时候，僧人闭门不纳。刘毅询问原因，寺僧道："前几年桓玄事败时，我的先师就是因为收留桓氏逃难者被一个叫刘毅的将军给杀了，后来我们再不敢收留不明来路的陌生人。"刘毅听罢，叹口气道："为法自弊，一至于此！"说完就在寺庙外上吊自杀了。刘毅死后，会稽内史司马休之升任为平西将军、荆州刺史。

这时，当年起兵反桓玄的第三路领导人诸葛长民暗中写信给冀州刺史刘敬宣，找他一起造反。刘敬宣委婉拒绝，并将此事向刘裕报告。刘裕正打算乘势进兵收复西蜀，在知道后方诸葛长民可能会有叛乱后，便把所有军队都给西阳太守朱龄石带领，让他进攻西蜀。由于军队中很多人比朱龄石资格老、功劳大、经验多，级别和官职也比朱龄石高，绝大多数老将对刘裕任命年轻人朱龄石为帅感到很不理解。刘裕说："古有陆逊，今有谢玄，都是没有经过大战的年轻人，后来都以少胜多，一战成名。朱龄石有大才，我当然要不拘一格，委任不疑。"刘裕力挺朱龄石，这些将领们也就没说什么了。

刘裕送朱龄石出兵后，只带了身边的侍卫长丁旿，两个人日夜兼程，很快乘船回到建康。回去后他什么也不提，只说是好久不见，要请诸葛长民喝酒。诸葛长民自恃已经备下两千精兵，而刘裕只带丁旿一人，于是欣然赴宴。刘裕与诸葛长民在酒席上谈天说地，一叙旧情，说到最后，刘裕突然问道："咱们兄弟两个这么有感情，你为什么还要害我呢？"

诸葛长民一愣，这时身高体壮的丁旿走了出来，用一根绳子把诸葛长民给勒死了。诸葛长民一死，他手下的军队全部散去。廷尉命人搜捕诸葛长民的兄弟。诸葛长民的大弟弟诸葛黎民拒捕被杀，小弟弟诸葛幼民逃跑后很快被捕获斩首，其他诸葛家男子也全部被杀。

再说朱龄石，他被任命为益州刺史，带三万水军来到白帝城（今重庆市奉节县白帝镇境内）。白帝城有内、中、外三条水道都可通往成都，上次刘敬宣攻打川蜀走的是内水道，结果大败而归。朱龄石料定这回蜀军一定会加强外水道的防御，以防晋军从外水道进攻。但内水道险峻，实在是不适合进攻；外水道又有重兵，进攻也会很吃力。

经过策划后朱龄石作出这样的部署：把最好的上百艘高大船只配给战斗力最不强的五千士兵，一路虚张声势，如大军行进般从内水道进发；把主力调到外水道，偃旗息鼓，悄悄前进；同时又派臧熹率三千精兵，从中水道向广汉进攻，吸引敌方的注意力，并分散敌人兵力。

谯纵那边是这样想的：晋军上次在内水道失败，了解到内水道的险峻，按道理这次应当从外水道进攻，自己要加强外水道的防御。但对方肯定也知道自己加强外水道防御的想法。这样，对方就可能以重兵来攻内水道，以避免与自己的主力相遇。当时的情报又表明，内水道有一些晋军高大的船只在行进，而外水道暂时没有动静，于是谯纵调重兵防守内水道的关口涪城。

但后来又有确切情报表明，外水道有大量晋军在迅速行进。谯纵这才恍然大悟，知道自己中了朱龄石的计策，又急调内水道的兵力和成都的兵力驰援外水道的关口平模（今四川省眉山市彭山区境内）。

不过，这时候的军事调动已经来不及了，朱龄石与刘钟进军到平模后立刻发动攻击，用了两天的工夫，把平模攻下，然后迅速逼近成都。谯纵胆子很小，当年造反也是硬被反将绑在车上被迫成为主帅的，见晋军势如破竹，便扔下成都带兵逃走。半路上碰到来援平模的谯道福，结果被大骂一顿："你为什么不守城呢？你弃城而逃，就安全了吗？你真是太胆怯了。"

谯道福大怒之下把剑一扔，正刺到谯纵的马鞍上。谯纵本来还想投奔弟弟，被谯道福这么一吓，连活下去的勇气都没有了，离开军营便找了个地方自杀了。后来他的首级被人割下，送给朱龄石求赏。

谯纵的军事才能虽然不行，但他为政还是比较开明的，也颇得人心，而谯道福在这方面远不如他的哥哥。所以谯纵死后，谯道福虽然想聚众与朱龄石决一死战，可手下的人却不肯为他卖命，一哄而散，都逃命去了。谯道福成了光杆司令，也只好逃跑，在路上被人擒获，送给朱龄石。朱龄石将他斩首，又把谯纵的同姓宗族全部杀死。谯纵在西蜀建国割据七年之后，被东晋平定。

第十五章 刘裕的崛起

刘裕上表皇帝,封朱龄石为监梁、秦州六郡诸军事,赐爵丰城县侯,也就是把川蜀之地全交给朱龄石管理。这时刘裕腾出手来,又开始收拾荆州刺史司马休之。

当时,东晋手握实权的主要有两类人:一类是和刘裕一起靠反桓玄起家的,如刘敬宣、刘穆之、毛修之、冯迁、孟怀玉(孟昶的堂弟)、刘怀敬(刘裕的表兄,当年刘怀敬的母亲断了他的奶,转而哺育刘裕,使刘裕得以活下来)、刘怀肃(刘怀敬的亲弟弟,刘裕的表弟)、辛扈兴、童厚之、刘道规和刘道怜兄弟(此二人为刘裕的亲弟弟)、王元德和王仲德兄弟、朱龄石和朱超石兄弟、沈渊子和沈田子及沈林子三兄弟、魏咏之和魏欣之及魏顺之三兄弟、檀凭之和檀范之兄弟,以及檀氏兄弟的三个侄子檀韶、檀祇和檀道济等人;另一类是刘裕一手提拔起来的,如胡藩(当初曾是桓玄的人)、臧熹、谢晦、刘钟、韩范(南燕尚书令,向后秦求救不成投奔刘裕)、孙处、王镇恶、赵伦之和丁旿等人。

这些人对刘裕都唯命是从,至于皇帝,对他们来说只是个摆设而已。而司马氏家族中在东晋掌实权握兵权的只有司马休之一个人。司马休之在荆州的政治相当清明,在发展经济生产、保证社会安定方面也卓有成效,所以很得人心,而且司马休之没有野心。不过,他的哥哥谯王司马尚之因为没有儿子,就从司马休之这里过继了司马文思。司马文思性格暴躁,很多次因为一时小怨就动手打死人。他在养父司马尚之死后继承了谯王的爵位,便打算和亲生父亲一起去进攻刘裕,为司马氏家族夺回朝廷大权。

司马休之认为自己没有这个实力,所以没同意。司马文思遂联合两个弟弟在京城准备起事,结果被刘裕捉住。刘裕把司马文思送给司马休之处理,又把司马休之的另两个儿子司马文宝和司马文祖羁押在京中。司马休之上表请废掉司马文思的爵位,并写了一封长长的道歉信,请刘裕原谅。刘裕一直想找理由除掉司马休之,所以他把司马休之的两个亲生儿子当成了激怒司马休之的工具。等灭了卢循和徐道覆,又把西蜀平定之后,刘裕便利用闲暇时间把司马休之的两个亲生儿子给处死了。

司马休之听说儿子被刘裕杀了,这个好脾气的人气得都快疯了。加上刘裕故意放回去的那个暴躁的司马文思的撺掇,司马休之立刻上表称刘裕是奸臣,把持国政,专权擅断,起兵讨伐刘裕。

刘裕要的就是这个结果,他当即带军去灭司马休之。但不防雍州刺史鲁宗之也带着儿子鲁轨起兵帮助司马休之。这支军队从襄阳绕到刘裕的后路,袭击了刘裕部队储备物资的地方。刘裕手下大将刘虔之被杀,粮草辎重被烧。此时刘裕的军将徐逵之率领的另一支军队恰好路过,急忙前来救援。但鲁宗之很快撤走,徐逵之赶来的时候,粮草辎重都已被烧成灰烬。徐逵之率军追击鲁军,又被鲁宗之设伏击败,徐逵之、王允之、沈渊子等大将连同数千士兵被杀,只有蒯恩率后军逃出。鲁宗之遂和司马休之合兵一处,由鲁轨和司马文思负责长江北岸防务。

刘裕吃了一个败仗很不甘心,遂率大军强行渡江,但鲁轨和司马文思在北岸修筑了工事,加上江岸天然陡峭高耸,易守难攻。刘裕的每次进攻都被对方击退,死伤无数,就是不能踏上北岸一步。刘裕打红了眼,把盔甲穿上,拿起刀来就要往外冲,主簿谢晦抱住刘裕的大腿不放,刘裕说:"你再不放手,我杀了你。"谢晦也道:"天下可以没有谢晦,但不能没有你。"刘裕当然不能杀谢晦。这时胡藩带一支生力军前来,向刘裕报到。一进帐,见谢晦和刘裕两个人扭作一团,惊道:"这是怎么回事?"谢晦急忙把刚才的事一说。胡藩道:"这个强攻的事交给我吧。"

刘裕很信任胡藩,于是便派胡藩去强攻。胡藩带着人不要命地向北岸冲,以极大的伤亡代价终于把司马文思的防线冲开一道口子。刘裕的后军紧跟着冲上,鲁轨、司马文思抵挡不住,只得退守江陵。

刘裕追到城下,集中兵力再攻江陵。司马休之和鲁宗之守了十几天后,便守不住了,弃城向北逃到襄阳。但襄阳守将李应之已经投降了刘裕,闭起城门不让他们进城。他们只好带着败兵向后秦撤退。这时王镇恶率一支部队急速赶来追捕他们,眼看就要被追上,后秦派司马国璠率军接应。王镇恶遂退兵不追。

刘裕赶走司马休之后,上表皇帝封亲弟弟刘道怜为骠骑将军、荆州刺史,以亲信赵伦之为雍州刺史,而刘裕则获得"剑履上殿,入朝不趋,赞拜不名"的待遇。

这时刘裕不但掌握了东晋朝政,在威信和人心所向等方面也占据了优势地位。宗室大臣司马国璠、司马叔璠、司马叔道兄弟都感觉到东晋可能保不住了,纷纷逃奔后秦。姚兴问他们:"刘裕从贫贱的地位起家,因为诛桓玄、灭卢循而成为权臣，按道理他做的这些事都是为了晋室江山，而且在他的管理下晋国也发展得不错，你们为什么要投奔我呢？"这些司马宗室都含泪道："我们晋室宗族中但凡有一点能力和权力的，刘裕都要想办法除去。他就是晋国最大的祸患，比桓玄要厉害许多倍啊！"

战长安，灭后秦

南凉王秃发傉檀自从骗得姑臧、击败后秦后，便想统一凉州。于是，他向北不断侵略北凉，向南又和西秦冲突不断。410年2月，秃发傉檀举全国兵力约五万骑兵在穷泉与北凉王沮渠蒙逊决战。秃发傉檀几乎全军覆灭，最后带着一千多人逃回姑臧。沮渠蒙逊乘胜追击，进攻姑臧。秃发傉檀因为兵力只剩三千多人，无法守城，只得放弃姑臧，迁都到乐都。沮渠蒙逊取得姑臧，继续进攻南凉。秃发傉檀只得向北凉送王室人质和大量财物求和，北凉当时打算先灭西凉，遂退兵。西秦与南凉也屡屡发生小规模的边境战争，这使得南凉长期征用大量劳动力当兵，而从事生产的劳动力则大量减少，农牧产品自然也就大量减少，南凉人民生活在困顿之中。秃发傉檀只好派兵去抢掠远在青海中部游牧的乙弗鲜卑。

这时西秦王乞伏乾归刚刚去世，太子乞伏炽磐继位。乞伏炽磐得到秃发傉檀带重兵远走的情报，便亲率两万骑兵去攻打南凉。负责守城的南凉太子秃发虎台因为担心城中的汉人趁机闹事，便把汉人中有威望的都软禁起来。这激起了汉人的极大愤慨，反而加剧了城中的混乱。在这样的混乱形势下，乞伏炽磐很快攻破城池，擒获秃发虎台，把乐都的所有人都迁徙到枹罕。

秃发傉檀在乙弗鲜卑那里狠狠地抢了一遭，得马、牛、羊四十多万数。他带着军队往回赶的时候，有南凉逃出来的士兵带来消息，乐都已经被攻占，南凉国危在旦夕。秃发傉檀不敢直接与西秦交锋，却打算带人再去柴达木盆地中东部地区活动的契汗鲜卑部那里大抢一次，然后用抢来的东西赎回妻子儿女和城池。但他手下的将士都恋家不愿意去，走了七八天，人员就跑了一半，连他手下最得意的大将、镇北将军段苟也以追逃兵的名义逃走了；又走了七八天，军队跑得只剩下几十名亲兵和他的三个侄子，还有一个叫作阴利鹿的散骑侍郎没有走。秃发傉檀感觉大势已去，遂决定投降。因为还有一万多户秃发鲜卑族人生活在北凉境内，所以秃发傉檀让剩下的人都去投奔北凉的沮渠蒙逊，只有阴利鹿尽忠不走，二人抱头大哭一阵后，秃发傉檀带着阴利鹿向西秦投降。

这时南凉除了浩亹城（今甘肃省兰州市永登县境内）外，其他城池不是被攻占，就是投降。浩亹城在守将尉贤政的坚守下，一直拒绝投降。南凉太子秃发虎台亲自招降尉贤政，尉贤政也不献城，反而大骂秃发虎台是"弃父忘君"。西秦只好一直围城。直到尉贤政得到秃发傉檀投降西秦的确切消息后，尉贤政才献城投降。

西秦王乞伏炽磐对秃发傉檀还不错，封他为骠骑大将军，赐爵左南公。南凉的文武官员，也经过选拔录用，有能力者都继续当官。南凉遂亡，时为东晋义熙十年（414）七月。

416年2月，后秦姚兴病卒，终年五十一岁，其子姚泓继帝位。姚泓是姚兴的长子，性格宽和仁慈，喜爱文学，但没有治世之才，且懦弱无威，因此他的许多兄弟都不太服气。

刘裕早就有北伐之心，因为内部事务太多，又顾忌姚兴的能力，所以一直没有动兵。现在内患已除，姚兴又正好死掉了，他没什么本事的儿子姚泓继了位，这正是北伐的大好机会。于是刘裕留刘穆之在京，亲自率大军起兵六路，于义熙十二年（416）八月丁巳日出师北伐。

东晋兵所到，一路披靡，漆丘（今河南省商丘市境内）守将王苟生、项城守将姚掌等人纷纷投降，新蔡太守董遵据城而守，被檀道济攻破城池后杀死。接着东晋军又攻克许昌、阳城、荥阳、成皋、虎牢，直指洛阳。

这时后秦的精锐军队都在安定郡防御胡夏。姚绍（姚兴的叔父）建议放弃安定，抽出十余万精锐兵力回防。但梁喜等大臣考虑到胡夏王刘勃勃得到安定后如果继续南下，京城将腹背受敌，建议姚泓调集关中兵力援救洛阳，不要动用北部的军队。姚泓采纳了梁喜的建议，调集了两万骑兵，由越骑校尉阎生、武卫将军姚益男率领去救洛阳，又命令并州牧姚懿（姚泓的同母弟）自带一支军队由蒲阪南下助攻。

征南将军姚洸（姚泓的弟弟）在洛阳守城，本来坚守城池不出，等待援军。可是姚洸手下的司马姚禹、主簿阎恢和杨虔都已经被收买，他们强烈建议

第十五章 刘裕的崛起

姚洸出兵迎战。宁朔将军赵玄反对说:"只要守住洛阳,敌人绝不敢绕过洛阳西进,那我们就为保卫长安立下一功。如果出城决战被击败的话,我们很可能无力守城。洛阳若被攻下,长安就危险了。"

姚禹、阎恢和杨虔以赵玄胆小为由,再次请姚洸派兵出战。姚洸于是命赵玄带兵出战。赵玄叹道:"我出战必死,但我死得其所。只是你不听忠臣之言,肯定会丢失洛阳!"遂带兵出战。

这时,王镇恶、檀道济、沈林子和刘遵考四路兵马已经从各自的战线奔到洛阳合兵一处,士兵多过赵玄好几倍。所以赵玄出城后便被包围,赵玄力战而死。姚禹趁势打开城门,姚洸这时候明白已经晚了,只好出城投降。后秦阎生和姚益男走到半路上听说洛阳已被东晋军攻破,只好停兵不进。到这个时候,东晋已经收复了黄河以南的河南之地和山东所有地盘。

这时,后秦的内部又出现了叛乱。太原公、并州牧姚懿并没有按照姚泓的命令南下援助洛阳守军,而是在蒲阪自称皇帝。姚泓一面派堂弟姚赞去守潼关,以防御东来的东晋军;另一面让姚绍带军去蒲阪平叛。姚懿本来还想拉拢镇守匈奴堡的宁东将军姚成都和他一起叛乱,姚成都大骂道:"国家危险到这个地步了,你不但不救,反而还想当皇帝。你看有几个人肯真心辅佐你?"于是带兵去攻姚懿。姚懿本就军心不稳,一战便败,退守蒲阪。不久,姚绍也率大军到了。姚成都和姚绍很快就攻入蒲阪,把姚懿生擒。

这时,姚泓的堂弟、征北将军、齐公姚恢在安定发动叛乱。上文说过,安定的士兵都是精兵,是用来防备胡夏的。姚恢带这样一支军队叛乱,那是极危险的。姚恢认为姚泓一方面要派兵东拒晋军,一方面还要派兵到山西平叛,关中必然空虚,而自己有大军十万,肯定能一路杀到长安,夺取政权。虽然他想得很有道理,但现实却是无情的。姚绍很快从山西赶回来,在灵台拦住了姚恢的军队。两军对阵后,呈胶着状态,谁也不能前进一步。这时姚赞率潼关的守军赶回来,从姚恢的后路杀入,姚恢大败后被杀。

趁秦国内乱,王镇恶所率的东晋军连连攻破渑池、蠡城(今河南省洛阳市洛宁县境内)、陕津(今河南省三门峡市陕州区),开始强攻潼关。姚泓命姚绍带五万士兵去加强潼关的防守,同时又派人向北魏求援。

姚绍带兵五万来到潼关后,认为王镇恶兵少,便出关与之决战,反被击败，而王镇恶趁势夺了潼关。

姚绍退入定城（今陕西省华阴市东），死守城池，再不敢出战了。这一次他采取了较为正确的军事策略，派姚鸾在大路设防，命姚赞在黄河设阻，断去东晋军的粮道。东晋军前进被定城所阻，粮草又被断去，很快就出现了粮荒。沈林子和王镇恶一方面稳住军心，一方面向刘裕求援。

刘裕此时已经开通了巨野旧河道，可以一路由水运将粮草辎重运到黄河，再由黄河运输到前线。但黄河北岸是北魏的地盘，要想从黄河进行大批量的运输，还得北魏愿意才行。于是，刘裕派人给北魏送去重礼，要求借道。

北魏这个时候已经换了皇帝。皇帝拓跋珪早年去贺兰部的时候，见到一个绝色美女贺氏，可惜贺氏已经结婚了。为了得到贺氏，拓跋珪派人暗杀了她的丈夫，然后把她娶回宫中，封为夫人。后来贺夫人生下一个儿子叫作拓跋绍。

拓跋绍从小就是个凶狠无赖之徒，最大的爱好就是在大街上抢劫，连行人衣服都给剥得精光。拓跋珪很不喜欢他，曾经让人把他拴住倒悬在井中，直到他奄奄一息的时候才拉出来。拓跋绍也对父亲非常愤恨。

天赐六年（409）十月，拓跋珪要立长子拓跋嗣为太子。拓跋嗣的生母是刘贵人，按北魏的旧风俗，只要是立太子，一定要先把太子的母亲杀死，这虽然是为了防止太后和外戚专权，但也很残忍。因此，刘贵人就要被赐死。但拓跋嗣对母亲很孝顺，大哭着乞求拓跋珪饶母亲一命。拓跋珪说："当年汉武帝杀钩弋夫人，就是为了防止她干预朝政和外戚作乱。古人也做过这样的事，这有什么奇怪的。我们这样做是为了国家长久啊！"拓跋嗣没办法，只好回到东宫，天天痛哭，后来直接带着两个心腹趁夜逃走了。

贺夫人听说拓跋嗣逃了，于是便请拓跋珪立拓跋绍为太子。贺夫人为了儿子的前途甘愿赴死的精神实在可嘉，但这又触到了拓跋珪的痛处，他大怒道："朕最恨的就是妇人干政，所以才有杀母立太子的规矩。你来干政，那就是找死。"当即命人把贺氏拖出去，等天亮后处决。拓跋绍知道这个消息以后，立即率领心腹武士，并买通宫内宦官、宫女，连夜翻墙入宫，杀入天安殿，将拓跋珪乱刀砍死。拓跋珪时年三十九岁。

第二天一大早，百官在端门外等着上朝。上朝的时间早就过了，宫门却迟迟不开。一直等到中午，宫门的门缝里才传出一个声音："我有叔父，也有兄长，你们打算立谁为帝？"这是拓跋绍的声音。

百官听了都很惊讶，过了一会儿才反应过来拓跋珪已经死了。百官顿时议论纷纷，猜测拓跋珪的暴亡与拓跋绍有关。但因为拓跋珪只有两个儿子，一个儿子失踪，这个儿子杀父，百官一时也不知道该如何是好，便都回家去了。

百官中有一部分人比较机灵，急忙出城寻找拓跋嗣，把拓跋嗣请了回来。拓跋嗣一回来，很快就有握兵权的将军主动把拓跋绍擒获，交到拓跋嗣手里。拓跋嗣下令把拓跋绍和他的母亲贺氏以及拓跋绍帐下的所有兵将以及充当内应的宦官、宫女全部杀死，然后继皇帝位。

到北魏永兴五年（413），拓跋嗣迎娶后秦姚兴的女儿西平公主为妻，先给她皇后的待遇，但因为没能铸成金人，所以只好封为夫人，不过拓跋嗣对西平公主极为宠爱，胜过后宫中所有嫔妃。北魏和后秦也因此关系十分亲密。

东晋攻伐后秦的时候，后秦向北魏求援，刘裕向北魏借道。拓跋嗣经过反复考虑，决定拒绝晋军借道。拓跋嗣派司徒长孙嵩都督山东诸军事，派振威将军娥清、冀州刺史阿薄干率十万大兵驻守黄河北岸，派黑矟将军于栗䃅沿黄河北岸的重要渡口构筑堡垒，防止东晋军过河北袭。

东晋军因为北魏不肯借道，所有船舰只能尽量靠着南岸西行，东晋兵在岸上用长绳拉纤前进。但因为风大浪急，有些纤绳断了，战船就漂流到北岸。北魏军便夺去船只，杀死船上东晋兵。刘裕如果派兵登岸还击，北魏军便逃，等东晋军退回去，北魏军就又返回岸边。因为北魏军是骑兵，所以东晋军也拿他们没办法，前进速度明显受阻。而王镇恶又因为断粮，屡屡来催，弄得刘裕很是苦恼，每天晚上都睡不好觉，一直在想办法。这天晚上，刘裕又在思考。据说这时候他抬头望月，见天上一牙弯月正在穿云破雾而行，突然悟出一个奇阵来。刘裕立刻招来相关人员，连夜准备和赶制了战车一百辆、连臂大弩一百张、四尺铁槊一千余根、大锤一百把。第二天武器齐备之后，刘裕命七百士兵用这些武器在黄河北岸摆出一个新月形的战阵，这就是历史上有名的"却月阵"。

这个"却月阵"以两千七百人大败对方三万人，成为历史上经典战役中的经典。而后来再没有人用过这个阵形，又是少见中的少见。所以，有必要在此详细解释一下。

"却月阵"以河岸为月弦，月弓的弧形对外，形成一个新月形阵地；一百辆战车中每车配七个人、一张连臂大弩、十多根四尺铁槊和一把大锤。布阵后，有两千士兵在水中作预备军，携带大弩百张。一旦敌方开始进攻，立刻从河中进入阵中，每辆战车上增加到二十名士卒，并在车辕上架有盾牌，以保护战车。

长孙嵩因为见东晋军只有七百多人，便派了三万骑兵去冲，欲把这七百多人全部赶到黄河里喂鱼。在进入射击距离后，东晋军先用大弩射，这种弩射得很远，所以长孙嵩的军队在很远的地方就挨揍了，等他们前仆后继以极大伤亡的代价冲到比较近的距离时，东晋军又把四尺铁槊架在大弩之上，用铁锤来击发。这种新式武器杀伤力极大，只要碰着，不死也得半残。而半月形的阵地又注定北魏军在冲向敌阵的时候会越来越密集，北魏军攻得越近，那四尺铁槊就越能发挥威力。一根四尺铁槊弹射出去，一开始只能打倒三四个人，等北魏军逼近后，便能打倒七八个，甚至十多个，以至于东晋军的阵地前尸积如山，成为天然的屏障，后面的人根本就冲不进来。北魏军死伤惨重，攻击效果却不明显，很快失去信心，纷纷后撤。

刘裕急派振武将军徐猗之率五千骑兵渡河，追击北魏军。但北魏军毕竟还有一万多人，在被徐猗之追上之后，反而给徐猗之一个反包围。幸好朱超石赶来增援，北魏军才又撤退。东晋军也不再追，返回南岸。

这次胜利，给了北魏军一个狠狠地教训，北魏军再不敢袭扰东晋军，刘裕西进的速度大大加快，对伐后秦战争的胜利起到了决定性的作用。

王镇恶得到后勤补给之后，带兵袭击了在陆路设卡的姚鸾和在水路设卡的姚赞。姚鸾战败被杀，姚赞战败退回定城。姚绍再一次派长史姚洽、宁朔将军安鸾、护军姚墨蠡、河东太守唐小方在黄河北岸的九原（今山西省运城市新绛县北）依险修筑工事，想在这里断绝王镇恶的粮道。但刘裕派沈林子、檀道济、刘遵考、毛德祖等数路兵马，以优势兵力强攻下九原，把姚洽、安鸾、姚墨蠡、唐小方全部杀死。至此，姚绍断敌军粮道、坚守待敌自退的战略全部破产，他所能做的只能是坚守城池，尽量拖延灭亡的时间。姚绍的身体本来就不好，在这样的刺激下，病情恶化，不断地吐血，很快病亡。姚赞继任为统帅，但他能做的，也只是坚守不出。

东晋义熙十三年（417）七月，刘裕大军攻破武关，向后秦发起最后的总攻。沈田子、傅弘之领军由武关北进攻青泥，抄长安的后路；刘裕亲率主力由潼关从正面攻向长安。

姚泓也率五万人马出城到青泥进攻沈田子，打算先击灭这支兵力不多的晋军，解决后顾之忧后，再与刘裕的晋军主力决战。姚泓的战略意图十分正确，不过在战术运用上他不如沈田子这名老将。沈田子虽然只有一千多人，但他先发制人，等后秦军正在忙着扎营的时候发动攻击，并利用穿插战术大败后秦兵，后秦军逃回长安。

刘裕这一路并没有强攻定城，而是按照王镇恶的建议从黄河入渭水，走水路绕过定城，直奔长安。姚赞担心被包围，便弃定城，退守郑城（陕西省渭南市华州区）。刘裕故技重施，再以水路带重兵到达姚赞的后方。姚赞又弃郑城，退守灞东。灞东就在长安东门外不远的灞水之东，也就是说刘裕已经来到了长安城下。姚赞退无可退，便在灞东与刘裕的大军展开决战。从双方士兵的战斗力、将领的军事指挥才能以及兵力对比可以看出，失败的肯定是后秦。后秦军全军覆没，姚赞和姚泓退回长安城。王镇恶追入平朔门（长安城北门），城内的后秦军根本不能抵挡，很快就被击溃。姚泓退守内城，这个时候后秦军已成惊弓之鸟，士气低落，毫无战斗力可言，不断有人逃走。姚泓知道大势已去，便在第二天带着妻子、儿女和百官出城投降。姚赞不久也率姚姓宗族向刘裕请降。刘裕把姚泓留下，将其他姚氏宗族全部在长安处决。姚泓也不过多活了几天，被送到建康让晋安帝司马德宗参观了一下，便也被杀掉了。后秦遂灭，时为东晋义熙十三年（417）。

后秦灭亡后，司马休之父子、司马国璠兄弟、鲁轨、韩延之以及桓氏子孙都逃到了北魏。刘裕本打算在长安屯兵驻守，以此为根据地扫平西北，但在建康坐镇的刘穆之于十一月突然病亡。为了稳定京中形势，刘裕只得带兵回去。他任命自己十二岁的儿子刘义真为都督雍、梁、秦三州诸军事，安西将军，领雍、东秦二州刺史。刘义真成为长安的最高领导，以王修为长史，王镇恶为司马，沈田子和毛德祖为中兵参军，傅弘之为雍州治中从事史，五个人共同辅佐刘义真。一切安排妥当之后，刘裕才放心回师。但他忘了一点，沈田子和王镇恶一直就有私人恩怨，他把这两个人放到一起，那是很危险的，也就为后来长安丢失埋下了隐患。

第十六章 南北朝的开端

刘裕称帝

刘裕刚离开长安，胡夏王赫连勃勃就带大军来攻打长安了。

赫连勃勃就是刘勃勃，他称王后改姓"赫连"，意思是上天之子，与天相连；而他的同宗都改姓为"铁伐"，意思是说他们刚锐如铁，皆堪伐人。赫连勃勃在国力强盛后，于413年3月，命令叱干阿利为工程总指挥，在朔方水（今无定河）北、黑水之南（今内蒙古自治区乌审旗南白城子）筑城作为临时都城。叱干阿利虽然对搞工程很在行，但这个人脾气火暴，性情残忍。他命令筑城工匠用蒸熟的土筑城，筑完后检查，如果用锥子能扎入一寸，就杀掉筑城者，并把他们的尸体也筑到城墙中去。在这种残酷无人性的监督制度之下，城墙筑得非常坚固。城筑好后，赫连勃勃自称"朕方统一天下，君临万邦"，故将新城取名"统万"。统万城（位于今陕西省榆林市靖边县最北端）高十仞，墙基厚三十步，上宽十步，城墙高五仞，城内台榭高大，飞阁相连。城开四门，东为"招魏门"，南为"朝宋门"，西为"服凉门"，北为"平朔门"。如此取名，也充分显示了赫连勃勃统一天下的野心。但统万城并非万年不克之城，在赫连勃勃死后第二年，也就是南朝宋元嘉二年（425），统万城便被北魏拓跋焘攻占。

赫连勃勃还让叱干阿利监造兵器，结果造兵器的工匠也倒霉了。叱干阿利规定：弓箭射不透铠甲就杀死制弓人，弓箭能射透铠甲则杀死制甲人。等兵器造好后，又死了一大批造兵器的工匠。

后秦和东晋交战的时候，后秦军最终不得不从安定撤兵回援长安，赫连勃勃趁机占据安定，得到了秦岭以北的大片土地。等刘裕带兵东归之后，赫连勃勃便兵分三路南下进攻长安：一路以太子赫连璝为都督前锋，率骑兵两万进攻长安，自己亲率八万大军在后；一路由三子赫连昌向东阻断晋兵从潼关西援的路；第三路由王买德向南进攻青泥，阻断晋军从川蜀北援的路。

刘义真只是长安名义上的领导，其实权力掌握在王修和王镇恶手里，二人派沈田子、傅弘之北上拒敌。沈田子认为胡夏兵多将广，其野战能力也很强，不能在外决战，便退守刘回堡。王镇恶得到这个消息后大骂沈田子是胆小鬼，并亲自带了一百名亲兵，去刘回堡催战。沈田子本来就对王镇恶很有看法，又听说王镇恶大骂自己胆小怯战，并要带人来监督自己，非常生气，便生了杀王镇恶之心。王镇恶刚来到刘回堡，便被沈田子的族弟沈敬仁埋下的伏兵杀死。沈田子这一疯狂的举动让宁朔将军傅弘之非常惊讶，他问沈田子："你怎么把总司令给杀了？"沈田子毫不在乎地说："王镇恶要谋反，我奉太尉（指刘裕）密令杀之。"傅弘之和沈田子在一起共事很久了，他怀疑是沈田子报私仇，便让沈田子和他一起回长安解释。

沈田子一口答应，让沈敬仁守城，自己和傅弘之赶回长安。傅弘之先派亲信赶到长安把这件事报告给王修。王修急忙派兵等候在城内，等沈田子一入城，就把他捉了起来。沈田子强辩自己是奉了刘裕的密令杀死王镇恶，王修说："你把密令拿出来给我看。"沈田子当然拿不出来，于是被王修斩首。傅弘之持刘义真的命令回到刘回堡，很轻松地就夺了军权，斩了沈敬仁，然后率众迎战胡夏太子赫连璝的军队。两军在池阳（今山西省咸阳市泾阳县和三原县部分地区）进行了一场大战，赫连璝大败后撤，逃至寡妇渡，又被傅弘之追上，再次大败。赫连璝两万人马折去了一半，只好退兵。

晋军前线大捷的时候，长安城内发生了内乱。因为王修对十二岁的刘义真管教很严，喜欢玩耍的刘义真对王修一直很不满。出了王镇恶被杀之事后，刘义真手下那帮陪他玩耍的宠臣又说王修要谋反，刘义真也不管真假，反正他很讨厌王修，便以这个理由把王修给杀了。杀死王修后，军政大事就都由刘义真一个人来定夺了。于是，刘义真把所有的军队全部调到长安城中，他以为兵力集中在长安城内，这样就非常保险了。但结果是，正准备撤退的胡夏军队听到消息后又卷土重来，包围长安城，但围好之后并不攻城，而是分兵守住各险要之处，断去长安的粮道和援军。刘义真的十多万大军和老百姓在长安城内待了半年之后，就吃光了所有的粮食。刘义真也不敢出战，便派人向父亲刘裕求救。

刘裕回到建康后，被封为相国、宋公，加九锡礼，仪服礼仪和皇帝一样，就差穿龙袍坐皇位了。但刘裕仍然没有打算马上当皇帝。不久，他接到长安的情报，王镇恶、沈田子、王修皆死于内乱，而十几万晋军全被围困在长安城中，粮食也吃光了。刘裕大惊失色，急忙派辅国将军蒯恩赶往长安，接应刘义真东归；又任命相国右司马朱龄石为都督关中诸军事、右将军、雍州刺史，也一同前去，代守长安。

朱龄石和蒯恩赶到长安，催促刘义真出城。刘义真在他手下那帮宠臣的劝说下，离开长安前在城内大肆抢劫，虽然名义上是不给胡夏留下东西，但受害最深的还是老百姓。刘义真带着抢来的东西，出城缓缓东行。

胡夏知道晋军毕竟拥有十多万兵力，并没有敢正面与晋军发生冲突，而是以三万骑兵在后袭扰。傅弘之劝说刘义真放弃这些抢来的东西，轻装而行，但刘义真舍不得，于是晋军只能且战且退，还要保护财物，十分疲惫，退到青泥的时候，胡夏的王买德率两万骑兵杀到，赫连昌又率三万骑兵从潼关赶来。胡夏的军队三路夹击，其中两路又是生力军。而晋兵早已疲惫不堪，明显处于劣势。傅弘之和蒯恩与胡夏军队苦战了七八天，最终兵败被俘。刘义真这一次倒是很坚定地放弃了一切财物，什么也没敢要，带着亲兵拼命逃窜，竟然逃了出去，连身边的亲兵都被他甩掉了，只剩下他一个人。不久，中兵参军段宏单枪匹马找到刘义真，两人翻山越岭总算逃回东晋。

赫连勃勃劝降傅弘之不成，把他剥光衣服绑在屋外，称什么时候他愿意降，再把他放回来。时值农历十一月，外面正下着雪，傅弘之在外大骂不止，一直到被冻死。其他被俘的晋军全部被赫连勃勃下令杀死。

因为刘义真走的时候掳掠长安，百姓深恨晋军，到了晚上便夺城门迎胡夏军。朱龄石虽然挫败了这起夺门事件，但从此事中他感觉到长安不可守，便焚毁长安宫殿，退出长安。途中被赫连昌包围，朱龄石和他的弟弟朱超石及所率人马全部战死。

赫连勃勃进入长安后自称皇帝。大家都建议赫连勃勃迁都长安，但赫连勃勃认为北魏才是最大的隐患，如果以东北部的统万城为都，可遏制北魏西进。于是命太子赫连璝守长安，自己带大军返回统万城。

再说刘裕得知青泥大败，关中尽失，不由大恸，登城墙而北望，痛哭流涕。不久刘义真回来，刘裕降刘义真为建威将军、司州刺史，接着又打算北伐胡夏。但由于东晋当年曾发生一次大面积的水灾，百姓困顿，盗贼蜂起，国力比较匮乏，加之胡夏的赫连勃勃与后秦的姚泓不可同日而语，前者是人杰，后者为狗熊，北伐的胜算并不是很大，刘裕最终放弃了北伐。

本想再多建一些功业的刘裕这时候基本上没什么大事可干了，而且他可能也感觉到自己时日不多，于是就加紧了代晋称帝的步伐。他称帝的第一步是算命，看自己什么时候称帝最合适，得到的结果是"昌明之后尚有二帝"。

昌明就是晋孝武帝司马曜，为傻皇帝司马德宗的父亲。这句谶语的意思是：东晋在司马曜死后，还应当有两个皇帝才会结束。刘裕很相信这个，于是就派中书侍郎王韶之把司马德宗给弄死了，然后，又立司马德宗的弟弟司马德文即位。

司马德文虽然知道自己的哥哥是被刘裕害死的，但也没有办法。两年后，在刘裕的再一次操纵和导演下，百官一致上书要求司马德文禅位。

司马德文虽然心中痛楚，却也只能带着自己的家眷走出了皇宫，把这个充满阴谋与欲望的地方让给了刘裕。司马德文被刘裕废封零陵王，迁居故秣陵县县城，由冠军将军刘遵考带兵监管。420 年 6 月，东晋正式灭亡。自晋元帝创立江东，到晋恭帝禅位于宋王刘裕，东晋共历十一主，一百零四年；东西两晋合计共历十五主，一百五十六年。

刘裕于当月称帝建宋朝，追尊其父刘翘为孝穆皇帝，生母赵氏为孝穆皇后；尊奉继母萧氏为皇太后，立刘义符为皇太子；以司空刘道怜为太尉，封长沙王；追封刘道规为临川王；又追封刘穆之为南康郡公，王镇恶为龙阳县侯。其余功臣增位晋爵各有封赏。一个新的朝代——南朝宋（史称刘宋）开始了。

东晋灭亡后，西凉也就转向刘宋称臣。西凉原本是向后秦称藩，但由于后秦的国力日渐衰弱，顾不上管理凉州的事务，因此西凉总受北凉的欺负，经常被沮渠蒙逊带兵抢劫和侵略。西凉李暠遂于 405 年向西迁都至酒泉，并向东晋称臣，李暠被封为酒泉公。但后来北凉仍袭扰不断，一直侵蚀西凉的领土。417 年 2 月，李暠病死，其子李歆继位。西凉与北凉的战争仍是连年不断。直到 420 年，沮渠蒙逊假称南伐西秦，暗中带重兵埋伏在川岩。李歆以为北凉伐秦，必然国内空虚，举三万骑兵进攻北凉的都城张掖，途中被北凉军伏击，西凉军大败。李歆出征的时候曾经慷慨激昂，认为自己必胜，并拒绝了尹太后的劝说，战败之后，他觉得没脸再回酒泉了，便领败军再战。但连战连败，最后死于乱军之中。北凉沮渠蒙逊乘胜攻占酒泉。

其后，李歆的弟弟李恂以敦煌为都，自称冠军将军、凉州刺史，掌管西凉政权。沮渠蒙逊继续派军讨伐，围攻敦煌。李恂据城而守，北凉军屡攻不下，又引水倒灌敦煌，终于攻破城池，李恂自杀，时为421年，西凉灭亡，历二主，共二十二年。

李歆的第三个儿子李重耳逃至北魏，他的五世孙为李渊，即唐朝的开国皇帝。而刘裕则为汉高祖刘邦的弟弟、楚元王刘交的后代。一个灭国王子是唐朝开国皇帝的祖宗，一个开国皇帝是汉朝王室子孙。汉唐两个王朝，竟在此时以这样的一种形式碰了一次面，也算是一个难得的巧合。

西凉被灭，按说宋国应当征讨北凉，为自己的藩国报仇，但中间隔着一个西秦，汉中险地交通也不方便，而且年近六十的刘裕感觉自己的身体越来越差了，健康状况急转直下，所以无暇征讨北凉，反而开始考虑自己的后事了。这个时候，被废为零陵王的司马德文只有三十六岁，正当壮年，刘裕知道自己一定会死在司马德文前头，为了不给子孙留祸患，他派琅琊郎中令张祎带毒酒去故秣陵县鸩杀司马德文。

张伟不忍谋害故主，不去又难以交代，就饮毒酒自杀了。刘裕听说后，叹息不已，但为了刘宋的江山，他还是不能放过司马德文。于是，刘裕又派司马德文的大舅子、褚皇后的二哥褚淡之带了大内侍卫去杀司马德文。最后，司马德文被侍卫用被子捂死了，时为420年9月。

刘裕一共有七个儿子，长子刘义符为太子，但刘义符爱和一帮混混在一起胡闹，这让刘裕很是担心，加上他的身体每况愈下，便开始考虑换太子的问题。他派谢晦考察老二庐陵王刘义真。谢晦考察后回来报告说："刘义真有辩才，但无德量，德轻于才，实非人主。"

421年，刘裕的三儿子刘义隆才十四岁，年纪还太小，刘裕暂时并未考虑把他列为太子人选。老四刘义康只有十二岁，其余三个儿子更小。刘裕最终还是没有废掉太子刘义符。422年春，刘裕有一段时间卧床不起，后来病情好转，但到了夏天又突然恶化。刘裕任命徐羡之、傅亮、谢晦三人为辅政大臣，同时暗令刘义符防备谢晦有不臣之心。不久，刘裕病亡，年六十岁，在位两年有余。

刘裕从把持晋朝政权到做皇帝的这一段时间，采取的治国政策是很积极的。由于他出身贫寒，生性节俭，所以很注意休养生息，爱惜民力。后宫的嫔妃很少，宫女和太监自然也少，宫内开支并不多。刘宋初期，刘裕收复北方的青、兖二州，西至关中，大致拥有黄河以南的广大地区，成为南朝时期疆域最大的一个王朝。刘裕即位前后，吸取了前朝士族豪强挟主专横的教训，抑制豪强兼并。他杀了奴客纵横的京口大地主刁逵，把刁氏成千上万顷的土地和大量财产分给贫民；后又杀了隐匿人口的余姚大族虞亮。有鉴于晋朝时荆州等地大将拥兵自重，屡为祸乱，他削弱强藩，集权中央，裁并荆州府的辖区，限制其文武将士的额员。为防止权臣乱政，他特下诏：凡日后大臣外出征讨，一律配以朝廷军队，征讨结束后，军队还交回朝廷。

由于东晋士族隐匿户口，大大减少了官府收入，刘裕下令整顿户籍，厉行"土断"之法，清理侨人户籍，使侨户编入所在郡县。他还废除一部分屯田池塞以赈百姓，并禁止豪强封锢山泽。国家出现财政赤字的时候，刘裕曾经想增发货币，造五铢钱；但经过太常范泰的劝说后，他终于没有实施这个其实是变相掠夺民财的政策，转之以依靠发展生产来充实国库。刘裕下令：凡政府所需物资，不准像过去那样滥行征发，而是派有关官员以钱购买；适当降低农民租税，废除苛繁法令，让百姓在宽松的环境中休养生息，发展生产。总的来说，刘裕在中国历史上是个比较明智的帝王，算得上是一代有为之君。

北魏皇帝拓跋嗣听说刘裕死了，便命司空奚斤为大将军，率兵南下，欲收复河南、山东等地。这时在河南省汝河与颍河流域，活动着一支一两万人的队伍，这支队伍是晋朝宗室司马楚之组织起来的，他们占据长社（今河南省长葛市东），与刘宋为敌。这一段时间内，刘宋并没有发兵攻打他们，而是派刺客去刺杀司马楚之。但刺客沐谦不但没有下手，还投奔了司马楚之。后来刘裕病重，又一直操心选太子的事，便没有来得及剿灭司马楚之。当然，司马楚之的实力也不足以让刘宋担心，所以才得以存在下来。这次北魏南征，司马楚之主动联络北魏，被北魏任命为征南将军兼荆州刺史，与奚斤一起进攻河南。司马楚之进攻雍上，奚斤进攻滑台。

虎牢关的司州刺史毛德祖连忙派司马（官名）翟广驰援滑台，又派长社县令王法政去守邵陵，将军刘怜守雍丘，防御司马楚之。

司马楚之攻打雍丘的刘怜，因为刘怜坚守攻不下；奚斤围攻滑台，也攻不下；只有尚书滑稽乘虚攻下防守薄弱的仓垣，陈留太守严棱则主动向奚斤请降。但北魏军占领仓垣和陈留并不能改变战局形势，司马军和北魏军仍被刘宋军阻挡，不能南下。

于是拓跋嗣亲自率军五万，向南进发，并向奚斤下了死命令，如果攻不下滑台，就要治罪。奚斤遂亲自冲到第一线和士兵一起攻城，北魏军士气受到鼓舞，攻城力度明显增强，很快攻破了滑台。守将王景度弃城而逃，司马（官名）阳瓒率兵与北魏兵巷战，最终被俘后遇难。奚斤乘胜击败迎面而来的翟广援军，直抵虎牢关下。毛德祖固城而守，北魏军屡次强攻，损兵折将，不能登城，再次被阻。

这时北魏的黑稍将军于栗磾出兵河阳，进攻洛阳的辅城金墉。毛德祖则派振威将军窦晃沿黄河南岸布防，堵截于栗磾。

北魏军又派将军叔孙建的军队向东迅速渡过黄河，进攻青州和兖州。刘宋的豫州刺史刘粹则派属将高道瑾据守项城，徐州刺史王仲德带兵据守湖陆，阻截北魏军。

北魏军的娥清、闾大肥等部进攻碻磝（今山东省茌平县西南古黄河南岸），兖州刺史徐琰稍一接触便向南逃跑，于是北魏军的这部分军队很快攻破了泰山、高平、金乡等郡。叔孙建便由此向东逼近青州，青州刺史竺夔据守东阳城，同时向建康求救。

刘宋派南兖州刺史檀道济会同冀州刺史王仲德出师东援，庐陵王刘义真这时也派龙骧将军沈叔狸率军支援。

这场战争一直持续到第二年，最终北魏于栗磾在奚斤军队的配合下突破了窦晃的防线，大败窦晃，直逼金墉城。据守金墉和洛阳的河南太守王涓之听说北魏军来了，弃城而逃。北魏军不战而得金墉、洛阳。于栗磾被拓跋嗣任命为豫州刺史，镇守洛阳。这时，北魏军得以抽出所有兵力集中到虎牢关那里猛攻，虎牢关愈加吃紧，奚斤、公孙表等部日夜猛攻，北魏军的后继部队源源不断。毛德祖拼命抵御，并挖通六条地道，夜里从地道中出来偷袭北魏军，将北魏军击退。但北魏军被击退并不乱阵脚，毛德祖又不敢追击迫敌决战，只能占了便宜后迅速回城，所以北魏军很快又重新集结攻城。

毛德祖又用了一个反间计，假装和公孙表通信，并故意让奚斤看到。奚斤查获书信后，立刻密报拓跋嗣，正巧太史令王亮和公孙表有矛盾，便借这个机会向拓跋嗣说了公孙表的许多坏话。拓跋嗣于是迅速派了钦差大臣，飞驰到公孙表的营中，把公孙表给勒死了。

公孙表本是一员勇将，他一死，毛德祖便减轻了许多压力，虎牢关竟然因此又守了三四个月。

在山东方面，拓跋嗣命令叔孙建急攻东阳城，又任命刁雍为青州刺史，命令他率部协助叔孙建攻城。刁雍就是被刘裕杀掉的前豫州刺史刁逵的侄儿，当刁逵被杀后，刁氏全族被灭，只有刁雍逃到后秦，后秦灭亡后，刁雍又逃到北魏。

东阳守吏竺夔一共只有两千兵力，他先派人把所有的庄稼都收割了，然后守城不出。北魏军进入青州后，因为不能就地筹粮，等待后勤补给，浪费了一些时间。济南太守桓苗趁这段时间赶到东阳城，与竺夔合兵一处共同守城。

北魏军不惜代价进行强攻，有一次已经攻塌了一段城池，但竺夔和桓苗在城池的缺口处拼命抢堵，用尸体填埋缺口，总算击退北魏军。这时北魏军中流行起瘟疫，有一大半士兵染病。叔孙建要退兵，刁雍极力要求继续进攻。正在争执时，刘宋的援军檀道济部到了，北魏军遂迅速撤退。

檀道济是扔了辎重急行军，到了东阳城时粮草已尽，士兵们也饿了一天了，所以也不能追击北魏军，便留在东阳城修筑城防。

北魏军在东部无法前进，而且碰到了刘宋军主力，只好把进攻重点全部集中在西边，集中了更多的兵力强攻虎牢关。拓跋嗣亲自在军中督战。

虎牢关已经被围七个多月，每天都在打仗，士兵已经死伤大半，在北魏军的持续强攻下，虎牢关在十多天后被攻破。但毛德祖已经事先在城内又修了三重城墙，魏军本来以为攻城成功了，却见眼前又有一重城墙，只好又拼命往里攻。攻了一重又一重，攻到第三重时，刘宋军檀道济部已经兵至湖陆，刘粹来到项城，沈叔狸一部则在高桥。檀部被北魏兵阻住，而刘部和沈部则因畏惧北魏兵强盛，不敢与之决战。北魏军得以从容攻破虎牢关,刘宋参军范道基率两百人突围南逃,毛德祖被俘后受到很好的待遇,但因伤重而死。虎牢关被攻破后,司、兖、豫三州诸郡县(大约为河南省全境和山东省西部)全部为北魏占有。

拓跋嗣本来还想乘胜南征,但也因为身体原因,不得不罢兵回都。他回到平城后很快病死,太子拓跋焘继位。拓跋焘听从丞相崔浩的话,停止战争,休兵养民。刘宋军连打败仗,也失去了反攻的信心。两国遂罢兵。

拉锯战

刘宋丢失了大片土地,这让当年跟着刘裕打江山的将臣很是窝心,但皇帝刘义符倒觉得没有什么,照玩不误,这引起了朝中老臣的不满。徐羡之、傅亮和谢晦三人虽然掌握朝纲,但他们更想要的是一个能带领宋国一统天下的明君,而不是一个大权旁落、只知玩乐的昏君。于是,三个人和太后商量要废掉刘义符。但废掉刘义符后会出现一个问题,那就是刘义真便会名正言顺地成为皇帝。刘义真就是当年丢掉长安的那一位,后来又因为夸夸其谈,被刘裕认为不能担当未来天子的重任;再加上他又结党营私,根本不把这帮老臣们放在眼里,如果刘义真当上皇帝,这帮老臣都将被打击下台。于是在废掉刘义符之前,他们先一起攻击刘义真,以"潜怀异图""讪主谤朝"的罪名将刘义真废为庶人,送到新安郡监视居住,后来又派人把他勒死。

除掉刘义真后,三个人通过太后发动兵变,废掉刘义符,拥立刘裕的三子、年仅十七岁的刘义隆为帝。刘义符被废为营阳王,徙往吴郡,在路上又被徐羡之派人杀死,时年十九岁。

徐羡之、傅亮和谢晦把这一切都干完之后,突然后怕起来。废帝、杀帝,这是历代权臣才会做的事。刘义隆和他们并不怎么亲近,拥立刘义隆即位也并非刘义隆的意愿。如果刘义隆要计较起来,他们又该如何?

傅亮决定面对现实,如果刘义隆要算后账,他也认了;徐羡之则心存侥幸,他认为皇帝是个明君,一定能理解他们的一番苦心;而谢晦则请调为荆州刺史,并且暗中把所有自己用过的旧兵和部将都调到荆州,以防不测。

刘义隆上台后处理朝政，批阅奏章，管理国家，从来不提三位辅政大臣废帝杀君的事，这让徐羡之和谢晦渐渐放下了心。直到登基后的第三年（426），刘义隆突然利用自己的亲信士兵在京中将傅亮和徐羡之除掉。在荆州的谢晦得到消息，知道自己也不可免，遂举兵造反。刘义隆早就把檀道济召到建康为帅，并调集了兵力准备平叛。知道谢晦造反后，檀道济从建康出兵，江州刺史王弘、彭城王刘义康、雍州刺史刘粹等人也先后出兵，一齐讨伐谢晦。谢晦虽然善战，但出师无名，军心不定，再加上他的对手各方面都要比他强大得多，谢晦很快兵败，被押至建康后杀死。谢晦一党大多被诛。刘义隆加封檀道济为征南大将军，开府仪同三司，兼江州刺史，并提拔了一大批新将领。很快，朝中之人都成为刘义隆的亲信，刘义隆从此算是真正掌握了宋国的大权。

北魏拓跋焘登基以后，柔然趁拓跋嗣去世，再次大举南攻北魏。前文说过，柔然在豆代可汗的带领下变得十分强大，与北魏经常发生大规模战争，争夺北方霸权。410年5月，北魏和柔然曾进行了一次大战，柔然战败，豆代可汗在败退途中病死。他的弟弟蔼豆盖可汗继位，但四年后被北燕所杀，郁久闾社仑的堂弟郁久闾大檀，即牟纥升盖可汗继位。郁久闾大檀继位后，继续和北魏开战，并捐弃前嫌，实行联合北燕和后秦的策略，使北魏十分被动。双方多年战争，互有胜负。郁久闾大檀这次率六万骑兵先攻陷了北魏故都盛乐，再包围云中城，北魏的北方边境一时吃紧。

北魏太武帝拓跋焘早在十二岁时就在河套参加过抗击柔然的战争，所以对柔然的战术颇为熟悉。他力排众议，亲自率三万骑兵急赴云中救援。柔然依仗人多，重重包围了赶来救援的北魏士兵。拓跋焘命令所有弓箭手集中射向柔然大将于陟斤。于陟斤被北魏军射杀后，拓跋焘趁势率大军纵深地向前穿插突破，北魏将士气势大振，奋力突击柔然军。柔然军顿时被搅得一片混乱，大败而逃，一直逃到漠北才敢停下。北魏军遂解云中之围，并趁势收复盛乐。

第二年，胡夏王赫连勃勃病逝。因为长子赫连璝与父亲赫连勃勃曾发生过矛盾，赫连勃勃要废掉太子，赫连璝先行兵变，但被其弟赫连昌所杀，所以赫连昌成为太子，继承了帝位。拓跋焘决定趁机讨伐胡夏，但一些将臣认为，如果柔然趁北魏西征、国内空虚时进攻北魏本土，那是很危险的，因此建议先进攻柔然，把柔然灭掉或赶到沙漠的北部才能保证安全。太常崔浩道："胡夏的统治很残暴，早就不得民心，赫连昌又是个愚蠢的人，胡夏国土也不大，此次进攻胡夏一定会迅速胜利。等柔然南攻时，我们早已经班师回国了。"

拓跋焘遂派奚斤率五万骑兵向南袭击蒲阪，将军周几向西南袭击陕城，河东太守薛谨为先锋，拓跋焘亲领大军，向西进攻统万城。恰好遇到天气突然降温，黄河封冻，拓跋焘临时又做出决定，亲率两万骑兵，迅速过河，以急行军的速度进兵到统万城下。赫连昌没想到拓跋焘来得这么快，根本就没有时间调集部队，也没有准备长期守城的储备，只能把城中的军队集合起来仓促应战。

双方大战不久，胡夏军即败，退回城中。北魏豆代田带一支小部队紧跟着杀入。胡夏军借助复杂城防，拼命抵抗，豆代田所带的北魏军竟又被挡在城外。因为统万城城墙高大坚固，拓跋焘没有强行攻城，而是在城外劫掠一番，退兵回国。这时，周几攻破了弘农关（即函谷关），但不久在弘农病死。奚斤暂时接管周几的军队，继续进攻蒲阪。蒲阪被北魏军攻破后，胡夏将领赫连乙斗逃往长安。长安守将为赫连助兴，是胡夏皇帝赫连昌的弟弟，他听说奚斤带大军来攻长安，遂弃长安，退守安定。关中险地竟不战而弃，被奚斤轻易得到。

北魏得关中后，便与凉州接壤。北凉王沮渠蒙逊、氐王杨玄为了避免北魏军乘胜灭了他们，都主动向北魏纳贡称藩。拓跋焘接受了两国的称藩后，继续操演士兵，准备攻城器具，打算对胡夏进行最后的一击。

不久，赫连昌派弟弟平原公赫连定率两万骑兵南下，要收复长安。奚斤带兵与之激战，数月不分胜负。拓跋焘遂趁统万城空虚再次出兵西征。这次仍是率轻骑三万，全速前进，迅速到达统万城下。

拓跋焘这次先派三千士兵进攻统万城，其余士兵埋伏在深谷两旁。赫连昌见北魏军人少，便出城迎战。北魏军且战且退，一直退到深谷，伏兵四起，大败胡夏军。赫连昌想逃回统万城，但归路被切断，只得逃往上邽。北魏司徒长孙翰率八百轻骑一路追击，但赫连昌实在是逃跑得太快了，还是没能追上。

拓跋焘乘胜攻城。统万城的城池虽然坚固，但由于军队主力在城外全部溃散，主将和皇帝都跑了，城内既没有高级将领指挥，也没有足够的兵力，剩下的胡夏兵也全部逃散，所以北魏军很快攻入城中。胡夏的文武官吏以及后妃公主全部被俘，只有赫连昌的母亲被一些亲信侍卫护着杀出，得以逃脱。

拓跋焘攻下胡夏都城之后，把所有财物分给将士，留常山王拓跋素镇守统万城，自己率军回到平城。这时柔然则聚集兵力准备南征北魏，见北魏军主力回师，只好作罢。拓跋焘又命令奚斤带兵北还。奚斤则上书称，这正是消灭胡夏的时机，决不可放过。拓跋焘便命令宗正娥清、太仆丘堆各率军一万去支援奚斤。又调给奚斤精兵一万，良马三千匹。

在陕南与奚斤对峙的赫连定听说统万城失守，又见北魏军不断有援兵到来，只好放弃与奚斤的对峙，退守上邽。奚斤打算先进军安定，与娥清、丘堆合兵后，再攻取上邽。但营中突然流行起马瘟来，许多马都病死了。由于缺马，部队的行军速度和后勤补给都受到严重影响。奚斤只好停兵不进，并且派出小股部队四处寻粮。赫连昌趁机掩杀这些小股部队。北魏军不但人马受到损失，粮草也难以为继，大家整天靠喝稀饭度日。

监军侍御史安颉劝说奚斤与胡夏军决战，奚斤因为军中少粮而不敢出击，安颉道："像你这样拖下去，粮食只能是越来越少，最后断顿。大军无粮，早晚会被胡夏军攻破。不如出兵，决一死战。"奚斤仍是不听，只是等待援军。安颉干脆和将军尉眷私下挑选了一些精兵，把几天的口粮一齐领来，饱饱地吃了两顿。第二天，安颉、尉眷带兵与赫连昌决战，正巧遇到了沙尘暴，北魏军处于上风向，胡夏军只好撤退。由于撤退得比较及时，胡夏军兵力方面的损失并不大，但赫连昌在混乱的撤退中被安颉给活捉了。胡夏的皇帝被活捉，这给胡夏以相当大的震动。

赫连昌长得很英俊，说话也谦和，而且善于骑射，因此被押到平城后，很招拓跋焘喜欢，对他非常优待，封他为会稽公，又把妹妹始平公主嫁给他为妻。安颉则因功被封为建节将军，兼西平公。尉眷被封为宁北将军，兼渔阳公。奚斤没想到自己的裨将立下大功，将自己比了下去，深以为耻。这时，赫连昌的弟弟赫连定从上邽又转移到平凉并称帝。奚斤便把所有的军粮拿出来，率兵急速行军，去进攻平凉。没想到赫连定早在路上设下伏兵，大败北魏军，并擒获奚斤、娥清、刘拔三将。这时，太仆丘堆正好押着粮草来到安定，听说奚斤大败，连粮草也不要了，赶紧带兵赶回长安守城。赫连定乘胜进逼长安，丘堆所带士兵不多，不敢守城，又弃长安退到蒲阪。

拓跋焘听说丘堆不但把粮草都送给了敌人，还轻易放弃长安，立刻派安

第十六章 南北朝的开端

颉带兵去蒲阪,先将丘堆斩首,再带领所有士兵阻击胡夏军。拓跋焘为了彻底摆脱北面柔然的不断袭扰,以便专心对付南边的刘宋并统一北方,于是决心集中力量打击柔然。

429年4月,拓跋焘与崔浩制订了一套非常严密的消灭柔然的战略计划。柔然是游牧民族,春夏的时候部族们各自放牧,秋冬的时候则集中起来向南进攻。拓跋焘利用柔然的这个规律,在他们放牧的时候,兵分两路,一路由司徒长孙翰领兵由西道通过大娥山,另一路由拓跋焘亲自率军,由东道通过黑山(今内蒙古自治区巴林右旗小罕山),越过大漠,在可汗庭(今蒙古国哈拉和林的西北)合击柔然。两路军队全部为轻骑,不带辎重,在栗水(今蒙古国翁金河)时遇到柔然主力后迅速出击。柔然一点儿防备都没有,被杀得落花流水。郁久闾大檀向西逃窜,他的弟弟郁久闾匹黎一部在反击中被长孙翰的骑兵全部杀死。

六月,拓跋焘领军沿栗水西进至菟园水(今蒙古国图音河),分兵搜捕郁久闾大檀及其部众,在东西宽约五千里、南北纵深约三千里的广大土地上,北魏军不断消灭逃散的小股柔然军。原来被柔然征服的高车等部落的三十余万人也乘机倒戈,归附北魏,帮助北魏军对付柔然。拓跋焘一直追到涿邪山(今蒙古国境内曼达勒戈壁一带)才引兵东还。郁久闾大檀因为遭遇到几近灭国的惨败,忧愤而亡。他的儿子郁久闾吴提继位后,向北魏称藩乞和,拓跋焘遂以柔然为北藩。

这时刘宋的皇帝的刘义隆已经几次三番去信要求北魏归还黄河南岸的地方,见北魏毫不理睬,便命右将军到彦之、安北将军王仲德、兖州刺史竺灵秀,共率五万精兵北伐;又命骁骑将军段宏,率骑兵一万,主攻虎牢;命豫州刺史刘德武,领兵一万作为后援;命长沙王刘义欣为总指挥,率兵三万坐镇彭城;又派殿中将军田奇再一次去北魏告诫拓跋焘:刘宋只是收复黄河南岸的地方,并没有打算去争夺黄河北岸领土,希望北魏能够主动让出来。

拓跋焘让田奇告诉刘义隆:"我刚生下来的时候就听说黄河南岸之地是属于北魏的,你们这是侵略的行为而不是收复失地的行为。刘宋要来尽管来,看你们有没有本事夺得这片地方。"

因为北魏军队不善水战,而且拓跋焘怕任用河南之地的司马楚之、鲁轨、韩延之等人会激起刘宋同仇敌忾,于是把所有军队都撤到黄河北岸,并调集北方军队在河北集结。刘宋军一路北上，先到碻磝，再西进滑台，再到洛阳，再到虎牢，一路都是城门大开，北魏兵尽退。到彦之见进兵这么顺利，以为北魏军总算是想明白了、主动让出了地盘，遂命诸将分守各地城池。王仲德告诫到彦之说："到冬天河水枯干黄河结冰时，北魏军一定会南侵。我们要做好准备。"但到彦之并没有放在心上。果然，到了这年冬天，北魏军突然南下，刘宋军仓促集结应战，结果大败。北魏冠军将军安颉乘胜进攻洛阳，而洛阳竟然还没有备足粮食。刘宋将领杜骥守了几日，吃光了粮食就弃城逃走了。北魏军又直攻虎牢关。虎牢关的守将尹冲向到彦之求援。到彦之派裨将王蟠龙率军增援，但王蟠龙在七女津被北魏将领杜超伏击，刘宋军战败，王蟠龙战死。尹冲本来就兵少，听说援军被击败，便不死守，和荥阳太守崔模一起投降了北魏军。

到彦之一看这个阵势，便退守东平，并请朝廷速派援军。刘义隆赶紧命征南将军檀道济带兵北上。北魏也再次增兵，派寿光侯叔孙建、汝阴公长孙道生带兵南下。北魏的援军来得快，刘宋的援军来得慢。很快，北魏军三支军队一齐向到彦之的主力攻来，到彦之再次下令全军撤退。将军垣护之劝到彦之与北魏军一战，到彦之不听，王仲德则劝道："现在我军与对方还有一千多里地，滑台也驻有重兵。这时候南逃，军心必失，滑台也难保。我的意思是不如先移军到山东，与滑台成掎角之势，然后再看情况定夺。"到彦之于是带兵向济南前进，刚到了历城，北魏军已经迅速追击而来。这时到彦之下定决心逃跑，谁也劝不住他了。到彦之命令全军放弃舟船，登岸南逃，一路狂奔，逃到彭城。镇守须昌的竺灵秀看主力已经逃跑了，自己守孤城也很危险，于是也弃城南撤，退到湖陆。

只有彭城的刘义欣慨然道："天子命我镇守彭城，我当与城共存亡，决不南撤。"在刘义欣的榜样作用下，山东守将都守城不撤，没有出现像河南那样的大逃亡。

北魏军进兵到济南，太守萧承之只有几百名士兵，实在没办法守城。他干脆把四门打开，玩了个空城计。北魏军果然认为城中有伏兵，竟然在城外待了一天后退兵了。同时，北魏军又南攻到湖陆，竺灵秀这回跑得更彻底，连军队都不要了，带了几个亲信南逃。刘义隆被这些逃跑的将军们激怒了，他下令将竺灵秀杀死，将到彦之和王仲德免职关押，任命垣护之为北高平太守，同时命令檀道济加快行军。

檀道济在进兵途中受到北魏将领叔孙建和长孙道生的阻击,走得很是艰难。不过,总算是一路败少胜多,还能够前进。叔孙建和长孙道生边打边退,退到历城的时候,叔孙建在一次偷袭中把檀道济的储粮给烧了。檀道济只好停战,加紧运粮。

北魏军利用这一段时间猛攻滑台,滑台守将朱修之守了近四个月,实在没什么吃的了,连城里的老鼠都被吃光了,最后北魏军攻破滑台,朱修之被俘。

檀道济由于后勤不济,将士们都吃不饱饭,没办法保持战斗力,又听说滑台已失,只好退军。檀道济在退兵时,把所有的大米都铺在粮仓的上边,而下面则堆满沙子。魏军见宋军并不缺粮,不敢过分进逼。檀道济得以全军而退。

北魏终于将当初放弃的黄河南岸的失地全部收回,刘宋将领朱修之因为固守滑台四个月得到魏主拓跋焘的尊重,被封为侍中,拓跋焘还在皇亲国戚中选择了一个女子嫁给他为妻。

此时,胡夏的新皇帝赫连定战败北魏军,生擒魏帅奚斤,收复关中后,却没有趁势东进攻北魏。结果,北魏从容地先在北边打服了柔然,然后在南边打跑了刘宋后,便开始对付胡夏了。拓跋焘亲率大军从统万城出发,进攻平凉。赫连定则从安定出兵,增援平凉,途中胡夏军主力遇到北魏将领古弼所率一部。古弼虽然兵少,但利用伏兵获胜,赫连定退守鹑觚原(今甘肃省平凉市灵台县东北)。拓跋焘又派尉眷等数路军队与古弼汇合,以主力军围攻鹑觚原。由于胡夏军在鹑觚原的营中无井,水源又被北魏军断掉,胡夏军无法坚守,只好突围。经过血战,赫连定带一支军队逃到上邽,但大部分胡夏军以及赫连定的弟弟赫连乌视拔、赫连秃骨等百余名将相公侯全部被俘。

北魏兵乘胜进攻安定,胡夏将领东平公乙斗弃城逃往长安,逃到长安后还觉得不保险,又把长安也弃了,向西逃到上邽。

这时平凉城已经被北魏军包围将近两个月,拓跋焘一直攻不下。赫连昌亲自出面劝降也没有用,直到胡夏皇帝赫连定败逃到上邽,平凉城的守将上谷公赫连社干和广阳公赫连度洛孤才开城投降。北魏将领豆代田先带兵入城,接收改编胡夏军,并放出被关在监狱中的奚斤等魏将。

至此，北魏已经平定了相当于今天除汉中以外的陕西全境。而西边的凉州还有西秦和北凉在争雄，不过西秦自从乞伏炽磐死后，他的儿子乞伏暮末在军事上十分平庸，在与北凉的战争中屡屡失败，丧失土地，一退再退；其政治能力也很糟糕，对内滥施酷刑，经济生产衰退，国家越来越穷。乞伏暮末知道贫弱的西秦很快会被北凉灭亡，不得已只得向刚刚取得大胜的北魏投降。但胡夏的赫连定退守上邽后，也打算在这一片发展地盘，于是先进攻最弱的西秦。乞伏暮末不敢与胡夏军交战，退守南安。赫连定派叔父赫连韦伐带军围攻南安城，乞伏暮末根本无心交战，守城十几日后便出城请降。乞伏暮末及其乞伏氏宗族五百余人全部被赫连定杀死，西秦遂亡，时为431年1月。

胡夏灭西秦后，本来打算向北凉进攻，这时吐谷浑汗国的可汗慕容慕瓌亲率骑兵三万人进袭胡夏。吐谷浑曾经向西秦、前秦和后秦称臣或称藩。417年，阿豺继王位，国力日益强大。阿豺于423年向刘宋称藩，不久刘宋发生政变，刘义隆继位后封阿豺为骁骑将军、沙州刺史。426年，阿豺病死，其同母弟慕容慕瓌被立为沙州刺史，刘宋又将其封为陇西公。但慕容慕瓌后来见北魏势大，又向北魏称藩，北魏封他为大将军。胡夏攻灭已经向北魏投降的西秦，吐谷浑便以此为理由进攻胡夏。胡夏军并没有防备，渡黄河渡到一半时突然遭到吐谷浑军的袭击，前军纷纷被逼到河中，大半人马被淹死。赫连定带残军撤退，吐谷浑军过河追击，再次击败胡夏军，活捉赫连定。胡夏传三世、二十五年而亡，时为431年6月。慕容慕瓌派人把赫连定送到北魏，拓跋焘将赫连定斩首，慕容慕瓌立此功而被加封为西秦王。

北方四国的灭亡

前文说过，前秦苻坚的女婿杨定在陇西建立后仇池，苻登的儿子苻崇和杨定在与西秦的战争中被杀死，杨定堂弟杨盛继位后自称征西将军、秦州刺史、仇池公。杨盛在位时曾向后秦称藩；后秦灭亡后，杨盛又向东晋称藩，被封为征西大将军、仇池王。刘宋代晋后，封杨盛为车骑将军、武都王。但杨盛仍认为仇池国是已经灭亡的东晋的臣藩，仍沿用东晋的义熙年号，不受刘宋之封。

第十六章 南北朝的开端

425年，杨盛重病，临终时他对儿子杨玄说："我一生为晋朝之臣，所以不向刘宋称臣；但我死后，你就可以向刘宋称藩了。"杨玄继位后，遂接受刘宋的封号，并用刘宋的年号纪年。杨玄在四年后病亡，他的儿子杨保宗继位，弟弟杨难当为监国。不久杨难当将杨保宗废去，自称都督雍、凉、秦三州诸军事，兼征西大将军、秦州刺史、武都王。但杨难当并没有杀害被自己废掉的杨保宗，还重用杨保宗为将。西秦和胡夏灭亡后，杨难当趁机占领上邽，由儿子杨顺镇守；占领宕昌，让杨保宗来镇守。杨保宗当然不甘心就这么被废掉，他在宕昌密谋趁杨难当前来视察的时候发动政变，但计划泄露，杨保宗被捕。不过杨难当仍然没有杀他，只是把他关了起来。杨难当继位后，转向北魏称藩，受封为征南大将军、南秦王。然而，随着地盘的增大，杨难当的野心也鼓胀起来，他下一步的计划是先攻取刘宋的汉中，再夺川、蜀，与北魏、刘宋形成三足鼎立之势。

刘宋梁州刺史甄法护由于能力有限，不能治理好地方，被刘义隆撤换，改派萧思话为刺史。杨难当趁势起兵攻打梁州。萧思话正在路上，甄法护本来是被撤职的官吏，无心守土，于是放弃梁州，逃到洋州（今陕西省汉中市洋县）。

这时萧思话已经来到了襄阳，听说梁州失守，便沿路招兵买马，一共召集一千多人在磝头（今陕西省安康市石泉县东南汉水东岸）驻守。由于他的兵少，只能在磝头据守继续招兵，同时向朝廷求援。

杨难当占领梁州后，留将军赵温据守在梁州。赵温又令魏兴太守薛健据守黄金山，副守姜宝据守铁城。铁城与黄金山相距一里多地，可互为接应。两将又伐树堵住了所有的道路，以阻刘宋军。

不久，刘宋调动附近的军队在磝头集结完毕，萧思话拥有了大约七八千人的军队。他先派司马萧承之进攻黄金山和铁城。萧承之是南齐开国皇帝萧道成的父亲，为人很有谋略。他和阴平太守萧坦把道路打通，然后先攻下铁城，再攻下黄金山。薛健和姜宝大败而逃。

赵温带兵反攻，但被刘宋军杀败退走。刘宋军将领萧坦也受了重伤，不能追击。萧承之派司马锡文祖驻守黄金山、长史萧汪之镇守铁城，以荆州援军裴方明为后军、行参军王灵济为先锋，继续进攻南城。后仇池守将赵英守城数日，被王灵济攻破，赵英被俘。因为南城中已经没有粮食，王灵济遂带兵后撤，与萧承之合兵一处。

萧承之带主力军队北上至汉水渡口，正碰上杨难当亲率后仇池主力军南下来征。杨难当已经先一步过了汉水，并在汉水上搭起浮桥，立起大营。后仇池的军队大多身穿犀甲，而宋军多用短刀，根本就砍不动对方的盔甲。宋军渐渐处于下风。萧承之急忙命后军在长矛上系上大斧冲上去横砍，大斧子横向一削，立刻就有四五个人倒下。仇池军从来没见过这种新式武器，很快败退。杨难当率军退到汉水北岸，烧毁浮桥，退守大桃（今陕西省汉中市略阳县东）。

萧思话、裴方明继续进攻，连战连捷，不但复夺梁州，还把当年谯纵据蜀叛晋的时候杨盛从谯纵手中夺去的魏兴、上庸、新城三郡全部收复。杨难当担心刘宋军乘胜追击，急忙向刘宋上表谢罪称藩。刘义隆下诏停兵，赦免了杨难当，封赏萧思话、萧承之等人，而那个弃梁州而逃的甄法护则被强令在狱中自尽。

此后，刘宋进入平稳发展期。刘义隆在位期间，提倡文化，整顿吏治，清理户籍，发展农业生产，减轻甚至免除农民积欠政府的"逋债"等负担。于是，江左自东晋义熙十一年至文帝统治末年（415—453），"役宽务简，氓庶繁息"，三十多年中相对安定，史称"元嘉之治"。而北魏自攻灭胡夏后，一直没有大的战事。北魏皇帝拓跋焘把节约开支、减少浪费当作国家的重要措施，史载他"性清俭率素，服御饮膳，取给而已，不好珍丽，食不二味，所幸昭仪、贵人，衣无兼彩"，凡"赏赐，皆是死事勋绩之家，亲戚爱宠，未曾横有所及"；他还重用人才，完善刑律，发展生产，严惩贪官污吏，爱惜民力、物力。拓跋焘的一系列政治行为，对保证国家开支、减轻人民负担起到了积极作用，把北魏治理得很不错。

一个暂时不打算南征，一个也不愿意北伐。时间长了，北魏、刘宋两国也开始有使节往来，接着互通贸易，南北和好，十余年没有战事。但北魏在北边还有局部战争，即攻伐北燕。

前文讲过，慕容宝的养子慕容云灭后燕，将自己的姓又改回原姓高云，继天王位，史称北燕。高云是被冯跋和冯素弗兄弟俩组织了一帮人推上台的，他当上燕王后，朝政也被冯氏兄弟所掌握。高云担心冯氏兄弟会对自己不利，便建立起一支禁军。这支禁军据说都是由身体高大的力士组成，但并不怎么忠诚。禁军首领离班和桃仁两个人不但经常从高云那里得到数以万计的赏赐，甚至连吃穿都和高云相同。即使是这样，这两个人还是把高云给刺杀了，然后带领禁军造反。手握兵权的冯跋立刻行动，动用部队把这帮乌合之众给收拾了。冯跋当上了燕王，厚葬高云，并任命弟弟冯素弗为车骑大将军、录尚书事。

　　北魏攻灭胡夏后，派使臣到北燕，让北燕称藩。冯跋不但不从，反而把北魏来使扣留不放，北魏遂与北燕动起手来。冯跋在位时政治比较清明，对军事也很在行，而北魏军也没有打算动用大军去对付小小的北燕军，所以双方互有胜负，北燕并没有吃亏。到了430年，冯跋重病卧床不起，因为太子冯永于426年8月病逝，所以当时的太子是次子冯翼。但冯跋的爱妃宋夫人想让自己的儿子当皇帝，便不准冯翼入宫侍奉冯跋。冯翼生性懦弱，并没有反抗，只是深居东宫。宋夫人又传伪诏关闭宫门，禁绝内外，准备等冯跋一死就立自己的儿子为王。中给事胡福因为执掌禁卫，能自由进出王宫，他急忙把这件事告诉冯跋的二弟冯弘（冯跋的大弟冯素弗已经病死），冯弘遂率兵杀入宫中，冯跋受惊而死。冯弘见大哥死了，索性把大哥的所有儿子全部杀死，然后登上王位。冯弘即位后的第二年，即431年，冯弘把自己的原配夫人王氏及所生之子冯崇废掉，另立侧室慕容氏为皇后，慕容氏所生之子冯王仁为太子。

　　北魏趁北燕发生内乱，大举进攻北燕。这一次进攻很顺利，首先是被废掉太子身份的冯崇和冯崇的胞弟冯朗，献城投降北魏，接着在两个月内北魏军一连攻下北燕十多个郡。这时正好那个守城数月的将军朱修之从北魏逃跑，逃到北燕。冯弘急忙派人把他送回刘宋，并请他向刘宋求援。刘义隆遂陈兵北疆，北魏这才罢兵回去，以防刘宋军。

　　打完这次仗后，北魏歇了两年，举五万兵再次攻北燕。北燕军又连吃败仗，冯弘再一次向刘宋求援，并向刘宋称藩。但刘宋只是封冯弘为燕王，同时派了几万兵在边疆走了一圈，并没有真正出师相救。北魏军这次北征出兵不多，所以并不担心刘宋军北上，仍不撤军。冯弘只好转向北魏称藩，并把自己的三个女儿献给拓跋焘。北魏退兵后又提出一个要求，就是把北燕太子冯王仁送到北魏当人质。冯弘本打算这样做，但他宠爱的慕容氏怎么也不答应，于是冯弘便拒绝了北魏的要求。北魏多次派使臣来索人质不成，便于435年年底以四万大军讨伐北燕，冯弘转向高句丽求援。436年5月，由高句丽派兵护送冯弘带龙城全城的人口东渡辽河，在高句丽国内定居，北魏军遂占辽东。北燕灭亡。北燕自407年高云开国至436年冯弘投奔高句丽，共历三主，历时三十年。

北魏灭北燕三年后，又驱兵向西，进攻北凉。

前文说到北魏得关中后，北凉王沮渠蒙逊为避免北魏军乘胜攻击本国，主动向北魏纳贡称藩，被封为凉州刺史、河西王。三年后沮渠蒙逊病殁，世子沮渠牧犍继任凉州刺史、河西王。

沮渠牧犍的妹妹兴平公主，因为长得十分漂亮，拓跋焘便向沮渠蒙逊求婚。沮渠蒙逊虽然答应，但还没来得及送女儿出嫁就咽气了，沮渠牧犍按照父亲的遗命，派右丞宋繇把妹妹送入北魏。拓跋焘礼尚往来，也把亲妹妹武威公主嫁给沮渠牧犍。两国互相通婚，表面上十分和睦。可能因为武威公主长相一般，沮渠牧犍对她并不感兴趣。沮渠牧犍嫂子李氏，十分美艳动人，与沮渠牧犍兄弟三人都有通奸。在三兄弟中，李氏对沮渠牧犍最好，也奉承得最用心，所以很受沮渠牧犍宠爱。武威公主没来之前，三兄弟共享一个女人，虽不是秘密，但底下人也不敢提这件事，三兄弟相处得也很和睦。武威公主拓跋氏嫁过来做了王后以后，对此十分看不过去，经常骂李氏秽乱后宫。因为拓跋氏有在北魏当皇帝的哥哥作后盾，李氏只是敢怒不敢言，但时间长了，怨气积得多了，便成了杀气。李氏想办法把毒药下在拓跋氏的食物中，想毒死她，但拓跋氏只吃了几口就觉得味道不对，便不吃了。不久，拓跋氏觉得腹痛难忍，呕吐不止。因为吃得不多，经太医治疗后病愈。拓跋氏很快查到是李氏下的毒，便向哥哥告状。拓跋焘命令沮渠牧犍交出李氏。沮渠牧犍和李氏感情极深，当然不肯交人。他把李氏送到酒泉，对北魏来使说："我已经把李氏关押到酒泉了，你们不要管了。"事实上他还和李氏暗中往来。

其实因为西域的关系，北魏早就对北凉不满。西域曾经被前秦和后凉控制，当西凉从北凉分裂出来后，西域又被北凉控制。但到北凉再收复西凉的时候，北魏的势力也到达了西域。两者在对西域的控制权上发生了矛盾。虽然西域有不少国家向北魏称藩，但由于北凉隔在北魏和西域的中间，对西域的实际控制权还是掌握在北凉的手中。只是由于北凉表面上还比较听话，并没有阻断西域向北魏纳贡的路，同时北魏也专注于攻灭北燕，才没有立即对北凉动手。现在北边的柔然称藩，南边的刘宋交好，东边的北燕灭亡，正是西攻的最好时机，而李氏下毒又是最好的借口。于是北魏列数了沮渠牧犍的十二条罪状，然后出兵北凉。

439年8月，拓跋焘亲自率兵一路势如破竹，直攻到姑臧城下，遂命令沮渠牧犍投降。沮渠牧犍向柔然求救，但柔然这个时候已经不比当年了，北魏军只另外派了一支两万人的部队就将其牵制，使柔然不能分兵。沮渠牧犍派弟弟沮渠董来领一万骑兵出城迎战，但北凉与北魏军刚一接触便溃败回城。沮渠牧犍据守城池不出。北魏军连攻十几日后，沮渠牧犍大哥的儿子沮渠万年率部投降，北魏军趁势入城。沮渠牧犍不得已，只好率文武百官投降。

拓跋焘还是比较给这个妹夫面子的，并没有为难他。拓跋焘入城后，又派军队攻略其余州郡，所到之处纷纷投降。北魏镇南将军奚眷进攻到酒泉。酒泉的守吏、沙州刺史、酒泉太守、沮渠牧犍的弟弟沮渠无讳弃城逃到高昌。北魏胜利班师回朝。

沮渠无讳在北魏军主力撤兵后，于第二年年初又攻取酒泉。北魏派了一支小部队去讨伐，沮渠无讳遂向北魏请降称藩。北魏对酒泉这个地方不是很重视，于是罢兵，封沮渠无讳为酒泉王。但是，沮渠无讳依托酒泉，屡次东攻，欲收复凉州失地。拓跋焘遂于441年4月派奚眷进攻酒泉。沮渠无讳早有准备，坚守酒泉不出。奚眷表现出极大的耐心，他带着兵一直围困了酒泉城七个多月。沮渠无讳做梦也没想到奚眷竟会在这里待如此长的时间，结果因粮食不济，一万多名百姓被活活饿死，酒泉终破。沮渠无讳趁乱逃出，投奔在鄯善（本名楼兰，位于今新疆维吾尔自治区吐鲁番市鄯善县境内）据守的弟弟沮渠安周。442年9月他回到高昌，以高昌为都，向刘宋称臣，宋文帝封其为凉州刺史、河西王。不过沮渠无讳虽称凉州刺史，但他的势力再也没能够进入到凉州。

北魏的势力到此已经统一了传统意义上的整个北方，其与南部的刘宋形成对峙局面，两晋十六国时代自此结束，而南北朝则拉开序幕。